제2판 과학자가 되는
첫걸음

과학연구의 설계, 분석, 커뮤니케이션

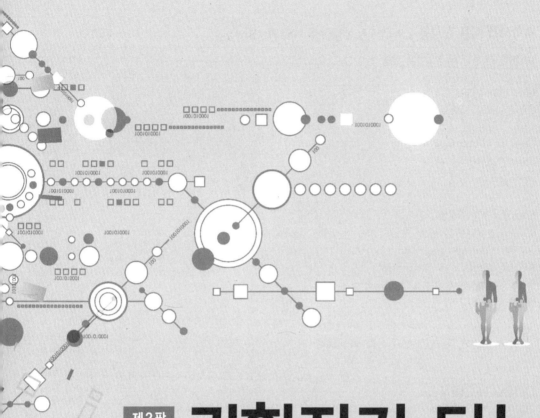

제2판

과학자가 되는 첫걸음

과학연구의 설계, 분석, 커뮤니케이션

Ivan Valiela 지음 | 김재영, 장영록, 강광일 옮김

Σ 시그마프레스

과학자가 되는 첫걸음 : 과학연구의 설계, 분석, 커뮤니케이션, 제2판

발행일 | 2015년 7월 20일 1쇄 발행

저자 | Ivan Valiela
역자 | 김재영, 장영록, 강광일
발행인 | 강학경
발행처 | (주)시그마프레스
디자인 | 차인선
편집 | 류미숙

등록번호 | 제10-2642호
주소 | 서울특별시 영등포구 양평로 22길 21 선유도코오롱디지털타워 A401~403호
전자우편 | sigma@spress.co.kr
홈페이지 | http://www.sigmapress.co.kr
전화 | (02)323-4845, (02)2062-5184~8
팩스 | (02)323-4197

ISBN | 978-89-6866-445-8

DOING SCIENCE
DESIGN, ANALYSIS, AND COMMUNICATION OF SCIENTIFIC RESEARCH, 2nd Edition

* 책값은 책 뒤표지에 있습니다.
* 이 도서의 국립중앙도서관 출판예정도서목록(CIP)은 서지정보유통지원시스템 홈페이지 (http://seoji.nl.go.kr)와 국가자료공동목록시스템(http://www.nl.go.kr/kolisnet)에서 이용하실 수 있습니다.(CIP제어번호 : CIP2015018673)

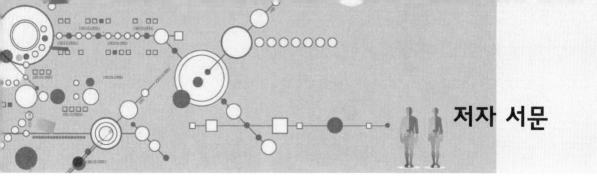

나는 지난 40여 년간 학생들과 일반인들에게 과학하기를 안내하는 이런저런 기회가 있었다. 이런 일들이 반복되면서 과학 연구가 행해지는 방법에 대하여 써 두는 것이 타당해 보였다. 이런 일이 종종 그렇듯 초기 노트를 훨씬 넘어 책이 방대해졌다. 내 친구들, 동료들 그리고 기존 문헌에서 부끄럼 없이 차용하다 보니 분량이 늘어났다. 하여 내가 자료들을 얻은 많은 참고자료들을 이 책에 끼워넣은 것은 대부분 줄일 수밖에 없었다. 그 대신 불완전한 형태로 감사 표시처럼 각 장의 끝부분에 선택된 주된 자료를 첨가하였다. 이 자료들은 내 책의 원천이었고 독자들에게도 주어진 다양한 주제 영역에서 참고가 될 것이다.

처음 읽을 때 이 책의 목차가 다소 이상하게 나열되어 있다고 느낄 것이다. 나는 여러 가지 다양한 주제를 함께 다루었는데 그 이유는 간단하다. 실제 과학자들이 (1) 물음 (2) 실험 그리고 과학적 질문에 대한 결과, 특정 연구 영역에 대하여 요구되는 지식 및 그 이상의 지식에 대한 결과에 대한 (3) 교류에 대해 알아야 하는 본질을 재료가 덮고 있기 때문이다. 어떤 과학자들은 특정 주제 1과 2에 대하여, 그리고 어떤 이들은 특정 주제 3에 대하여 잘 기술하고 있다. 나는 이러한 것들이 분리될 수 없는 주제라는 것을 보이려 할 것이다. 우리는 세계 최고 과학을 할 수 있지만 효율적인 방법으로 결과를 공유할 수 없다면 거의 아무것도 성취할 수 없게 된다. 마찬가지로 우리가 우리 결과들을 효과적으로 소통할 수 있지만 그 결과들이 건전한 과학에 기초해 있지 않다면 우리는 거의 아무것도 성취하지 못한다.

이 책은 과학을 한다는 과정은 많은 부분들이 필요하다는 개념을 소개하고자한다. 고등학교 학생에서부터 대학원생, 연구원, 임상연구자, 담당자, 행정가 그리고 많은 다른 과학적 사실과 글을 접하는 모든 이들이 이 책을 읽을 수 있을 것이다. 나의 바람은 과학적 의문에 대한 질문, 질문에 답하는 양식, 결과를 평가하는 방법, 정보 소통을 명확히 할 수 있는 주제들을 포함하는 것이다. 내 경험으로는 반복, 정확성, 대조군과 같이 '모든 이들이 아는 것'과 같은 많은 필수 개념들이 충분히 잘 이해되지 못하고 있다고 생각해서 나는 이러한 개념들에 대해서 정의와 예들에 많은 공간을 할애할 것이다. 나는 요점을 반복하는 것, 상세히 설명하는 것, 주제를 요약하는 것, 흥미나 또는 간혹 웃음거리를 첨부하는 것 등을 위해 박스를 사용할 것이다.

이 책에서 사용된 예는 일차적으로 환경과학의 사례이다. 다른 분야에 흥미 있는 독자들은 내가 선택하기 편리한 분야였다는 나의 지엽적 선택을 양해해 줄 것으로 기대한다. 다른 분야에서는 여기서 언급된 다양한 주제들이 다른 비율로 사용되었겠지만 대부분의 원리들은 다른 과학 분과로 일반화할 수 있을 것으로 기대한다.

사람들은 오랫동안 과학을 해 왔다. 이러한 연구의 진보는 흥미 있고 흥분되는 이야기이다. 과학은 실재 인물들이 자연스럽게 작동하는 방식을 배우기 위하여 모든 노력을 들인 엄청난 노력의 결과이다. 이 책에 실존하는 인간, 때로는 뛰어난 인간에 의해 연구가 이루어진다는 점을 불어넣기 위하여, 이 책이 다루는 다양한 주제들과 관련된 삽화나 역사적 사건, 문헌을 끼워 넣었다. 역사적 맥락, 농담 등은 대단히 따분한 재료들을 재미있게 하리라 생각한다.

보스턴대학교 해양프로그램, 매사추세츠 우드홀 해양생물실험실의 학생들, 그란 카나리아 라스 팔마스 대학 해양과학과 학생들에게 고마움을 표한다. 그곳에서 이 책에 내용이 되는 자료들을 가르칠 기회가 있었다. 그 학생들의 질문과 연구는 이 책이 재료가 되도록 나를 이끌었다. 비영어권 학생들과 동료들과의 대화는 연구가 효율적으로 되는 방법만이 아니라 과학 영어로 어떻게 소통해야 하는지, 데이터의 장점을 가장 잘 보이는 방법을 시사하는 개론을 만드는 데 도움이 되었다. 나는 이 책이 과학자들이 그들의 업적을 우리에게 이야기할 때 좀 더 쉽게 접근하도록 도움이 되길 진심으로 희망한다.

V. 발리엘라, L. 발리엘라, J. 맥클란드, 제니퍼 혹스웰, 피터 베르는 각 장이 쉽게 읽히도록 도움을 주었고, 제임스 크르머, 하비 모툴스키는 전체 초고를 읽고 조언을 해주었다. 존 패링턴, 존 버리스, 올리비언 호비는 제11장에 중요한

도움을 주었다. 제니퍼 보웬, 가브리엘 토마스키, 피터 베르, 브라이언 로버츠는 삽화준비에 없어서는 안 되었다. 헨렌 할러는 이 책 전체 및 그래픽 작업을 수정하고 편집해 주었다. 그의 도움이 없었다면 문제를 찾아내고 편집하는 것이 불가능했을 것이다.

이 책은 해양생물실험실/우드홀 해양학연구소 라이브러리의 많은 스테프의 훌륭한 도움이 아니었다면 지금보다 못했을 것이다.

이 책의 각 장들을 읽으면서 나는 과학을 한다는 것에 대한 얼마나 많은 생각들이 도널드 홀, 윌리엄 쿠퍼, 엘튼 한센이라는 나의 세 분의 스승으로부터 왔는지를 깨닫게 되었다. 내가 이야기하는 것에 이분들이 동의할 수도 있고 안 하기도 하겠지만 이 책에 깔려 있는 많은 개념적 신뢰들과 사실 관찰을 위한 지속적인 필요를 고취시켜 주셨다. 이 기회를 빌려 그분들이 내게 준 첫 비판적 자극에 대해 감사를 드린다. 효과적이고 간결하게 소통하라는 그의 부탁과 기초연구와 응용연구가 결국은 같은 것이라는 것을 손수 보여준 점에 대해선 나의 오랜 동료 존 틸에게 많은 빚을 지고 있다.

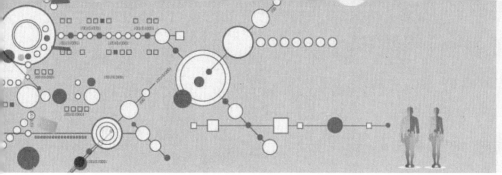

차례

제1장 전략과 전략경영 과정

1. 서론 4
2. 경험과학 6
   경험과학의 몇 가지 원리 7
   경험정보를 모으는 방법 11
3. 연역적 과학 23
   예측을 위한 모형 26
   교육 도구로서의 모형 35
   실험 도구로서의 모형 36

참고문헌 및 더 읽을거리 36

제2장 과학 데이터의 구성요소와
문제의 시험

1. 데이터의 종류 40
   명목 데이터 40
   순위 데이터 41
   측정 데이터 41
   데이터 유형이 정말로 구별될까 43
2. 정확성과 정밀성 44
3. 도수분포 44
4. 서술통계학 48
5. 분포와 자료변환 51
6. 가설의 검정 55

참고문헌 및 더 읽을거리 60

제3장 통계적인 분석

1. 분산분석법(ANOVA) 65
   분산분석법의 요소 65
   ANOVA 유형의 예 67
   분산분석의 비모수적 대안 76
2. 회귀분석 76
   회귀분석 요소 76
   회귀의 사용 78
   회귀의 유의성 검정 79
   다변수 회귀분석 82
3. 상관 82
4. 빈도분석 87
   적합도 검정 87
   독립성 검정 87
5. 통계분석의 요약 88
6. 데이터의 변환(자료변환) 90
   로그 변환 90
   제곱근 변환 94
   역변환 94
   유도된 변인 95

참고문헌 및 더 읽을거리 97

제4장 연구설계의 원리

1. **연구설계의 바람직한 특성 102**
2. **처리설계 103**
   비구조화된 처리설계 104
   구조화된 처리설계 104
3. **레이아웃의 설계 108**
   레이아웃 설계의 원리 108
   기초 실험 레이아웃 118
4. **반응설계 122**
5. **현명한 실험설계 123**
   참고문헌 및 더 읽을거리 126

제5장 과학정보의 커뮤니케이션 : 글쓰기

1. **출판의 문제 130**
2. **어떤 언어를 사용하는가의 문제 136**
   영어가 국제공용어가 된 이유 137
3. **과학 영어 글쓰기 143**
   단어 사용 143
   문장 구조 152
   단락 구조 160
   연결 문장과 단락 161
   독자에게 무엇이 중요한가 163
   참고문헌 및 더 읽을거리 166

제6장 과학정보의 전달 : 과학 논문

1. **과학 논문의 구성 170**
   서론 170
   방법 171
   결과 172
   논의 173
   과학 논문의 다른 부분 174
   모으기와 논문 쓰기 175
2. **과학 논문의 일생 182**
   학술지 선택하기 182
   논문 투고하기 186
   심사자들의 논문 심사 186
3. **과학 논문의 중요성과 변화 192**
   참고문헌 및 더 읽을거리 194

제7장 과학 커뮤니케이션의 다른 방법

1. **구두 발표 198**
   이야기로서의 구두 발표 200
   연사를 위한 조언 202
   강연에서 시각 자료 206
2. **포스터 발표 208**
3. **연구비 제안서 213**
   정부기관 215
   제안서 평가 223
   박애재단 224
   경영산업기구 225
   참고문헌 및 더 읽을거리 226

제8장 데이터를 표로 나타내기

1. **왜 데이터를 표에 보여주는가 230**
2. **표의 요소 234**
3. **표의 설계 237**
4. **표가 될 필요가 없는 표 240**
   참고문헌 및 더 읽을거리 242

제9장 데이터를 그림으로 나타내기

1. 그림 인식 251
2. 그림의 유형 252

    변수가 2개인 그래프 252

    변수가 3개인 그래프 260

    히스토그램 266

    막대 그래프 268

    파이 그림 270

    삼각형 그래프 272

    장미 그림 273

3. 그림 제시의 원칙 274

    경제성 275

    명료성 277

    진실성 277

    매력 279

참고문헌 및 더 읽을거리 282

제10장 데이터를 그래프로 나타내기의 실제

1. 변수가 2개인 그래프 287
2. 변수가 3개인 그래프 303
3. 히스토그램 305
4. 막대 그래프 311
5. 파이 그림 319

제11장 사회 속에서 과학하기

1. 과학이라는 전문직업 330
2. 공평하고 독립적인 판단 330
3. 사실의 타당성 333

    데이터의 변조 335

    위조 339

4. 다른 사람의 공로를 치하하고 나누기 340
5. 과학에서 문제가 될 수 있는 행위가 얼마나 많이 퍼져 있을까 341

    신뢰 만들기 : 윤리적인 과학하기의

      강조 345

참고문헌 및 더 읽을거리 347

제12장 과학에 대한 인식과 비평

1. 과학에 대한 일반적인 견해 352

    팬텀 리스크의 사례 연혁 361

2. 과학과 현대의 비평 366
3. 과학에 관한 감각 다듬기 370

    과학이 무엇을 어떻게 하는지 설명하기 370

    증거에 대한 비판적 검토 377

    과학에 제한이 있어야 할까 378

참고문헌 및 더 읽을거리 379

역자 후기 381

찾아보기 385

갈릴레오 갈릴레이의 '시금석' 표지

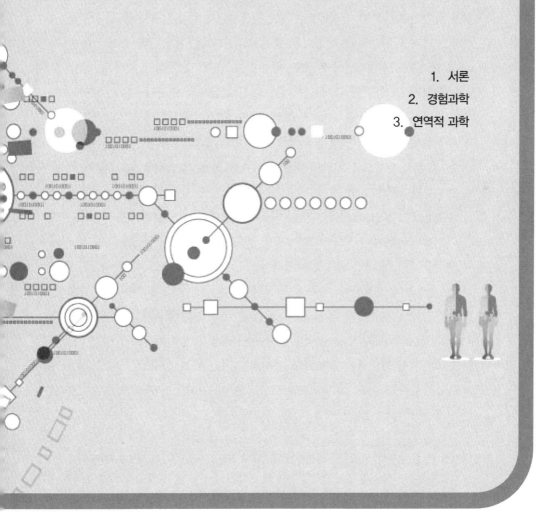

제 1 장

과학정보 얻기

1. 서론
2. 경험과학
3. 연역적 과학

1. 서론

과학의 진보에는 예측할 수 없는 여러 측면의 방식이 있다. 첫 번째 추진력은 천재성이나 재능을 지닌 개인의 기여이다. 관찰, 기존의 것에 대한 정보, 축적된 경험, 더 이전의 이론들 등이 새로운 설명이나 가설을 촉발할 수도 있다. 뉴턴의 경우에 그것은 묵시록적인 사과의 낙하였다. 갈릴레오는 역학적 운동의 법칙을 발전시키는 데 피사의 성당[1]에서 향을 가득 채운 향로가 흔들리는 것을 보고 영감을 얻었다고 한다. 미사가 진행되는 동안 심란해진 갈릴레오는 맥박을 이용하여 흔들림의 시간을 쟀는데, 흔들림의 폭과 무관하게 주기가 일정한 것을 발견했다. 그 뒤 갈릴레오는 실험을 통해 그 관찰을 확증했고, 운동을 지배하는 법칙을 반영하는 방정식을 발전시킬 수 있었다. 갈릴레오의 과정은 다음 세 단계를 포함한다. 첫째, 그는 물체가 왜 움직이는가를 설명하려는 당시로서는 해결할 수 없었던 과제에 빠지는 대신에 물체가 얼마나 빨리 움직이는가라는 해결가능한 질문을 던졌다. 둘째, 갈릴레오는 자신의 상세하고 특정된 관찰들과 물체가 움직이는 방식을 설명할 수 있는 일반 법칙 사이의 연관을 찾아냈다. 셋째, 갈릴레오는 법칙에 대한 수학적 표현을 고안해서 새로 얻은 지식을 종합해야 한다고 역설했다.

영감을 주는 모든 단서들이 떨어지는 사과나 흔들리는 향로만큼 기억되는 것은 아니다. 또한 우리 모두가 떨어지는 사과, 밀물과 썰물, 행성들의 운동 사이의 연결을 연역해 내는 천재성을 지녀야 하는 것은 아니다. 과학적 영감의 표시는 '이슬방울의 반짝임 속에서 우주가 비친 그림자를' 볼 수 있는 능력으로 생각할 수 있을 것이다. 과학적 천재성은 단순한 훈련의 결과가 아니기 쉽다. 그러나 한 사람의 과학적 용맹함의 수준이 어떤 것이든 간에, 많건 적건 과학을 하는 효과적인 방법들을 구별하고 자신의 결과를 다른 사람들과 더 분명한 방식으로 교류하기 위해 더 나은, 더 비판적인, 더 효과적인 과학의 실행가가 되는 법을 배울 수는 있다.

---

1) 갈릴레오는 피사의 사탑(원래 대성당에 딸린 부속건물)에서 나무공과 쇠공을 동시에 떨어뜨리는 실험을 하지 않았거나, 적어도 처음 한 사람은 아니다. 갈릴레오가 이 주제에 대한 저서를 발표하기 몇 년 전에 다른 곳에서 네덜란드 사람인 시몬 스테빈이 비슷한 실험을 했다.

과학과 수학이 자연을 이해하려는 접근의 양대 기둥이라는 갈릴레오의 확신은 그의 주요 저작 중 하나인 '시금석(The Assayer)'의 표지에 문자 그대로 잘 그려져 있다. 왼쪽에는 과학이 있다. 과학의 마음에는 빛(이성의 빛?)이 비추고 있고, 과학의 왼손에 우주를 나타내는 구가 들려 있으며, 그 우주에 관한 사실들이 담겨 있는 책을 품고 있다. 오른쪽에는 수학이 있다. 학문의 여왕으로서, 수학의 왼손에는 천체의 궤적을 그리는 데 사용되는 컴퍼스가 들려 있고, 수학의 오른손에는 고리 모양으로 천체의 개적이 묘사되어 있다. 수학 밑에는 망원경이, 과학 밑에는 상세한 식물 그림이 있다. 그 식물은 아마 피렌체의 상징인 붓꽃일 것이다. 이 도상들은 중세의 예술 전통의 연속선에서 갈릴레오가 자연을 이해하기 위해 사용한 개념들, 도구들, 정보에 관해 말해 준다.

과학적 진보의 두 번째 추진력은 사람들이 수많은 문제들에 대한 해결책을 요청하는 것이다. 이 해결책은 곧잘 과학적 노하우에서 도움을 받을 수 있다. 흔히 기초적인 성격의 과학적 연구는 서술과 설명에 주목하는 반면에 응용연구는 실천과 조절에 초점을 맞춘다고들 한다. 해양생태학자는 강 하구의 영양분과 식물성 플랑크톤 사이의 관계를 규정하는 기초연구를 하는 반면, 그 결과의 응용은 그렇게 얻은 관계를 써서 수질을 평가하고 어쩌면 식물성 플랑크톤의 증가를 경계값 아래로 유지하기 위해 영양분 공급을 조절하는 것과 연관된다.

기초적인 측면이 응용과학의 측면보다 더 많은 노력을 요하고 더 가치가 있다는 선입견의 자취가 적어도 몇몇 학계에는 아직 남아 있다. 상대적인 유익을 비교하는 것은 응용연구에는 불리한 것으로 보인다. 학계의 많은 사람들에게 응용연구의 이미지는 이류의 영감이 없는 활동인 경우가 많다. 가령 열대식물이나 해양무척추동물에서 추출한 무한한 계열의 화합물들의 생물학적 활동을 시험하는 화학자라든가 수확량을 배증할 수 있을 것으로 기대되는 비료의 다중 조합을 시험하는 경종학자가 그런 예이다.

그러나 그런 태도는 과학의 역사에 대해 무지한 것이다. 많은 과학의 전문 분야와 영역이 응용된 문제를 해결하려는 노력에서 비롯되었다. 이와 같은 노력은 기술적인 진보만이 아니라 자연이 근본적인 작동에 대한 통찰을 낳았다. 거기에 이어 그렇게 얻은 기초지식은 물질적 진보를 성취하는 새로운 방식을 개척할 수 있게 해주었다.

따라서 기초과학과 응용과학의 구별은 우리가 생각하는 것보다 훨씬 불분명하며 더 해악이 많다. 창조적인 응용과학은 기초과학과 꼭 맞아떨어지며 서로를 자극한다. 왜냐하면 둘 다 일반원리를 응용하여 새로운 질문을 제기하고 기초원리를 시험하기 때문이다. 게다가 과학이 과학을 지원하는 제도(연구소, 대학, 재정기구)를 유지하는 데 필수적인 공적 지원을 유지하려면, 과학이 중요한 응용 문제들을 해결하는 데 어떻게 도움이 되는지 밝힐 필요가 있다. 응용의 측면을 업신여기는 것은 과학에 대한 공적인 지원의 주된 이유에 역행하는 것이며 과학의 역사를 잘 모르고 있음을 드러내는 것이다.

2. 경험과학

갈릴레오는 경험적인 관찰을 통해 사실적인 정보를 얻는 것과 연역적 연구를 통해 관찰들을 법칙으로 종합하는 것을 모두 옹호한 사람이었다. 그가 과학을

과학의 기초적 측면과 응용적 측면은 거의 분리되지 않는다

응용상의 필요와 과학적 진보 사이의 상호교환의 역사적 사례는 매우 많다. 유럽의 대항해시대에는 도시의 상수도 공급을 위해 물펌프가 필요했고, 배가 다닐 수 있는 운하를 건설하려 했고, 배의 속도를 더 빠르게 하려는 욕구가 있었기 때문에 유체역학이 장려되었다. 해상에서 배의 위치를 결정하는 문제는 천문학, 지리학, 시간의 측정에서의 발전을 낳았다. 토스카나의 대공국과 교황청 사이의 논쟁 때문에 1660년대에 피렌체에서 *아카데미아 델치멘토*의 위원회가 열렸으며, 기존의 유체운동 이론과 충돌하는 경험적 증거를 발견함으로써 수력학 지식의 발전을 가져왔다. 안토니 레벤후크는 가족이 직물공장에서 새틴과 울 섬유를 다 상세히 볼 필요가 있었기 때문에 과학에 새로운 창문을 열어준 광학장치를 발명하게 되었다. 현미경이 직물 판매에 도움이 되었는지에 대한 기록은 남아 있지 않다.

우리 시대에 더 가까이 온다면, 1800년대 후반 미국에서 곤충 페스트로 인한 농작물의 피해를 극복해야 한다는 농업시장의 강력한 압력이 있었다. 따라서 곤충학자들은 미국 동물학자들 중에서 가장 크고 연구비를 많이 받는 집단이 되었다. 곤충학자들의 과학을 하기 위한 문제 중심이 방법을 발전시켰으며, 그 성과는 곤충으로 인한 수확 감소를 줄였을 뿐 아니라 미국에서 일반적인 과학 활동이 실제로 수행되고 발표되고 교육되고 연구지원을 받는 방식에 심각한 영향을 미쳤다(Sorenson 1995).

1930년대 이래 새로 발전하던 생태학 분야의 근간에는 오스트레일리아의 양 금파리를 조절하기 위한 정보를 찾는 과정에서 얻게 된 통찰이라든가, 미국 중서부 호수들의 부영양화나 유럽의 못에 있는 물고기의 성장을 이해하려는 시도라든가, 개체수가 너무 늘어난 사슴 떼를 관리하고 세계 곳곳의 수산업 수확량을 증가시키려는 노력 등과 같은 원천이 있었다. 기초연구와 응용연구의 연결은 계속 더 강화되었다. 가령 기초연구는 풀러렌의 발견으로 이어졌다. 풀러렌은 탄소 원자들이 축구공 표면 위에 배열된 새로운 형태의 탄소분자이다. 이 화학적 구조는 재료과학에 혁명을 불러일으킬 수 있는 놀라운 특성을 갖고 있다.

하기 위한 이 두 가지 주요 요소들을 분리하지 않았음은 분명하다. 여기에서 우리가 이를 따로 다루는 것은 몇 가지 중요한 특징을 분류해 내기 위한 수단일 뿐 이 둘은 서로를 보완한다는 점을 이해해야 할 것이다.

경험과학의 몇 가지 원리

경험과학을 다른 종류의 연구와 구별해 주는 원리들이 몇 가지 있다. 그것은 시험가능성(경험적 검증), 조작적 정의, 통제된 관찰이다.

경험적 검증

경험과학은 관찰에서 시작된다는 특징을 지닌다. 관찰은 관찰자에게 질문을 불러일으킨다. 그러면 새로운 질문은 몇 가지 종류의 검증에 붙여진다. 아이디어가 시험을 견뎌내면 과학지식의 총체의 일부가 되며 새로운 아이디어를 촉진시킬 수 있다. 적어도 그 아이디어를 더 엄격하게 시험할 때까지는 그렇다.

이 과정의 '경험적'인 부분이 매우 중요하다. 과학에는 계시된 진리가 들어올 여지가 없다. 우리는 실제의 사실을 보고해야 하며 어떻게 그 사실을 얻었는지, 그리고 보이는 사실로부터 결론에 이르는 데 사용한 근거를 명시해야 한다. 신탁과 같은 권위로부터 수용되는 것은 아무것도 없다.

조작적 정의

조작적으로 정의될 수 없는 어떤 것도 어떤 아이디어도 경험과학의 연구대상이 될 수 없다. 서술이나 설명에 사용된 모든 용어는 구체적이며 실재적으로 정의되어야 한다. 그렇게 함으로써 누군가 다른 사람이 사실이 무엇인지 명시적으로 이해하고 어쩌면 그 사실이나 설명을 더 시험해 볼 수 있게 된다. 조작적 정의는 아이디어를 시험가능하게 만든다.

비조작적인 개념의 사례 몇 가지가 잘 알려져 있다. 물론 만일 이용할 수 있는 천사측정장치(seraphometer)가 없다면, 머리핀은 고사하고 아무 표면에서든 천사들의 밀도를 염려하는 것은 시간낭비이다.[2] 또 다른 예는 '세계 에테르'이

---

2) 중세 유럽의 스콜라 철학에서는 "머리핀 위에서 몇 명의 천사가 춤을 출 수 있는가?"와 같은 탁상공론에 가까운 질문을 가지고 오랫동안 논쟁을 하기도 했다. 특히 둔스 스코투스와 토마스 아퀴나스 사이의 논쟁이 유명하다.

새로운 개념이 아니라 관찰과 시험

조작적 관찰과 경험적 시험에 대한 강조에는 유서 깊은 역사가 있다. 영국의 철학자 프란시스 베이컨(1561~1626)은 아리스토텔레스와 같은 사람들의 저작이나 종교적 텍스트에서 주어진 계시된 진리를 교조적으로 받아들이기를 거부했다. 진리는 우리가 사물을 있는 그대로 볼 때 분명하게 드러날 것이다. 그러나 질문에 답을 얻을 수 있는 조건을 창출하는 것이 좋다고 베이컨은 역설했다. 베이컨적인 '실험'의 한 예는 말의 치아의 개수를 아리스토텔레스가 제시한 대로 믿지 않고 실제로 일일이 세 본 것이다. 1600년대에는 '실험'이라는 관념이 초기의 과학이 지적인 거인 중 하나인 갈릴레오를 통해 결정적으로 확장되었다. 갈릴레오는 데이터의 경험적 검증을 고집했을 뿐 아니라 실험은 묻고 있는 질문에 대한 일종의 '시련'[이탈리아어로 '일 치멘토'. 치멘토는 피렌체의 대표적인 학술원('아카데미아')의 이름이 되었다.]이 되어야 한다는 생각을 덧붙였다. 따라서 갈릴레오는 결정적인 실험을 해서 그 질문이 참인지 거짓인지 밝힐 수 있다고 주장했다. 이렇게 배움에 대한 합리적인 방안을 고집했기 때문에 갈릴레오는 결국 가톨릭교회와 직접 충돌하게 되었다. 교회의 계시된 진리는 갈릴레오의 연구와 모순을 일으키기 때문이었다.

계시된 지식의 연결을 끊으려는 노력은 북부 이탈리아의 대학과 학술원에 있는 철학자들에게 필연적인 것이 되었다. 이들은 부분적으로는 갈릴레오와 같은 운명에서 벗어나기 위해 세계에 대한 실제의 관찰과 종교재판의 이단자 심문소가 신학적으로 경계에 서 있다고 해석할 수 있는 설명을 완전히 분리하는 정책을 확립했다. 피렌체의 학술원들과 유럽의 다른 지역의 많은 기관들은 내재적 진리를 탐구하는 쪽으로 점차 기울었으며, 눈앞의 사실만을 다루고 형이상학적 설명을 시도하는 것을 드러나게 회피했다.

이러한 태도는 좋은 결과와 나쁜 결과를 모두 낳았다. 한편으로 과학을 탐구하는 일상적인 재료를 마련해 주었다. 많은 학자들이 세계가 어떻게 작동하는지를 이해하려는 과학자가 아니라 신기하고 서로 관계가 없는 사실들의 수집가가 되어 버렸다. 반 레벤후크는 어느 에세이에서 후추의 속성을 논의하다가 잠시 화제를 바꾸어 차를 재배하는 법으로 갔다가 다시 음료를 건강을 위해 사용하는 것이 더 좋다는 자신의 견해를 대변하지는 않겠다고 다시 화제를 바꾸

다. 이는 모든 공간을 채우고 있다고 가정되는 가상적이고 균질하며 편재하는 물질이다. 이 균질한 물질 속에서의 운동을 검출하는 것이 불가능하다는 점이 밝혀진 뒤 이 개념은 비조작적인 것으로 여겨지게 되었다. 왜냐하면 우리는 불규칙성의 길을 추적함으로써만 운동을 검출할 수 있기 때문이다.

천사나 영혼이나 마야의 지하세계 같은 개념들은 과학적 탐구로 접근할 수 없다. 왜냐하면 이런 개념들은 조작적으로 정의할 수 없기 때문이다. 1600년대의 과학자들에게 정치적으로 더 유리했던 것은 뜻밖에도 미래의 진보에 필수적인 길에 대한 과학적 탐구에 있었다. 과학은 그 뒤로 줄곧 조작적으로 잘 정의된 쟁점을 다룰 때 진보를 이루었다. 우리는 언제나 경험과학의 영역과 계시된 믿음의 영역을 구별하여 두고 있을 때 발전했다. 우리가 믿음의 체계를 과학으

었다가 스페인 파리(물집을 생기게 하는 딱정벌레)에 대해 짧게 적은 뒤에야 원래의 화제로 돌아가서 후추에 관한 관찰 몇 가지를 덧붙이고 있다. 여기에는 종합적이고 조직적인 이론이 없다. 다른 한편으로 경험적인 것을 형이상학적인 것과 분리시킴으로써 가능하고 실제적인 것에 집중함으로써 과학이 조작적이게 만드는 길이 열렸다.

1600년대 말 이후에는 과학의 진보가 북유럽인의 주된 관심으로 확장되었다. 북유럽에서는 트리엔트 공의회를 통해 가톨릭의 과학자들에게 내려진 속박에 저촉되지 않았다. 과학은 그다음 세기 동안 계속 줄기차게 확장되어 계시된 믿음의 자리를 차지해 갔으며, 이전의 학술원(아카데미치)에 허용되지 않았던 많은 주제들을 공략했다. 우주 안에서 지구와 인간의 중심적 위치 같은 주제에 대한 종교적 도그마는 새로운 경험적 과점으로 대치되었다.

경험적 과학탐구에는 조작적인 개념들만을 사용해야 한다는 원리가 결국 승리했지만, 그리 쉽사리 평이하게 그렇게 된 것은 아니었다. 가령 17세기에 창조의 연구는 꿈도 꾸지 않았던 많은 저명한 학자들이 여전히 플로지스톤의 존재를 주장하고 있었다. 플로지스톤은 가연성 물질에 들어 있으며 연소할 때 밖으로 나온다고 여겨지는 무색, 무취, 무미의 무게 없는 물질이었다. 1799년에 미국 펜실베이니아 대학의 신예교수 제이 우드하우스는 영국의 저명한 조제프 프리스틀리에 대항했다. "프리스틀리 박사는 플로지스톤의 교리에 얽매여 있다. 화학자들은 플로지스톤이 한낱 상상의 산물이라고 거부하며 그 존재는 결코 증명된 적이 없는데도 그러하다." 플로지스톤은 측정할 수 있는 속성이 부족하기 때문에 조작할 수 있는 개념이 아니며, 따라서 사실상 시험될 수도 없다. 연소를 화학적 산화 반응으로 보는 라부아지에의 더 그럴듯하고 조작적인 설명 때문에 플로지스톤은 사라져 버리고 말았으며 과학자들은 조작적인 정의라는 개념을 모든 과학 주제로 확장할 필요에 직면하게 되었다.

1. Woodhouse, J. 1799. An answer to Dr. Joseph Priestley's consideration of the doctrine of phlogiston, and the decomposition of water, founded upon demonstrative experiments. Trans. Am. Philos. Soc. 4: 452~475.
2. Reflexions sur le phlogistique. 1862. *Œuvres de Lavoisier. Tome II. Mémoires de Chimie et de Physique*, pp. 623~655.

로부터 분리하지 못하고 있을 때에는 과학적 진보가 거의 없었으며, 최악의 경우에는 불행한 결과도 있었다. 후자의 사례에는 구소련의 리센코주의로 이어졌던 이데올로기와 유전학의 혼합이라든가, 독일 나치정권의 인종적 우월성에 내재되어 있던 믿음과 우생학의 혼합이 포함된다.

통제된 관찰

가정된 독립변인의 변화가 종속변인의 변화로 이어지면 일종의 인과적 관계가 있으리라 짐작한다. 한 변인이 다른 변인에 영향을 주는지 확인하기 위한 시험은 또 다른 결과를 필요로 한다. 즉, 독립변인이 변화하지 않을 때 가정된 종속변인의 반응도 관찰해야 한다. '통제'라고 부르는 이 개념은 과학의 역사에서 여러 단계에 걸쳐 나타났다. 아마 맨 먼저 이 개념을 제안한 사람은 로저 베이컨(Roger Bacon, 1214~1294?)일 것이다. 그는 옥스퍼드대학교에서 가르쳤던 프란시스코 수사였다. 그러나 이 개념을 분명히 사용한 것은 갈릴레오였다. 이는 지금 경험과학의 주요 개념이다.

어떤 변인의 효과를 통제하는 방법은 여러 가지가 있다. 가장 명료한 방법은 그 변인을 제거하거나 일정하게 유지시키는 조건에서 시험이나 측정을 하는 것

통제가 필요한 이유는 무엇일까?

추론에서 흔히 빠지는 오류는 적당한 통제가 결여되는 것이다(통제에 관해 더 상세한 내용은 제4장 특히 4.2절, 4.3절 참조). 가령 일식 때 북을 둥둥 울리면 일식이 끝난다는 것을 증명하는 사례가 수없이 많다. 아무도 북을 치지 않는다면 어떻게 되겠는가 묻기를 잊어버릴 때가 많다.

이와 관련된 쟁점은 다음의 예에서 분명하게 드러난다. 100일 동안의 기상을 예보하는 사람이 전체 기간 중 81% 동안(즉, 100일 중에서 81일 동안) 비가 온다고 예측했다고 해보자. 이 정도면 상당히 좋은 예측이지 않을까? 특히 100일 중에서 50일 이상만 예측이 맞아도 '손익분기점'은 넘은 것이라고 가정한다면 더욱 그렇다. 그러나 우리가 알고 싶은 것이 기상예보관이 특정한 기간 동안 날씨를 얼마나 잘 예측하는가 여부라고 해보자. 기상예보관이 비가 온다고 예측했다고 하자. 그 기간 동안 81번은 비가 오고 9번은 비가 오지 않았다. 이는 상당히 좋은 예측이다. 기상예보관이 비가 오리라고 예측한 시간 중 비가 실제로 온 것이 90%이기 때문이다. 하지만 가령 100일 동안 기상예보관의 예측기록은 어떻게 될까? 비가 온다고 예측한 81일은 비가 왔고, 거기에다 비가 오지 않는다고 예측한 날 비가 오지 않은 날이 하루 더 있었으므로, 100일 동안 82일 옳은 예측을 한 것이다. 82%는 기상예보에 대해서는 상당히 좋은 기록으로 보인다.

한 가지 정보가 더 필요하다. 이는 얼핏 보아서는 흥미롭지 않아 보일지 모르지만 사실은 언제나 중요한 정보이다. 기상예보관이 비가 오지 않을 것이라고 예측하면 무슨 일이 벌어질까? 우리가 알고 있는 사실들을 다음과 같이 표로 그릴 수 있다.

		예측된 날씨	
		비가 내림	비가 내리지 않음
실제 날씨	비가 내림	81	9
	비가 내리지 않음	9	1

기상예보관의 예측과 무관하게 전체의 90%는 비가 온다. 기상예보관의 능력에 대한 초기의 '시험'은 한 칸(81%의 성공)이나 한 열(90%의 성공)이나 대각원소(82%의 성공)에 기초를 둔 것이다. 데이터의 분석을 표의 모든 칸에 적용하면, 예보의 정확성은 기상학 전문가에게서 오는 게 아니라 마침 그 지역의 날씨가 비가 오는지 여부에 의해 대개 정해진다는 것이 갑자기 분명해진다.

돌이켜 보면 위에서 설명한 것이 단순해 보이지만, 그래도 '한 칸'이라든가 '한 열'이라든가 '대각 원소'와 같은 논의가 드물지 않다. 앤더슨(Anderson, 1971)은 일상적인 경험의 사례로 점성술 별점에 대한 통속의 믿음이나, '만족한 이용자'의 상업적인 추천사나, "나처럼 열심히 일하면 성공할 거야."와 같은 부유한 친척의 충고나, 집에만 틀어박혀서 자기 나라가 세계에서 가장 훌륭한 삶을 제공한다고 믿는 사람들을 인용하고 있다. 위와 같은 '네 칸' 논증을 이용하지 않는 것은 과학적 사고에서도 드물지 않다.

이다. 두 번째 방법은 연구의 단위들을 랜덤(이에 대한 설명은 이후에 이어짐)하게 해서 그 변인의 작용이 측정에서 체계적인 방식으로 나타나지 않는다는 것을 확실하게 하는 것이다. 세 번째 방법은 그 변인의 효과를 추정하여 측정결과로부터 이를 차감하는 것이다. 이에 대한 절차의 사례를 뒤에서 설명할 것이다.

요컨대, 경험과학의 주요 특징에는 특정한 질문의 시험가능성, 조작적 정의, 통제된 관찰이 포함된다. 질문을 시험하기 위해서는 이 원리에 입각하여 정보를 얻을 필요가 있다. 뒤에서 논의하겠지만, 바람직한 요건을 모두 갖추는 것이 항상 가능한 것은 아니다.

경험정보를 모으는 방법

과학연구의 모든 접근이 똑같은 방식으로 원인과 결과를 특정하고 정의하거나, 가설을 반증하는 가장 효과적인 방식을 제공하는 것은 아니다. 과학정보를 얻는 몇 가지 주된 방법들을 아래에 나열하겠지만, 유형을 나누는 것은 필연적으로 단순화의 위험이 있다. 실제의 범주들은 우리가 바라는 것보다 훨씬 덜 명료하며, 따라서 한 가지 연구에 한 가지 이상의 접근을 사용할 수 있다. 사실상 한 연구에 여러 다른 접근법을 적용함으로써 과학을 하는 다양한 방식들의 상보적인 유익을 이용하는 것이 이상적이다. 물론, 질문의 성격, 체계의 규모, 사용할 수 있는 기술 때문에 우리가 질문에 접근하는 방법이 제한될 수 있다.

서술적 관찰

서술은 주로 질문을 제기하는 출발점으로서 유용하다. 일단 몇 가지 사실을 알고 있다면, 우리는 이를 어떻게 설명할 것인가를 고민한다. 과학적 통찰의 싹은 과학적인 (심지어 보통의) 관찰이 의미하는 중요한 일반화를 보는 것이다. '뉴턴의 떨어지는 사과'라는 익숙한 예가 그런 중심적 관찰의 원형이 될 수 있다.

서술은 가령 "공기 온도가 $X℃$이다."와 같이 일종의 상태를 가리킬 수 있다. 서술이 가령 "새가 날 때에는 날개를 퍼덕인다."와 같이 과정을 말하는 것일 수도 있다. 서술은 "이산화탄소의 농도가 지수적으로 증가하고 있다."와 같이 조건의 변화일 수도 있다. 관찰은 간단한 데이터로부터 사실들의 방대한 기록에 이르기까지 모두 가능하다.

관찰을 하는 것이 사실의 객관적이고 중립적인 묘사인 경우는 드물다. 우리가 세계를 바라보는 것은 우리의 문화와 경험이 제공하는 필터를 통해서이며, 우리는 관찰한 사실들을 우리가 쉽게 쓸 수 있는 기술적 수단이 강제하는 또 다른 필터를 통해 묘사한다. 탁월한 자연의 관찰자들이 몇 세대에 걸쳐 핼리 혜성을 묘사한 방식을 보자. [그림 1.1]에 몇 개의 그림이 있다. 이를 보면, 비슷한 그림이라는 점을 눈치 챌 수 있지만, 세부적인 것과 관찰을 하고 결과를 표상하는 데 사용된 기술들은 독자에게 전달되는 사실에서 차이를 드러낸다. 과학적 관찰은 우리가 생각하는 것처럼 단순하거나 객관적인 것이 아님이 밝혀졌다. 이는 관찰을 설명으로 사용하는 것이 그렇게도 어려운 이유이다.

관찰은 관찰자가 기록된 것을 설명 또는 해명하게 만든다. 가령 우리가 일련의 호수들에서 인산염과 엽록소의 농도를 측정하고 서술한다고 하자. 이 호수 관찰에서 측정을 검토하다가 영양이 풍부한 호수에 식물성 플랑크톤의 농도가 높은 경향이 있다는 짐작에 이르렀다고 하자. 이로부터 우리는 물속의 영양분 증가가 조류의 증가로 이어지는지 여부를 질문하게 된다. 따라서 서술적 관찰의 본질적 역할은 서술된 것을 설명할 수 있는 후속연구를 자극하는 것이다. 관찰된 것을 설명하기 위해 원인과 결과의 연관이 필요하지만, 그런 연관은 서술의 역량을 벗어난다.

서술은 현 상태를 평가하고 그 상태가 무슨 의미인지 알기 위한 근거로도 유용하다. 가령 음용수의 환경 감시로부터 질산염 내용물이 의미 있는 것으로 정립된 어떤 경계값을 넘어서는지 여부를 알 수 있을 것이다. 그러나 현 상태의 의미는 단순한 관찰만으로 정해지는 일은 드물다. 가령 음용수의 질산염 한계값이 무엇이 되어야 하는지 결정하기 위해서는 대개 뒤에서 설명할 다른 접근들이 필요하다.

많은 경우에 과학자들은 많은 서술적 관찰을 하고 풍부한 정보를 체계화하기 위해 복잡한 분류체계를 고안한다. 어떤 분류체계는 주기율표나 분류학적 요소들처럼 관련된 사실들의 조직된 정리에 분명히 유용했었다. 그 정리는 배후의 원리를 잘 드러내 주었다. 더 많은 분류체계는 인위적인 구성물이며, 이해를 거의 증진시키지 못하는 전문용어로 뒤덮여 있다. 가령 어떤 생태학 학파는 식물 생장의 복잡한 분류를 발전시키는 데 엄청난 노력을 기울였다. 그 분류를 사용하기 위해서는 상당한 수학적 정교화와 계산의 노력이 필요했지만, 적어도 내가 보기에는, 그 분류는 식물의 공간적 분포가 어떻게 정해지는지를 이해하는

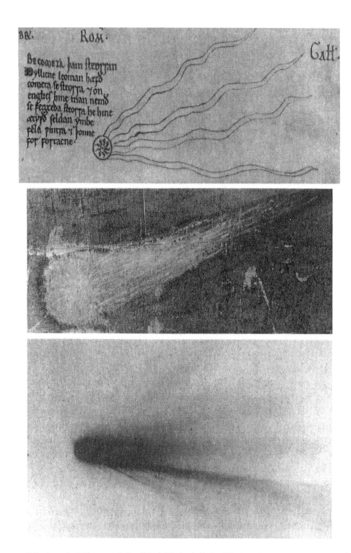

그림 1.1 혜성의 묘사. (위) 1145년에 관측된 핼리 혜성의 재현. (중간) 지오토의 프레스코 '동방박사의 축복'의 부분 상세. 스크로베니 성당(아레나 성당으로도 알려짐)에 있으며 1303~1305년에 그려짐. 다른 그림들에 있는 혜성의 모습과 방향을 맞추기 위해 뒤집어 놓았음. (아래) 1986년 3월 8일의 핼리 혜성의 사진. 유럽 남부관측소에서 촬영함
출처(위) : 트리니티 컬리지 도서관 이드윈 솔터(Eadwine Psalter)에 있는 초고 삽화
출처(아래) : Grewing, M., F. Praderie, & R. Reinhard (eds.) 7. Exploration of Halley's Comet. Springer-Verlag

데 최소한의 기여밖에 하지 못했다. 이는 이해를 증진시키는 한 가지 방식이라기보다는 복잡한 장부기록 장치였다.

　서술은 이해와 동등한 것이 아니다. 서술된 데이터는 그 자체로 관찰의 배후에 있는 메커니즘을 설명을 제시할 수 없으며, 서술된 상황을 일으키는 과정을 쉽게 해명할 수도 없다. 복잡한 서술은 그 자체만의 목표가 될 수 있으며, 진보가 이루어지는 사고로 착각하게 할 수도 있다.

조정된 실험

관찰이 일반적인 질문을 제기하고 나면, 다음 단계는 "검토되고 있는 질문은 정확히 무엇인가?"를 묻는 것이다. 어떤 사실이나 개념이나 과정을 일반적으로 '서술하거나' '검토하거나' '고찰하겠다'고 단순히 계획하는 것은 불충분하다. 호수에서 인산염 농도가 높을 때 곧잘 호수의 조류 군집이 더 조밀함을 관찰했다고 하자. 이 관찰은 다음과 같은 질문을 낳는다. "인산염 공급의 증가가 호수의 조류 밀도를 증가시키는가?" 이 질문을 어떻게 시험할 것인가?

조정된 실험은 고전적인 과학적 방법의 잘 알려진 요체이다. 이런 종류의 연구에서 연구자는 독립변인이 종속변인에 미치는 영향을 시험하기 위해 직접적인 실험방법으로 개입한다. 독립적인 또는 원인이 되는 작인이라고 가정된 변인을 특정적으로 변화시킨다. 다음으로 이러한 처리가 통제된 처리에 대비하여 종속변인에 미치는 영향을 평가한다. 조정된 실험은 잘 고안되면 특정한 질문에 대한 가장 직접적인 시험이 된다. 그런 시험은 무엇이 무엇을 일으키는지 확립하는 데 가장 가까이 간다.

교묘한 접근은 새로 발견된 유행이 아니라 고색창연한 역사를 지니고 있다. 핵심 아이디어를 만들어 냈던 사람은 프랜시스 베이컨(Francis Bacon, 1561~1626)이었다. 그는 아리스토텔레스나 연역에 의존하지 않고 경험적 관찰을 더 중시해야 한다고 탄원했다. 그러나 현대적인 의미의 실험은 대체로 갈릴레오 갈릴레이 덕분이다. 그는 측정을 하고, 현상을 분석하고, 주어진 문제를 시험을 위한 '시련'에 맡겨야 한다고 말했다. 앞에서 이미 말한 것처럼, 갈릴레오의 접근은 탐구되고 있는 사물이나 관념을 지배하는 규칙을 드러내 줄 수 있는 측정 가능한 상황을 고안하는 것이었다.

갈릴레오의 강력한 방법은 많은 추종자들에게 용기를 주었다. 그중 한 사람이 프란체스코 레디(Francesco Redi)였다. 그는 여러 다른 발견들 중에서도 자연발생이라는 흔히 믿어지던 관념이 불가능함을 실험으로 밝혔다. 가령 파리나 구더기는 유리 그릇 속에 담긴 오래된 누더기에서 자연발생으로 생겨나는 것이

조정된 실험의 예

질문	조정
질소공급이 콩의 수확을 제한하는가?	콩이 자라는 경작지에 질소의 양을 여러 가지로 다르게 한 뒤 질소의 양에 따른 콩의 수확량을 잰다.
불가사리의 포식이 조수가 있는 호수의 달팽이의 수를 통제하는가?	불가사리를 실험적으로 제거한 뒤에 호수의 달팽이 수를 재고, 불가사리가 있을 때 호수의 달팽이 수와 비교한다.
어린 새의 일생 중 어느 단계에서 어른 새의 노래를 배우는가?	어린 새의 발달과정에서 일정한 간격마다 어른 새의 노래를 들려 주고, 나중에 어른 새의 노래를 할 수 있는지 확인한다.
록 음악을 듣는 것이 독서나 수학 계산을 하는 데 방해가 되는가?	피실험자에게 책을 읽거나 수학 문제를 풀게 한 뒤 록 음악을 들려주고, 록 음악에 노출되지 않은 피실험자에 대한 결과와 비교한다.
눈보라 이후 도로에 뿌린 제설화합물의 양이 교통사고의 빈도에 영향을 주는가?	제설화합물의 양을 여러 가지로 선택한 뒤, 각각의 양에 대해 눈이 내린 뒤 고정된 기간 동안 교통사고의 비율을 기록한다.

아니라는 것이다. 그 실험은 파리에게 노출된 물질에서만 파리가 생겨난다는 것을 보여주었다. 이 실험결과는 자연이 어떻게 작동하는가에 관한 지식에서 근본적인 진보였다.

　더 최근에는 존 플랫(John Platt)이 여러 다른 사람(주로 칼 포퍼와 피터 메다워)으로부터 아이디어를 모아서 베이컨/갈릴레오의 실험적 접근의 강화된 판본을 강력하게 다시 주장했다. 플랫은 이를 강한 유추라고 불렀다. 이 과정은 보통의 경우처럼 관찰이나 현상의 서술로부터 시작한다. 그다음 우리는 현상을 생성하는 개념이나 조건의 모형을 세운다. 다음에 그 개념은 현상에 대한 가설적인 설명으로 이어진다. 그 가설이 유용하기 위해서는 조작적인 것에 의해 시험할 수 있어야 한다. 시험할 수 없는 가설들은 유용하지 않다. 왜냐하면 유추방법은 가설을 반증함으로써만 진보하기 때문이다. 우리는 어떤 질문을 '증명'하는 것이 아니라 배제에 의하여 가설을 시험하는 것이다. 그런데 바로 그것이 과학논문과 과학자들이 매우 자주 더 직접적이고 쉽게 이해되는 주장, 즉 뭔가가 '그러하다'고 말하는 대신 어떤 과학적 사실이 '반증되지 않고 있다'고 말하는 이유이다. 보통 사람들의 귀에는 진부하고 너무 길고 소심하게 들리는 그런 말은 나머지 세계에 좌절감을 안겨 준다.

과학연구의 더 비판적인 부분은 시험을 수행할 수 있는 실현가능한 방법을 고안하는 것이다. 자신만의 장난감 가설에 부적절하게 충성을 다하지 않기 위해서는 연구자가 따로따로 시험할 수 있는 몇 가지 대안적인 가설들을 만드는 것이 좋다고 플랫은 생각했다. 일단 일련의 가설들을 제거해 가면서 다른 것으로 나아가다 보면, 우리가 반증할 수 없는 것만 남게 될 것이다. 우리가 반증하지 못한 그 가설들은 지식의 실체 속으로 편입되며, 이는 그것이 새로운 관념이나 새로운 실험방법을 쓸 수 있게 된 뒤에 다시 시험되기 전까지는 그러하다. 가설은 사실에 도달하기 위한 작업 수단으로 간주할 수 있다.

물론 강한 유추를 용인하는 것으로 보이는 분야가 있다. 전형적인 경우는 분자생물학이다. 조금 생각을 덧붙인다면 물리학의 몇몇 측면과 대부분의 다른 분야들, 천문학, 고고학, 인류학, 지질학 등의 많은 질문들을 강한 유추방법을 써서 시험할 수 있다.

과학에서 빠른 진보는 강한 유추방법과 연결되어 있다고 주장하는 사람들이 있으며, 이는 틀림없이 사실이다. 그러나 다른 요인들도 여러 전문 분야가 발전하는 속도를 규정하는 데 역할을 한다. 특히 새로운 기술의 발전은 많은 분야의 과학의 확장과 큰 관련이 있다. 그런 기술상의 획기적인 발전의 잘 알려진 예는 우주기술이 천문학, 행성학, 기상학에 관한 지식에 미친 영향이다. 또한 심해잠수함의 발전이 심해저의 지질학과 생물학을 이해하는 데 새로운 창을 열어준 것도 그런 예이다. 질량분석기의 출현으로 놀라울 만큼 다양한 과학 분야에서 많은 진보가 가능해졌다. 분자생물학의 새로운 테크닉들은 생물의 분류가 이전에 받아들여진 두 가지(박테리아와 그 외의 유기체, Morell, 1997)가 아니라 실제로 세 가지라는 칼 우즈(Carl Woese)의 혁명적인 발견을 위한 문을 열어 주었다.[3] 기술이 없었더라면, 강한 유추와 가설의 시험 등의 어떤 것도 새로운 지식으로 가는 길을 열어주지 못했을 것이다. 조제프 프루턴(Joseph Fruton)은 저서 회의적 생화학자(1992)에서 자신의 분야의 발전이 아이디어보다는 테크닉에 더

---

3) 우즈는 1977년 계통학적 분류학을 통해 진핵생물류(Eucaryota) 및 진세균류(Bacteria)와 구별되는 시원세균류(Archaea)를 처음 정의했다.

많은 빚을 지고 있다고 주장했다. 그러나 우리는 다음과 같이 덧붙일 수 있다. 일단 기술을 사용할 수 있게 되면 강한 유추 접근이 새로운 방법론을 응용하여 더 많은 것을 배울 수 있는 가장 빠른 길을 마련해 준다는 것이다. 저명한 스페인의 신경생물학자 라몬 이 카할(Santiago Ramóny Cajal, 1852~1934)은 오래전에 다음과 같은 점을 지적한 바 있다. 즉, 도구들이 필수적이긴 하지만 과학적 진보를 주로 밀어붙이는 것은 영감과 고된 노동이라는 것이다. 우리가 충분한 의지와 통찰을 갖고 있다면 간소한 수단만으로도 수행될 수 있는 과학이 놀랍게도 많이 있다.

조정된 실험은 확실히 어떤 한계를 지니고 있다. 실험의 첫째 문제점은 모든 실험적 조정이 몇 가지 인공효과를 창조한다는 점이다. 우리가 창조하는 실험적 효과는 조정의 효과와 관심을 두는 변인의 효과가 연합한 결과이다. 따라서 관심을 두는 변인의 효과를 조정 자체의 부주의에 의한 효과와 구별할 수 있는 것이 결정적이다. 식물 속에 식물 성장 호르몬을 주사하는 실험에서 효과는 호르몬에 의한 것인가, 아니면 호르몬이 용해되어 있는 전달물질에 의한 것인가? 물고기가 물 밑에 사는 무척추동물을 잡아먹지 못하도록 우리를 설치하는 실험에서 기록된 효과는 포식이 줄어든 결과인가, 아니면 우리가 있기 때문에 인공효과가 만들어질 만큼 조건이 바뀐 것인가? 처리의 효과를 고립시키기 위해서는 통제된 관찰의 원리를 적용해야 한다. 여기에서 논의하는 통제는 조정 자체를 가리킴에 유의해야 한다. 나중에 이 용어를 더 넓은 의미로 논의할 것이다.

실험적 인공효과라는 쟁점은 실질적이지만 훈제청어처럼 뭔가 주의를 딴 데로 돌리는 것이다. 평소에 강한 유추를 적용하는 분야(분자생물학, 물리학)에서의 놀라운 진보는 그 걱정과 다르다. 실험하기의 인공효과는 모든 실험에 존재하지만, 그 효과는 적합한 실험 고안을 통해 극복될 수 있다. (이에 대해서는 나중에 다시 논의할 것이다.)

조정된 실험의 두 번째 문제는 자주 시간상으로나 공간상으로 상대적으로 작은 스케일과 처리조건의 제한된 범위에 국한된다는 것이다. 그 한계는 방법에 내재된 고유한 특징이라기보다는 물류 내지 자원이 제한된 결과이다. 조정된 실험을 태평양에서 수행한다면 충분한 창의성과 자원 덕분에 실험적 처리가 상당히 큰 영역까지 적용될 수 있다. IronEx 실험에서는 맨해튼 섬보다 어느 정도 더 넓은 영역의 물 표면에 철을 첨가하여 이 물에서 철이 있다는 것이 식물성 플랑크톤의 비율에 제한을 줄 수 있는지 여부를 시험한다(Martin et al., 1994). 그러나 일반적으로 조정은 시간 및 공간의 스케일에 국한되어 있다. 이러한 한계는 해양학, 지구적 변화, 천문학, 기후학, 고고학, 지질학 등의 분야의 연구에서 조정된 접근의 적용가능성을 제한시킨다. 이와 관련된 쟁점은 적절한 스케일에서 충분한 강도로 처리된 조정을 수행하기가 어려울 수 있다는 점이다. 바람 터널에서 허리케인 정도의 풍속을 만들어 낼 수는 있지만, 바람의 세기가 숲에 미치는 영향을 시험하기는 어려울 수 있다. 왜냐하면 헥타르 스케일에서 풍속의 조정은 실천적인 어려움이 많은 벅찬 작업이기 때문이다.

조정된 처리의 세 번째 한계는 감정이 있는 주체나 희귀종이나 중요한 자원을 다루는 연구문제에 윤리적으로 부적합할 수 있다는 점이다. 전쟁 상황과 같은 데에서 나타나는 높은 수준의 공포가 과제수행이나 생리학적 반응에 미치는 효과라든가, 어린이의 양육과정에서의 여러 상이한 조건들이 수행능력에 미치는 영향 같은 것은 조정되기에는 분명히 윤리적으로 난점이 많다. 마찬가지로 자이언트판다 군집을 조정하거나 식수원에 질산염을 첨가하는 것은 조정된 연구의 책임 있는 제한조건을 넘어서는 것으로 여겨질 가능성이 높다.

거대규모의 시간 및 공간에서의 문제를 다루기 위해서, 또는 윤리적 구속조건이 조정에 제한을 주는 경우에 연구자들은 조정을 포기하고 상관연구나 비교연구나 섭동연구에 의존한다. 이러한 연구 접근에서는 경험적 검증과 적합한 통제가 어쩔 수 없이 조정된 실험에서보다 제대로 잘 정의되지 않는다.

상관적 관찰

우리는 한 변인이 다른 변인에 미치는 영향(이는 과학적 질문의 본질임)을 검토하기 위해 몇 가지 종류의 조사를 수행할 수 있다. 이 조사를 통해 중요하다고 여겨지는 변인, 즉 독립변인이 측정되며, 여기에 맞추어 그 독립변인에 따라 달라진다고 추정되는 다른 변인을 측정한다. 따라서 호수의 영양분 내용물이 호수에 서식하는 식물성 플랑크톤을 결정한다는 가설을 세운다면, 여러 다른 호수에서 인산염과 엽록소를 측정하고 이 둘이 함께 변하는지, 즉 상관관계가 있는지 보게 된다. 그렇게 얻은 인산염 농도와 엽록소에 관한 데이터의 그래프는 분명히 이 변인들이 호수마다 다르다는 점을 보여줄 것이며, 인산염과 엽록소 사이의 관계를 보여줄 수도 있다.

겉모습을 통한 진리

상관관계 접근은 과학이 처음 발달할 무렵부터 적용되어 왔다. 한 예는 스위스의 의사이자 과학자였던 파라켈수스(1493~1541)가 대표적으로 주장하고 1600년대 내내 다른 사람들이 지지했던 '기호의 교리'이다. 이 교리에 따르면 약초의 모양과 표시에서 나타나는 유사성은 의학적 효능과 '관련되어' 있다. 영국의 식물학자 윌리엄 콜에 따르면, 호두는 "머리의 모양을 완전하게 가지고 있으므로 머리에 상처를

입었을 때 매우 좋고, 뇌에 유익하며, 머리를 매우 편안하게 해준다." 마찬가지로 모양이 전갈의 흔적으로 해석될 수 있는 식물은 전갈에 쏘였을 때의 치료에서 유익하다는 것이 당시의 처방 약전에 포함되어 있다.

이 관찰자들에게는 모양과 의학적 효능 사이에 상관관계가 있음이 너무나 분명했다. 그런 상관관계에 따라 결론을 내리는 것이 오늘날에도 이상하지 않다. 가령 경제 상태에 대한 칭찬이나 비판을 당시 권력을 쥐고 있는 정치인들 탓으로 돌리는 것도 그런 것이다.

기호의 교리 : 모양의 유사성에 따라 전갈의 쏘인 상처를 치료하는 데 어떤 식물을 사용할 수 있는지 알 수 있다. G. Porta(1588) Phytognomica. 이 그림은 Cornell Plantations. 1992. 47: 12에 재수록되어 있다. 이 그림의 사용을 허락해 준 코넬대학교의 코넬 농원, 식물원, 수목원, 자연지역에 감사한다.

상관적인 데이터의 해석은 모호함을 만나기도 한다. 대개 상관성은 변인들이 같은 방식으로 함께 변한다는 것을 암시할 뿐이며, 우리가 그 결과에 관심을 갖는 독립변인과 영향을 받으리라 여겨지는 종속변인 사이의 인과적 연결이 있음을 의미하는 것은 아니다. 위의 호수의 예에서, 우리가 그린 그래프가 인산염이 증가함에 따라 엽록소가 증가하는 모습을 보인다고 하자. 이로부터 어떤 결론을 내려야 할까? 혹시 식물성 플랑크톤이 영양분 공급의 증가에 반응하고 있는

것일까? 그러나 잠시 더 생각해 보면 그런 결론을 내려도 된다는 보장은 없다. 우리가 모르는 사이에 독자적인 원인 때문에 호수의 인산염의 농도와 엽록소의 농도가 둘 다 온도에 따라 변한다고 하자. 그러면 인산염과 엽록소 사이에 가정된 연결은 표피적인 것이 될 것이며, 세 번째 변인이나 심지어 그 이상의 변인들과의 관계 때문에 나타날 뿐인 것이 된다.

앞의 그래프가 사실상 인산염과 엽록소 사이에 실제로 관계가 있음을 보여준다고 하자. 그러면 그 그래프에서 인산염과 엽록소 사이의 부정적 관계는 어떻게 해석할 수 있을까? 인산염 농도의 증가가 엽록소를 감소시키는 것인가, 아니면 식물성 플랑크톤 세포의 농도가 증가하면 인산염 농도가 줄어드는 것인가? 상관적 데이터의 해석은 이런 진퇴양난에 빠지는 경우가 많다. 호수 데이터의 경우, 인산염 농도가 완전히 줄어들지 않는다면 영양분 공급이 식물성 플랑크톤의 증가를 일으킨다고 추론할 수 있다. 상관적 데이터의 해석은 모든 경우에 특별한 유의를 필요로 한다.

그러나 데이터 수집이 비교적 쉽기 때문에 상관적 접근은 매우 유용할 수 있고 자주 적용된다. 연구대상이 되는 계의 시간 스케일과 공간 스케일이 비교적 크면 조정이 가능하지 않을 수 있으므로 상관적 연구가 사용되어야 한다.

상관적 연구를 흔히 확장하는 한 가지 방법은 생각할 수 있는 모든 것을 (또는 가능한 한 더 많은 것을) 측정하는 것이다. 그럼으로써 소급하여 적용된 분석을 통해 설명을 위해 도움이 되는 상관성을 드러낼 수 있을지도 모르기 때문이다. 이는 뭔가 가치 있는 것을 찾아낼 수 있으리라는 희망을 가지고 쓰레기더미를 헤집는 것에 해당한다. 그런 접근은 엄청난 계산기법을 필요로 하는 경우가 많다. 가령 다중상관분석을 더 세련시킨 정분 및 요인분석이 그런 예이다. 이런 상관 데이터 분석은 전체적으로 분명하고 방향이 확실한 질문이 없으며 또한 (아마 그 결과로) 제시되는 대답에 모호한 해석이 포함된다는 특징을 보인다. 나의 경험으로는 그런 분석에는 상당한 통계학적 지식이 필요하며 그런 분석을 하는 데 필요한 상당한 노력을 보상할 만한 충분히 새로운 통찰을 제시하지 못하는 경우가 비일비재하다.

비교 관찰

순수한 상관적 접근을 개선시키기 위해서는, 연구되고 있는 독립변인에서 시간

가짜 상관관계

가짜 상관관계의 유명한 예들이 많이 있다. 그중 하나는 20세기 초에 미국 내 전화선 전봇대의 증가와 장티푸스 발병 감소 사이의 관계이다. 다른 예로 태양복사의 양과 뉴욕 및 런던의 주식거래 가격 사이의 관계가 있다. 또 다른 고전적인 예는 영국 잉글랜드와 웨일스에서 영국 국교도 교회에서 이루어진 결혼식의 수와 사망률 사이의 놀랍도록 밀접한 상관관계이다(그림 참조). 적어도 중립적인 관찰자가 보기에는 직접적인 관계가 있을 가능성은 희박하지만, 두 변인 사이에 관계가 있는 것으로 나타난다.

어쩌면 1926년에 언디 율(G. Undy Yule)이 보인 것처럼, 위 그림의 관계가 '과학적 사고의 보급'과 연결될지도 모르지만, 어떻게 국교도 교회 결혼식이 과학적 복잡성에 연결될 수 있을지 궁금해해야 한다. 더 무미건조하게 말하자면 상관관계가 다른 요인들에 대한 두 가지 변인, 가령 세속주의의 증가(교회에서의 결혼식이 감소)와 생활수준(사망률의 감소)의 관계에서 유도된 것일 수도 있다. 이 경우에도 유도된 변인들에 대한 그래프에서 인위적인 상관관계가 나올 수 있음에 유의해야 한다(제3장 6절 참조).

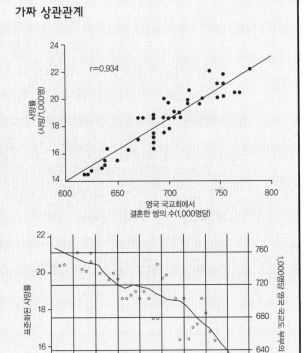

위 : 영국 잉글랜드와 웨일스의 영국 국교도 교회에서 이루어진 결혼식의 수와 사망률 사이의 상관관계(r=0.934)(제3장 3절 참조)
아래 : 사망률(원)과 영국 국교도 교회에서 이루어진 결혼식(곡선)의 시간적 추이(1866~1911년).
출처 : Yule, G. U. 1926. Why do we sometimes get nonsense-correlations between time-series? *J. Royal Statistical Soc.* 89:1-69

적인 변화나 공간적인 변화를 통해 얻을 수 있는 변이를 이용할 수도 있다. 토양 알갱이의 크기가 사상균의 생성비율에 미치는 영향을 평가하는 데 관심을 둔다면, 모래가 많은 토양과 진흙이 많은 토양에서 사상균의 집락을 배양하면 될 것이다. 호수에서 인산염과 엽록소 사이의 관계에 관한 앞에서의 질문에 답하려 한다면, 우리가 알고 있는 인산염 내용물이 다양한 일련의 호수들을 찾아서 각 호수의 물에 있는 엽록소의 양을 측정하면 될 것이다.

비교적 접근이 순수한 상관적 접근보다 우위를 지니는 까닭은 수집된 데이터가 연구 중인 독립변인의 중요성을 더 쉽사리 드러낼 수 있기 때문이다. 독립변인의 크기가 유용하게 달라지는 곳이나 달라질 때를 비교하면 된다. 처리된 값이 어느 범위를 넘어서는 곳이나 넘어설 때 측정을 선택적으로 하는 것이 아이디어이다. 그럼으로써 종속변인에서의 수반변이가 있는지 볼 수 있다.

비교연구에는 심각한 단점이 있다. 그런 연구에서는 서로 다른 장소나 시점을 대표로 처리하여 가정된 독립변인의 수치 범위를 제시한다. 이 관례 때문에 연구되고 있는 특정한 독립변인의 효과가 불가피하게 순수한 상관적 접근에서만큼이나 장소나 시점의 확인되지 않은 효과와 섞이게 된다. 이런 개연적인 섞임은 곧잘 독립변인과 종속변인 사이의 관계에 큰 변화를 초래한다. 비교연구의 데이터를 로그-로그 그래프로 그리는 경우가 많은 것은 우연이 아니다. 로그-로그 그래프는 수치가 증가할 때의 흩어짐을 극적으로 드러내 준다는 점에 주목해야 한다(제4장 참조). 그런 비교연구에서는 언제나 섞이는 변수의 영향을 설명하거나 적절하게 제거할 필요가 있다. 환경과학에서 비교연구의 한 예는 '시간에 대한 공간' 접근이라는 것이다. 벌채 후에 토령이 알려져 있는 땅의 구획별 식생을 연구하는 경우에 그런 접근이 연관된다. 여기에서 중요한 것은 시간이 흐름에 따라 유입되어 서로 대치되는 식물들의 천이를 정의하는 일이다. 그런 연구에서 시간은 식물 천이에 영향을 주는 유일한 변수가 아닐 것이다. 경사면의 차이, 토양의 종류, 구획의 크기가 섞이는 변수들이 될 수 있다.

비교연구의 또 다른 단점은 특히 여러 지역이나 여러 데이터 원천의 비교와 연관된 경우에 비교로부터 얻은 결론이 집단적인 데이터에 대해서만 타당하다는 점이다. 가령 앞의 인산염-호수의 예에서 50개의 호수들을 비교하여 호수들 전체에 대해서는 물속의 인산염이 증가함에 따라 물속의 엽록소가 증가함을 알아낼 수 있다. 그러나 어느 하나의 호수에 대해서는 그 관계가 다를 수도 있고 심지어 반대일 수도 있다. 비교연구는 유용하지만 그 결과의 해석은 연구의 단위가 집단적인가 개별적인가에 따라 용의주도하게 이루어질 필요가 있다.

섭동연구

어떤 선택적인 경우에는 시간이나 공간에 대해 교란을 일으켜서 그 교란을 통해 달라지는 변인의 효과에 대한 결론을 유추할 수도 있다. 이 접근에서는 데이터의 시간 계열이나 공간 계열을 거꾸로 추적하여 검토해야 하며, 예기치 않은 우연의 발생에 의존하기 때문에 적용성에 한계가 있다. 이 접근을 유용하게 적용하기 위해서는 섭동이 정확히 무엇을 하는지(즉, 처리가 무엇인지) 잘 알고 있어야 한다.

섭동이 다른 수단으로는 얻을 수 없는 정보를 주는 사례가 많이 있다. 거대규모의 해양학적 과정을 이해하는 데에 엘니뇨 남방진동 사건의 연구가 큰 도움을 주었다. 거대규모의 대기추동 교란이 수계지리학적인 영역에 변화를 주었고 해양 및 대륙 생태계에 주된 영향을 주었으며, 엄청난 거리에 걸쳐 사회적 및 경제적 변동을 초래했다. 1994년 슈메이커-레비 9 혜성 파편의 연구에서 얻은 주목할 만한 교란을 통해 목성의 대기과정에 관한 새로운 지식이 생겼으며, 목성의 화학적 구성에 관한 새로운 발견이 이어졌다. 피나투보 산의 융기는 대기온도의 조절에 분진이 미치는 영향에 실마리를 주었다. 이라와디(아예야르와디) 삼각주의 160km 폭의 넓은 길에서 나르지스 폭풍우가 만들어 낸 예상하지 못한 피해(13만 명의 사람들과 수만 마리의 가축들이 죽음)를 통해 해안 지구를 새우양식장과 논으로 바꾼 결과에 대한 많은 통찰을 얻을 수 있을 것이다. 이전에 이 지역에 있던 맹그로브 숲이 이 불행한 지역이 겪은 피해를 줄여주었을 것이다.

3. 연역적 과학

과학 전반을 보면 논리적으로 필연적인 관계로 서술되는 구성물들이 많이 있다. 이 구성물들을 연역적으로 사용함으로써 그 구성물들을 설정하기 위해 사용되는 공리들에 암묵적으로 들어 있는 결과를 탐구할 수 있다. 이런 체계를 항진명제체계라 부르며 복잡한 체계를 다룰 때 특히 유용할 수 있다. 복잡한 체계에서는 상호관계들이 즉시 명료하게 드러나지 않을 수 있다. 흔히 사용되는 중요한 항진명제체계들 중에는 대수학, 유클리드 기하학, 컴퓨터 프로그램 등이 있다. 그런 논리-연역적 체계는 복잡한 정보들을 조직화하며 바로 분명하지 않은 관계를 특정하도록 만들 수 있다.

항진명제체계는 일단 만들어지고 나면 관찰결과를 설명하고 통합하는 데 도움을 준다. 항진명제체계는 유용한 논리적 보조물이며 조직화하는 도구이다. 과학에서 항진명제체계의 가치는 명료한 논리를 가르치고 가능성들을 탐구하고 얻을 수 있는 정보의 함축을 고찰하는 것이다. 그런 탐구는 곧잘 복잡하고 대개 직관적이지 않기 때문에 많은 연구자들이 자신의 체계에 대한 모형을 세우고 관계를 탐구하는 데 그 모형을 이용한다. 모형은 개념적이거나 수학적이거나 물리적일 수 있다. 관건은 예측을 할 수 있는 모형(항진명제체계)을 만드는 것이며, 그 모형은 실제의 측정과 비교할 수 있다. 예측이 측정과 유사하면 아마 그 모형은 체계를 통제하는 과정을 잡아낸 것이 된다. 그렇지 않다면 모형을 수정할 필요가 있다. 모형을 만드는 사람에게 비교는 뭔가 빠진 것이 있음을 말해 준다. 이러한 접근은 여러 과학들에서 사용되어 왔으며 대개 유익했다.

모형에 대해 더 논의하기에 앞서 다음과 같은 점을 지적하고자 한다. 어떤 한 모형을 정말로 증명하기 위해서는 그 예측에 관한 모든 가능한 관찰이 이루어져야 하지만, 이것은 불가능한 작업일 것이다. 가령 어떤 연역적 모형이 모든 백조가 희다고 예측할 수 있다. 이 예측은 많고 많은 관찰을 통해 방증 내지 검증이 되었다. 유럽 전역에서 수백만의 사람들이 여러 세기 동안 흰 백조를 보았다. 사실 그 관찰들을 일반화하여 자연법칙으로 삼고 싶은 유혹이 생길 법하다. 그러나 안타깝게도 이후의 흰 백조의 관찰이 수백만 번 더해진다고 해도 이 명제를 참으로 만들지는 못할 것이다. 유럽의 탐험가가 호주에서 처음으로 검은 백조를 발견한 순간 관찰을 방증함으로써 모형을 '증명하려'는 노력은 수포로 돌아가 버렸다. 입증을 위한 관찰을 통해 '증명'을 하거나 반증을 하는 것에 관련된 어려움은 연역적 모형의 일반적인 문제이다.

잘 정립된 인과적 관계로부터 주어지는 예측과 연역적 결과의 검증 사이의 차이를 살펴보는 것이 유익하다. 조작적 실험을 통해 수분의 유입이 길을 젖게 만든다는 것을 보일 수 있다. 조작적 실험은 어떤 과정을 일반적인 방식으로 어떤 결과와 연결시킨다. 따라서 비가 온다든가 누군가 세차를 한다거나 청소차가 지나간다든가 상수도관이 터진다면 길이 젖어 있을 것이며 수분의 원천이 없다면 길이 말라 있을 것임을 예측할 수 있다. 상관연구나 비교연구는 (습한 날씨에) 거리가 젖어 있는 것이 대부분의 경우 강수와 상관되어 있음을 밝힐 수

초기의 충실한 모형들

갈릴레오는 모형 세우기를 초기부터 주장한 옹호자였다. 로시(Rossi, 1968)는 갈릴레오의 주목할 만한 단락을 다음과 같이 말하고 있다.

"나는 한 물체가 주어진 어떤 점을 향해 움직이는 것을 상상한다. 시간이 흐를수록 속도가 빨라진다. 나는 이 운동으로부터 현상과 관련된 숫자를 확실하게 증명한다. 덧붙이자면 자연스럽게 떨어지는 추의 운동에서 비슷한 현상을 경험을 통해 볼 수 있다면, 내가 앞에서 정의하고 설명한 것과 같은 운동이라고 틀림없이 주장할 수 있다."

어쩌면 '틀림없이 주장할' 수 있다는 말은 오늘날에는 좀 과장된 것처럼 들리지만, 16세기 과학자가 되려면 요령과 장사꾼 기질이 있어야 했고 겸손은 이점이 아니었다. 갈릴레오는 같은 단락에서 거의 별생각 없이 덧붙이고 있다. "만일 그렇지 않더라도 전제들에 바탕을 둔 내 증명은 그 위력에서 잃을 것이 아무것도 없다."

갈릴레오의 제자 토리첼리는 다음과 같이 덧붙인다. "나는 어떤 물체의 운동을 주어진 법칙에 따라 상상한다. 그러면 이제 나는 갈릴레오와 내가 말한 모든 것이 도출될 것이라고 말한다. 납, 철, 돌로 된 공이 예정된 방향을 따라가지 않는다면, 우리는 다른 것을 다루고 있다고 말하게 될 것이다." 분명히 가장 널리 공인된 경험주의자라도 항진명제 모형에 마음이 끌릴 수 있다.

오늘날 연역적인 모형에 대한 신뢰는 다소 덜하다. 오히려 모형 예측의 방증을 강조하는 경우가 더 많다. 갈릴레오 시절에도 모형에 대해 더 회의적이었던 과학자들도 있었다. 프랜시스 베이컨은 다음과 같이 맹렬하게 공격했다.

"어떤 사례나 경우에 관한 논쟁이 촉발되었을 때, 그 견해와 충돌을 일으킨다고 해서 자신의 이론을 수정하는 단계를 밟지 않는다. 아니 그들은 어떤 변증법적 구별이나 아니면 그것을 예외로 여기는 식으로 이론을 고집한다. 이러한 과정과 노력 전체가 근거 없다고 나는 생각한다."

아마 이것은 너무 극단적으로 연역적 과학을 배척하는 것이지만, 지금도 과학에 여전히 지속되는 논쟁의 한 단면을 잘 보여주고 있다.

있다. (수분의 다른 원천에 관해 아무것도 특정하지 않을 수 있고, 또한 비가 오고 있지 않은데도 길이 젖어 있다고 말한다고 해도 그렇다.)

강수와 젖은 길에 바탕을 둔 연역적 모형은 비가 오면 길이 젖을 것이라고 말한다. 비가 오는 동안 길이 젖어 있는 것을 관찰하면 이 모형과 맞아떨어지지만, 모형의 예측이 언제나 모든 관찰과 맞아떨어지는 것은 아니다. 비가 오지 않는 날 길이 젖어 있는 경우가 일어날 수도 있기 때문이다. 더 발전된 모형은 수분의 다른 원천을 포함시킬 수도 있다. 다른 원천은 스케줄을 예측할 수 있는 청소차일 수도 있고, 확률적인 사건으로 처리할 수 있는 상수도의 고장일 수도 있다. 더 복잡한 이 모형들은 젖은 길의 존재에 관한 더 정확한 예측을 줄 수 있을 것이다. 이와 같이 모형의 결과와 관찰된 사실 사이의 맞아떨어짐의 사례를 많이 보게 되면 모형이 그 관계의 핵심을 잡아냈다는 확신을 얻을 수 있다. 비가 오지 않았는데 길이 젖어 있는 것을 때때로 발견하게 되더라도 이 모형은 반증되지 않는다. 단지 다소 구성물이 다른 별개의 모형이 관찰과 더 가깝게 제시될 수 있음을 암시하는 것이다.

모형은 대부분의 과학 분야에서 중요했고 지금도 그런 이유가 적어도 세 가지 있다. (1) 모형을 이용하여 예측을 할 수 있다. (2) 모형은 우리가 충분히 알고 있는지 말해 줄 수 있다. (3) 모형이 충분히 좋다고 확신할 수 있다면 이를 이용해 논리적으로 금지되거나 불가능할지도 모르는 실험을 시뮬레이션할 수 있다.

예측을 위한 모형

알다시피 연역적 모형을 이용하여 예측을 할 수 있다. 일반적으로 모형의 예측적 성공은 다양하다. 모형이 성공적인 예측을 할 수 있는 능력은 모형이 예측을 통제하는 중요한 과정을 잡아내는 정도에 따라 달라진다. 국소적으로 작은 스케일의 시간과 공간에서 작동하는 다중과정의 효과를 제거하여 조건이 비교적 단순해지는 경우에는 모형이 더 잘 먹힌다. 그런 단순화의 예로는 우주여행이

중요한 예측들

뉴턴은 운동량의 법칙과 관성의 법칙을 유도하고 이를 표현하는 단순한 수학적 모형을 창안했다. 사실, 과학에서 그 부분을 정말로 시험해 보기 위한 실험은 우주공간으로 가기 전까지는 불가능했다. 그러나 뉴턴의 연역적 모형은 틀림없이 발견될 때부터 1960년대까지 유용했다.

이론물리학과 우주론에서 아인슈타인의 예측을 생각해 볼 수 있다. 에너지와 질량의 상호변환, 빛의 속도, 중력의 효과를 다루는 이제는 익숙해진 수학적 모형에 기초를 둔 그 예측은 별에서 나온 빛이 태양을 지나칠 때 1.75초의 각만큼 휘어져야 한다는 것이다. 이 예측은 1920년 개기일식 동안 다이슨과 그의 동료들의 실제 관측을 통해 입증되었다.[1] 그 데이터는 1.98초의 각만큼 휘어짐을 보여주었다. 25% 이내의 일치는 충분히 가까운 것으로 여겨졌다. 과학자들

을 포함하여 사람들은 아인슈타인의 예측이 참이기를 정말로 바라는 것처럼 보였다. 자기충족인 예언의 요소가 있었다. 다이슨과 그의 공저자들은 몇 가지 데이터 결과가 아인슈타인의 예측과 잘 맞지 않는 것을 제거할 수 있는 논변을 만들어 냈다. 다행히 상대성이론에 따른 다른 여러 가지 예측들이 독립적인 관찰과 잘 맞았기 때문에 더 방증되었고, 그럼으로써 그 유도된 이론이 타당하다는 확신을 강화시켰다.

그러나 더 강력한 결과는 예측의 입증에 덧붙여 다른 대안이론이 아무것도 등장하지 않았다는 것이다. 따라서 상대성이론은 지금도 다른 모형에서 생겨나는 대안적인 가설들로 반박되거나 대치되지 않고 있다.

1. Dyson, F. W., et al. 1920. *Philos. Trans. Roy. Soc. Lond.* 220:291-333.

나 지구적 스케일의 예측이 있다.

공학자들은 우주선의 위치, 경로, 속도 등에 관해 놀라울 만큼 정확한 예측을 할 수 있다. 그렇게 할 수 있는 이유는 이 문제가 마찰이 없는 허공에서 몇 개의 물체들의 질량과 관성과 가속도 사이의 관계에 관한 잘 정립된 과학적 원리들의 비교적 단순한 집합과 관련되기 때문이다. 따라서 비록 대단한 양의 기술적 노하우가 필요하긴 하지만 그런 예측은 비교적 쉽다.

해양물리학자는 대양순환의 모형들에서 상당한 확신을 갖고 있다. 그런 모형들을 사용하여 해수면 파고와 같은 변인들을 놀라울 만큼 정확하게 예측할 수 있다. 위성에서 실제로 측정한 해수면 높이의 변동지도(그림 1.2의 아래쪽 지도)와 모형 시뮬레이션으로 만들어 낸 지도(그림 1.2의 위쪽 지도)를 비교해 보면 매우 좋은 일치가 나타난다. 이런 지도들은 대단히 인상적이다. 높이 측정에서의 차이는 수 센티미터에 불과하지만 이 데이터는 수 킬로미터의 지구적인 스케일에 적용된다.

두 가지 사항을 덧붙일 필요가 있다. 먼저 해수면 파고의 모형 예측은 더 큰 패턴을 잡아내는 데 매우 훌륭하다. 모형 예측과 측정 사이에 놀랍고 인상적인 대응이 있다. 그러나 지구의 어떤 영역에서 이 모형은 불완전하며, 해수면 파고의 예측은 어떤 영역에서 수십 센티미터 이상 벗어나기도 한다. 따라서 이 모형이 유도된 지구적 공간 스케일에서조차 이 모형은 뭔가 지배적인 과정을 놓쳐 버린다.

둘째, 해수면 파고의 모형 예측이 폭풍우가 몰아치는 바다 위의 어느 한 지점에서 10~30미터를 넘나드는 배의 수직 방향 오르내림을 정확히 예측한다는 것은 거의 있기 힘든 일이다. 앞에서 비교연구의 함축의 집단적 수준과 개별 수준을 다루면서 이미 비슷한 문제를 논의한 바 있다. 모형은 파고에 국소적인 변화를 일으키는 과정들(국소적인 바람, 파도, 작은 파면 등)을 포함하지 않을 뿐이다. 이 사례에서 파고의 국소적인 변이가 모형에 포함된 과정이 지역적으로 일으키는 거대 지구규모의 변화보다 훨씬 더 클 수도 있다. 게다가 [그림 1.2]의 모형 예측은 수년 동안의 기간에 걸친 평균에 적용되도록 기획된 것이기 때문에 그 모형 예측은 재난에 빠진 우리의 가엾은 선원들이 측정할 만한 시간 스케일과는 다른 시간 스케일에 적용된다. 이 사례의 모형 예측은 어떤 (더 큰 지역과 더 긴 기간의) 공간과 시간의 스케일에서 다른 공간과 시간의 스케일에서보

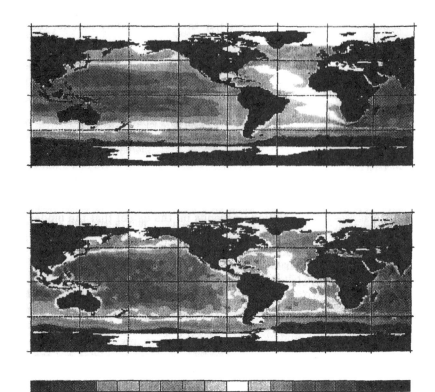

-160 -140 -120 -100 -80 -60 -40 -20 0 20 40 60 80 100 120 140 160

해면 높이(cm)

그림 1.2 세계 해양의 해면 높이의 등고선 지도. 위는 지구물리학적 모형에서 계산한 것이고, 아래는 TOPEX/POSEIDON 인공위성에서 1993~1994년에 관측하여 수집한 데이터에서 측정한 것이다.
출처 : D. Stammer & R. Tokmakian, in Semtner (1995). Modeling ocean circulation. *Science* 269:1379~1385에 있는 지도에서 수정함

　　다 더 적합하다. 더 작은 지역과 더 짧은 기간의 스케일에서의 효과를 포함하기 위한 모형들을 구성할 수도 있다. 그런 모형들은 훨씬 더 복잡하며 현재 가능한 것보다도 더 많은 계산시간이나 배경지식을 필요로 할 수도 있다.

　　기상학 모형들은 지구 전체를 다룰 때 더 훌륭하기도 하다. 계절상의 거대규모 예측은 훌륭하다. 엘니뇨-남부해양 진동이라 부르는 대기현상이 멀리 떨어진 지역 스케일에서 대체적인 기상의 변화와 어떻게 장거리로 연관되는지는 예측가능한 것으로 보인다. 지구온난화의 몇몇 세부사항에 관해서는 불일치가 있지만 지역 온도를 예측하는 모형은 잘 수행된다. 하지만 다른 한편에서는 잘 알

려져 있듯이 더 국소적이고 더 작은 공간의 스케일에서는 기상예측의 신뢰성이 떨어진다. 이는 스케일이 작아지면 설명되지 않는 변인들이 많이 작동하게 되며 예상하지 못한 우발성이 기상에 추가되기 때문일 것이다.

환경과학자들은 곧잘 이론적 모형을 구성하는데, 이는 개념적인 것에서 수학적인 것까지 걸쳐 있다. 가령 수력학자나 해양물리지리학자는 모형을 사용하여 그들의 지식을 종합하고 발전시키는 데 늘 앞서 있었다. 대기과학에서는 흔한 일이지만, 방파제에서나 바다에서 물의 운동은 국소적이거나 단기간의 비균질성이 덜 중요한 충분히 큰 지역 스케일에서는 모형을 통한 대략의 예측이 가능하다. 이러한 환경 모형들은 기상학 모형과 거의 마찬가지로 더 작은 국소적 스케일에서의 예측에서는 덜 성공적이다.

현상을 대개 국소적 스케일에서 접근하는 생태학 같은 분야가 있다. 생태학에서의 모형연구는 혼합된 결과를 보여 왔다. 어떤 것은 실제 데이터에 상당히 가까운 모형 예측을 할 수 있을 만큼 밑에 깔린 통제요인을 어느 정도 파악하고 있다. 주로 많은 경험적 데이터에 비추어 완벽하게 확인되어 있는 잘 정의된 메커니즘에 바탕을 둔 경우이다. 이런 것에는 대니얼 보트킨과 그의 동료들이 중심이 되어 만든 모형이 있다. 이들은 숲에서 나무들의 역사를 서술하며 다양한 지구적 및 국소적 변화에 반응하여 식생이 어떻게 달라지는지 서술하는 모형을 성공적으로 사용하고 있다(예 : Botkin & Nisbet, 1992 참조). 그런 모형들은 숲의 관리와 계획에 유용한 정보를 제공한다. 다른 성공적인 모형화 노력으로 도미니크 디 토로와 그의 동료들의 연구가 있다. 이들은 수중 조류의 성장을 여러 가지 생물학적·화학적·수력학적 성질들로 서술할 수 있었다(그림 1.3, Di Toro et al., 1987 참조). 이런 모형들은 수질관리에 이용되어 왔으며, 자연해안수에서 식물성 플랑크톤의 성장을 좌우하는 과정들의 기본적인 이해에 도움을 주었다.

생태학에서의 많은 이론적 모형들은 앞에서 언급한 두 가지 사례에 비하면 물류 군집 성장, 영양 수준, 니치, 먹이그물, 경쟁적 배제 등과 같은 대단히 일반적 원리들에 바탕을 두어 왔다. 이 원리들은 큰 척도에서 간신히 경험적으로 잠정 입증된 항진명제들이다(Peters, 1993; Hall, 1988). 앞 단락에서 서술한 삼림 모형이나 플랑크톤 모형이 경험에 토대를 두고 있는 것과 달리 이 원리들이 비조작적인 이론적 개념들 위에 구성되어 있기 때문이다. 이러한 이론적인 노

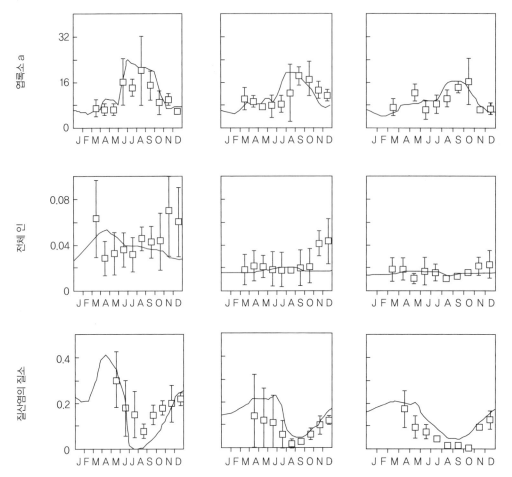

그림 1.3 미국 이리 호의 세 분지의 표층수에서 여러 가지 변수에 대한 모형 예측(실선)과 측정된 데이터의 비교
출처 : Di Toro, D. M. et al. (1987). A post audit of a Lake Erie eutrophication model. *J. Great Lakes Res.* 13:801-825

력은 많은 논쟁을 촉발했지만 별로 발전은 없다.

모형이 최근에 과학 공동체에서만이 아니라 대중적인 장에서도 마땅히 그럴 만한 주목을 받은 한 영역이 지구대기변화를 이해하기 위해 대기 모형을 사용한 것이다. 소수의 대기과학자들이 그 모형에 회의적이긴 하지만 (그리고 그들의 목소리가 강력한 정치적 및 경제적 관심을 가진 다른 사람들에 의해 증폭되고 있지만), 지구적 대기과학 공동체에서는 점점 더 동의를 얻어가고 있다. 지구적인 대기변화의 쟁점들에 관한 연구를 위해 사용되어 온 상세하고 복잡한 모형들에 대한 확신은 기후변화에 관한 정부간 협의체(IPCC)의 보고서와 모형의 예측을 실증적 측정에 비교하는 시뮬레이션을 통해 얻은 결과를 통해 보증을 받았다. 그 보고서에는 모형의 구조와 기획이 상세하게 제시되어 있다 (Randall et al., 2007, 그림 1.4 참조).

가능한 지구온난화 시나리오들을 평가하기 위해 이용되는 대기-해양-대륙의 결합 모형은 매우 복잡한 구조로 되어 있으며 지구대기에 걸친 온도 조절과 관련된 많은 주요 변인들이 포함되어 있다. 이 모형들은 관련 분야의 매우 많은 과학 전문가들이 공동연구를 통해 얻은 결과이며, 근본적으로 지구대기의 작동에 대해 현재의 과학에서 가능한 최선의 노력이다. 그런 모형화의 결과(그림 1.4)는 경험적으로 측정된 지구대기의 온도의 시간적 추이와 비교할 때 분명한 증거를 보여주고 있다. 지구대기의 온도의 다년간 시간 추이를 '자연적인' 영향 (화산이나 태양)의 효과만 포함시켜 모형으로 예측하면 측정된 온도의 이동에

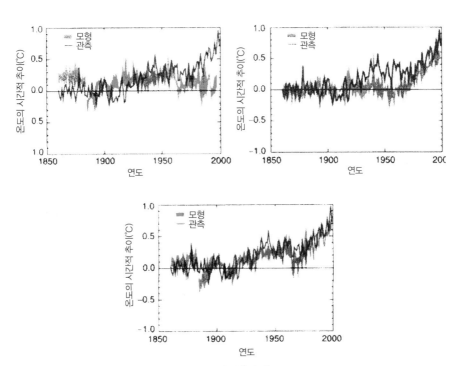

그림 1.4 온도의 시간적 추이에 따른 모형과 관측의 비교

왼쪽 위 : 자연 현상(태양, 화산)의 영향을 포함한 모형

오른쪽 위 : 온실가스 증가와 같은 인간 활동에 의한 영향을 포함한 모형

아래 : 자연 현상과 인간 활동에 의한 영향 모두를 포함한 모형

출처 : McCarthy et al. (2001)

경험과학에 문제가 있는 기여를 했던 생태학의 몇 가지 모형

가우제의 원리

대부분의 생태학 교과서에 모두 나와 있는 기본 개념 중 하나는 같은 니치를 사용하는 종은 공존할 수 없다는 것이다. 이것은 많든 적든 가우제[4]의 원리에 있는 생각이다. 이에 따르면 하나의 니치 안에는 단 하나의 종만 살아남을 수 있다. 이 원리의 토대에 관해 많은 이론적 탐구가 이루어졌다. 이 생각에 있는 한 가지 난점은 '니치'라는 말의 정의에 동의하는 생태학자가 별로 없다는 점이다. 나의 동료인 스튜어트 헐버트(Stuart Hurlbert)는 생태학 문헌에서 '니치'라는 개념에 대해 최소한 27개의 정의를 찾아냈다. 가장 널리 받아들여지고 있는 이블린 허친슨(G. Evelyn Hutchinson)의 정의를 사용한다면, 니치를 'N차원 초공간'으로 생각할 수 있다. 여기에서 차원은 어느 종의 생존이 가능한 환경을 규정하는 변인들의 수(N)이다.

따라서 가우제의 원리를 반박하려면 하나의 니치 안에 둘 이상의 종이 존재함을 보여야 할 것이다. 여기에서의 난점은 다음과 같이 설명할 수 있다. 가령 12개의 변인(온도, 먹이 공급, 포식자의 수, 둥지의 위치 등)에 대해 A라는 종과 B라는 종 사이에 니치의 차이가 없음을 증명하려고 해보자. 우리는 여전히 원리를 반증할 수 없다. 왜냐하면 여전히 다른 변인에 대해 차이가 있을 수 있고, 원리는 N개의 변인이 관련된다고 말하고 있기 때문이다. 따라서 이 개념은 실제상으로는 결코 반증할 수 없다는 점에서 조작적 개념이 아니다.

게다가 이 생각이 옳지 않음을 보이기 위해 얼마나 많은 겹침이 있어야 하는지에 대한 구체적인 정의가 없다. 주어진 자원을 50% 또는 5% 공유하는 종들은 겹치는 것인가, 아닌가? 어떤 의문을 시험하려면 쟁점의 정의가 명시적이어야 하며, 개념들은 조작적이어야 한다. 가우제의 원리의 사례에서는 어떤 조건도 충족되지 않는다. 따라서 이 원리에 따라 만들어진 이론이 대개

논쟁적이었으며 이 분야에서의 진보가 그다지 명료하지 않았다는 사실은 놀라운 것이 아니다.

시간 안정성 가설

해양저의 여러 위치에서 얻는 데이터를 통해 한 부분으로부터 다른 부분까지 종 풍부도에 주목할 만한 범위가 있음을 알 수 있다. 1960년대 말에 많은 연구자들이 종 풍부도의 범위는 시간 안정성 가설이라 부르는 개념을 통해 설명할 수 있다고 주장했다.

가우제의 원리로부터 종은 같은 니치 안에 공존할 수 없기 때문에 지질학적 시간이 흐르는 동안 살아남는 종은 특화되면서 시간이 흐름에 따라 니치를 분할하는 경향이 있을 것이다. 환경이 상대적으로 온화한 곳에서는 점점 더 많이 특화되는 것이 위험요소가 되지는 않을 것이다. 가령 특화된 포식자의 어느 종이 상대적으로 희귀한, 먹이가 되는 종을 찾는 데 크게 의존할 수 있다. 환경이 상대적으로 더 심각한 경우에는 덜 특화된 종일수록 살아남을 수 있을 것이며, 따라서 장소마다 동물군을 구성하는 종들이 더 적어질 것이다.

시간 안정성 가설의 바탕에 있는 논증은 합리적인 것처럼 보인다. 또한 이를 과학이론으로 만들기 위해서는 이를 반증하려 해볼 수 있다. 시간 안정성이라는 생각을 어떻게 반증할 수 있을까? 지질학적 시간 동안 특화나 종 풍부도가 증가하는 것과 관련된 부분을 시험하는 것은 어려운 일이다. 지질학적 기록은 다른 분류군마다 다르게 보존되며, 특화는 보존될 수 있는 핵심 부분과 상관관계를 갖지 않을 수도 있다. 최근의 물밑에 사는 무리를 검사해 보고 종이 풍부한 동물군이 상대적으로 더 특화된 형태를 포함할 수도 있는지 확인할 수도 있다. 이 관계를 시험하려는 노력은 헤아릴 수 없는 효과 때문에 방해를 받는다. 먼저 어느 한 장소에서 하나의 분류 집단이 더 특화되어 있는 반면 다른 분류 집

---

4) 게오르기 가우제(1910~1986)는 러시아의 생물학자로서 생태학에서 근본적인 경쟁적 배타원리를 제안했고, 항생물질 연구로 널리 알려져 있다.

단은 안 그럴 수도 있다. 둘째, 무엇인가가 여하튼 특화되어 있다고 어떻게 결정할 수 있을까? 한 종은 매우 복잡한 생식활동을 보이면서도 일반화된 생식 부분은 유지할 수도 있다.

따라서 아이디어의 시험은 남아 있는 외부 압력과 관련된 측면에 초점을 맞추어야 한다. 그러나 무엇인가가 외부 압력을 받는다는 것은 어떻게 알 수 있을까? 외부 압력이 없다는 증상을 통해서? 이것은 전형적인 항진명제이다. 이를 어떻게 반증할 수 있을까? 연구자들은 외부 압력이라는 관념을 조작적인 것으로 만들려고 부단히 애써왔다. 가령 염도나 온도의 변이가능성은 동물군에 대한 외부 압력에 일종의 대용물이 된다. 이는 상당한 정도의 믿음의 도약을 필요로 한다. 그러나 그 가정을 옳다고 받아들인다 해도 그 생각을 입증할 수 있는 결과는 없다.

군서–보충 모형

앞의 두 예는 개념적인 모형이다. 군서–보충 모형의 경우는 엄밀한 유도를 통해 제대로 된 수학적 구성물을 다루고 있다. 리커(W. E. Ricker)와 그의 동료들은 수

십 년 동안 전 세계의 어업을 조절하는 데 이용할 수 있는 일련의 방정식들을 발전시켰다. 이 개념은 대단히 매력적이었다. 왜냐하면 어류 군서를 배양하는 것이 가능할 뿐 아니라 군서배양을 이용하여 수확량을 최대로 하면서도 지속가능한 개체군을 유지할 수 있도록 만들수 있기 때문이었다.

여기에서는 두 가지 논쟁적인 쟁점만 살펴볼 것이다. 첫째, 이 모형들은 개체군의 성장이 물류방정식으로 서술된다는 데 기반을 두고 있다. 이 자리가 물류방정식의 상세한 성질들을 검토하는 자리가 아니지만, 물류방정식이 일종의 항진명제라는 점을 지적하는 것으로 충분하다. 홀(Hall, 1988)은 상당한 노력 끝에 현장 개체군에서도 물류방정식을 따르는 성작에 대한 증거는 찾을 수 없다는 결론을 내렸다. 둘째, 이 모형들은 군서와 보충 사이의 관계를 보여주는 곡선을 예측하고 있는데, 이는 어업의 수확 데이터와 비교하여 볼 수 있다(그림 참조).

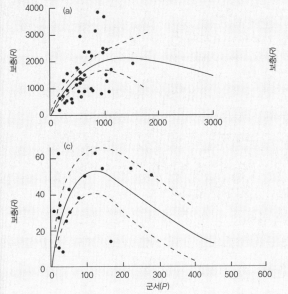

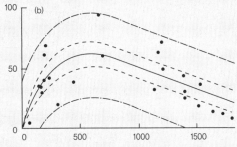

이 그림의 데이터에서 모형이 옳다는 것을 입증하기 위해서는 군서–보충 곡선들을 단단한 마음으로 믿는 상상력이 필요하다.

서 상당히 벗어나 있다(그림 1.4 왼쪽 위). 모형에 인간이 만들어 낸 영향들(온실가스의 증가)만 포함시키면, 예측이 측정된 값과 비교하여 최근에 더 잘 맞아떨어진다. 하지만 훨씬 더 옛날로 가면 잘 맞아떨어지지 않는다(그림 1.4 오른쪽 위). 모형에 자연적 영향과 인간이 만들어 낸 영향을 모두 포함시키면 측정된 데이터와 매우 잘 맞아떨어짐을 분명하게 알 수 있다(그림 1.4 아래).

경험에 바탕을 둔 모형이 최상의 예측을 하는 경우(그림 1.3)에서조차 모형 예측은 일반적인 방식으로만 측정된 데이터와 맞아떨어진다. 실제의 데이터와 아주 세세한 부분까지 맞는 모형은 없다. 더 잘 맞아떨어지려면 탐구대강이 되는 특정 계에 관해 속속들이 더 많은 것을 포함시켜야 할 터인데 그렇게 되면 다른 계들에도 적용할 수 있는 모형으로서는 덜 흥미롭게 될 것이다. 모형을 세우는 데에는 불가피한 구속요건이 있다(Levins, 1966). 모형이 동시에 정확하고 실제적이고 일반적인 경우는 매우 드물다. 따라서 우리는 어떤 면을 강조하려고 하는지 선택해야 한다. 후자의 핵심은 일반적으로 나타나는 개념일 것이다. 가령 인쇄소의 광고판에서 그런 예를 볼 수 있다(Day, 1994).

> 가격
> 품질
> 서비스
> (이 중 두 가지를 선택하세요)

숲과 식물플랑크톤의 모형의 경우에는 실재성(컨트롤과 과정이 포함됨)이 가장 중요하며, 적당한 정확성을 얻어야 하지만(그림 1.2, 1.3), 일반성은 포기된다(이런 모형들을 사용하기 이해서는 국지적인 데이터가 아주 많아야 하는데, 그 결과 국지적으로는 의미가 있지만 다른 지역에 적용하는 것은 어렵다). 지구온난화 모형에서는 모형들이 일반적인 경향을 합리적으로 기술할 수 있게 해주지만 특정 시각마다 또는 지표면 위의 특정 지역에 대해 정확히 변인들을 규정해 주지는 못한다. 이런 모형들은 많은 국소적인 데이터들을 통합하고 융합시켜 거대규모의 상을 제시해 준다.

교육 도구로서의 모형

모형이 유익한 또 다른 방식은 우리가 충분한 지식을 갖추고 있는 확인할 수 있는 장치로서이다. 모형은 탐구 중인 대상에 대한 관점에서 충분한 정보를 포함시켰는지 말해 준다. 앞에서 본 것처럼 갈릴레오는 이런 방식으로 모형을 사용했다. 다만 너무 확신을 가지고 그랬던 것 같다.

연역적 모형은 우리가 알고 있는 것의 정돈으로 볼 수 있다. 따라서 모형이 실제의 측정과 일치하지 않는 예측을 한다면 모형을 세우는 사람은 빠진 요소가 무엇일까 상상해 보게 된다. 해답을 금세 찾아내는 일도 있고 평범한 답일 수도 있다. 그런 경우에는 모형의 산출물과 실제 데이터를 비교하는 것이 지식의 발전을 가져오며, 우리는 포함시킬 필요가 있는 것이 무엇인지 배우게 된다.

그러나 많은 경우에 빠진 요소를 밝혀내기가 어렵고 덜 분명할 수도 있다. 자연의 예측불가능하고 끈질기게 비밀스러운 다양성을 확인할 수 있는 좋은 예가 있다. 몇십 년 전 로렌스 슬로보드킨은 담수 히드라 군집에 먹이 공급이 어떤 영향을 미치는지 연구하고 있었다. 그의 군집 모형은 먹이 공급이 줄어들수록 히드라 군집이 굶주림에 노출될 것이라는 사실을 정량적으로 반영하고 있었다. 그러나 히드라가 얻을 수 있는 먹이가 얼마나 부족해야 하는지에 대한 구체적인 해를 예측할 수 있는 모형은 없었다. 먹이 공급이 특정한 부족 수준에 다다르면 히드라는 조그마한 거품을 만들어서 여기저기 떠다니면서 아마 먹이 공급이 더 풍부한 곳을 찾아다니는 것 같았다. 어떤 모형이나 어떤 종류의 항진명제로도 그와 같이 이전에 볼 수 없던 메커니즘의 결과를 예측할 수 없다. 왜냐하면 항진명제는 그 안에 모든 것이 담겨 있어야 하기 때문이다.

다른 한편, 위에서 말한 것처럼 어떤 환경적 모형들은 충분히 복잡성을 잡아내어 실제 데이터에 가까운 예측을 할 수 있다(그림 1.3 참조). 이 모형들은 시행착오의 방식(또는 단계별 방식)으로 개발되었다는 특징이 있다. 시뮬레이션 과정과 실제 데이터와 비교하는 과정이 반복됨에 따라 더 많은 항이 추가된다. 또한 교육과정의 최종 목표는 상대적으로 복잡한 상호작용 관계에 대한 모형이라는 특징이 있다. 따라서 이 모형들은 내부 데이터가 실질적이어야 할 뿐 아니라 실제 데이터와 많이 비교해야 한다.

현상을 통제하는 과정들을 탐구하고 그 메커니즘을 밝히는 데에는 복잡성이 커진다는 것이 문제가 될 수 있다. 예측을 할 수 있게 해주는 복잡한 모형에 여러 가지 가능한 조절이 너무 많아서 데이터와 맞지 않는 부분만으로는 모형에서 무엇이 빠져 있는지 확정적으로 밝힐 수 없는 경우도 있다. 최소한 연구목적을 위해서는 중간 정도의 복잡성을 가진 메커니즘에 기반을 둔 모형이 가장 유용할 것이다. 이 중간 모형들은 경험 데이터의 주된 특징들을 잡아내면서도 해결책이 여러 개 나오지 않을 만큼 간단할 수 있다.

실험 도구로서의 모형

많은 경우에 질문을 탐구할 수 있는 방식에는 심각한 제한이 있다. 이런 점에서 현대적인 컴퓨터의 도움을 받는 모형이 매우 중요하다. 세계 전체 대기에서 이산화탄소의 농도가 증가하고 있는가, 해수면의 높이가 얼마나 높아졌는가, 특정의 지질학적 시대에 주변 온도가 감소했는가 등의 문제는 시뮬레이션을 하는 모형을 통해서만 다룰 수 있다. 여기에서는 연역적 모형이 질문을 시험하는 시뮬레이션의 기초가 된다. 모형이 시뮬레이션하는 것이 실재를 표상한다는 믿음을 확고하게 가져야 한다는 점은 분명하다.

특정의 문제들을 시험하기 위해 컴퓨터 모형을 사용하는 시의적절하고 근본적으로 중요한 예로서, 앞에서 언급한 것처럼(그림 1.4) 전지구적으로 관측되는 온도의 상승 뒤에 있는 원인이 자연적인 것인지 아니면 인간에 의해 비롯된 것인지 평가하는 문제가 있다. 이는 모형이 다른 방법으로는 접근할 수 없는 문제를 강력하게 평가하며, 과학자와 정치가들과 일반 시민에게 모두 관심이 되는 근본적인 문제에 대한 답을 주는 도구의 역할을 하는 사례이다.

참고문헌 및 더 읽을거리

Anderson, B. F. 1971. *The Psychology Experiment*, 2nd ed. Brooks/Cole.

Bacon, Francis. *Redargatio Philosphiarum*. P. 582 in Ellis, R. L., J. Spedding, and D. D. Heath (Eds.), 1887–1892. *The Works of Francis Bacon*, vol. 3.

Botkin, D. B., and R. A. Nisbet. 1992. Projecting the effects of climate changes on biological diversity of forests. Pp. 277–293 in Peters, R. L., and T. E. Lovejoy (Eds.), *Global Warming and Biological Diversity*. Yale University Press.

Cochrane, E. 1973. *Florence in the Forgotten Centuries 1527–1800*. University of Chicago Press.

Comet Shoemaker-Levy 9 (nine articles). 1995. *Science* 267:1277–1323.

Day, R. A. 1994. *How to Write and Publish a Scientific Paper*, 4th ed. Oryx Press.

Di Toro, D. M., N. A. Thomas, C. E. Herdendorf, R. Winfield, and J. P. Connolly. 1987. A post audit of a Lake Erie eutrophication model. *J. Great Lakes Res.* 13:801–825.

Fruton, J. 1992. *A Skeptical Biochemist*. Harvard University Press.

Hall, C. A. S. 1988. An assessment of several of the historically most influential theoretical models used in ecology and of the data used in their support. *Ecol. Model.* 43:5–31.

Levins, R. 1966. The strategy of model building in population biology. *Am. Sci.* 54:421–431.

Levy, D. H. 1995. *Impact Jupiter. The Crash of Comet Shoemaker-Levy 9*. Plenum Press.

Martin, J. H., et al. 1994. Testing the iron hypothesis in ecosystems of the equatorial Pacific Ocean. *Nature* 371:123–129.

McCarthy, J. J., O. F. Canziani, N. A. Leary, D. J. Dokken, and K. S. White. 2001. *Climate Change 2001: Impacts, Adaptation, and Vulnerability*. Cambridge University Press.

Morell, V. 1997. Microbiology's scarred revolutionary. *Science* 276:699–702.

Peters, R. H. 1993. *A Critique for Ecology*. Cambridge University Press.

Ramon y Cajal, S. 1951. *Precepts and Counsels on Scientific Investigation: Stimulants of the Spirit*. Translated by J. M. Sanchez-Perez, edited and annotated by C. B. Courville. Pacific Press Publishing Association.

Randall, D. A., et al. 2007. Climate models and their evaluation. In Solomon, S., et al. (Eds.). *Climate Change 2007: The Physical Science Basis. Contribution of the Working Group I to the Fourth Assessment Report of the Intergovernmental Panel on Climate Change*. Cambridge University Press.

Rossi, P. 1968. *Francis Bacon: From Magic to Science*. University of Chicago Press.

Sorenson, W. C. 1995. *Brethren of the Net: American Entomology 1840–1880*. University of Alabama Press.

Spencer, J. R., and J. Mitton. 1995. *The Great Comet Crash. The Impact of Comet Shoemaker-Levy 9 on Jupiter*. Cambridge University Press.

Watson, R. T., et al. 2001. *Climate Change 2001: Synthesis Report. Contribution of Working Groups I, II, and III to the Third Assessment Report of the Intergovernmental Panel on Climate Change*. Cambridge University Press.

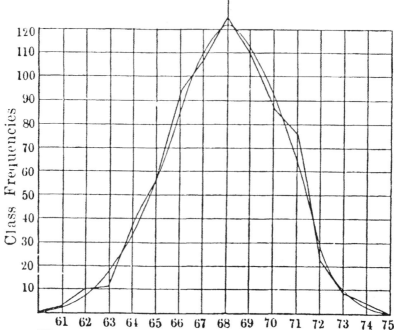

FIG. 1 Showing frequency polygon and free-hand frequency curve of the distribution of heights of men in Example 3.

종 모양 도수분포로 데이터를 나타낸 매우 초창기의 예. 데이터는 히스토그램으로 가장 잘 나타낼 수 있다.

출처 : Rietz, H. H. 1927. *Mathematical Statistics*. Open Court에서 허락을 받고 게재

제 2 장

과학 데이터의 구성요소와 문제의 시험

1. 데이터의 종류

2. 정확성과 정밀성

3. 도수분포

4. 서술통계학

5. 분포와 자료변환

6. 가설의 검정

연구를 어떻게 행하는지를 다루기 전에 몇 가지 과학연구의 요소들에 대하여 이야기할 필요가 있다. 여기에는 어떤 종류의 데이터를 우리가 찾아야 하고, 데이터의 정밀성과 정확성은 무엇을 의미하며, 데이터의 성질이 어떻게 도수분포에 의해 드러나게 되는지 등도 포함된다. 그리고 뒤에서의 논의에 유용한 서술통계학도 이야기할 필요가 있다. 데이터를 다루는 데 중요한 점들을 모두 검토하고 난 뒤에는, 관심 있는 의문을 시험하는 방법에 대하여 살펴볼 것이다.

1. 데이터의 종류

이제까지 우리는 변인이라는 것이 무엇인지 정의하지 않은 채 언급해 왔다. 이 책에서 변인은 변화에 종속된 특성으로 정의한다. 이것은 너무 일반적일 것이다. 아마 '샘플에 대한 측정에서 변화할 수 있는 특징들'이라고 좁혀볼 수 있을 것이다.

우리는 데이터를 수집하면서 "그 변인의 값은 무엇인가?"라고 묻는다. 강수량, 나뭇잎 수, 신장, 등수, 풍속, 토양내 질소 대 탄소의 비율, 해수의 몰리브덴 함량, 머리색, 전기저항이 모든 것은 변인의 예이다. 각각은 우리가 관찰하고 측정하는 데 따라 특정 값을 갖는다.

앞에서 언급했던 변인의 항목들을 생각한다면, 변인의 종류가 다르다는 것이 명백해질 것이다. 항목들은 다소 다른 특성을 가지는 아이템을 포함하고 있는 것으로 보인다.

명목 데이터

명목 데이터는 양적인 특성을 부여할 수 없는 데이터이다. 오히려 이 데이터는 분류, 범주 혹은 속성으로 간주될 수 있다. 식물 종, 머리색 종류, 출신국가 혹은 대상의 생사여부를 기록하는 것이 이러한 데이터의 사례들이다.

명목 데이터는 관찰과 빈도가 결합되어 양적으로 조사되기도 한다. 이 부류에 들어가는 데이터는 열거 데이터라고 한다. 예를 들면, 유전실험에서 완두콩은 둥근 것과 주름진 것으로 분류할 수 있고, n개의 식물 샘플에서 각각의 분류에 속하는 개수를 특정 교배양상으로부터 예측할 수 있다. 이러한 부류의 빈도는 제3장 4절에서 논의된 방법과 비교될 수 있다.

순위 데이터

순위 데이터 또는 순서 데이터는 분류에서 계층을 반영한다. 즉, 순서나 순위가 매겨져 있다. 어린 새의 출생순서, 뽐내는 사자들 간의 사회적 위치 등이 그 사례이다. 이 형태의 데이터 순위는 순위 1과 순위 2의 차이가 순위 3과 순위 4 사이의 차이와 같다거나 비례한다는 것을 의미하지는 않는다.

측정 데이터

관찰의 가장 일반적인 유형이 측정 데이터이다. 이 데이터는 수치화되는 값으로 나타나며 측정값들의 간격에 의미가 있다. 섭씨온도(℃)는 이러한 데이터의 한 유형이다. '10℃' 라는 값은 '5℃' 라는 값보다 5℃의 차이를 가지고 5℃와 10℃의 차이는 20℃와 25℃의 차이와 같다. 그런데 이 예에서는 임의의 단위에 다른 문제점이 존재한다. 우리는 5℃가 1℃보다 다섯 배의 온도라고 말할 수는 없다. 왜냐면 물의 어는점 0℃는 편의상의 기준점이며 실제 0℃가 아니다. 물리화학자들은 간격들이 증가하는 실제 단위로 섭씨온도보다 절대온도(켈빈단위 K)를 사용한다. 이 책의 목적상 언급되는 사례는 측정 단위들이 임의적일 수밖에 없다는 것을 보여주며, 우리는 목적에 따라 가장 적절한 단위를 구애받지 않고 사용할 것이다. 이 문제에 대해서는 데이터 변환을 다룰 때 다시 논의할 것이다.

측정 데이터는 연속적이거나 불연속적일 수 있다. 연속변인은 두 기준점 사이에 어떤 일련의 값을 추정할 수 있다. 이런 유형의 예로는 길이, 면적, 용적, 온도 등이 있다. 이런 데이터에서 우리는 적용된 측정방법의 정밀성에만 의존하는 정도에서 값을 알 수 있다. 불연속 변인은 고정된 특정 값만을 상정한다. 한 그물망 안에 물고기 수, 둥지 안의 새끼 수, 두개골 내 치아 수 등은 불연속 변인의 예이다. 이러한 값 중 어떤 것도 적어도 원래의 데이터에서는 '1.6'과 같이 합리적으로 표현되지는 않는다. 기록된 데이터는 전체 단위로서 표시된다.

연속변인과 불연속변인 간의 구별은 우리들이 이 두 종류의 데이터를 다른 방법으로 제시하거나 분석하기 때문에 중요하다. 그렇지만 이 구분이 그렇게 분명한 것은 아니다. 때로 초기의 불연속 데이터들이 나중에는 연속 데이터로 표현되기도 하기 때문이다. 예를 들면, 어업에서 개개 트롤망은 불연속 데이터(전체 물고기)를 모으게 되지만 우리가 10개의 트롤망당 물고기의 평균을 구한다면 유의미한 십진법의 수를 얻을 것이다. 다른 말로 하면 불연속변인 중에는 연속 데이터에서 유도되는 것이 있다. 예를 들어, (풍속과 다른 특성을 오름차로 비교하여) 1등급에서 5등급 허리케인 및 지진세기로 사용되는 리히터 단위는 연속 데이터로부터 임의적으로 그러나 현상을 분류하기 위한 편리한 범주를 제공하려고 만들어진 것이다. 이것은 측정단위들이 임의적이고 목적에 맞는 가장 적절한 단위를 선택한다는 사실을 반복적으로 이야기하고 있는 것이다.

측정 데이터는 (측정에서 얻은) 실제 값일 수도 있고 파생변인일 수도 있다. 파생변인은 다시 두 유형으로 나뉜다. 첫 번째 유형은 비 또는 비율로서 과학연구에서 가장 많이 사용된다. 비율은 시간, 공간 또는 다른 기준에서 변화를 표현하는 계수단위를 분모로 특정 측정값을 나누어 나타낸다. 비율은 측정으로부터 나오며, 예를 들면 물체 표면을 때리는 광자수를 제곱센티미터당 값으로 보정하여 측정한 표면적으로 나누어 구한다. 나아가서 단위간격당 데이터를 모은다면 그 값을 시간단위로 나누어 제곱센티미터당 그리고 분당 보정한 값으로 얻게 될 것이다.

함수는 유도변인의 두 번째 유형이다. 이는 다른 변인들의 비율이나, 차이 등을 언급하며 흥미가 덜한 변인효과를 제거하거나 관계를 표현하는 데 사용된다. 흥미가 없는 효과를 제거하는 가장 손쉬운 방법은 퍼센트로 데이터를 보고하는 것이다. 이것은 어떤 변인과 다른 변인과의 관계에서 한 변인의 상대적 크기를 표현한다. 토양학에서 질소에 대한 탄소의 비율은 일상적으로 사용되는 단위이다. 해양학에서는 인산에 대한 질소의 비가 해수나 조류의 변화를 해석하는 데 일상적으로 사용된다. 유체역학에서는 레이놀즈 수로 알려진 중요한 관계가 존재한다. 이 수는 어떤 대상에 적용되는 점성에 대한 관성력의 상대적 관계를 나타낸다. 레이놀즈 수는 물체 크기를 곱한 밀도와 유속의 곱을 유체의 점성으로 나누어 나타낸다. 이러한 비 혹은 다른 기능을 직접 측정하지는 않지만 측정값에서 이들이 유도된다. 따라서 파생변인의 변동은 분모와 분자의 측정치 변화로부터 나타난다. 이러한 비율을 위한 변동계산과 가능한 통계적 오류는 제3장 6절에서 논의하겠다.

데이터 유형이 정말로 구별될까

데이터 유형 주제는 심리학자 스티븐스(S.S. Stevens)이 유형학(typology)을 발전시킨 이래 수십 년 동안 많은 뜨거운 논쟁이 되었다. 대단히 수정된 형태로 나는 위에서 언급을 하였다[1]. 데이터 유형을 확인하는 것은 데이터의 특성을 이해하는 데 도움이 된다. 그러나 데이터의 유형은 부적절한 명칭이다. 왜냐면, 위에서 언급한 '유형'은 정밀하지 않거나 전적으로 범주이기 때문이다. 게다가 유형은 데이터 자체의 속성이 아니고 오히려 우리가 묻고자 하는 질문이나 데이터를 다루는 방식에 관한 것이다. 데이터가 최상의 측정방법으로 얻은 것이라 믿어야 할 이유는 없다. 때로 미지의 것 그러나 우리의 데이터 뒤에 숨은 흥미로운 변인이 존재한다. 사물들은 보이는 것처럼 존재하지는 않는다. 때로는 약간의 생각하는 실험이 필요하다.

사육장에 실험동물을 보관하는 예를 생각해 보자. 우리는 사육장에 이름표(명목데이터)로서 1번부터 n번까지 표시한다. 그런데 실험실 창 근처에 놓인 사육장은 다른 사육장들과는 달리 빛과 온도에 달리 노출되었다. 갑자기 우리가 데이터의 유형을 변환해야 할 입장이 되었다. 왜냐면 환경차이별 대리측정치로 표시해야 하기 때문이다.

데이터 유형이 실재 우리가 묻는 질문에 의하여 정의되는 다른 예를 살펴보자[2] 개인적 이유로 축구팀의 유니폼에 번호를 부여하는 사람은 낮은 수를 초보선수에게 부여한다고 생각하자. 이 숫자들이 양적인 의미를 배제한 명목적인 표시일 뿐이라며 유니폼을 나누어 주는 사람은 주장할 수 있다. 어떤 경우엔 무작위로 부여되었다. 경험이 많은 선수들은 전통적으로 출전선수에게 부여되어 왔던 1부터 11까지의 숫자가 의미를 가진다고 말하면서 숫자가 그라운드 내에서 위치(예 : 1번은 관습상 골키퍼의 수)를 말한다고 불평할 수 있다. 선수들에겐 숫자가 명목적 표시이기도 하면서 순서적 표식이기도 하다고 생각한다. 더욱이 선수들은 숫자배분이 무작위적이지 않다고 주장하기도 한다. 이것을 검증하기 위하여 통계학자들은 이 문제를 해결하려 하였다. 유니폼의 번호를 측정

---

1) 유형학에 대해서 더 자세한 것은 벨만(Velleman)과 윌킨스(Wilkinson, 1993) 참조
2) Lord(1953)에서 수정

치인 것처럼 취급하여 초보선수에게 낮은 번호를 부여하였을 때 우연히 그렇게 되는지를 검증하는 계산을 해보았다. 그 결과 서로 다른 각각의 견해는 다른 방법으로 동일한 데이터를 분류하는 것이 적절하며, 데이터 유형의 분류가 고유한 성질에 의해서가 아니라 목적에 따라 달라진다.

2. 정확성과 정밀성

좋은 데이터는 될수록 정확하고 정밀해야 한다. 이 두 용어, 정확성과 정밀성은 서로 혼동하기 쉽다. 이를 구별하기 위해, 측정을 할 때에는 데이터가 될수록 실제 값과 가깝게 되길 바란다고 말하자. 이것이 정확성의 요건이다. 또한 우리는 데이터 수집과정이 반복된다면 반복된 값이 될수록 서로 가까워지는 것을 선호한다. 이것이 정밀성의 요건이다.

이런 생각을 설명하는 다른 방법은 만일 측정값이 상대적으로 거의 체계적 변동을 보이지 않으면 측정치는 대단히 정확하다고 말할 수 있다. 만일 측정값이 상대적으로 거의 무작위 변동을 보이지 않으면 대단히 정밀하다고 할 수 있다.

우리가 측정을 하는 방식에 편향성이 없다면 정밀성은 정확성으로 이어진다. 예를 들면, 저울은 눈금보정은 잘못되었지만 정밀할 수 있다. 이 경우 우리는 (정밀한) 반복적 무게를 얻을 수 있지만 정확하지는 않다. 한편, 저울은 무게를 측정하는 데 정밀하지 않을 수도 있다. 이 경우에는 때때로 저울이 정확한 무게를 잴 수 있지만 다음 측정 시에 무게가 다를 수 있다는 이유 때문에 신뢰하기 어렵다. 정밀하지 않다면 정확성을 추구할 수가 없다. 정밀성은 우리가 변인을 측정하는 기구나 방법의 해상도와 질에 따라 얻을 수 있고 정확성은 우리가 정밀성을 추구해 놓은 기구나 방법을 우리가 어떻게 보정해 두는가에 따라 얻을 수 있는 것이다.

3. 도수분포

과학연구를 통하여 우리는 유일 데이터에 대해 언급하지 않고 복수의 측정 데이터를 다룬다. 복수의 측정 데이터를 함께 처리하는 한 가지 편리한 방법은 도수분포를 만드는 것이다. 도수분포는 많은 유용한 정보를 응축된 형태로 데이터를 제시한다. 이러한 장치 그룹 데이터를 클래스로 모으고 각 클래스가 어떤 빈도를 나타내는지를 제공한다.

예를 들어, 그림 2.1 상단에 보이는 데이터를 가지고 말해 보자. 이 값들은 일반적으로 통이라고 부르는 클래스로 나눌 수 있다. 그리고 각 통(3.3~3.4, 3.4~3.5 등)의 항목 수는 그림 2.1 하단 왼쪽처럼 도표로 나타난다. 만일 도수표가 그림에서 보는 것처럼 불규칙하고 외도된 것이라면 도수분포의 출현 패턴을 관찰하기 어렵다. 우리는 하단 오른쪽에서처럼 다소 큰 통(3.3~3.5, 3.6~3.8 등)으로 측정값을 다시 나눌 수 있다. 이 큰 통 사이즈가 데이터의 두 가지 모드 패턴을 더 잘 보여줄 수 있다. 적당한 통 사이즈의 선택은 데이터의 패턴을 잘 전달할 뿐만 아니라 X축의 변인에 대한 최소 의미 간격을 의미 있게 만들기도 한다.

도수분포의 모양은 때로 샘플 사이즈에 달려 있다. 그림 2.2에 있는 4개의 도수분포를 비교해 보자. 측정수가 상대적으로 낮으면 ($n=25$; 그림 2.2 위) 분포는 상대적으로 특징을 보이지 않는다. X축상의 범주에 따라 점점 수를 늘려 가

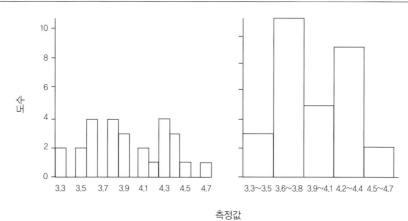

그림 2.1 도수분포의 구축. 위 : 변인에 대한 값들, 아래 왼쪽 : 히스토그램의 첫 번째 시도. 숫자는 통의 라벨을 가리킨다. 아래 오른쪽 : 같은 데이터 처리. 통이 더 큰 경우(3.3~3.5, 3.6~3.8 등)

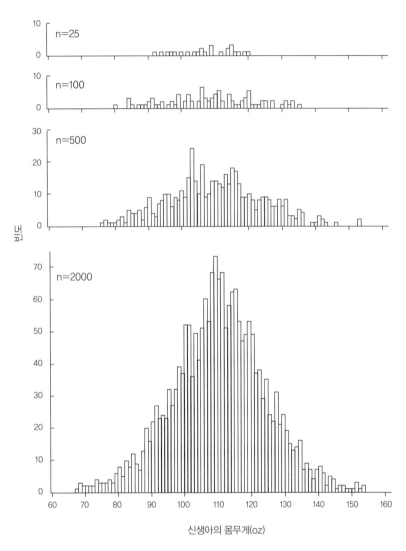

그림 2.2 표본의 도수분포의 모양은 포함된 관찰횟수(*n*)에 따라 달라진다. 히스토그램은 신생아의 몸무게의 측정결과를 보여준다.
출처 : *Biometry 3rd ed.*, Sokal & Rohlf ⓒ 1995 by W. H. Freeman and Company.

면(마치 샘플 수를 늘리듯이) 분포에 깔려 있는 혹 모양이 차츰 나타나게 된다. 많은 경우, 우리는 25 이하 시료 크기를 다룬다. 상대적으로 적은 관찰로 분포 패턴을 고려하는 것은 어려울 수 있다.

측정 데이터와 마찬가지로 명목 데이터도 빈도로 나타낼 수 있다. 예를 들어, 트롤망에 잡힌 어종의 수와 같은 명목 데이터에서 트롤의 수 그래프를 그 속에 잡힌 0, 1, 2, ... n 어종에 대해 만들 수 있다.

　그림 2.2 데이터 분포는 그 평균에 대해 상당히 대칭적이다. 그런데 이것은 항상 그렇지는 않다. 많은 데이터의 세트에서는 상당한 비대칭이 나타난다. 평균값과 동일한 수의 관찰 데이터는 대단히 다르게 분포할 수 있다. 그림 2.3의 위쪽 두 개의 분포는 상당히 비대칭적이지만 하나가 다른 것에 비해 너무 변이가 크다는 차이가 있다. 그림 2.3의 세 번째 분포는 오른쪽이 비대칭적이다. 만일 우리가 단순히 평균, 이러한 비대칭 데이터를 위해선 도수분포를 작성하지 않고 표준편차(제2장 4절 참조)를 계산한다면, 우리는 이러한 중요한 특징을 놓쳤을 것이다. 도수분포를 작성한다는 것은 데이터가 얻어지는 순간 우리가 해야 하는 첫 번째 일 중 하나이다.

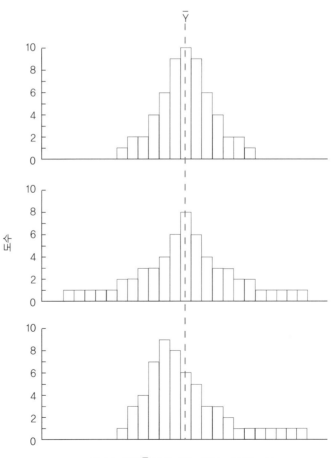

그림 2.3 평균($\bar{Y}$)은 같지만 모양이 다른 빈도 분포

핵심경향을 밝히는 것 외에도 평균을 중심으로 데이터의 산포, 그리고 데이터가 비대칭적이든 아니든, 도수분포는 다양한 피크가 존재함을 보여준다. 예를 들어 그림 2.1의 경우에, 우리는 두 가지 경향의 분포를 보게 된다. 이봉 패턴 (bimodal pattern)은 *x*축을 따라 작도된 변인의 세분화에 의해 만들어진 외도된 것을 제거하기 위해 수평축을 따라 크기 클래스를 묶음으로 한 후 더욱 명료해진다. 두 경향성은 두 개의 다른 집단을 우리가 다루고 있다는 것을 시사하고 있다. 하지만 왜 빈도의 도표화가 바람직한 일인지에 대한 다른 이유이기도 하다.

우리가 우리의 데이터를 한 집단 이상에서 가져왔는지 어떤지를 검토하는 방법을 배우기 전에 획득한 도수분포를 서술하는 통계학에 대해 익숙해지는 것이 필요하다.

4. 서술통계학

그림 2.2와 같은 도수분포를 기술하기 위하여, 분포의 좌우 끝이 퍼져나가는 방식에 대한 지표에 대해서와 마찬가지로 분포의 핵심경향을 가늠할 필요가 있다. 중심분포와 산포를 측정하는 다양한 방법이 있고 각각은 다른 목적에 유용하다.

평균값(mean)은 대부분 사람들이 평균(average)이라고 부르는데, 중심분포에 대한 경향을 서술하는 가장 일반적인 통계량이다. 평균은 직관적으로 매력적이고 비대칭적이고 종 모양의 분포에 적합하다. 산술평균의 단점은 극단적 값에 크게 영향을 받게 된다는 것이고, 기하평균(측정값의 로그평균의 역로그)은 도수분포가 편향된 측정에 유용할 수 있다(아래 참조). 최빈값(mode)은 데이터 세트에서 가장 빈번한 값을 판단하는 빠른 방법이다. 그러나 이 값은 과학적 데이터 분석에서는 거의 사용되지 않는다. 대조적으로 중간값(median)은 데이터세트를 통틀어 중간에 차지하는 값으로서, 양적 분석에서 특히 편향성이 높은 도수분포에 데이터가 떨어질 때 양적 분석에 폭넓게 사용된다. 대개의 통계적 분석은 평균값을 다루도록 디자인되어 있지만 중간값 분석을 위한 통계학이 증가하고 있다(Sokal and Rohlf, 1995). 기하평균값들은 산술평균값보다 극단값(바깥값)에 영향을 덜 받는다는 핵심경향의 다양한 표현들에 대한 정의에 고유한 것이

통계학의 기본적인 정의와 공식

중심위치

산술평균 : $\bar{y} = \Sigma Y_i / n$

(각주 : y에 대해 i번의 관찰이 이루어진다. Σ는 Y의 i번째 값을 더한다는 것을 의미한다.)

기하평균 : $GM_y = \text{antilog } 1/n \Sigma \log Y$

최빈값 : 도수분포에서 가장 빈도가 높은 범주

중간값 : n의 50%에 있는 값이며, 따라서 숫자상으로 순서를 매겨 늘어놓은 데이터상으로 동일한 비율로 임의의 분포를 양분할 수 있다. $(n+1)/2nd$ 관측

산포

범위 : 표본 내 가장 큰 값과 작은 값의 차

표준편차 : $s = \sqrt{(Y_i - \bar{Y})^2/(n-1)}$

변동계수 : $CV = (s/y) \times 100$

평균값의 표준오차 : $se_y = s/\sqrt{n}$

중간값의 표준오차 : $se_m = (1.2553) \times se_y$

다. 반면에 중간값이나 최빈값은 바깥값에 영향을 받지 않는다. 산술평균값, 최빈값, 중간값은 수치적으로 단일 최빈값을 가진 대칭적 도수분포와 동일하다. 그림 2.4에서 보이는 비대칭분포에서 최빈값은 중간값을 따라, 분포의 꼬리부분이나 긴 어깨 부분에서 대단히 벗어나 있다. 그리고 산술평균값은 가장 가깝

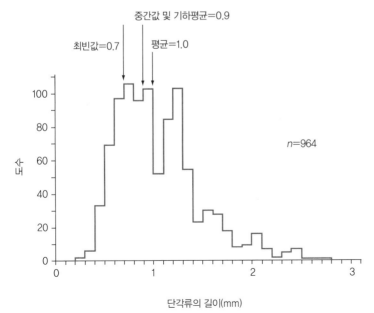

그림 2.4 치우친 도수분포의 주된 경향의 세 가지 척도. n은 관찰횟수이다.

이동평균

시간, 일, 센티미터 등과 같은 간격으로 자료 세트를 수집했다면 간격을 통해 어떤 경향을 보이는지 알고 싶을 것이다. 처음 측정과 다음 측정 간에 변이가 너무 크면 간격 간 경향을 보기가 어렵다. 경향을 알 수 있는 간단한 방법은 이동평균(running means, moving average)을 이용하는 것이다. 이동평균은 X라는 연속된 세 값의 세트의 평균값이다. 평균계산은 반복되지만 각 연속평균에 대해 세 개의 값 세트가 첫 X값으로 이동한다. 예를 들면 이동평균의 첫 값은 $X_1=(X_1+X_2+X_3)/3$, 두 번째 값은 $X_2=(X_2+X_3+X_4)/3$ 등과 같이 된다.

도표는 강수 때 연간 질소 침전량의 이동평균을 계산하여 그래프로 만든 자료 세트이다. 연간 변동은

10포인트 이동평균은 부드럽고, 20포인트라도 비슷하다는 것에 주목하라. 후자의 경우 큰 규모(10년을 한 점으로 보는)의 경향을 보여준다. 이 과정은 평균에 사용된 모든 X에 대해 동일하게 적용된다. 몇 가지 목적으로 예를 들어 이동평균 간격보다 짧은 시간 간격으로 부패되는 오염물 연구에서는 최근의 X에 중요성을 부여하는 것이 나을 수도 있다. Berthouex와 Brown(1994)과 Turkey(1997)는 이 점을 잘 연구하였다. 서로 다른 시간, 공간 규모에서 변동을 부드럽게 또는 '여과할' 필요가 있다는 것은 **시계열 분석**이라 부르는 통계학의 영역을 발달시켰다. 많은 학자 가운데 Chatfield(1984)와 Brillinger(1981)가 이 분야를 개척하였다.

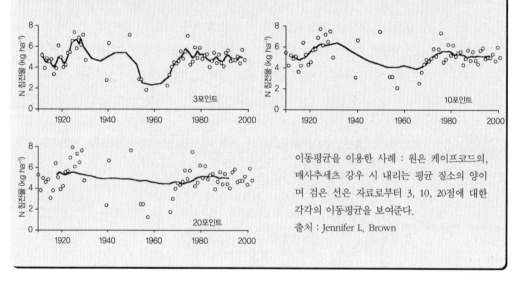

이동평균을 이용한 사례 : 원은 케이프코드의, 매사추세츠 강우 시 내리는 평균 질소의 양이며 검은 선은 자료로부터 3, 10, 20점에 대한 각각의 이동평균을 보여준다.
출처 : Jennifer L. Brown

다. 기하평균은 중간값 위치와 가깝게 떨어진다.

범위(range)는 가장 간단한 산포를 측정하는 것이다. 보통 최대값과 최소값의 차이다. 그러나 이것은 우리 자료의 상대적인 분포값에 대해서는 말해주는 것이 별로 없다. 범위는 극단값에 의해 영향을 많이 받는다.

표준편차(standard deviation)는 바람직한 산포측정이다. 왜냐면 분포평균으로부터 거리에 의해 표본 내 각 값을 잴 수 있기 때문이다. 자료 세트에서 변이를

분산을 계산하는 다른 방법

컴퓨터나 소프트웨어가 발달하기 전에 출판된 대부분의 통계학 교과서에서는 다른 방식으로 변이의 척도를 계산하는 법을 보여준다.

$$s = \sqrt{\sum Y^2 - (\sum Y)^2/n(n-1)}$$

내가 과학하기를 배웠던 기계적 계산기의 시대에는 정의들의 목록에 주어진 s를 계산하는 것이 성가신 일이었다. 대신에 우리는 모든 측정의 편차를 0에서 확장된 것인 양 생각하고 그 값들을 제곱했다. 즉, 모든 측정의 편차를 실제의 값으로 받아들였다는 뜻이다. 우리가 가진 데이터에 대하여 0으로부터의 편차의 제곱의 합이 1034라고 하자. 만일 편차가 없었다면 합은 (12+12+12+12+12)가 되었을 것이다. 우리가 가진 데이터의 모든 값에 대한 합, 즉 3600/5

를 사용한다면, 그 값은 720과 같다. 1034와 720의 차는 314이고, 이는 데이터 집합의 편차에 대한 추정값이다. 이 값은 우리가 앞에서 얻은 값과 같다. 따라서 일반적으로 편차의 제곱의 평균은

(데이터)²의 합−[(데이터의 합)²/데이터의 개수]

가 된다. 이 표현은 s^2, 즉 분산에 대한 계산 공식에서 흔히 볼 수 있는 것과 거의 같다. 분산은 데이터 집합에서 편차의 상대적 크기를 나타낸다. 제곱의 효과를 없애기 위해 분산의 제곱근을 취하면 s를 얻는다. 이는 우리 데이터 집단 안에서 개별적인 관찰에 대한 표준편차이다. 컴퓨터 시대가 오면서 계산상의 어려움에 대해서는 염려할 필요가 없어졌으며, s의 공식은 첫 번째 버전을 사용하면 된다.

어떻게 기술할 수 있는지 살펴보자. 자료 세트를 우리가 구하고 그 값이 2, 5, 11, 20, 22라고 하자. 이 자료들의 평균은 12이다. 각 값과 평균 간에 평균차이를 간단히 계산할 수는 없다. 왜냐면 차이의 합이 필연적으로 '0'이기 때문이다. 또한 우리는 작은 편차보다(우리가 연구하길 원하는 변이원의 영향으로) 큰 변이가 더욱 중요하다. 해결책은 각 관찰값과 평균값 사이의 차이를 제곱한 것의 합을 구하는 것이다. 이렇게 하면 변이부호를 없앨 수 있는 동시에 큰 변이를 강조할 수 있다. 특정 자료에 대해 차이[통계학 용어로는 편차(deviation)]는 −10, −7, −1, +8, +10이다. 편차를 제곱하고 합하면 314라는 값을 얻을 수 있고 관찰값 수로 전체를 나누면 62.8이라는 편차제곱의 평균이 얻어진다.

5. 분포와 자료변환

평균, 표준편차, 표준오차를 사용한다는 것은 우리가 '정규적으로' 분포된 자료를 다루고 있다는 것을 상정한다. '정규(normal)'라는 용어는 잘못 붙여진 것이다. 왜냐하면 아래에서 논의할 것처럼 많은 자료 세트들이 정규(norm)라는 것

을 따르지 않는다. 정규분포는 아래와 같은 상황에서 나타난다. (1) 관심 변인 값에 많은 인자들이 영향을 미칠 경우 (2) 많은 인자들이 대개 서로 독립적이어 서 변인에 대한 인자효과가 부가적일 경우 (3) 인자들이 변인에서 명백한 변이 가 거의 같은 기여를 할 경우이다.

자료의 도수분포를 계산하기 전에 살펴보는 것이 현명한 예방책이다. 대부분 경우 분포가 대략 종 모양을 한다면 충분하다. 통상 우리 관찰 숫자를 고려하면 완벽한 종 모양을 기대해선 안 된다(그림 2.2 아래). 정규분포를 우리가 가지고 있는지를 알아보는 데 검증이 필요하다(Sokal and Rohlf 1995, 제6장 참조; 대부 분 통계 프로그램은 자료의 정규성을 판단하는 선택을 하도록 되어 있다).

우리는 정규분포가 아닌 자료를 취급할 때가 많이 있다. 이러한 자료에서 변 이와 집중경향을 추정하려면, 최상의 선택은 변환자료가 정규분포가 되도록 자 료를 재구성하는 것이다(제3장 6절 참조). 어떤 사람이 이것은 교묘히 속이는 것이라 생각할 수도 있다. 그렇지만 모든 단위가 임의적이라는 것을 상기한다 면 자료의 성격은 연구자의 목적에 의존하는 것이다. 이것을 알려고 하지 말고 변환단위에 익숙해져야 할 것이다. 예를 들어 pH는 로그단위로 표시된다. 여기 서는 우리 목적에 맞게 자료값을 재구성할 것이다. 변환자료의 정규성을 만들 어 주는 유용한 산술적 규칙은 로그 변환, 제곱근 변환, 역사인 변환이다.

로그 변환(logarithmic transformation)은 가장 일반적인 변환이다. 로그 변환은 특히 오른쪽으로 쏠려 있는 분포를 가질 때, 즉 낮은 값이 더 높은 빈도로 관찰 이 되는 경우 또는 0이 가장 많이 관찰되는 경우에 잘 들어맞는다(그림 2.5 위). 0이라는 값을 어떻게 처리해야 하는가에 대해 통계학자들마다 이견이 있고, 어 떤 학자들은 $Y'=\log(Y+1)$과 같은 변환을 선호하며 다른 학자들은 0의 값을 생 략해 버리기도 한다. 따라서 이것은 선택의 문제이다.

로그 변환은 어떤 형태의 로그도 가능하다. 일반적으로 $\log_{10}$을 사용하지만 $\log_2$도 유용하다. 후자의 경우는 배가로서 쉽게 개념화할 수 있다.

$\log_2$의 변환은 각 간격에서 배가되어 통 속 빈도로 표현된다. 간격 간 배가는 이런 종류의 자료를 나타내는 직관적으로 호소하는 방법이다.[3]

---

3) 이런 변환은 생태학 문헌에서 많은 주목을 받았고 전문용어로 자리를 잡았다. 분포는 로그- 정규로 표현된다. 통은 음악 옥타브에 비유해서 옥타브라고 부른다. 이 속의 각 옥타브는

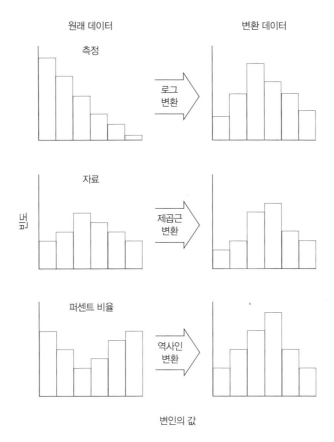

그림 2.5 비정규 도수분포, 데이터를 정규분포로 바꾸어 주는 변환. 위: 로그 변환, 중간: 제곱근 변환, 아래: 역사인 변환

제곱근 변환(square root transformation)은 주어진 자료(나뭇잎당 곤충 수, 토양표본당 벌레 수, 나무당 새집 수 등)를 정규분포로 바꾸는 경향이 있다(그림 2.5 중간). 이러한 자료는 정규분포보다는 평균의 크기가 분산의 크기와 관계된 푸아송 분포를 보인다. 제곱근 변환은 보통 평균과는 독립된 분산을 만든다. 자료 안에 0이 있다면 약간 다른 변환이 필요하다. 예를 들면 $\sqrt{Y+0.5}$ 제곱근 변환은 로그 변환과 다소 약화되긴 했지만 동일한 효과를 보인다.

역사인 변환(inverse sine transformation)은 퍼센트 비율이나 비례자료를 정규

음의 떨림 빈도의 배가와 상응한다. 실제로 음악 옥타브는 음계의 8음에서 유래한 것이다. 더 정확하게 묘사하는 용어는 윌리엄스(Williams, 1964)가 제안한 배가(doublings 또는 doublets)일 것이다.

정규분포 이외의 분포

본문에서 대칭적인 종 모양의 빈도분포를 정규분포라고 불렀는데, 정규분포는 여러 가지 조건에서 수집된 데이터를 서술하는 많은 확률 빈도분포들 중 하나에 지나지 않는다. 다른 분포들로 다음과 같은 것이 있다.

이항분포. 이것은 매우 큰 군집에서 선택한 유한한 크기의 표본들에서 일어나거나 일어나지 않는 사건들의 분포이다. **예** 특정한 수의 가족에서 남성의 수. 자식이 3명인 100가족 중에서 남자 아이의 수가 12, 36, 38, 14이다. 이항분포의 분산은 언제나 평균보다 작다.

푸아송분포. 18세기의 수학자의 이름을 따서 이름을 붙인 이 분포는 여러 선택지 중 하나가 다른 선택지들보다 훨씬 더 자주 일어나고, 발생의 빈도가 일정한, 사건들의 표본에 대한 분포이다. 이 분포에서는 평균이 분산과 같다. **예** 메르세데스 벤츠 자동차의 부속품에서 불량품의 개수, 말에 차여 죽는 프러시아 군인의 수. 불량품이나 죽음의 가능성은 적지만 불량품이나 죽음의 경우가 다른 발생에 거의 연결되어 있지 않다.

초기하분포. 이것은 대치할 수 없는 유한한 군집에서 표본을 추출한 사건들의 분포이다. **예** 표시를 한 물고기의 수를 알고 있을 때 군집에서 수집한 표시된 물고기의 빈도.

데이터의 분포가 랜덤하지 않은 표본추출의 상황이 많이 있다. 표본조사의 가장 흔한 결과는 데이터가 랜덤한 것에서 벗어나 한쪽으로 쏠리는 것이다. 쏠린 분포는 분포의 꼬리에서 관찰되는 것이 더 많다. (가령 그림 2.4와 같은 경우를 치우친 분포라 부른다.) 그런 경우에는 다음과 같은 다른 분포가 사용될 수 있다.

음의 이항분포. 이것은 푸아송분포와 유사하지만 발생의 확률이 같지 않은 더 흔한 경우에 적용된다. 가령 프러시아의 군인들을 셀 때 기병대와 보병대를 포함한다면 말에 노출되는 것이 체계적으로 다를 가능성이 높다. 이 분포에서는 평균이 언제나 분산보다 훨씬 작다. 이 분포는 1700년 무렵에 드 몽모르라는 사람이 발견했으며, 그 이름은 별로 큰 관심이 없을 수학적 세부에서 나왔다.

로그분포. 이것은 치우친 데이터 분포에서 분포의 오른쪽 꼬리에 상대적으로 큰 값이 많은 경우에 일어난다. 로그 변환을 하면 거의 정규분포에 가까운 모양으로 바뀐다(제3장 6절 참조).

화시킬 때 사용된다(그림 2.5 아래). 이러한 작업은 자연에서 특징적으로 이항적인 퍼센트 자료를 위한 분산과는 독립적 평균을 만든다. 퍼센트 또는 비율에 대한 역사인 변환은 평균과 독립적인 분산을 만든다. 또한 퍼센트는 정규분포와는 달리 분포의 꼬리에서 잘린다. 역사인 변환은 0~100 범위에 걸치게 되어 정규분포와 비슷해진다.

복스-콕스(Box-Cox) 변환은 재구성된 값의 추정에 정규성을 부여하는 어떤 변환을 선택할 수 있는 선험적 이유가 없을 때 유용한 변환이다. 계산은 컴퓨터로 하는 것이 최선이다. 경험적으로 일련의 변환을 해보자. $1/\sqrt{Y}$, $\sqrt{Y}$, $\ln Y$, $1/Y$ 오른쪽으로 쏠린 자료, Y^2, Y^3... 왼쪽으로 쏠린 자료이다.

6. 가설의 검정

이제 우리의 데이터가 한 집단에 속하는지 복수의 집단에 속하는지를 확인하는 방법에 대한 문제로 돌아가자. 우리가 변인(즉, 물의 산소 함량)을 연구한다면, 두 곳에서 많은 관찰을 하여 도수분포를 만들 것이다. 도수분포는 그림 2.6처럼 도표로 나타낸다. 곡선은 연속적이고 단순한 산 모양을 하고 있다. 우리가 많은 관찰을 했을 때 나타나는 것을 보여주기를 원하기 때문이다. 대조적으로 형태는 실제 표본의 계단 모양 분포와 비교된다. 여기서는 필연적으로 제한된 관찰밖에는 못하기 때문이다.

한 곳에서 측정한 물의 산소 함량이 다른 곳에서 측정한 것과 다른지를 확인하는 것이 필요할 것이다. 두 곳에서 평균 농도가 동일할까? 일반적인 방법은 귀무가설(null hypothesis)이라 부르는 것을 이용하는 것이다. 이 가설은 효과가 없다는 것이고 위의 예에서 보면 두 곳의 집단평균이 차이가 없다는 것이다.

통계검정은 우리가 검정하고 있는 물음(또는 가설)이 어떻게 참일 수 있는가를 계산해 보는 것이다. 편의상 우리는 조사하는 데이터 세트 간에 차이가 없는가를 검정한다. 물론 검정은 확률의 연속된 범위를 취한다. 우리는 이러한 연속

데이터가 먼저 말하게 하라

데이터 집합을 얻고 나면 이를 소프트웨어 패키지를 쓰기 쉬운 통계적 검정에 바로 넣기에 앞서 데이터를 정말로 이해하려 하는 것이 좋다. 몇 가지 조작을 통해 데이터가 직접 우리에게 말하게 할 수 있다.

빈도분포의 그래프(또는 상자 모양 그래프, 그림 9.8 참조)를 그리면 데이터에 중심적인 경향이 있는지, 데이터가 치우쳐 있는지, 분포의 오른쪽 끝과 왼쪽 끝이 어떤 모양인지, 극한값이나 외부값이 있는지, 표본을 다르게 처리하면 데이터에 분명한 차이가 있는지 등을 알아챌 수 있다. 만일 데이터를 어떤 기울기(시간, 공간, 투약 등)를 따라 수집했다면, 데이터를 그 기울기에 대하여 그려서 외부값의 경향을 드러내어 보여줄 수도 있다. 이는 오류이거나 아니면 분명

한 극한값이다.

평균과 분산의 그래프를 그리면 평균의 크기에 따라 변이가 달라지는지 알 수 있다. 이는 몇 가지 이유로 유용하다. 그 이유 중 하나는 데이터가 적용하려고 하는 통계적 검정의 가정들을 충족시키는지 알 수 있기 때문이다.

초기부터 비교적 단순한 데이터 조종을 하면 데이터가 정말로 어떤 모습인지, 그리고 데이터를 어떻게 검정할지, 이후의 어떤 조종(가령 변환)이 데이터 분석에 필요한지 등을 알 수 있다. 제3장과 제4장에서 이런 초기 데이터 조종이 왜 의미가 있는지 잘 드러날 것이다.

적인 것이 어떻게 의미가 있는 것인지를 결정할 수 있는가? 우리는 명확한 기준점이 필요하고 연구자들은 임의적으로 '유의수준' 또는 '신뢰수준'을 결정한다. $1/20(P=0.05)$, $1/100(P=0.01)$ 우연에 의한 것보다 큰 차이가 일반적으로 주어진다. 이 수준은 '유의미함' 또는 '매우 유의미함'이라고 부르고, 검정에서 계산된 검정기준의 값 뒤에 '*' 또는 '**'를 덧붙여 표시한다.

통계학자들의 유의미하다는 말을 일상 언어의 의미와 혼동하지 말아야 한다. 연구결과 통계적으로 유의미하다는 것이고 반드시 심도 있는 결과나 흥미가 있다는 것은 아니다. 연구목적으로 '통계적 유의미'라는 말은 우연적 요소만의 효과에서 발견되는 만큼의 차이확률이 미리 결정된 한계치(0.05 혹은 0.01)보다 작다는 의미이다.

앞에서 우리는 가설의 검정이 경험과학의 특징임을 지적했다. 그러나 그런 검정은 겉으로 보이는 것만큼 분명한 것은 아니다. 가령 우리가 검정하려는 것이 귀무가설이라고 하자(그림 2.6). 가장 간단한 형태로 가설은 '참' 아니면 '거짓'이다. 우리의 검정은 그 가설을 받아들이거나 거부하거나 하는 것이다. 실제로 참이지만 우리의 검정이 이를 거부하는 것을 제1종 오류라고 부른다. 우리의 검정이 가설을 받아들이지만 실제로는 거짓일 때 이를 제2종 오류라고 부른다. 이 두 가지 바람직하지 못한 결과를 어떻게 다루어야 할까?

관례상 검정에서 유의미한 것과의 차이의 정도를 $1/20$(확률수준 P 또는 $\alpha=0.05$) 또는 $1/100(\alpha=0.01)$로 잡는다. 앞에서 설명한 것처럼 이 값들은 검정의 유의수준이라 부른다. 이 값들은 결과가 우연만으로 생겨났을 확률이다. 어떤 결과가 확률수준 0.05에서 유의미하다고 결론을 내린다면, 그 결과가 우리가 주장하는 대로 그런 것이든지 아니면 $1/20$의 정도로 우연이 발생한 것이라고 말하는 게 된다. 우연의 가능성이 실재한다는 것은 어느 저명한 농업통계학자의 고백에서도 볼 수 있다. 이 사람은 유의수준 $\alpha=0.001$에서 매우 유의미한 차이를 발견했지만, 나중에 조수가 통계처리를 적용하는 것을 잊어버렸다는 것을 알게 되었다.

가설의 검정에서 제1종 오류를 저지르면 참인 정보를 포기하는 것이 된다. 그런 오류를 저지를 가능성을 줄이기 위해서는 물론 검정을 더 엄중하게 할 수 있다. 즉, 우리가 검정을 진행하는 유의수준을 증가시키는 것이다. 불행히도 이

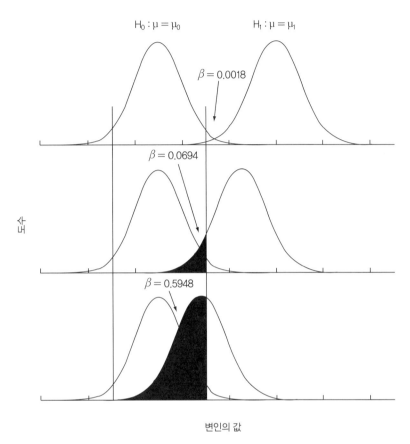

그림 2.6 귀무가설의 검정. H_0과 H_1은 각각 귀무가설과 대립가설이다. 검은 부분의 넓이는 제2종 오류(참이 아닌 가설을 받아들이는 오류)를 저지를 확률이다. 역능은 평균이 서로 접근할수록 감소한다.

러한 엄중함에는 한계가 있다. 불확실성을 더 작게 만들면(즉, 그림 2.6에서 수직선을 오른쪽으로 옮기면), 제2종 오류를 저지를 확률(그림 2.6에서 검은 부분의 넓이)이 높아진다. 이는 더 나쁜 결과이기 쉽다. 왜냐하면 뭔가 거짓인 것을 참이라고 받아들여야 하기 때문이다. 일반적으로 거짓인 지식을 받아들이는 것보다는 무지의 편에서 틀리는 것이 더 낫다.

대부분의 목적에서는 제2종 오류가 제1종 오류보다 더 엄청나기 때문에[4], 통

---

4) 하비 모툴스키는 이러한 일반성 때문에 두 종류의 오류의 결과를 알 수 없는 경우가 많음을 지적했다. 그는 제1종 오류는 단순하지만 제2종 오류가 나쁜 경우 몇 가지를 제시해 주었다. 가령 새로 개발한 약의 심의용 물질에서 제1종 오류는 약에 대한 시험을 하나 더 하는 것을 의미하지만, 제2종 오류는 새로운 약을 빠뜨리는 것을 의미한다. 제1종 오류가 치명적

계학자들은 통계적 검정이 확률수준 0.05 또는 0.01에서 이루어지는 게 좋다고 제안한다. 즉, 제1종 오류를 저지르게 될 수준인 α의 값이 더 크지 않은 것이 좋다. 제2종 오류의 수준 또는 확률은 β로 지칭한다. 그림 2.6에서 두 평균이 서로 더 가까이 다가감에 따라 β의 값이 증가함을 볼 수 있다. 이것은 제2종 오류를 저지를 확률이 커진다는 뜻이다. 통계적 검정의 역능은 $(1-\beta)$이며, 귀무가설이 거짓일 때 귀무가설을 거부할 확률을 가리킨다. 그림 2.6에서 두 평균이 서로 가까워짐에 따라 검정의 역능은 얼마나 감소하는지 볼 수 있다.

유의수준에 대한 논의는 흔한 문제를 일으킨다. 즉, 다중비교의 문제이다. 대부분의 연구에서 많은 비교를 검정하는 것이 가능하다. 가령 발암 비율의 조사에서 피부암, 난소암, 간암 등의 발생을 여러 가지 유형의 하위집단(40세 이하의 여성 대 40세 이상의 여성, 매일 운동하는 남성 대 매주 운동하는 남성 대 운동을 하지 않는 남성, 담수 호수에서 수영하는 여성 대 바닷물에서만 수영하는 여성 대 두 가지 다 하는 여성 등)에서 비교하고 싶을 것이다. 그런 다중비교를 수행할 때 불가피하게 비교 중 몇 가지가 '통계적으로 유의미'하지만 차이는 우연만으로 생겨난 것이 아님을 발견하게 된다. 그런 경우에 우리가 사용하는 검정의 확률수준은 모두 1/20이다. 이 말의 의미는 20번 검정 중에서 1번으로 '유의미한' 차이를 잘못 얻게 된다는 것이다. 분명히 그럴 것이다.

다중 검정의 또 다른 문제는 어떤 주어진 연구에서 자유도가 너무 많다는 것이다. 각각의 자유도는 연구자가 한 가지 비교를 해도 좋다는 것을 의미한다. 그러나 비교의 가짓수는 자유도의 수를 넘어서는 안 된다. 그렇게 되면 우리가 생각하고 있는 유의수준에서 차이를 나타내는 검정을 실제로 하고 있지 않다는 뜻이 된다. 즉, 확률수준이 더 낮다는 것을 의미한다.

통계적으로 유의미하지 않은 결과는 우리가 비교하고 있는 데이터가 유사하다는 것을 증명해 주지 않는다. 우리가 논의하고 있는 종류의 과학적 검정은 뭔가 참인 것을 증명하려고 고안된 것이 아니다. 왜냐하면 무엇인가를 증명하려고 노력함으로써 제2종 오류를 저지를 진짜 가능성이 있기 때문이다. 따라서 경

인 반면 제2종 오류가 단순한 경우도 있다. 기존의 약으로 이미 치료할 수 있는 병에 대해 새로운 약을 발표하는 것이다. 이런 예들은 예외적인 경우이지만, 두 종류의 오류를 잘 이해하는 것이 중요하다.

험과학의 주된 특징인 검정은 기하학이나 수학 같은 항진명제 안에서 가능한 모호하지 않은 '증명'과는 다르다.

통계적 검정을 한 뒤에 유의미한 차이를 찾아내지 못했다면, 우리는 여전히 결과들(대개 평균)에서 볼 수 있는 실제의 차이에 마음이 끌려서 '유의미하지 않은 경향'에 대해 말하게 될 것이다. 이를 피할 필요는 없다. 그런 경향이 존재함을 암시하는 강력한 이유가 있다면, 검정의 반복이나 가정을 다시 조사하고 데이터를 더 모으는 일이 필요할 것이다.

과학자들은 다른 사람들과 마찬가지로 선호하는 것이 있다. 선호하는 설명을 무의식적으로 더 좋아하는 것에 관심을 갖는 사람들은 귀무가설(즉, 아무런 결과가 없다는 것)의 정합적인 검정을 통해 의문을 검정하는 가장 객관적인 방법을 얻을 수 있다고 말한다. 특히 선호하는 가설을 검정하는 경우에 우리가 가설로 삼는 결과가 데이터에 분명하게 나타나지 않는다고 추측하는 것이 현명할 것이다. 이런 접근은 가장 객관적인 검정의 고안을 강제한다. 바람직하긴 하지만 언제나 실현 가능한 것은 아닐 수도 있다.

데이터의 통계적 분석의 핵심적인 내용은 측정의 세트(가령 위치 1과 위치 2에서 산소의 양을 읽는 것)가 우연만으로 일어날 수 있는 것보다 더 큰 정도로 차이를 보이는가 하는 점이다. 이것이 통계학의 핵심이다. 처리의 효과들(앞의 예에서는 위치들)을 우연의 효과들과 비교하는 것이다. 처리에서 비롯된 차이가 확률적 변이만으로 생겨날 수 있는 것보다 더 큰지 여부를 구별하는 것이 목표이다.

제3장과 제4장은 데이터를 평가할 수 있는 몇 가지 통계적 분석들과 질문을 검정하기 위해 적용하게 되는 실험적 고안의 원리들을 살펴볼 것이다. 통계적 분석과 실험적 고안의 원리를 결합함으로써 확률적 변이에서 비롯한 효과와 처리의 효과를 구별할 수 있게 될 것이다.

참고문헌 및 더 읽을거리

Berthouex, P. M., and L. C. Brown. 1994. *Statistics for Environmental Engineers*. Lewis.

Brillinger, D. C. 1981. *Time Series: Data Analysis and Theory*, expanded ed. McGraw-Hill.

Chatfield, C. 1984. *The Analysis of Time Series: An Introduction*, 3rd ed. Chapman and Hall.

Lord, F. 1953. On the statistical treatment of football numbers. *Am. Psychol.* 8:750–751.

Sokal, R. R., and F. J. Rohlf. 1995. *Biometry*, 3rd ed. Freeman.

Tukey, J. W. 1977. *Exploratory Data Analysis*. Addison-Wesley.

Velleman, P. F., and L. Wilkinson. 1993. Nominal, ordinal, interval, and ratio typologies are misleading. *Am. Stat.* 47:65–72.

Williams, C. B. 1964. *Patterns in the Balance of Nature*. Academic Press.

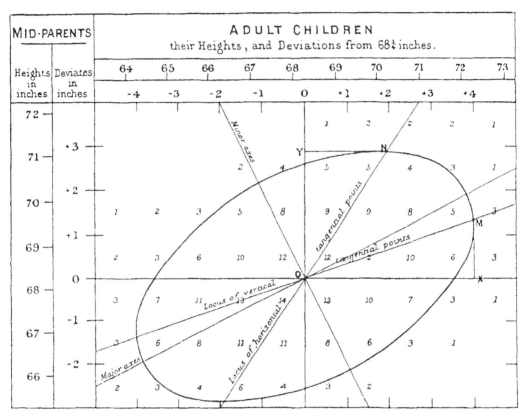

어린이들이 성인이 된 후의 키와 어머니의 키 사이의 관계를 그래프로 나타낸 것이다. 1885년에 프랜시스 골턴 경 (1822~1911)이 발표했다(J. Anthropol. Inst. 15:246~263). 골턴은 우생학의 기초를 놓았을 뿐 아니라 기상학에서 역선풍의 개념을 고안했고, 나중에 통계학이 되는 학문에서 상관계수를 정의했으며, 지금도 사용되고 있는 지문인식 시스템을 창안했다. 골턴은 찰스 다윈의 사촌이었다.

제 3 장

통계적인 분석

1. 분산분석법(ANOVA)
2. 회귀분석
3. 상관
4. 빈도분석
5. 통계분석의 요약
6. 데이터의 변환

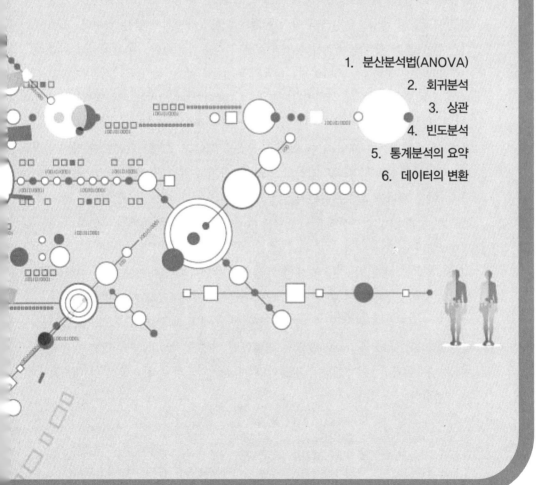

어떤 연구는 명백한 결과를 만들어 내고 이 경우 우리는 통계학을 사용할 필요가 없다. 하지만 대부분의 경우는 결과의 차이를 평가하는 객관적인 방법을 필요로 한다. 객관성을 어느 정도 가지고 결과를 평가하는 방법을 제공하기 위해서, 이 장의 주제인 다양한 통계적인 기법들을 사용할 수 있다.

제2장에서 언급한 바와 같이, 로널드 피셔(Sir Ronald A. Fisher)가 제시한 중심적인 통계적인 표현들은 흥미 있는 변인들의 효과가 우연변인들의 영향보다 큰지 아닌지를 보는 것을 언급하였다.[1] 통계학자들은 이런 비교를 실행하고 변인들 사이의 관계를 정립하는 많은 방법을 고안하였다.

대부분의 통계학 책들은 매우 조리 있게, 독자들에게 다음과 같은 간단한 방법들을 소개하는 것으로 시작한다. 표본의 평균을 얼마나 잘 알고 있는지, 가상적인 모집단의 평균으로부터의 차이를 얼마나 확신하는지와 같은 것이다. 그런 다음 두 표본의 평균을 비교하는 것과 같은 검정을 추진한다. 이 책에서는 이런 방식을 따르지 않겠다. 왜냐하면 이 책은 통계학에 관한 책이 아니라 과학하기의 원리(전문기술까지는 아니고)를 소개하는 책이기 때문이다. 과학적인 일(연구)을 설계하는 원리에 대해 바로 벗어나는 것이 좋았을 텐데, 하지만 이는 약간의 앞선 통계적인 개념 없이 어렵다는 것을 알았다. 그래서 나는 이 장에서 제4장인 실험설계의 원리를 접하기 전에 몇 가지 통계적 검정을 재검토하고자 한다. 어떤 독자는 제4장을 먼저 읽고 필요할 경우 이 장으로 돌아와도 된다. 참조를 위해서 제3장 5절에 간단한 검정에서부터 복잡한 검정까지 배열하여 재검토하였다.

처음부터 끝까지 각 검정에 대한 계산적인 정밀함이 들어가는 것을 피했다. 왜냐하면 이것들은 많은 훌륭한 통계학 책에서 찾을 수 있기 때문이다. 연습문제들은 통계분석에 관한 알기 쉬운 직관적인 소개를 제공하는 Motulsky(1995)를 포함한다. Sokal과 Rohlf(1995)는 방법들에 대한 철저하고 믿을 만한 개괄을 제공한다. 여기서 나는 개념을 강조하고 개념을 정리하기 위한 약간의 대수학을 포함한다.

---

1) 우연 또는 무작위 변동 : 많은 확인할 수 없는 변인들의 기여를 서로 덧셈하여 만들어진 변동을 언급한다. 이는 우리가 연구하려고 하는 처리에 의해 생긴 변동을 비교하고자 하는 것과 대비하여 이런 것을 '사용되지 않는' 변동이라고 한다.

그래서 이 장에서는 검정의 전략과 각각의 검정이 어떻게 유익한지에 대해 강조함으로써 어떤 선택한 통계분석의 근원적인 개념을 소개한다. 사용 가능한 무수한 통계 중에서, 분산분석, 회귀분석, 상관분석, 도수분석을 지목하고자 한다. 이것들은 제1장에서 논의한 대부분의 연구 형태의 데이터를 분석하는 데 필요한 요소를 제공한다. 또한 독자들이 대부분의 과학 문헌에서 접할 수 있는 가장 자주 사용되는 분석법이다. 또한 제4장에서 필요한 항들을 제공한다. 이 장에서는 필수적인 아이디어를 소개한다. 특정한 질문들에 대답하기 위한 어떤 응용을 위해, 독자는 실험이나 조사의 분석과 설계에 관한 전문지식을 가진 사람으로부터 조언을 받을 수 있을 것이다. 여기에 소개되는 필수적인 것들은 그런 조언을 효과적으로 만드는 기본 배경을 독자에게 제공하고자 하는 것이 의도이다.

장의 끝은 데이터의 변환을 논의하는 것으로 끝난다. 이는 우리 데이터의 성질을 더 잘 이해하는 유용한 도구이며, 몇 가지 통계적 검정의 가정을 만족하도록 데이터를 재구성할 수 있게 하는 방법이다.

1. 분산분석법(ANOVA)

분산분석법의 요소

분산분석법(analysis of variance, ANOVA)은 영국 통계학의 선구자인 로널드 A. 피셔가 발전시킨 것이다. ANOVA는 많은 통계분석과 실험 설계의 기초가 된다. 이는 평균들 사이의 차이(분산)를 비교하거나 그 차이가 순전히 우연히 생겨난 차이보다 더 큰지 여부를 평가할 수 있는 일반적인 방법이다.

ANOVA는 과학 문헌에 널리 사용된다. 하지만 ANOVA의 사용을 조사해 본 결과, 검토한 논문의 78%에서 ANOVA의 적용이 불충분했다(Underwood, 1981). 과학계에서는 이 매우 유용한 통계적 도구를 더 비판적으로 적용하고 발표하고 해석해야 한다. 그래서 우리는 몇 가지 기초적인 원리만을 살펴보고자 한다.

처리에 수반된 분산의 예측을 분리하여 계산할 수 있는 것은 관심이 있는 변인에 대한 여러 가지 효과가 덧셈으로 주어진다는 가정 덕분이다. 이 가합성 가정은 ANOVA의 핵심적인 개념이며, 이는 임의의 변인의 값은

$$Y_{ij}=\mu+\alpha_i+\varepsilon_{ij}$$

와 같이 각 요소로 분해할 수 있다는 생각으로 이어진다. 여기에서 $i=1, \cdots, \alpha$ 이고 $j=1, \cdots, n$ 이다. Y_{ij} 의 측정은 몇 개의 항의 합으로 이루어져 있다. 먼저, Y 가 됨으로써 생기는 효과가 있다. 이는 모든 값의 총평균으로서 μ 로 나타낸다. 다음으로 Y 의 값의 하위집단에 속하는 효과를 나타내는 항 α_i 가 있다. 이를 처리(treatment)라고 하며, 이에 대해 전체 모집단과 얼마나 차이가 나는지 확인하는 것이다. 이 질문에 대한 대답을 주는 것이 셋째 항인 오차(error)[2] ε_{ij} 이다. 이 Y_{ij} 의 세 번째 성분은 i 번째 그룹에서 Y 의 j 번째 개별 값에 나타나는 무작위 편차를 나타낸다. 기본 아이디어는 총평균의 효과와 그룹(또는 처리)의 효과를 분리한 뒤에 남는 변이가능성이 바로 무작위 편차라는 것이다. 이 ε_{ij} 항은 실제로 무작위이며, 그룹 내 관찰은 값들의 표본 안에서 무작위인 것으로 보아야 함에 틀림없다. 모든 ε_{ij} 의 평균은 0이어야 한다. 편차의 일부는 분포의 평균보다 더 큰 값이 되고 일부는 더 작은 값이 될 것이기 때문이다. ε_{ij} 의 추정된 분산은 s^2 이다.

이와 같은 가정들은 관찰이 서로 독립적이며 ε_{ij} 의 분포가 정상분포라는 것을 달리 표현한 것이다. 또한 분산이 균질적이라는 것, 즉 상이한 관찰표본에서 계산한 s^2 이 같은 모집단 α^2 에 대한 추정이므로 s^2 의 값이 비슷해야 한다는 것도 가정해야 한다. 통상적인 방식대로 그리스 문자는 통계적 추정치가 아니라 모수를 가리킬 때 사용한다.

그러므로 ANOVA에 사용되는 가정들은 편차 성분의 **가합성**, 관찰들의 **독립성**, 분산의 **균질성**, 관찰의 **정규성**이다. 이 가정들은 일상적인 과학 데이터의 분석에서 매우 자주 간과된다. 데이터가 실제로 이 가정들에 부합하는지 예비 분석을 실제로 수행하는 사람은 매우 적다. 이 가정들이 성립하지 않아도 적절하게 작동하는 통계적 절차들이 상당히 있긴 하지만, 이 가정들을 이해하는 것이 중요하다. 앞으로 제4장에서 보게 되겠지만, 데이터 분석방법뿐 아니라 연구의 설계에서도 이 가정들이 다시 등장하기 때문이다.

우리의 데이터가 이 가정들에 부합하지 않는다면 두 가지 대안이 있다. 첫 번

---

2) 영어 단어 error는 일상의 실수를 의미하지만, 통계학의 전문용어로 '오차'는 무작위 편차를 의미한다.

째 선택지는 분포에 대해 어떤 가정도 하지 않는 통계 검정 방법을 적용하는 것이다. 앞으로 모수 방법과 동등한 비모수 방법들을 논의할 것이다. 이는 모수 검정의 가정들을 충족시키지 않는 데이터에 적용할 수 있는 방법들이다. 두 번째 선택지는 데이터를 새로운 스케일로 변환하여 이 가정들을 충족시키는 데이터로 바꾼 뒤, 변환된 데이터에 대한 적절한 ANOVA를 수행하는 것이다. 여러 상이한 문제를 해결하는 데 이용되는 여러 가지 변환이 있으며, 이에 대해서도 앞으로 논의할 것이다.

ANOVA 유형의 예

일원반복복제 ANOVA

ANOVA의 개념을 보다 현실적으로 만들기 위해, 가장 간단한 버전 중 하나의 보기를 우선 조사하자. 그것은 일원배치 ANOVA이다. 이런 구도는 변인이나 분류의 효과를 검정하는 데 적용할 수 있다. 해변의 일련의 역에 따라 모래의 견고함을 평가하는 것에 관심이 있다고 가정하라. 모래의 이동에 대한 저항을 측정하는 경도계라고 부르는 기기를 사용한다. 숫자가 작을수록, 모래를 뚫는 데 필요한 힘이 적다. 해변을 따라 6개의 역에서 5번의 무작위 장소에서 측정을 했다(표 3.1).

이제 각각의 평균에 대한 표준편차를 간단히 계산할 수 있고 평균±표준편차 값이 다른 평균과 겹치는 확인함으로 평균이 다를 것 같은지 아닌지 판단한다. 그것은 정성적인 판단이다. 여기 평균들 사이에는 전혀 다르지 않다는 가설에

표 3.1 6곳의 해변 역 각각에서 5번의 시료를 채취하여 얻은 모래 관통에 필요한 힘(상대단위)

반복 채집	역					
	1	2	3	4	5	6
1	21	31	30	47	52	38
2	52	42	27	38	44	40
3	29	37	30	41	52	25
4	20	51	42	32	35	31
5	30	44	46	41	48	39
합계	152	205	175	199	231	173
평균	25.3	41	35	39.8	46.2	34.6

출처 : Krumbein(1995)에 사용된 예제로부터

대한 보다 정량적인 평가를 원한다. 역들 사이에 차이가 있다는 것을 볼 수 있다(통계학자들은 우리의 역을 그룹으로 인식하기를 바란다). 논쟁거리는 그룹 간의 변동이 그룹 내의 변동보다 큰가 하는 것이다(각 역에서 반복적으로 채집한 것들 사이의 변동은 오차 항으로 불린다).

이 비교를 하기 위해서, 데이터는 ANOVA의 가정을 만족하는지 우선 확인해야 한다. 데이터를 도수 히스토그램으로 정규성과 평균에 대해 분산을 그림으로 표현하므로 분산의 균질성을 체크하기 위해 데이터를 그래프로 나타내어 검사하면 쉽다(그림 3.1 참조). 데이터는 상당히 정규성이다. 분산을 다른 역에 비해 3배나 큰 값을 가진 1번 역 한 곳을 제외하고 유사하다. 분산이 균일한지 아닌지 결정하기 위해, 발렛 검정(Sokal & Rohlf, 1995, 제13장)이나 더 간단한 하틀리 검정을 시도할 수 있다. 우리가 이런 검정을 할 때, 데이터 세트에서 분산은 가정을 무효화할 정도로 충분히 다르지 않음을 알게 된다. 분산은 평균이 증가함에 따라 더 크게 차이가 나야 한다면 문제가 된다. 그러므로 데이터는 상당히 정규성이고, 분산은 평균의 크기에 비해서 현격한 변화가 없다. 덧셈의 법칙을 확인하기 위해 전체 평균으로부터 차이를 계산할 수 있으며, 이 차이가 모든 그룹과 매우 유사한지 아닌지를 보면 된다.

다른 가정들은 덜 위험한 문제일 것 같다. 이 경우 우리는 데이터 변환을 결정하지 않는다. 가정을 확인했다면 분산을 계산하도록 계속해 보자. 표 3.2에서 이 절차를 조직화하는 한 가지 방법을 보여준다. (나는 독자들의 명백한 계산에

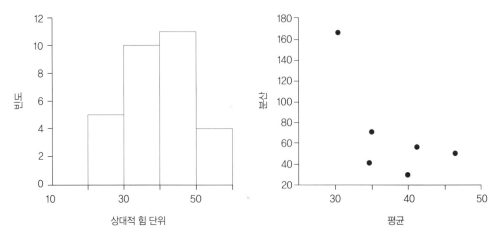

그림 3.1 표 3.1의 데이터에 대한 도수분포의 정규성(왼쪽)과 분산의 균질성(오른쪽)을 그래프로 확인

표 3.2 분산분석의 절차

변동원	제곱의 합	자유도	평균제곱	분산의 계산	F 검정
그룹 간	$SS_a = \Sigma(C_i^2/n) - CT$	$k-1$	$MS_a = SS_a/(k-1)$	$\sigma^2 + c\sigma_a^2$	MS_a/MS_w
그룹 내	$SS_w = SS_t - SS_a$	$k(n-1)$	$MS_w = SS_w/k(n-1)$	σ^2	
전체	$\Sigma(X_i)^2 - CT$	$kn-1$			

SS_a는 그룹 간 제곱의 합이고, SS_b는 그룹 내 제곱의 합이다. X_i 값은 관측된 값을 나타낸다. C_i는 표 3.1의 각 열의 합이다. Σ는 표 3.1의 각 열 또는 행을 따라 합을 계산함을 나타낸다. '보정항' CT는 G^2/Kn이며, G는 총합이다. 자유도 df는 관측 횟수(역의 수 $k=6$, 반복의 수 $n=5$)에서 1을 뺀 값으로 정해진다. 평균제곱 MS_a와 MS_w는 각각 SS_a와 SS_w를 df로 나눈 값이다. 이 평균제곱은 그룹 내 분산 추정치가 된다. F 검정에서 사용되는 값은 그룹 내 편차 추정치로 나눈 값이다. 이는 그룹 간 편차에서 비롯된 편차와는 구별된다. $F=6$이면 그룹 간 편차가 그룹 내 편차와 같으며, 그룹 효과는 없다.

표 3.3 표 3.1을 사용한 분산분석 표

변동원	제곱의 합	자유도	평균제곱	F
그룹 간	788	5	157.60	2.28 NS
그룹 내	1660	24	69.17	–
전체	2448	29	–	–

SS=제곱합, MS=평균제곱, NS=의미 없음

대한 욕망을 위해서 이와 같은 표를 추가했다.) 이런 계산을 했다면, 이제 해변의 단단함에 관한 데이터를 ANOVA 표로 종합할 수 있다(표 3.3 참조).

ANOVA는 그룹 내 항에서 축적되는 무작위 변동에 비해서 그룹 간의 차이가 유의미함을 갖는지 아닌지 검정하게 한다. 이 검정은 Fisher를 기념하여 이름을 붙인 F 분포를 사용한다. 무작위 변동에 대한 처리의 추정분산의 비는 검정되는 두 개의 추정분산과 연관된 자유도에 따라 변하는 F 값을 비교한다.

그래서 표 3.3에서 구한 F 값은 2.28이다. 우리는 대부분의 통계학 교재에 제공된 테이블에서 F 분포값의 범위를 찾게 되고, 자유도가 5와 24인 경우에 대해서, 5% 유의수준에서 2.62보다 큰 값을 가지면 유의미하다. 표 3.3의 값이 5% 제한을 넘지 않으므로 우리는 F 값 뒤에 '무의미함'을 나타내는 NS를 붙여 이 결과를 보고한다. 덧붙여 말하자면, 만약 F 값이 5%나 1% 유의수준에서 유의미하다면, F 값 뒤에 * 표시를 각각 한 개 또는 두 개 붙인다는 약속이 있다(다시 말해서, 만약 계산된 F 값이 5% 유의수준에서 2.62보다 크거나 1% 유의수준에서 그 해당하는 값보다 클 경우).

어떤 경우에도 테이블의 F 값과 비교함으로써, 귀무가설은 기각되지 않는다는 결론을 내린다. 조사한 해변의 모래 굳기(경도)는 표본 채취 전체 거리에서 균일하다. 전체 측정으로 계산된 평균 굳기 37.8과 그룹 내 분산 69.17은 모집단의 평균과 분산의 추정값으로 여겨질 수 있다.

분산분석은 다음과 같은 것을 말할 수 있다. 그룹이나 처리들 사이의 유의미한 차이가 있지만 만약 우리가 다른 종류의 살충제나 비행기 날개 설계를 검정한다면, 어떤 처리가 다른지를 알아야 한다. 이런 종류의 비교를 하기 위해서, t 검정이나 평균의 비교를 하는 다른 기술적인 방법을 적용해 왔다.

두 개의 특별한 평균들의 차이는 종종 이것을 더 일반적인 ANOVA의 특별한 경우인 t 검정으로 검정한다. 여러 개의 평균에 대해서 t 검정을 적용하는 것은 실시되고 있기는 하지만 문제가 된다. 만약 5개의 평균을 가지고 평균들이 크기별로 나열되어 있다면 적어도 10개의 가능한 t 검정을 해야 한다. 이 교재에서 자유도는 우리에게 얼마나 많은 비교가 가능한지 알려준다. 우리는 $(n-1)$개의 자유도를 가진 5개의 평균을 가지고 4개의 비교가 가능하다(우리가 전체 평균값을 계산할 때 1개의 자유도를 사용했다). 그래서 기왕 할 것이라면 4개의 비교에 제한될 필요가 있다. 그리고 비교는 우리가 결과를 보기 전에 선택해야 한다. 다원 검정이 문제가 될 논점을 미리 말했듯이 일반적인 어려움이 있다.

우리가 진정으로 갖지 못한 자유도를 사용하는 문제에 더불어, 다원 검정은 제2종 오류를 인정하는 위험을 종종 행한다. 제2장에서 언급한 것처럼, 평균들의 세트에서 20 또는 100개의 비교를 만들어 낼지 아닌지 오로지 우연 오차만으로 5% 유의수준에서, 우리는 5%(하나 또는 검정, 각각)로 선언된 유의성을 기대한다. 비록 처리가 진정으로 의미 있게 차이가 나지 않는다 해도. 다원 검정의 무차별적인 적용은 제2종 오류를 자초하므로 바람직한 사용은 아니다.

다수비교 검정이 매우 다양하며, 이는 다소 특별한 환경에서 평균들의 집합 중에서 차이를 검사하는 데 발달했다. 통계학자들은 그런 검정을 사용하는 것에 동의하지 않는다. 혹자는 조심스러운 사용(Sokal & Rohlf 1995)을 제안하고, 또 다른 이는 다원비교 방법은 데이터 해석의 여지가 전혀 없다고 생각한다(O'Neil & Wetherill 1971). Mead(1988)는 다원비교 방법을 피해야 하고, 대신에 비판적인 그래프로 편안히 조사되어야 한다고 강하게 추천했다. 이런 검정을 응용하는 데 공통적인 관점이 없다는 것을 깨닫는 것이 필요하다. 재평론자는 저자에게 데이터를 결정적이거나 그래프로 조사하는 방법을 사용하는 대신에 ANOVA와 다원비교를 실행하기를 주장한 연구 보고서를 여러 편 읽었다. 내 생각에 이 일에 관해서 어느 정도 유연성이 요구된다. 예를 들면, 보다 전통적인 모수적인 접근을 주장하기보다, Hoaglin 등(1983)의 고급 내용처럼 어떤 탐구적인 데이터 분석으로 도움을 받을 수 있다. 이런 논쟁의 열쇠는 엄격한 통계적 체계를 따르려는 성향보다 데이터 자체를 비판적으로 보는 것이다.

이 점에서 다른 종류의 ANOVA가 있음을 언급해야 한다. 모형 I ANOVA에서는 처리가 고정되어 있다. 연구자에 의해 환자에 따른 다른 약의 효과, 작물에 따른 비료의 다른 함량의 효과를 검정하는 것처럼 처리는 고정될 수 있다. 처리는 대상의 나이, 색, 성별과 같이 속성적으로 고정된 것으로 분류될 수 있다. 예를 들면, 이탈리아, 중국, 미국 여자들의 몸무게가 차이가 나는지 이들 세 지역에서 데이터를 수집하여 검정할 수 있다. 모형 I의 경우에, 연구자들은 예상 효과 저변의 기작을 알고 있으며, 그렇지 않을 경우에 여자들의 몸무게에 대한 의문과 같이 변인을 결정하기 위한 명시되지 않은 기작들의 복잡한 집합을 다룬다.

모형 II ANOVA에서 처리는 본성적으로 또는 실험자에 의해 고정되지 않고 무작위로 선택된다. 이러한 예로, 세 군데 장소에서 취합된 각 30마리의 게의 수은 농도를 연구한다. 이때 장소는 무작위로 선택한다. 우리는 장소 사이의 차이가 나는 의미가 무엇인지 알지 못한다. 이 설계에서 의문은 우리에게 그룹 간(장소 대 장소)의 변동이 그룹 내의 변동보다 큰가를 묻는 것만 허락한다. 만약 F 검정이 유의미하다면, 모형 I 분석으로 추론된 것이 중요한 처리 효과가 있을지라도, 모형 II ANOVA로부터 추론은 중요하게 추가된 분산 요소 처리와 연관이 있다.

두 종류의 ANOVA 사이를 구별하는 것은 항상 쉬운 것은 아니다. 예를 들면, 해변의 굳기 연구 장소 선택이 많은 해변들 중에서 무작위로 선택되어 있다면, 그 연구는 모형 II가 될 것이다. 다른 한편, 특별한 위치나 지질 특징(해변의 지형, 갓길, 능선 등)에 해당하는 높이에 따른 특정 위치를 선택한다면 그 연구는 모형 I이 적합하다. 사용될 모델의 독자성은, 위에서 언급한 바에 따라, 추론은 다소 차이가 나며, 두 가지 형태의 ANOVA 계산은 어느 정도 다르다(Sokal & Rohlf 1995, 제8장 참조). 하지만 끝으로 모형 I과 II를 통해 구한 결론의 차이는 통계적 구절로 미묘한 의미를 갖는다. 우리가 모형 I인 II 분석을 적용할지 고려하는 더 큰 혜택은 그것이 어떻게 과학을 하는지에 관한 비판적 사고를 촉진한다는 것이다.

다원 분산분석

이제까지 데이터가 일원배치(분류)된 것을 중점으로 분산분석을 살펴보았다. 분산분석이 데이터 분석에 매력적인 이유는 보다 복잡한 데이터 세트에 대해서도 적용이 가능하기 때문이다. 예를 들면, 이탈리아, 중국, 그리고 미국 여자들의 몸무게를 조사한다면, 우리는 나이를 고려해야 하므로, 나이에 따른 다른 여자들의 그룹으로 분류하여 분석해야 한다. 이 경우 우리는 나라와 나이에 따른 이원 분류하여 사용하여야 한다. 추가적으로 이 여성들을 거주지별로(도시나 전원) 관심을 가지고 볼 수 있다. 이 경우에는 3원 ANOVA가 가능하다. 이런 다원 분류는 처리 분류들 중에서 가능한 상호작용과 같이 중요하고 사소한 이슈에 질문을 허락하는 다소 강력한 분석 도구가 된다. 이런 연구는 다음과 같은 의문을 제기할 수 있다. "사는 나라와 상관없이 나이에 따른 차이가 전원 지역에서는 일정하게 유지되는가?" 물론, 파생되는 특징은 실제로 이런 조사를 하고 그것들을 분석하는 것은 이런 다양한 변인들을 다원으로 처리하는 요구를 점차 더 받게 되는 것이다. ANOVA 틀은 확장적이고 다양한 변인에 대해서 다층적으로 조사하는 데 사용될 수 있다. 여기서는 중요한 개념을 소개하기 위해서 두 가지 종류에 대한 토론으로 제한하고자 한다.

비반복 이원 분산분석 표 3.4와 같이 2개의 처리를 실시한 실험으로 시작할 수 있다. 간단하고 일반적인 방법으로 2개의 처리를 각각 행 처리와 열 처리라는 이름을 붙였다. 모형 I과 같이 고정된 그룹을 가진다면, 그룹의 평균(x_{ij}) 주위를 무작위로(마구잡이로, 임의로) 흩어져 있는 것을 관찰할 수 있다. 만약 무작위 그룹(모형 II)이라면, 그룹 전체의 평균 [서 주위를 무작위적으로 분포한 값을 얻을 것이다. 표 3.5에 그 순서적인 개념을 정리했다. 이는 표 3.2보다 조금 더 복잡한 ANOVA 표이다. 우리가 모형 I ANOVA를 취급한다면, 열 및 행의 효과를 평균의 제곱(MS)을 오차의 평균의 제곱으로 나눔으로써 검정할 수 있다. 이런 나누기는 ANOVA로부터 열과 행의 처리 효과를 분류해 낸다. 만약 모형 II ANOVA라면, 테이블의 마지막 행으로부터 변동 성분을 계산해야만 한다. 예를 들면, 행 분산에 대해서, 잔류 평균제곱(residual MS)은 행 평균제곱부터 빼는 것이고, 그 차이는 열의 수로 나눈 것이다.

표 3.4 비반복 이원 분산분석

열	행				열 총계
	1	2	j	c	
1	X_{11}	X_{12}	X_{1j}	X_{1c}	R_1
2	X_{21}	X_{22}	X_{2j}	X_{2c}	R_2
i	X_{i1}	X_{i2}	X_{ij}	X_{ic}	R_i
r	X_{r1}	X_{r2}	X_{rj}	X_{rc}	R_r
행 총계	C_1	C_2	C_i	C_r	G

셀에 있는 X_{ij}는 관측이며, R, C, G는 행, 열, 전체 총계. r과 c의 정의는 표 3.5 참조

표 3.5 표 3.4의 틀에 따른 분산분석 표

변동원	제곱합	자유도	평균제곱	변동 계산	F 검정
열	$\sum(R_i^2/c) - CT^a$	$r-1$	$SS_R/(r-1)$	$\sigma^2 + c\sigma_R^2$	MS_R/MS_e
행	$\sum(C_j^2/r) - CT$	$c-1$	$SS_C/(c-1)$	$\sigma^2 + r\sigma_C^2$	MS_C/MS_e
잔여변동(오차)	$SS_G - (SS_R + SS_C)$	$(r-1)(c-1)$	$SS_e/(r-1)(c-1)$	σ^2	
합계	$SS(X_{ij}^2) - CT$	$rc-1$			

[a] CT = '보정항' 잔여변동을 언급하는 약어

r은 전체 열의 개수, c는 행 내에서 전체 셀의 개수

SS_e = error sum of square 오차의 제곱의 합, MS_e = 오차 평균의 제곱

다른 항들의 정의는 표 3.2 또는 표 3.4 참조

반복 이원 분산분석 비반복 이원 구조는 연구에서는 거의 사용되지 않지만, 많은 세심한 실험 디자인의 기본 틀이다. 우리가 묻는 질문과 사용 가능한 물질에 따라서, 우리는 반복적으로 각 행 단위와 열 단위를 추가할 수 있다. 우리는 단위들을 갈라낼 수 있으며, 오직 부분적인 행이나 열 실험을 시행할 수 있으며, 인수수준이 되는 그룹을 만들 수 있으며, 관심 있는 처리의 효과를 좀 더 잘 평가하기 위해서 관심이 없는 변동을 따로 취급하기 위해서 변인 중 하나를 사용할 수 있다. 이런 처리의 설계에 관한 전략들 중에 일부는 제4장에서 취급될 것이다. Mead(1988)는 이런 모든 설계에 관한 훌륭한 참고문헌이다.

다원 반복 구조는 두 개 또는 그 이상의 독립변인이 종속변인에 미치는 동시에 일어나는 효과를 연구하는 데 가장 유용하다. 이런 연결된 공통의 영향은 독립변인의 상호작용으로 언급되며, 오직 이런 종류의 분석에 사용 가능한 강력한 개념이다. 다층 구조는 변인들의 공유된 효과를 조사하는 데 가능하며, 분리된

요인들을 아무리 탐구해도 드러낼 수 없는 것도 있다. 하지만 비반복 방법으로는 두 변인의 공유된 효과는 무작위, 잔차 변동(residual variation)으로부터 분리해 낼 수 없다는 것을 언급해야 한다. 두 독립 변인에 의해서 영향을 받는 단위 안에서는 복원이 될 때만 이런 분리는 유일하게 가능하다. 이것이 복원 다원 ANOVA의 주요한 이유이다.

위의 비복원 이원 구조의 단위에서 X_{ij} 관찰 대신에, n번 반복한다고 가정하면, X_{ijn} 관찰을 가진다. 행과 열을 언급하는 이런 어려운 상황으로, 이들은 n 반복이 적용이 되거나 영향을 끼치는, 두 가지 요인 A와 B를 가지고 설계를 논의한다. 만약 한 요소의 각 수준이 두 번째 요소의 각 수준에 존재한다면 표 3.6과 같은 레이아웃은 교차분류(cross-classified)라 불린다. 이런 종류의 분석에는 모든 셀에 존재하는 동일한 반복이 장점이다. 반복이 없고 균형이 잡히지 않은 설계는 매우 많은 추가적인 컴퓨터 계산을 필요로 한다.

두 개의 요소인 A와 B를 가지고, 단위는 n번 반복한 분석의 모델은

$$X_{ijk} = \mu + A_i + B_j + AB_{ij} + \varepsilon_{ij}$$

이 식에서, X_{ijk}는 요인 A의 i번째 수준과 요인 B의 j번째 수준의 조합으로 된 처리에서 k번째 반복을 나타낸다. A_i와 B_j는 요인 A와 요인 B의 i번째와 j번째 수준에서의 효과이다. 표 3.7에 잠재하는 시험에 의해 A, B 또는 AB 효과는 중요하지 않다는 가정을 검정한다.

A와 B가 임의적이거나 고정될 때 기대 MS의 모델은 차이가 난다(표 3.8). MS가 분자가 되고, 이 수준의 복잡성이나 더 복잡한 다원 ANOVA 설계에서 F 검정의 분모가 되는 것은 항상 명확하지 않다. 무작위 모형과 고정 모형의 차이는 더 복잡한 레이아웃에서 더 중요해진다. 왜냐하면, 표 3.8에서 요인과 상호

표 3.6 반복되고, 교차분류된 이원 분산분석

변인 B	변인 A			
	부분 그룹 1		부분 그룹 2	
부분 그룹 1	X_{111}	X_{112}	X_{211}	X_{212}
부분 그룹 2	X_{121}	X_{122}	X_{221}	X_{222}

이 경우 오직 2번 반복한 분류만 포함됨. 부분 그룹은 분류(남자와 여자) 또는 레벨(주어진 화학적 처리의 X 또는 $3X$ 투입)

표 3.7 표 3.6의 데이터를 이용한 분산분석 식

변동원	제곱의 합	자유도
요인 A	$\dfrac{\sum\limits^{a}\left(\sum\limits^{b}\sum\limits^{n} X_{ijk}\right)^2}{bn} - K$	$(a - 1)$
요인 B	$\dfrac{\sum\limits^{b}\left(\sum\limits^{a}\sum\limits^{n} X_{ijk}\right)^2}{an} - K$	$(b - 1)$
$A \times B$	$\dfrac{\sum\limits^{a}\sum\limits^{b}\left(\sum\limits^{n} X_{ijk}\right)^2}{n} - K - SS_A - SS_B$	$(a - 1)(b - 1)$
셀 내	$\sum\limits^{a}\sum\limits^{b}\left[\sum\limits^{n} X_{ijk}^2 - \dfrac{\left(\sum\limits^{n} X_{ijk}\right)^2}{n}\right]$	$ab(n - 1)$
합계	$\sum\limits^{a}\sum\limits^{b}\sum\limits^{n} X_{ijk}^2 - K$	$abn - 1$

보정항은 식과 같이 $K = \left(\sum\limits^{a}\sum\limits^{b}\sum\limits^{n} X_{ijk}\right)^2 / abn$

표 3.8 다른 모델 형태의 반복 이원 분산분석의 평균의 제곱 계산

틀		다음의 평균제곱 계산			
A는	B는	셀 내 $ab[df = (n - 1)]$	$A \times B$ $[df = (a - 1)(b - 1)]$	B $[df = (b - 1)]$	A $[df = (a - 1)]$
고정	고정	σ_e^2	$\sigma_e^2 + n\sigma_{AB}^2$	$\sigma_e^2 + anK_B^2$	$\sigma_e^2 + bnK_A^2$
고정	무작위	σ_e^2	$\sigma_e^2 + n\sigma_{AB}^2$	$\sigma_e^2 + anK_B^2$	$\sigma_e^2 + n\sigma_{AB}^2 + bnK_A^2$
무작위	고정	σ_e^2	$\sigma_e^2 + n\sigma_{AB}^2$	$\sigma_e^2 + n\sigma_{AB}^2 + anK_B^2$	$\sigma_e^2 + bnK_A^2$
무작위	무작위	σ_e^2	$\sigma_e^2 + n\sigma_{AB}^2$	$\sigma_e^2 + n\sigma_{AB}^2 + anK_B^2$	$\sigma_e^2 + n\sigma_{AB}^2 + bnK_A^2$

출처 : Underwood(1981) 보정항은 식으로 $K_B^2 = \sum\limits^{b}(B_j - \bar{B})^2/(b - 1)$, $K_A^2 = \sum\limits^{a}(A_i - \bar{A})^2/(a - 1)$

작용 항의 효과 중요성을 조사하기 위한 어떤 MS가 나누는 것인지를 결정한다. Mead(1988)는 우리가 F 검정에 사용할 수 있는 적절한 MS 값을 선택할 수 있는 규칙을 제공했다. 표 3.8은 확실히 위험하다. 이 수준에서 통계분석은 아마 강력하지만 점차 복잡해질 수 있다는 것을 독자들에게 경고하기 위한 명확한 길잡이로서 여기에 포함될 수 있다. 스스로 이런 상황까지 왔다면, 당신의 일을 계속하기 전에 이런 분석에 대하여 통계학자에게 조언을 구하는 좋은 아이디어를 발견할 것이다. 사실 실험은 이 절에서 소개된 실험 디자인을 만족하는 연구를

시작하기 전에 통계전문가의 의견을 가진 누군가의 조언을 받는 것이 현명하다는 것을 가르친다. 그렇지 않으면 많은 시간과 노력을 낭비하게 될 것이다.

분산분석의 비모수적 대안

만약 변환으로 ANOVA의 가정을 만족하도록 데이터를 변환하지 못한다거나, 만약 중간값이나 최빈수, 또는 다른 종류의 데이터를 취급할 필요가 있으면, 우리는 비모수적 대안 방법을 선택할 수 있다. 검정에 깔고 있는 매개변인 분포로 가정을 만든 ANOVA와 반대로, 이러한 절차는 분산에 무관하다. 표본이나 그룹, 또는 분류가 하나일 경우 크루스칼–월리스 검정(Kruskal-Wallis test)이 가능하다. 2개의 표본의 비교에 대해서는 만–위트니 U 검정(Mann-Whitney U test) 또는 윌콕슨 이중표본 검정(Wilcoxon two-sample test)을 추천한다. 이 2개의 비모수적 검정은 관찰의 순위와 우연으로부터 편차의 가능성 계산에 기초한다. 콜모고로프–스미로프 이중표본 검정(Kolmogorov-Smirnov two-sample test)은 2개의 분포 사이의 차이를 평가하는 것이다.

모수적 모형 I 이원 ANOVA를 대신할 비모수적 대안의 방법이 필요하다면 프리드만 이원 검정(Friedman's two-way test)이 적합하다. 데이터가 짝을 이루면, 윌콕슨 부호순위 검정(Wilcoxon's signed ranks test)을 이용할 수 있다. 이 두 방법은 순위 데이터 분석에 적용된다. 더 간단한 검정방법은 부호검정이다. 이것은 짝을 이룬 데이터 사이의 +값과 − 값의 수를 계수하는 것으로, +와 − 빈도수가 같은 비(정도)인지를 알아낸다.

여러 가지 비모수 검정은 모수 검정에 비해 강력하지 않지만, 비정규적인 여러 데이터를 다루기에 적합하다. 컴퓨터가 발달한 요즘에는 덜 중요하지만 추가적인 이익은 비모수 검정은 계산하기가 아주 쉽다. 현대의 대부분의 통계 패키지에는 비모수 검정이 포함되어 있다.

2. 회귀분석

회귀분석 요소

ANOVA에서 하나의 종속변인에 대한 다양한 처리 효과를 실제로 고려해 왔다. 다시 말해서 처리라는 분류와 실험단위에서 종속변인의 측정된 값이라는 분류를 가졌다. 회귀분석은 실험자들에 의해 설정된 독립적인 요소 값에 제한되지 않는 두 변인 사이의 관계와 측정에 관한 보다 일반적인 경우를 말한다.

회귀에서는 하나의 변인과 다른 변인 사이의 관계를 하나의 다른 변인의 함수로 표현하는 식으로 표현된다(가장 간단한 경우는 선형). 회귀는 $Y=\alpha+\beta X$ 와 $dY/dX=\beta$로 될 수 있으며, Y는 종속변인, α는 절편, X는 독립변인, β는 기울기이며 회귀계수라고 한다.

회귀는 단순히 X와 Y를 연결하는 함수의 형태를 단순히 확립한다. 비록 통계 교재나 소프트웨어에서 사용되는 용어지만, 회귀는 두 변인 사이의 그 자체로 원인과 결과의 관계를 형성하지 않는다. X 변인의 변화는 Y 변인의 변화를 원인으로 설명할 필요가 없다. 독립변인 X의 변화가 종속변인 Y의 변화를 유도함을 확인하기 위해, 위에서 언급한 조종 실험적인 접근법을 적용할 필요가 있다.

어떤 데이터 세트에서 절편 a와 기울기 b를 가진 회귀선 주위에 흩어져 있는 점들이 존재한다고 기대한다. 이 라인은 다음의 세 가지 가정을 만족하면 단순히 기대값의 위치를 표현한다. 이런 회귀 모델은 다음을 만족한다.

1. 독립변인 X는 오차없이 관측된다(다시 강조하면, 오차는 실수라는 뜻이 아니라 통계학에서 사용하는 변동의 통계적인 의미로 사용된다). 이런 의

'회귀'

'회귀(regression)'란 말은 일상 용법에서 매우 부정적인 의미를 함축하고 있으므로 오늘날 우리에게 색다르게 들린다. 프랜시스 골턴(Francis Galton)의 1885년 출간 논문에서는 어린이의 성인 신장과 그들 부모의 성인 신장과의 관계를 기술하는 다소 다른 방법으로 사용되었다. 처음에는 강의에서 '복귀(reversion)'로 사용되었지만, 마지막으로 논문의 제목을 '유전적 신장에서 평범한 사람을 향한 회귀'라고 했다. 단어의 사용에 대한 우리의 반응은 사용하는 데 있어 변화를 반영한다. 그의 의도는 낮은 혈통이 바람직하지 않는(선천적이 아닌) 신장이 되도록 제안한다고 생각할 필요가 없다는 것이었다. 이 신장이라는 주제는 현재 우리가 사용하는 의미일 것이다. 어떤 경우에도 통계학자는 두 변인 사이의 관계를 기술하는 용어를 계속 사용해 왔다.

그 논문은 가장 초기에 2변수 도표 중 하나가 있기 때문에 주목 받을 만하다(이 장을 시작하기 전에 있는 그림을 보라). 이상하게도, 골턴이 취급한 데이터는 오늘날 우리가 생각하기로는 회귀보다는 상관에 더 가깝다. 그 도표는 유도된 변인도 포함하였다. 실제 논문에 발표된 데이터는 평균 신장이라고 예측되는 68.25인치로부터 관측된 값과 얼마나 차이가 나는지 보고되어 있다. 골턴의 그래프에서 신체의 숫자는 특별한 셀 안에 있는 각 개인의 수를 나타낸다. 그러므로 형식은 축의 방향을 보여주기 위해 직선을 추가한 2차원 도수분포이다. 이것은 아마 초기의 노력이지만, 정교한 그래프로 표현한 것을 보여준다.

미로 연구자들에 의해 X 값은 고정이 되지만(모형 I ANOVA의 경우처럼) Y 값은 무작위로 자유롭게 변한다.

2. 직선식 $\mu Y = \alpha + \beta X$는 주어진 X에 대한 Y의 기대되는 평균값을 기술한다.

3. 주어진 X_i 값에 대해서 해당되는 Y의 값들은 $Y_i = \alpha + \beta X_i + \varepsilon_i$식을 만족하도록 독립적이고 정규적으로 분포한다. 오차 항목인 ε_i는 0의 평균에 정상적인 분포를 한다고 가정한다. 주어진 X 값에 대하여 한 개 이상의 Y값이 있을 수 있다.

회귀의 사용

X와 Y의 실험적인 관계 정의

회귀의 가장 일반적인 사용은 독립변인과 종속변인 사이의 중요한 실험적인 관계가 실제로 있는지를 결정하고, 그 관계를 정량적으로 정의하는 것이다. 우리는 또한 사실 여부를 확신하는 데 흥미가 있으며, 자료는 흩어져 있고, 온도가 증가에 따라 물고기의 수확이 유의미하게 증가하는지를 확신하는가에 관심을 가질 수 있다. 또한 만약 관계가 있다면, 기울기, 절편, 그리고 변동이 얼마나 연관성과 연동이 되었는가를 확신하는 데 관심을 가질 수 있다. 비록 우리가 어떤 바닷물 온도가 더 큰 물고기 수확을 유도하는지를 정확한 지식이 없어도 회귀는 실험적인 관계를 설정한다.

인과관계가 있는 관계의 정량화에 회귀를 사용할 수 있다. 만약 우리가 실험적으로 독립변인을 조작한다면, X와 Y 사이의 회귀를 해석하는 원인에 대한 아이디를 덧붙여서 합리화할 수 있다. 우리는 위에서 인과관계에 대한 논의를 이미 했다. 회귀는 관계의 정량적인 본성을 정의하는 데 단순히 사용된다.

X로부터 Y의 예측

만약 우리가 X와 Y의 관계에 대한 식을 안다면, 함수식과 알고 있는 X값을 이용하여 미지의 Y값을 예측하는 것에 당연히 사용한다. 같은 지역에서 바닷물의 온도와 물고기의 수확량에 관한 데이터를 가지고 있고, 어떤 주어진 바닷물에서 물고기의 수확량을 계산하는 것에 관심을 가질 수 있다. 데이터에 적합한 직선 회귀식을 사용함으로써 기꺼이 계산된다.

회귀의 비교

X와 Y의 관계가 한 개 이상의 모집단으로부터 취한 2변량을 가진 표본에서 동일한지 아닌지 회귀는 확신하는 데 또한 사용될 수 있다. 예를 들면, 브라질의 북동부로부터 가져온 화강암의 시료로부터 장석 대 석영(장석/석영) 양의 관계가 아프리카의 기니아만 근처에서 수집한 시료의 값과 관계가 있는지 아닌지 검정에 관심을 가질 수 있다.

공분산 분석

장점으로 언급되는 추가적인 회귀의 사용은 공분산 분석이다(ANCOVA). 만약 몇 개의 그룹으로부터 얻은 자료가 있다면, '다른 종의 풀잎에 있는 N(질소)의 양'에 관한 자료로, X 변인으로 토양의 N 함량을, Y 변인으로 풀잎의 N 값으로 그린다. 각 식물의 N 함량은 토양의 N 함량에 의존하는 것을 알게 된다. 또한 다음과 같은 것을 발견할 수 있을 것 같다. 비록 식물이 그룹으로서 토양의 N에 비슷한 형태로 반응하지만(회귀선의 기울기가 비슷함), 회귀선은 잔류편차이다. 다시 말해서 Y축의 절편(회귀식의 α)이 달라진다. ANCOVA는 바로 이런 경우를 위한 것이다. 각각의 풀 종에 관한 회귀를 검사하는데, 그들이 비슷하고 그래서 공유될 수 있다는 가정하에서, (우리 샘플에서 토양의 N 함량인) X 변인의 효과를 보정하기 위해 공유된 회귀를 사용하고 F 검정을 적용하여 Y축의 절편이 다른지 아닌지에 대한 결정을 한다.

공분산 분석은 우리가 논의한 분석에서 아마 가장 제약이 많은 것일 것이다. 가설 검정에서 ANCOVA의 사용은 ANOVA와 회귀의 모든 가정을 만족하고 공변량의 효과를 제거하는 사용하는 회귀는 비슷하다는 가정을 한다.

회귀의 유의성 검정

회귀의 유의성을 세우는 것은 표 3.9의 ANOVA에 사용된 것과 아주 유사하게 유의성 검정방법을 사용한다. 그림 3.2에서 만약 X 변인에서 변화가 있다면 $(X_1 - \bar{X})$, Y에서도 동시에 변화가 있을 것이다(그림 3.2). Y에서 변화의 일부 $(\hat{Y}_1 - \bar{Y})$는 회귀에 의해서 생긴 것이다.[3] 나머지$(Y - \hat{Y}_1)$는 많이 알지 못하는 변수나 우연에 의한 무작위 효과로부터 기인하는 잔류 변화로 생각할 수 있다.

표 3.9 회귀분석에 사용되는 모형의 계산 변동원, 제곱합, 평균제곱

원천	자유도	제곱합	평균제곱	평균제곱 추측
회귀로 설명(추정 Y와 평균 Y 사이의 차이)	1	$\sum (\hat{Y} - \bar{Y})^2$	$s_{\hat{Y}}^2$	$\sigma_{YX}^2 + \beta^2 \sum (X - \bar{X})^2$
설명되지 않는 변동(측정된 Y와 추정된 Y의 차이)	$n-2$	$\sum (Y - \hat{Y})^2$	s_{YX}^2	σ_{YX}^2
합(측정된 Y와 평균 Y)	$n-1$	$\sum (Y - Y)^2$	s_Y^2	

　　회귀의 유의성을 검정하기 위해서, (독립변인의 변화에 대한) 종속변인에 대한 회귀의 효과를 측정하기 위해 전체 변동을 각각의 요소로 분할하여야 한다. 우리는 또한 잔류 변동(회귀선 주위를 각 점들이 얼마나 벗어나 있는지)을 어림해야 하고, 무작위 변동으로 야기된 각오차를 어림해야 하도록 각 항을 다루어야 한다. ANOVA의 경우처럼 F 비를 사용하여 비교함으로써 회귀항의 유의성을 비교한다.

　　표 3.9의 경우처럼 F 검정은 회귀와 잔류 MS의 비이다. 회귀 MS는 하나의 자

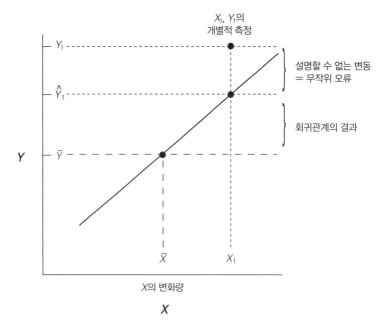

그림 3.2 회귀에 기인하는 것, 설명할 수 없는 변동 또는 무작위 변동에 의한 종속변인 Y의 변동을 나누어 그림으로 표현. $\bar{X}$는 모든 X 값의 평균, $\bar{Y}$는 모든 Y 값의 평균. $\hat{Y}$는 Y의 추정 평균를 보여준다.

---

3) Y는 종속변인으로 관측값이다. $\hat{Y}$는 회귀분석 관계를 사용하여 구한 추정값. $\bar{X}$는 독립변인으로 계산된 평균, $\hat{Y}$는 종속변인으로 계산된 평균

유도에 기초한다. 전체 MS는 $(n-1)$ 자유도를 가지므로, 잔류 MS로는 $(n-2)$개의 자유도가 남는다.

결정계수(R^2)는 표 3.9와 같은 회귀표로부터 얻을 수 있는 유용한 추가적인 통계량이다. R^2의 값들은 X의 변화에 야기된 Y의 전체 변화를 계산하여 얻고, 표 3.9에서 계산할 수 있다. 식 $s_{\hat{Y}}^2/s_Y^2$에 100을 곱한 것이 R^2로, 이는 X의 변화에 따른 Y의 변화를 퍼센트(%)로 표현한 것이다. R^2은 다소 자주 그리고 자유롭게 사용된다(Prairie, 1996). 상관분석을 소개한 후 다음 절에서 특성, 쓰임새, 단점에 대해 언급한다.

X 값이 고정된 경우에 데이터를 얻거나 실험이 설계되는, 모델 I의 회귀를 취급해 왔다. 모형 II 회귀는 두 변인이 모두 오차인 환경에서 적용된다. 또한, 모형 II 회귀는 더 복잡하고 몇 가지 다른 경우는, 그 특징들은 여전히 잘 이해되지 않았고 유의성 검정은 표 3.9의 방법보다 덜 직접적이다. 모형 II 회귀는 다소 다른 계산과 검정을 요구한다. 비편향 모형 II 계산을 하는 한 가지 방법은 기하평균 접근을 사용하는 것이다(Sokal and Rohlf, 1995, 제14장 참조, 몇 가지 다른 모형 II 경우를 재조명했고, 필요한 식을 제공했다). 해양생물학과 수산과학에서 모형 II 회귀를 적용한 명확한 논의는 Laws와 Archie(1981)와 Ricker(1973)에 의해 제공되었다. 회귀선 주위에 상대적으로 많이(크게) 분포되어 있다면, 모형 I과 II를 사용한 계산의 사용은 다른 결과를 나타내며, 이 경우 가장 적합한 모형을 적용하는 것이 중요하다. 회귀선 주위로 분포된 자료가 다소 평이하고 크지 않다면, 2개의 모형은 비슷한 결과를 나타내기 때문에 2개의 모형의 구별은 덜 중요하다.

물론 모든 관계가 직선은 아니다. 오로지 2개의 변인 관계만 관심이 있는 것은 아니다. 그런 응용(다변인이나 곡선형의 회귀)은 Sokal과 Rolf(1995, 제16장)를 참조하라. 이런 주제는 행렬 대수의 이해를 요구하지만 명확한 설명을 제공한 Draper와 Smith(1981)에 의해 잘 처리되어 있다. 다행히 비선형 회귀의 복잡한 계산들은 대부분의 소프트웨어 패키지에서 사용되고 있어 이것들의 사용을 주저할 필요가 없다.

만약 회귀분석을 위한 필요한 가정을 만족하는 데이터를 만드는 변환이 실패한다면, 비모수 방법을 적용할 수 있다. 이런 검정은 오로지 X가 변함에 따라 Y

가 증가하거나 감소할 경우에 대해서만 확신할 수 있다. 켄달의 서열상관은 회귀에 대한 비모수 대안의 선택사항 중 하나이다.

다변수 회귀분석

일반적으로 종속변인에 한 개 이상의 독립변인이 영향을 끼친다는 생각은 합리적으로 보인다. 종종 우리는 몇 개의 독립변인의 영향으로 종속변인의 반응을 측정할 수 있다. Sokal과 Rohlf(1995)가 잘 서술한 기법인 다원회귀나 연관된 경로분석과 같은 방법으로 데이터를 조사할 수 있다. 하지만 이런 방법이 만병통치약은 아니다. 첫째, 분석은 회귀분석의 모든 가정을 만족해야 한다. 둘째, 그 영향이 계산될 수 있는 독립변인 사이의 상호관계가 있다면(이 현상을 쌍선형성이라 함), 각 변인의 효과를 명료하게 평가하는 그럴듯한 방법은 없다. 독립변인이라고 생각되는 변인들 사이의 쌍선형성이 있는지 판단하는 방법은 Myers (1990)에 의해 주어진다.

 다원분석의 부적절한 사용은 일반적이다. 예를 들면, Petraitis 등(1996)은 진화생물학에서 경로분석을 사용한 예의 65%에는, 보통에서 심각한 상호직선성을 발견했다. 더구나 이런 분석들은 인과관계가 아닌 상호 연관성을 보임으로써 해석되어야 한다(제3장 3절). 제1장에 있는 것처럼, 이런 종류의 분석결과들은 과학연구의 처음에 기술한 문장의 특징을 더 보인다. 조작적인 방법으로 연구를 요구한 원인이 누구인지 재미있는 관측을 만들어 낸다.

3. 상관

상관(correlation)은 두 변인이 같이 변하는 정도를 측정하는 것이다. 하나의 변인에 의해서 다른 변인이 표현되는 회귀와 같은 것이 아니다. 상관과 회귀는 두 변인 사이의 관계를 처리한다는 점이나 계산에 사용되는 식이 비슷하다는 점에서 관계가 있다. 그러므로 이것들이 종종 혼동되는 것도 놀라운 것은 아니다. 표 3.10은 상관과 회귀의 응용에 관하여 정리하여 요약하였다.

 만약 Y가 X에 의존하는 것을 추정 또는 만들기를 원하는 경우나, 또는 Y와 X의 관계를 기술하고자 한다면 우리는 X가 고정이고 Y가 랜덤이면 모형 I 회귀

표 3.10 회귀분석이나 상관분석이 적용될 상황

목적	Y 무작위, X 고정	Y_1, Y_2 모두 무작위
하나의 변인과 다른 변인과의 관계를 기술하거나, 다른 것을 예측하기 위한 두 변인 사이의 관계를 정립	모델 I 회귀	모델 II 회귀[a]
		상관계수 r
	의미가 없지만[b] X의 변동에 연관된 Y의 % 변동을 R^2를 사용하여 계산	

a 모형 I은 일반적으로 일반적인 Berkson 경우를 제외하고 부적절하다. X의 값이 오차를 가질 수 있으며, X의 수준이 실험자에 의한 조절된다. 그러므로 실험자에 의한 오차와 무작위 오차가 서로 상관되지 않기에 모형 I을 적용

b 두 개의 변인 중 하나를 고정하면 상관을 정의할 수 없기에 의미가 없다.

출처 : Sokal and Rohlf(1995)

를 사용할 수 있다. 두 변인이 랜덤(Y는 무작위 변인으로 사용되어 왔으므로, 랜덤인 Y_1과 Y_2로 나타냄)이면, Sokal과 Rohlf(1995, 제15장)에 있는 몇 가지를 제외하고 모형 II 회귀를 사용한다. 만약 Y_1과 Y_2 둘 다 랜덤(동시에 정규분포를 가진)이면, 상관계수 r를 계산하고 유의성 검사를 수행한다.

만약 Y는 랜덤이고 X는 고정인 두 변인 사이의 연합이나 상호의존성을 확립하고자 한다면, r의 제곱과 R^2의 계산에 의해서 r의 해석을 확장할 수 있다. 이는 X의 변동과 연합된 Y 변동의 부분을 계산하는 것이다. 이 R^2은 결정계수로 인정되며 제3장 2절에 정의되어 있다. 비록 회귀분석에 가장 적합한 데이터를 가지고 있을지라도, r과 R^2을 계산할 수 있을 것이다. 이런 경우에는 계산된 r은 숫자상의 값으로 받아들여질 수 있고, 두 변인 사이의 매개변수 상관을 어림하는 것은 아니다.

상관계수와 결정계수는 가장 빈번히 사용되는 통계 도구이다. 하지만 우리는 이런 통계량을 사용할 때, Berthouex와 Brown(1994) 등의 많은 사람들이 지적한 어떤 함정이 있음을 알아야만 한다.

첫째, 제1장에서 언급한 바와 같이, X의 변화에 기인하는 Y의 변화를 의미하는 것으로 받아들여질 수 없다. 다른 예로, 자료가 $r=0.864$ 값을 가지고 유의성이 있다고 보이는 그림 3.3을 고려하라. 그림 3.3의 X축에 나타낸 값들은 π의 첫 여섯 자리 수이며, Y축은 피보나치 수의 첫 여섯 자리에서 0이 아닌 수이다.[4] 이들 사이에는 어떤 인과관계 같은 연결이 있다고 생각할 이유가 없다. 사실 그

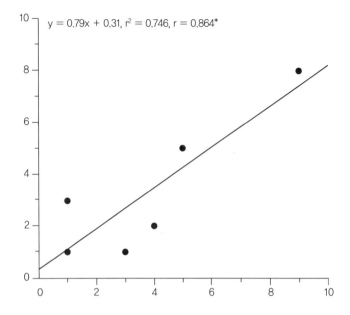

$y = 0.79x + 0.31, r^2 = 0.746, r = 0.864*$

사이 관계는 조금도 예측 가능하지 않다. 데이터를 그린 직선은 다음 피보나치 수를 예측하지 못한다. 상관은 인과(원인)와 동일하지 않다. 소프트웨어 디자이너나 통계학자들에 의한 일상적인 쓰임에도 불구하고 R^2이 0.75라는 것은 Y축의 75% 변화를 설명한다고 느슨하게 단언하거나 결론을 내린다.

둘째, 매우 다른 형태의 데이터도 같은 r 값을 가질 수 있다. F10.2는 아주 다른 데이터 집합이 0.82의 같은 r 값을 가지는 것을 보여준다. 이 보기는 통계분석을 하기 전에 데이터를 그래프로 그려보는 것이 항상 필요하다는 것을 우리에게 상기시킨다.

셋째, 비록 Y_1과 Y_2가 매우 약한 관계에 있음에도 불구하고, 관찰의 횟수가 증가함에 따라 r과 R^2의 유효숫자가 커진다는 경향을 발견하게 된다. Hahn (1973)은 무관한 X와 Y가 유의성을 발견하기에 요구되는 정도까지 필요한 R^2값을 계산하였다. 단 3번의 관측으로는, 유의성 0.05수준에서 $R^2 = 0.9938$이어야 한다. Y_1과 Y_2를 100회 관측하면, $R^2 = 0.04$라도 상당한 연관성이 나타났다. 작은 수의 관찰로 계산한 상관 및 회귀는 신중함이 필요하다. 그 경우에는 가능한

---

4) 피사의 수학자 Leonard Fibonacci(c. 1170)의 이름을 딴, 피보나치 수열은 {0, 1, 1, 2, 3, 5, 8, 13, 21, …}과 같으며 앞의 두 개의 수를 더하여 연속된 수를 만들어 가는 것이다.

중요한 차이가 유의미하다고 보기 힘들다. 많은 관찰에 의한 상관이나 회귀에도 조심을 해야 한다. 소수이거나 별로 중요하지 않은 차이가 통계적으로 유의미해지는 것을 쉽게 볼 수 있다(그림 10.2, 제일 하단 참조). 관찰횟수에 상관없이 회귀에 의해서 X로부터 Y를 예측하는 능력은 점들의 흐트러짐에 따라 제한이 된다. $R^2 < 0.65$ 이하의 회귀는 낮은 예측능력을 보이며, 그에 따라 해석되어야 한다(Prairie, 1966).

네 번째, r와 R^2의 값은 Y_2 변인의 값의 범위에 의존한다(또한 관측의 개수와 그들의 간격에도). 이것은 그림 3.4에 나타나 있다. 꼭대기의 전체 데이터에서 서로 다른 부분 세트를 사용한 다른 R^2 값들이 있다. 최상단과 두 번째 데이터 패널에서 Y_1과 Y_2 사이 관계의 공정한 평가를 제공한다. 세 번째 패널의 좁은 범위의 Y_2는 관계를 인식할 수 없다(무의미한 r 값). 비록 네 번째 패널은 상관 값이 좋지만, 더 자료가 없다면 회의적인 독자는 직선관계의 존재에 대해서 확신하지 않을 것이다. 제4장 2절에서 더 자세히 논의하는 것과 같이, X변인의 관찰 간격이나 범위는 계획단계에서 아주 조심스럽게 계획될 필요가 있다.

상관이나 상관과 거의 사촌관계인, 회귀에 대한 관계와 다른 통계량에 대해서 항상 혼란이 있다. 다른 방식으로 정의되고 인식된 r은 이해되어야 한다. 이에 관해 Rodgers와 Nicewander(1988)를 참조하라. 몇 가지 쟁점들을 명확히 하기 위해, 표 3.10은 회귀와 상관의 목적을 명확히 하고, 이 두 연관된 분석법의 적용의 조건을 정리하였다.

상관계수의 유의성 수준은 t 검정으로 검정된다. 이런 유의성 검사는 단순한 우연만으로 예측된 결과보다 두 변인 사이의 결합 정도가 증가하는지 아닌지를 확신하게 한다. 상관을 야기하는 기작을 설명하는 제1장 1절에서의 논의가 관련된다.

상관통계는 실험적인 접근이 용이하지 않는 분야에 사용이 증가되고 있다. 주요소분석과 요인분석과 같은 것을 포함한 두 가지 이상의 변인에 대한 상관으로 확대하는 많은 방법이 있다. 이것들은 컴퓨터 계산이 필요하고 해석이 모호하여, 개인적인 관점으로는 대안이 없는 경우가 아니라면, 이런 다중요인 상관분석은 피해야 한다. 그럴 경우에도 유도변인이라고 불리는 명백한 종속변인과의 공고한 관계로 결과를 조심스럽게 해석해야 한다. 게다가 유도변인들 자

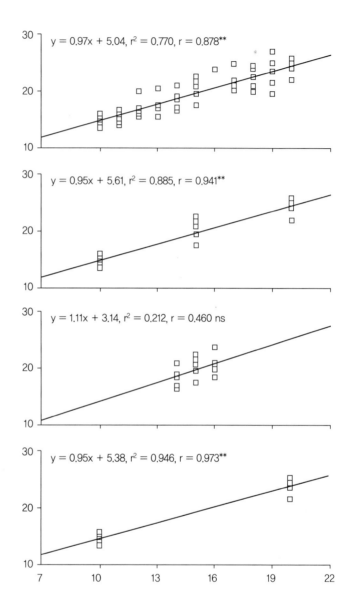

그림 3.4 상관분석 통계량의 계산. 전체 자료(최상단), 같은 자료의 부분 자료(아래)
출처 : Berthoues and Brown (1994)에서 인용하여 변형됨

체가 서로 상관되지 않도록 확인하는 것이 중요하다(상호선형성 문제라 부름). 그런 상호선형성이 존재한다면, 종속변인의 연관성은 기껏해야 모호해진다. 상관의 크기를 측정하는 켄달-스피어맨 상관관계(Kendall's and Spearman's rank correlations) 방법을 포함한 비모수 검정과 같은 것들이 더 쓸만하다. 옴스테드-터키 구석 검정(Olmstead and Tukey's corner test)은 유용하긴 하지만 단지 상관의 유무만을 식별해 줄 뿐이다(Sokal and Rohlf, 1995, 제15장).

4. 빈도분석

이제까지는 연속적인 데이터 측정의 분석에 적용해 왔다. 하지만 다른 종류의 데이터는 연속적이지 않다. 더구나 위에서 언급한 통 만들기로 연속자료를 비연속자료(이산자료)로 쉽게 변환할 수 있다. 비연속적인 자료들은 종종 빈도로 얻어지거나 나타내진다. 이런 종류의 데이터는 다른 분석방법을 필요로 한다. 하나의 표본과 다중 표본의 경우에 대한 적합도를 먼저 다루고 난 후 독립성 검정을 계속한다.

적합도 검정

만약 우리가 도수로 표현되는 데이터 세트를 모았다면, 우리 표본의 도수가 원리나 어떤 선험적인 지식에 기초한 값과 일치하는지 아닌지 종종 알고 싶어진다. 그런 상황은 일반적이다. 예를 들면, 유전학에서 자손의 예상빈도는 받아들여진 법칙에 근거해서 계산될 수 있고, 측정된 도수와 비교될 수 있다. 과학에 전혀 훈련되지 않은 대부분의 사람들은 전통적으로 그런 목적에 적용된 χ^2 검정을 실시한다. Sokal과 Rohlf(1995, 제17장)는 이론적인 이유로 χ^2 검정은 G 검정으로 대체될 것으로 주장했다. 게다가 G 검정은 계산이 더 쉽다. G 통계는 χ^2 통계와 거의 유사하게 분포한다. 기대빈도에 대한 적합도의 G 검정은, 기대빈도와 비교되는 단일 데이터 세트에 기꺼이 사용될 수 있다. G 검정은 한 개 이상의 테이블된 도수에 대해서 가능하다. 예를 들면, n 각각의 부모 새에 대해 둥지당 새끼 개체수를 기록하고, 조사되는 둥지에서 어린 개체의 성의 도수에 대해서 참고한다.

 콜모고로프–스미로프 검정은 연속적인 빈도 데이터에 유용한 또 다른 비모수 절차이다. 이 방법은 특별히 작은 표본의 크기를 취급할 때, G 또는 χ^2 검정에 비해서 강력하다.

독립성 검정

발생의 정확한 도수를 확신하기보다는 두 변인이나 특성이 서로 상호작용하는지 묻는 것이 더 관심이 가는 환경이 있다. 다원 ANOVA 분석에서 논의한 변인들 사이의 상호작용의 개념을 이미 경험했다.

빈도 데이터의 상호작용에 역점을 둔 질문으로 한 예를 들면 밝은색과 어두운색의 모기들이 포식자로부터 보호를 다르게 받는가 하는 것이다. 질문을 확인하기 위한 실험은 각 색을 가진 100마리의 모기를 현장에서 포식자에게 노출시키고 일정 시간 간격으로 살아남는 개체를 기록하는 것이다. 밝은색과 어두운색의 살아남는 모기를 세고, 이로서 포식자인 새에게 먹힌 모기를 각 색 별로 셀 수 있다. 만약 색과 생존 개수의 특성이 서로 관계가 없다면, 4개의 클래스에 대한 도수는 전체 표본에서 포식된 모기의 할당분과 노출된 각 색의 할당분(실험에서 0.5)의 곱은 같은 결과를 나타낼 것으로 예측이 된다.

이런 이원(다원) 데이터 세트는 분할표(유관표)로 나타낼 수 있다. 이런 구조의 데이터는 독립성의 G 검정을 적용하여 평가될 수 있다(Sokal and Rohlf 1995, 제17장). 이는 행과 열의 합으로 표현된 주변합 부분을 사용하여 예측된 도수로부터 벗어남을 계산하도록 사용한다. 이런 검정은 같은 목적으로 사용되는 χ^2 검정의 분할표와 유사하다. 독립성의 G 검정은 한계총합이 고정되지 않거나 한 특성이 고정된 경우의 데이터에 적용될 수 있다.

수반성의 χ^2이나 G 검정의 한 가지 장점은 도수의 덧셈 가능이다. 분할표의 셀이나, 행 또는 열 중에서 어떤 특별히 선택한 것의 비교하는 검정이 가능하다는 것을 의미한다. 예를 들면, 모기 실험에서 살아남은 개체 중에서 색에 대한 유의성을 비교할 수 있다. 이런 유연성은 도수자료에서 많은 정보를 뽑아낼 수 있는 방법을 제공한다.

(반복 실험을 한 경우) 어떤 선택한 환경에서 동일한 개체나 실험단위 세트에서 측정된 특성을 변화하는 데 관심이 있을 것이다. 맥네마(McNemar) 검정과 코치란의 Q 검정은 이런 특별한 환경에서 상관 정도를 평가하는 데 사용 가능한 두 개의 비모수 통계방법이다.

5. 통계분석의 요약

이전 절에서 많은 통계적 분석들에 관해 언급해 왔다. 표 3.11에 종합하였고, 이 분석들은 제2장에서 논의된 다른 형식의 데이터와 연관시켰다. 표 3.11에 모

표 3.11 여러 통계 분석에 따른 데이터의 유형 및 비교

	데이터의 유형			
	표본 또는 그룹의 성질	(모수적) 측정	(비모수적) 오더	(비모수적) 명목
무작위성에 알맞은 단일표본		G 검정 또는 χ^2 검정	Kolmogorov– Simirnov 검정	G 검정 또는 χ^2 검정
두 표본 또는 두 그룹 사이의 차이	독립	이표본 t 검정	Mann–Whitney U 검정	G 검정 또는 χ^2 검정
두 표본 또는 두 그룹 사이의 차이	연관	대응표본 t 검정	Wilcoxon 검정	McNemar 검정
둘 이상의 표본 또는 그룹 내 차이	독립	일원 ANOVA	Kruskal–Wallis 일원 검정	G 검정 또는 χ^2 검정
둘 이상의 표본 또는 그룹 내 차이	연관	이원 ANOVA	Friedman 이원 검정	Cochran Q 검정
두 변수 사이의 관계	Y 무작위 X 고정	모형 I 회귀		
두 변수 사이의 관계	Y1 및 Y2 무작위	모형 II 회귀		
변수들 사이의 관계	Y 무작위 .. 고정	모형 I 다중 회귀		
두 변수의 공분산	Y1 및 Y2 무작위	상관	Kendall 또는 Spearman 순위 상관	우발성 G 검정 또는 χ^2 검정
둘 이상의 변수들의 공분산	... 무작위	다중 상관, 주축, 요인분석		

든 것이 들어 있는 것은 아니다. 대신 과학을 할 때 흔히 일어나는 각종 자료와 환경을 면밀하게 검사하는 대표적인 방법을 나열하였다. Sokal과 Rohlf(1995)는 다른 선택권에 대해서 논의하였다.

일반적인 통계 검정에 관해서

- 잘 얻은 데이터에 대해서 검정을 실시하라. (데이터가 먼저 말하게 하라.)
- 적절한 검정을 적용하라. (검정의 가정들, 데이터의 형식과 문제의 본성에 유의하라.)
- 검정결과를 비판적으로 면밀히 조사하라. (먼저 데이터를 그래프로 그려라, 검정의 결과에 대한 의미를 이해하라.)

- 이해하지 못하거나 그 가정에 대해서 검정하지 못한 것을 사용하지 마라.
- 소프트웨어 프로그램에서 사용할 수 있다는 이유로 검정을 적용하는 유혹을 피하라.

종종 변동의 측정과 명확한 시각적 메시지(제9장 참조)가 있는 잘 그려진 그림은 소프트웨어 패키지로 한 복잡 계산과 비록 식별하기 어려운 그래프이긴 하지만 근거 없는 상상력으로 표현된 것보다 당신의 데이터를 더 잘 검사하고 보여주고 이해한다.

6. 데이터의 변환(자료변환)

제2장에서 변환은 도수자료를 많은 통계분석의 기본적인 가정인 정상 분포하도록 자료를 다시 재편하는 편리한 방법이라고 이미 언급했다. 이 장에서 ANOVA와 특별히 회귀분석에 관련된 더 깊은 가정을 소개하고자 한다.

주어진 공간임에도 불구하고 가정과 변환을 첨가해야 한다. 이들은 기꺼이 해결되고 보통 문제가 아닌 쟁점이다. 다행히 변환을 통해 특별한 검정의 가정의 위배되는 것을 여러 개 해결하는 데 도움을 주는 경우가 흔히 있다. 더구나 ANOVA와 회귀분석은 가정의 위배에 대하여 상당히 적응력이 있다. 그럼에도 불구하고, 이런 문제에 기꺼이 공간을 할당하고자 한다. 왜냐하면 데이터의 정밀조사를 요구하고 그들의 본성에 대한 우리의 깨어 있음을 높인다. 이것은 우리는 '차이가 유의미한가 아닌가'라는 질문에 답을 구하려는 우리의 욕망에 달려들려는 논쟁거리이다.

나는 유도변인에 대해 논의하면서 이 장을 끝내고자 한다. 유도변인들은 또 다른 일반 분류의 변환의 결과이며, 비율과 퍼센트와 같이 관계를 표현하거나, 수학적인 조작으로 두 번째 변인의 영향을 제거하기 위해서 사용되는 것이다.

로그 변환

로그 변환은 다양한 방식으로 유용하다. 우리는 이미 제2장에서 정규성을 얼마나 보장하는지 보았다. 회귀분석(그림 3.5, 위의 3개 패널)에서, 로그 변환은 관계를 직선화한다.[5] 로그 변환은 $Y_{ij} = \mu\ \alpha_i\ \varepsilon_{ij}$와 같은 곱의 관계에 있는 변인의

빈도주의자 대 베이즈 통계학

오늘날 데이터 분석에서 전통적인 빈도주의자 접근법을 베이즈주의자 접근법으로 대체하려는 경향을 보이는 수정주의자 과학자들이 있다. 빈도주의자들은 실험이 여러 번 반복되고 분석되며 주어진 결과를 얻는 것이 예측된다. 베이즈 통계는 영국 아마추어 수학자 토머스 베이즈(Thomas Bayes)에 의해 1763년에 발표된 논문에 공식화된 이론으로부터 유도된다. 베이즈주의자 분석은 알려진 가정된 무엇으로 출발하고, 어떻게 새로운 정보가 선험적 지식, 육감이나 믿음을 바꾸는지 보는 것을 허락한다.

베이즈주의자는 주어진 변동의 기대된 평균값이 고정되어 있다는 가정을 받아들이지 않는다. 만약 그런 고정된 값이 존재한다고 할지라도, 그들은 이런 값들이 무작위 표본추출로 쉽게 정의될 수 없으며, 본성을 결정하는 널리 미치는 변동의 관점에서, 빈도주의자는 신뢰구간이라고 표현되는 확률분포에 기초한 '유의미성의 차이'라는 통계적 주장을 만드는 것이 제한된다. 이런 신뢰구간은 정의, 해석, 사용에 있어 모호하다는 것은 누구나 인정한다. 예를 들면, r값을 가진 통계표를 이용할 수 있다. 50회 관측(비정상적으로 많은 관측이 아닌)으로 빈도주의자가 찾아야만 값 r은 0.05 수준에서 통계적인 유의미성이 있다고 말할 수 있는 관계, 상관계수가 관측 사이에 오직 7%의 변동을 설명할 수 있을지라도 비록 통계적으로 유의미해도, 그런 결론이 과학적으로 유의미한가?

과학적 설명을 위해 베이즈주의자는 과학을 주관적으로 공개적으로 인정하고, 정보화된 직감이나 선험적 직감의 사용을 명백히 인정하며, 이는 얻을 수 없는 객관성에 기초한 통계적 주장을 만들기보다, 매우 합리적인 접근이라 주장한다. 빈도주의자는 어떤 인간의 노력도 완벽하지 않고 그들의 접근은 될수록 편향을 줄이는 방법을 제공하는 것이라 응답한다. 사전 확률의 사용은 과학 영역에 편향을 들게 하는 것을 두려워하고 최악의 경우 과학은 단지 사회적으로 건설된 믿음이라고 암시한다. 많은 빈도주의자들에게 이것은 경계시키는 개념이다. 제12장에서 더 자세하게 논의할 것이다.

여하튼 이 논쟁은 통계적인 방법에 관한 것은 아니고, 과학을 생각하는 방법에 관한 것으로, 이런 주장들은 확실히 계속될 것이고, 앞으로 수십 년간 우리가 어떻게 과학을 하는지에 활기를 북돋울 것이다. 이 주제는 *Science*(1999) 286:1460–1464, *American Statistician*(1997) 51:241–274, and *Ecological Applications*(1996) 6:1034–1123에 더 자세히 설명되어 있다.

항목이라 하더라도 덧셈이 가능하게 한다. 로그 변환은 $\log Y_{ij} = \log \mu + \log \alpha_i + \log \varepsilon_{ij}$ 함수를 합의 가정이 만족하는 덧셈 형태로 바꾼다. 그림 3.5의 세 번째 패널처럼, 로그 변환은 평균이 증가하면서 분산이 증가하는 경우에 유용하다. 그런 경우에 로그 변환은 분산에 무관한 평균을 얻을 수 있으며 분산의 균질성을 향상시킬 수 있다. 그래서 로그 변환은 정규성, 직선화, 덧셈, 그리고 균

---

5) 직선화된 회귀분석의 사용은 기울기와 절편의 추정에 심각한 영향을 끼칠 수 있다(Motulsky, 1995, Berthoux and Brown, 1994). 데스크톱 컴퓨터에 사용 가능한 소프트웨어는 필요한 비직선 회귀분석 계산을 쉽게 할 수 있다.

데이터의 변환과 그래프 분석

통계분석을 위한 데이터의 준비는 데이터 변환은 조심해야 한다는 것이 유일한 이유다. 아마 일반적이고 중요한 두 번째 이유는 데이터의 본성에 대한 이해와 데이터 표현은 어떻게 변환이 데이터의 다른 면을 밝히는지 알게 됨으로써 더 나아진다.

예를 들면, 박스 안에 있는 두 개의 그래프를 보자. 다른 상징들이 현재의 목적으로 무시될 수 있다. 상단의 그래프를 일견하면, 염소이온의 농도가 증가함에 따라 철의 농도가 변동하는 것이나 중앙값의 경향으로 점차 감소한다는 결론으로 유도할 수 있다. 비슷하게, 아래 그래프를 호기심 있게 조사하면, 철 농도의 변동이 점차 줄어든다. 하지만 위의 그래프의 결과와 달리, 중앙값은 거의 일정하게 유지된다. 사실은 두 데이터는 정확히 같은 것이다. 유일한 차이는 Y축에 있는데 상단은 산술 스케일을 사용하고 하단은 로그 스케일을 사용했다. 각 경우에 의도적으로 수완 좋은 방법은 없다. 다른 스케일이 우리에게 다른 데이터 집합으로 느끼게 한다. 산술적인 스케일에서는 데이터 표현은 더 큰 값에 집중하게 하고, 로그 스케일은 작은 값들을 확대해서 확대한 영역에서 데이터가 더 존재하는 것을 보게 한다. 두 개 모두 맞는 표현이다.

(1) 축 스케일(단위)의 일상적인 검사는 어떤 그래프의 해석에 우선해야 하고, (2) 다른 방법으로 데이터 변환은 데이터의 다른 면을 명확하게 보여준다. 이 두 개의 형태는 실질적인 과학에서 탁월한 유용성

이 있다.

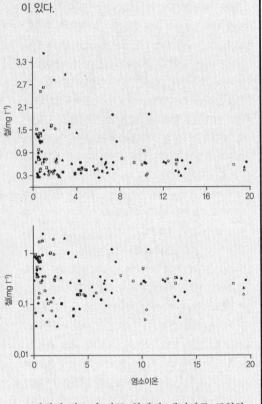

스케일이 다르면 다른 형태의 데이터를 표현한다. 에브로 델타 라군의 물에 녹아 있는 철과 염소이온의 농도를 도표로 Francisco Comín이 수집한 자료임. 데이터는 산술 스케일(상단)과 로그 스케일(하단)로 나타내 보임.

질성의 가정을 뒷받침하고 직선 회귀분석이 가능하도록 한다.

물론 우리는 회귀분석 전에 Y, X, 또는 두 변인 모두를 변환시킬 수 있다(그림 3.5의 위 세 개의 패널). 선택은 데이터의 성질에 의존한다. 그림 3.5의 최상단처럼 X 값의 변화에 따라 Y가 퍼센트 변화를 하는 경우 직선화하기 위해 Y 값의 로그 변환이 적절하다. 그림 3.5의 두 번째 패널처럼 X의 퍼센트 변화가 Y와 직선 관계인 곳에 X 값의 로그 변환이 논리적이다. 데이터를 산술적인 스

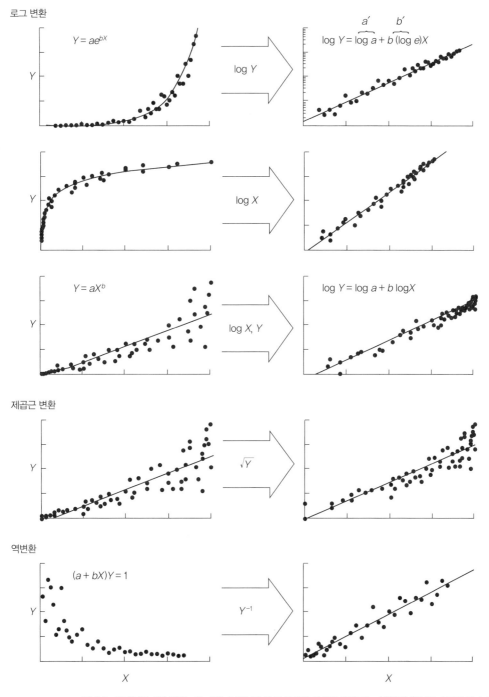

그림 3.5 회귀분석에서 변환. 각 데이터 형식에서 산술적인 형식은 왼쪽이고 변형된 변인은 오른쪽이다. 위 3개의 패널은 로그 변환의 다른 형태이며, 4번째 패널은 제곱근 변환, 최하단 패널은 역변환이다.

케일로 나타냈을 때 하나의 증가가 다른 하나의 변인보다 증가함이 아주 큰 곳에는 X와 Y를 동시에 로그 변환하는 것이 유용하다(그림 3.5, 세 번째 패널).

과학적 데이터는 대체로 로그 변환 후 분석이 이루어진다. 데이터의 변동성이 관찰의 크기에 비례하여 변동할 것이라는 기대로부터 온다. 변동을 값의 크기와 상대적으로 비교하여 표현하는 방법으로 평균들 사이의 차이를 평가하고자 한다. 로그 변환은 바로 이렇게 이루어지므로 과학 데이터를 조사하는 데 자연스럽고 편리한 스케일이다. 그래서 Mead(1988)는 "언제 데이터는 로그형식으로 변환이 되지?"라고 묻기보다는 우리는 "로그 스케일이 아닌 데이터 분석이 합리적인 것은 언제인가?"라고 물어야 한다고 제안했다.

제곱근 변환

제2장에서 제곱근 변환은 도수 데이터를 정규분포처럼 보이게 하고 평균과 분산은 독립적임을 보증한다는 것을 언급했다. Y값의 제곱근 변환은 또한 분산을 균일하게 하고(그림 3.5의 네 번째 패널) 직선성을 더하고, 회귀분석의 가정을 만족하게 한다. 제곱근 변환은 로그 변환보다 덜 강력하지만 비슷한 효과를 나타냄을 명심하라.

역변환

역변환은 1/Y의 형태이다(그림 3.5, 제일 아래). 이 변환은 그림 3.5의 왼쪽 바닥과 같은 데이터의 회귀연구를 가능하게 하는 것으로 중요하다. 역변환은 원래는 쌍곡선 관계를 가진 데이터 세트의 Y에 대한 X의 관계를 직선화한다. 쌍곡선 관계의 한 예는 연속적인 희석으로 미생물학에서 자주 사용이 되는 것으로, 미생물을 가진 액체를 일정 부피를 분취하여 다른 희석된 용액으로 옮김으로써 연속적으로 묽게 하는 것이다.

하지만 데이터의 직선화는 절편, 기울기, r 값의 예측에 치우침이 생겨나게 하기도 한다. 예를 들면, 역변환에서 범위의 끝에 있는 큰 X값은 변환으로 1/X와 같이 아주 압축되어 작아지고, 다른 끝의 값은 역변환으로 아주 큰 값을 갖게 된다. 이런 왜곡은 적합선의 위치에 치우침을 준다. 그러므로 이 변환은 조심스럽게 사용되어야 한다. 직선화 변화를 사용하기 전에 더 자세한 것은

Berthouex와 Brown(1994)의 종설논문을 참고하라.

유도된 변인

유도변인들의 형태와 단점

과학자들은 최초의 두 변인을 나눗셈을 하는 것과 같이 산수적인 변환으로 생성된 아주 다양한 변인들을 사용한다. 이런 조작으로는 비율, 백분율, 비와 같은 정의를 유도하며, 이것들은 과학하기의 핵심적인 것들이다. 다른 일반적인 데이터 조작은 첫 번째 변인에서 두 번째 변인의 영향을 빼는 것으로 (이 경우는 효과의 덧셈이 있다고 가정) 두 번째의 영향을 제거하는 것이다.

하지만 이런 조작들이 사람에 의한 오차(인위적인 결함)를 야기할 수 있음은 널리 인지되지 못하고 있다. 인위적 오차와 실제 효과를 혼동하지 않게 명심할 필요가 있다. 첫째, 1,000개의 무작위 값을 가진 Y(값이 1,100에서 1,220 사이의 수)와 X(세 자릿수의 어떤 수)를 그림 3.6의 왼쪽 위에 그렸다. 이것들은 무작위 수이므로 값들 사이에는 어떤 상관관계도 존재하지 않는다. 하지만 Y/X를 X로 그리면, 그림 3.6의 왼쪽 아래처럼 뚜렷한 관계가 나타나며, 이는 순전히 두 축 모두에 X가 존재하기 때문이다. 우리는 오른쪽 아래처럼 인공적 잘못을 증진시키는 로그 스케일로 자료를 조작한 경우 이런 것을 자주 보게 된다. 비슷하게, 흔히 사용되는 $(Y-X)$와 같은 유도변인을 X에 의해서 그려질 경우 오른쪽 위와 같은 경향을 보인다. 이런 가짜 유사성의 정도는 Y항의 변동에 대비해서 [변동보다] 공통항(우리의 경우는 X)의 변동이 클수록 증가한다. 유도변인과 공통항의 상관은 최대한 피해야 한다. 그런 변인들을 사용하는 것이 필수적이라면, Atchley 등(1976)과 Kenney(1982)는 유사관계가 문제가 될 경우에 확인하는 절차를 제안하고 있다.

불확정도 전파

유도된 값들을 서로 비교하는 것은 종종 필요하다. 하지만 우리는 오로지 원래 변인에 대한 변동을 계산하는 것을 하고 싶다. 유도변인과 연관된 변동을 계산하기 위한 두 가지 접근법이 있다. 불확정도 전파방법과 재표본 추출법이라는 새로운 방법이다.

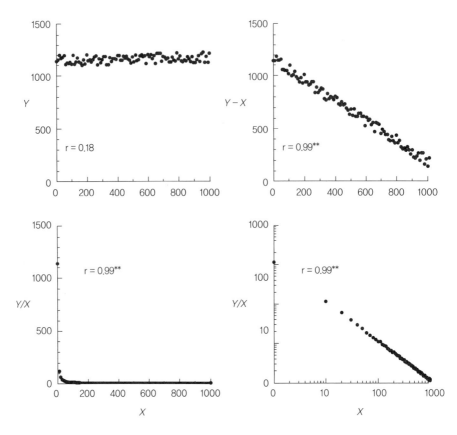

그림 3.6 유도변인의 사용에 의해 생성된 가짜 상관. 데이터는 연속적인 무작위 수, fn(X)로 1,100과 1,200 fn(Y) 사이에 있다(Kenney, 1982). 왼쪽 위 : X 값에 따로 그려진 Y의 값. 오른쪽 위 : 같은 데이터로 x축의 X값에 따라 y축의 Y−X로 그려짐. 왼쪽 아래 : 같은 데이터로 Y/X를 X로 그림, 축은 산술 눈금, 오른쪽 아래 : Y/X를 X로 그림, 이번에는 축은 로그 눈금을 가짐
출처 : Kenney, B.C.의 허락으로 재수록. 가짜 자가상관을 조심할 것. *Water Res.* Bull. 18:1041〜1048, American Water Resources Association

유도변인의 불확정도를 계산하기 위해, 유도변인의 각 요소의 기여도를 유도변인의 분산으로 가중해야 한다. 다른 요소에 대하여 간단한 비, 차이, 복잡한 식을 적용함을 명시하라. 필요한 중요한 가정은 유도변인 항이 독립적이다. 왜냐하면 그 항들은 연관되어 있다면, 유도변인의 변동의 기여는 확정되지 않은 상태이다. (다른 산술적인 조작으로 전파된 불확정도를 계산하는 식은 하단의 상자글 참조)

유도변인과 연관된 변동을 평가하는 새로운 방법은 재표본 추출법(resampling

다른 수학적 작용에 대한 불확정도 전파를 계산하는 식

이런 식들은 전파된 표준편차를 어떻게 계산하는지 정의한다.

$$\left.\begin{array}{l} z = xy \\ z = x/y \end{array}\right\} \quad \frac{s_z}{\bar{Z}} = \sqrt{\left(\frac{s_x}{\bar{X}}\right)^2 + \left(\frac{s_y}{\bar{Y}}\right)^2}$$

$$z = x - y \quad\} \quad s_z = \sqrt{s_x^2 + s_y^2}$$

$$z = x^m y^n \quad\} \quad \frac{s_z}{\bar{Z}} = \sqrt{m^2\left(\frac{s_x}{\bar{X}}\right)^2 + n^2\left(\frac{s_y}{\bar{Y}}\right)^2}$$

$$z = kx \quad\} \quad s_z = ks_x$$

표준편차의 전파에 영향을 끼치는 항들은 곱하기, 나누기, 더하기, 빼기, 지수, 상수 곱하기와 같은 것들이 있다. 모든 경우에 z는 전파된 항으로서, 독립항 x와 y로부터 유도되는 것을 언급한다(Meyer, 1975).

---

method)을 사용하는 것이다. 한 가지 방법으로는 부트스트랩 테크닉(bootstrap technique)(Diaconis and Efron, 1983, Manly, 1991)이라고 불리는 절차를 사용하는 것이다. 이 방법의 가정은 모집단의 도수 분포는 표본의 도수분포와 거의 유사하다는 것이다. 이 가정을 사용하면, 변인의 표본도수 분포[또는 유도변인, 연구되어야 할 조작(연산)의 결과]는, 무작위 선택된 표본값들의 부분집합에 의해, n번 재표본을 반복 추출한 것이다. 그러면 부트스트랩 평균은 반복된 표본 추출로 계산된다. 이런 과정은 유도변인의 값이 추가적인 반복으로 변화지 않을 때까지 여러 번 반복하는 것이다. 부트스트랩 표준편차와 같이, 변동을 측정하는 것은 부분표본의 집합으로 계산될 수 있다.

참고문헌 및 더 읽을거리

Atchley, W. R., C. T. Gaskins, and D. Anderson. 1976. Statistical properties of ratios. I. Empirical results. *Syst. Zool.* 25:137–148.

Berthouex, P. M., and L. C. Brown. 1994. *Statistics for Environmental Engineers.* Lewis.

Diaconis, P., and B. Efron. 1983. Computer-intensive methods in statistics. *Sci. Am.* 248:116–130.

Draper, N. R., and H. Smith. 1981. *Applied Regression Analysis*, 2nd ed. Wiley.

Hahn, G. J., 1973. The coefficient of determination exposed! *Chemtech* October, 609–611.

Kenney, B. C. 1982. Beware of spurious self-correlations! *Water Res. Bull.* 18:1041–1048.

Krumbein, W. C. 1955. Experimental design in the earth sciences. *Trans. Am. Geophys. Union* 36:1–11.

Laws, E. A., and J. W. Archie. 1981. Appropriate use of regression analysis in marine biology. *Mar. Biol.* 65:13–16.

Manly, B. F. J. 1991. *The Design and Analysis of Research Studies.* Cambridge University Press.

Mead, R. 1988. *The Design of Experiments.* Cambridge University Press.

Meyer, S. L. 1975. *Data Analysis for Scientists and Engineers.* Wiley.

Motulsky, H. 1995. *Intuitive Statistics.* Oxford University Press.

Myers, R. H. 1990. *Classical and Modern Regression with Applications,* 2nd ed. P. W. S. Kent.

O'Neill, R., and G. P. Wetherill. 1971. The present state of multiple comparison methods. *J. Statist. Soc.* B 33:218–241.

Petraitis, P. S., A. E. Dunham, and P. H. Niewianowski. 1996. Inferring multiple causality: The limitations of path analysis. *Funct. Ecol.* 10:421–431.

Prairie, Y. T. 1996. Evaluating the power of regression models. *Can. J. Fish. Aquat. Sci.* 53:490–492.

Ricker, W. E. 1973. Linear regressions in fishery research. *J. Fish. Res. Board Can.* 30:409–434.

Rodgers, J. L., and W. A. Nicewander. 1988. Thirteen ways to look at the correlation coefficient. *Am. Stat.* 42:59–66.

Sokal, R. R., and F. J. Rohlf. 1995. *Biometry,* 3rd ed. Freeman.

Tukey, J. W. 1977. *Exploratory Data Analysis.* Addison-Wesley.

Underwood, A. J. 1981. Techniques of analysis of variance in experimental marine biology and ecology. *Oceanogr. Mar. Biol.* 19:513–605.

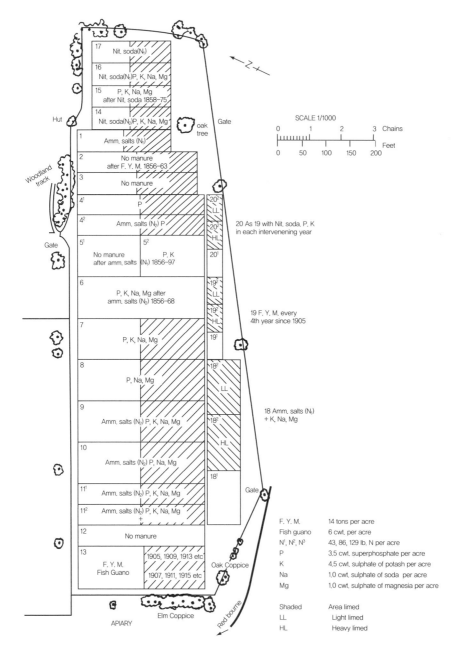

가장 오래된 연속적 조작실험 중 하나인 영국 하펜든 로탐스테드 실험역에 있는 잔디공원의 정원지. 여러 가지 처리에 의한 비옥화에 따라 잔디밭 정원지가 달라짐을 볼 수 있다. 새로운 문제가 나타날 때마다 몇십 년에 걸쳐 처리와 새로운 물질이 첨가됨에 따라 정원지가 나뉘기 때문에 전체 레이아웃이 짜깁기처럼 보인다.

출처 : Brenchley, W. E. and Warington, K. E. 1958. The Park Grass plots at Rothamsted 1856-1949. Rothamsted Exp. Station, Harpenden. 미출판된 보고서

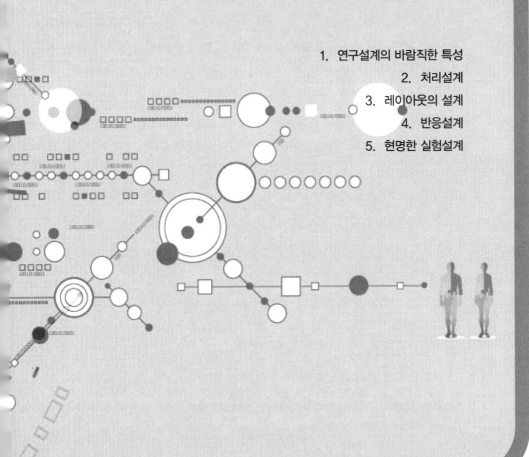

제 4 장

연구설계의 원리

1. 연구설계의 바람직한 특성
2. 처리설계
3. 레이아웃의 설계
4. 반응설계
5. 현명한 실험설계

1. 연구설계의 바람직한 특성

우리는 제1장에서 과학 탐구에서 핵심적인 출발점이 정확히 "질문이 무엇인가?"를 묻는 것임을 살펴보았다. 의문을 해결하기 위한 연구의 설계를 어떻게 할 것인지 결정하기 위해 질문을 명확하게 정식화하는 것이 반드시 필요하다. 이런 일이 당연해 보일지 모른다. 그러나 학생들이 설계한 많은 연구들에서 (1) 질문을 명확하게 진술하고 (2) 그 질문에 답하기 위한 작업을 설계함에 있어 비판적 사고가 불충분하다는 점이 보인다.

대부분의 과학 연구에서 해야 할 것은 무엇인가? 어떤 사람은 그냥 되는 대로 '처리집단'과 '통제집단'을 비교하는 것이라고 생각하기도 한다. 그런 경우 질문을 검증하는 한 가지 측면에서 처리집단과 통제집단의 차이만 확인하면 그만이다. 그러나 그 처리가 효과적이고 공평하다는 점을 확인할 필요가 있다. 또한 처리집단과 통제집단으로부터 수집된 측정값들이 명확하고 정확해야 한다. 나아가 가용한 방법들과 검증을 쉽게 사용할 수 있어야 한다. 실험설계나 통계적 방법에 '정답'은 없다. 그 둘 모두 탐구해야할 문제에 따라 달라진다. 그러나 문제가 무엇인지를 제대로 알고 나면, 그 질문의 답을 찾을 수 있는 적절한 방법을 더 효과적으로 탐색할 수 있다.

비교연구를 위한 표본조사를 하든지, 아니면 장기 관찰이나 섭동연구나 조종실험을 하든지 상관없이, 연구계획의 설계에서 아래 보기와 같은 특성들이 바람직하다.

- 처리효과에 대한 적절한 측정방법
- 임의 변인에 대한 적절한 측정방법
- 편견 없음
- 정밀도와 정확성
- 다양한 적용 가능성과 수행 및 분석의 간소화[1]

이러한 바람직한 특성들에 부응하기 위해, 다양한 연구 설계의 옵션들을 사용할 수 있다. 설계를 위한 옵션들은 다음의 세 가지 연구 방법에 초점을 맞추고 있다.

① 처리의 설계(처리들이 어떻게 다르며, 서로 어떻게 연결되어 있는가?)

② 레이아웃의 설계(처리들이 실험단위에 어떻게 할당되는가?)

③ 반응의 설계(실험단위에 처리했을 때 적절한 반응을 어떻게 확인하는가?)

이 장의 주제에 대해 더 자세한 논의를 Mead(1988)에서 찾을 수 있다.

2. 처리설계

처리설계를 위해서는 주어진 것보다 더 많은 것을 고려해야 하는 경우가 많다. 왜냐하면 처리가 질문을 부여하는 방법이나 어떻게 검사를 수행하느냐를 규정하기 때문이다. 처리설계에는 다양한 방법이 있는데, 이 장에서는 몇 가지 주요 접근법에 대해 살펴보도록 하자.

한 사례로 Urquhart(1981)가 논의한 실험을 빌려올 수 있다. 건조한 지역의 여러 장소에서 가져온 물은 흔히 화학 조성이 꽤 다르며, 그것은 식물의 반응에 다른 영향을 주기도 한다. 그래서 이 실험은 여러 다른 수원으로부터 가져온 물을 사용하여 경작했을 때 식물의 성장이 달라지는가 하는 질문을 다루었다. 실험을 위한 식물로 국화를 선정하고, 24군데의 다른 장소로부터 물을 가져왔다. 이러한 물은 증류수, 수돗물, 소금기 있는 물, 그리고 황이 포함된 연못에서 취한 물도 있었다. 국화가 온실에서 360개의 화분에서 길러졌다. 화분은 3개의 벤치에 놓였으며, 각 벤치에는 화분이 5개씩 한 조가 되어 24그룹으로 나누어졌다. 각 처리(물의 종류)는 각 벤치에 있는 각 그룹(각 5개의 화분)에 임의적으로 할당되었으며, 각 벤치에 대해서도 다시 임의적으로 그룹이 할당되었다. 실험은 화분당 한 종류 이상의 식물로 이루어졌다. 처리에 대한 반응으로 측정될 수 있는 종속 변인은 7 주간의 성장 후의 식물의 높이였다.

---

1) 여기에 덧붙여 연구질문이 '흥미로워야' 한다고 덧붙이고 싶다. 우리는 대개 너무 지엽적인 문제에 초점을 맞춘다. 만일 그 밑에 깔려 있는 일반성을 탐구한다면 지역적인 일상의 질문들을 다루더라도 우리 연구가 더 많은 사람들에게 더 흥미로워질 것이며, 우리의 연구결과가 더 널리 영향을 줄 것이다. 이 흥미로움의 문제는 중요하지만, 이를 빼 놓은 까닭은 '흥미로움'이라는 것이 가치적인 개념이기 때문에 너무 주관적인 것으로 보이기 때문이다.

몇 가지 통계용어의 보충

통계학자들은 몇 가지 일상적인 용어들(정규, 평균, 유의성, 모수, 오차 등)을 전문화된 방식으로 사용한다는 사실을 쉽게 알아챘을 것이다. 처리와 레이아웃과 반응의 설계를 검토하기에 앞서, 통계학자들이 전문화된 의미로 사용하는 다른 익숙한 용어들을 살펴보는 게 좋겠다.

실험단위(experimental unit) : 처리가 적용되는 실험물질의 요소 또는 양

요인(factor) : 실험단위에 적용되는 단일 유형의 처리의 집합. 인자라고도 한다.

상호작용(interaction) : 다른 요인수준들 안에서 특정 인자의 수준에서 나타나는 차이

요인수준(level of a factor) : 요인을 구성하는 등급화된 처리들의 집합으로부터의 특정 처리

주효과(main effect) : 어느 한 요인수준들 안에서 나타나는 차이들로서 다른 요인수준들을 평균한 것

모집단(population) : 우리가 추론하고자 하는 항목들의 잘 정의된 집합

처리(treatment) : 실험단위에 적용할 수 있는 분명한 특징, 분류, 조작

비구조화된 처리설계

만약 가용한 24종의 물 샘플을 임의적으로 선정하였다면, 이러한 실험을 비구조화된 임의 처리설계라고 부를 수 있다. 만약 국화의 성장에 대해 비료의 화학식을 비교하는 실험을 설계했다면, 이것은 비구조화된 고정 처리설계이다. 고정 또는 임의 상황의 중요성은 이러한 모델들이 통계적 분석의 미묘한 차이를 가져온다는 것이다. 실제적으로 우리는 때때로 더 명확한 목적을 가지고 처리를 선택하기 때문에 비구조화된 설계는 구조화된 설계보다 덜 자주 사용된다.

구조화된 처리설계

요인 처리

만약 우리가 물속의 어떤 주요 화학물질의 상대적 농도가 중요하다고 생각한다면, 우리는 원래의 물 표본을 4종류로 희석시켜 국화를 재배하는 실험을 수행할 수 있다. 실험의 가능성을 높이기 위해 24종류의 물 중에서 6개를 선택할 수도 있다. 이러한 처리는 자료들을 보기 좋게 만들기 위해 물 종류 6열, 희석액 4칸의 표로 간단히 나타낼 수 있다. 이러한 종류의 설계를 제3장에서 ANOVA를 공부하면서 이미 살펴보았다. 이러한 실험은 요인 처리 설계한다. 이 경우 통계학자들은 이 처리를 요인이라 부르는데, 그 역사적 이유는 분명하지 않다.

지분 처리

만약 24종의 물이 온 지역을 4영역으로 분류할 수 있다면, 집단 간의 비교는 지역 간의 차이를 검증할 수 있으며, 이를 통해 지분된 임의 처리설계 또는 그룹화된 임의 처리설계를 할 수 있다. 이러한 설계는 물 화학에서 지역과 같은 변인보다 더 하위수준이나 다른 변인으로 묶인 한 변인에 초점을 맞추는 것으로 계통적인 것으로 설명된다. 각 지역 내에서 물의 차이에 의한 효과를 비교할 수 있고, 다른 지역 간의 물의 차이에 의한 효과를 비교할 수 있다.

　지분 처리는 제3장 1절(표 3.6)에서 논의하였던 교차분류 설계보다는 덜 매력적이다. 그 한 이유는 상위변인과 내재변인 사이의 상호작용을 지분 처리에서는 분리할 수 없기 때문이다. 예를 들어 위의 물 화학 실험에서 실험에 대한 해석은 서로 비교하였던 각 지역 내로 제한된다. 이것은 완전히 만족할 만한 분석이 되지 못한다. 왜냐하면 예를 들어 한 지역에는 센물이 우세한데 다른 지역에는 아닐 수도 있기 때문이다.

　내포는 다른 수준에서도 일어날 수 있다. 지역은 내포의 한 수준일 수 있으며, 만약 화분 내의 변인에 대해 알고 싶다면 더 하위수준에서 내포할 수도 있다. 이러한 하위수준의 내포를 위해서, 각 화분에 하나의 식물만 심는 것이 아니라, 네 종류의 식물을 기르게 된다. 이러한 설계는 각 벤치에 행해진 각각의 처리에 대해 화분 내에서 식물의 성장에 변인들이 어떻게 영향을 미치는지에 대한 정보를 제공한다.

　지분 처리설계에서 분류의 최상위수준은 임의적 혹은 고정일 수 있다, 그러나 분류의 내포수준은 보통 임의적이다. 예를 들어, 내포의 하위수준에서 네 종류의 식물은 심기 전에 임의적으로 선정된다.

　지분 처리 설계는 보통 개체의 부족이나 실험단위에 대한 제한 상황에 부딪힌다. 예를 들어 우리가 뉴기니의 희귀 화식조류를 기생충으로부터 보호하는 동물원 관리자라고 가정해 보자. 우리는 빠르게 작용하며, 쉽게 분해되는 피레트린 살충제의 국소적 적용이 암컷, 수컷, 그리고 어린 화식조류의 깃털당 기생충의 수를 줄여주는지 알아보고자 한다. 이때 우리는 임의적으로 선정된 수컷, 암컷, 그리고 어린 새에게 일정량의 피레트린을 배당하는 처리설계를 수행할 수 있다. 요인설계를 적용하며, 요인으로 복용의 수준을 추가한다. 이 두 설계를 위해서는 많은 수의 화식조류를 필요로 한다.

이와는 좀 다르게, 우리 동물원에 단지 화식조류 한 쌍과 한 마리의 새끼가 있다고 해보자. 이런 부족은 지분 처리를 선택하게 만든다. 우리는 각 새의 한 부분에 국소적으로 일정량의 피레트린을 적용하며, 대조를 위해 같은 새의 다른 부분에도 사용한다. 피레트린과 대조 처리는 한 새의 내에 내포된다. 만약 우리가 깃털당 기생충 수를 세기 전에 각 영역 안에 있는 깃털을 임의적으로 선정한다면 지분 처리는 임의적이라 할 수 있다.

우리가 하는 것이 교차분류인지 지분 처리설계인지는 항상 명확하지는 않다. 이 개념을 명확하게 하기 위해 화식조류/기생충 실험을 교차분류 설계(그림 4.1 위)와 지분설계(아래)로 나타낼 수 있다. 교차분류 설계에서, 동일한 일련의 처리들(피레트린은 P, 대조는 C)이 세 종류(수컷, 암컷, 어린 조류)의 화식조류 k마리에 P와 C에 각각 적용된 것을 볼 수 있다. 지분설계에서는 세 종류의 화식조류에 k번 실행되었지만 각 새에게 피레트린과 대조 처리가 동시에 적용되었다.

상호분류된 설계 :

	변수 A(실험대상의 유형)		
변수 B	**암컷**	**수컷**	**유충**
피레트린(P)	X_{111} ... X_{ijk}	X_{121} ... X_{ijk}	X_{131} ... X_{ijk}
통제(C)	X_{211} X_{ijk}	X_{221} ... X_{ijk}	X_{231} X_{ijk}

지분된 설계 :

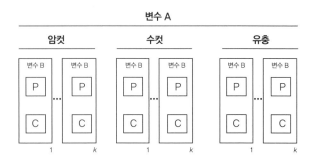

그림 4.1 위 : 화식조-기생충 실험에 대한 상호분류된 설계, 아래 : 화식조-기생충 실험에 대한 지분설계

우리가 잘 알지는 못하지만 새들은 다르기 때문에, 처리(피레트린과 대조)는 각 새들에게 개별적인(내포) 것일 수 있다. 실제로 대부분의 지분설계는 반복하기가 어렵기 때문에 단지 한 실험단위가 가용한 경우가 많다.

　지분설계의 결점이 그림 4.1에 나타나 있다. 이 설계에서는 살충제 처리와 화식조의 성별이나 나이 사이의 가능한 상호작용을 평가할 수 없다, 왜냐하면 변인들 사이의 상호작용은 단지 교차분류 처리에서만 정량화할 수 있기 때문이다. 지분 처리에서 우리는 화식조의 임의 샘플 간이 아닌 단지 각 새 내에서 두 처리 간의 차이를 비교하게 된다. 단지 처리 간의 상관관계만을 고려하게 되는데, 대조 영역 내에서 기생충은 처리 영역에서 피레트린에 의해 영향을 받기 때문이며, 또는 숙주 새가 양 내포 처리에 과도하게 영향을 줄 수 있기 때문이다 (만약 어떤 한 새가 흙 목욕을 심하게 좋아한다면 그 결과는 어떻게 될까?)

경사 처리

만약 국화 실험에서 사용한 물 샘플에 포함된 어떤 알려진 물질(염, 질산화물, 몰리브데늄, 등)의 농도가 다른 것을 알았다면, 식물에서 나타나는 반응이 그 특징들과 관련될 수도 있다. 처리 변인의 경사에 대해 실험단위들의 반응을 평가하기 위해 설계된 실험을 경사 처리설계(또는 회귀 처리설계)라고 부른다. 얻어지는 결과는 적절한 모델의 회귀에 의해 분석된다.

　이러한 종류의 설계는 특별히 조작적인 접근보다 비교연구 접근법을 다룰 때 더 자주 사용된다. 예를 들어 우리가 강 하구에 유입된 질소의 양이 클로로필의 농도에 어떤 영향을 미치는지에 관심이 있다고 해보자. 실험적으로 질소를 직접 투입하는 것은 비실용적이며 또한 불법적이다. 이럴 경우에는 질소 유입양이 다른 여러 강 하구를 선택하여 클로로필의 농도를 비교하여야 한다. 또한 실험단위(여기서는 강 하구)에 들어오는 질소의 양을 실제적으로 고정시킬수도 없다. 그러나 여러 군데의 강 하구와 들어오는 질소 유입량을 선택할 수 있고, 질소 유입량의 범위가 흥미 있는 결론을 내리기에 충분하다고 확신할 수 있다. 회귀분석을 통해 그러한 경사 처리의 효과를 검증할 수 있다. 어떤 경우에는 이러한 접근법이 제2장에서 살펴보았던 비교연구에서 언급하였던 것처럼, 우리의 관심 영역과 다른 변인들의 영향이 뒤섞여 혼란을 줄 수도 있다. 연구자들은 이런 혼란에 의해 야기되는 제한점과 경사 회귀기반 설계의 장점을 잘 비교하여 한다. 게다가 강 하구를 다루는 것과 같은 큰 지역에서의 실험은 거의 불가능하다.

3. 레이아웃의 설계

실험단위에 어떤 처리를 하기 위해 설계할 수 있는 방법은 매우 많다. 이 주제는 때론 실험설계라고도 한다. 여기서 나는 레이아웃의 설계라는 표현을 사용했는데, 실험설계는 연구설계의 세 요소(처리, 레이아웃, 그리고 응답)를 모두 언급할 때 적절한 표현이다.

레이아웃 설계의 원리

다양한 설계들을 이해하기 위해, 먼저 임의화, 반복, 그리고 계층화 등을 포함한 기본적 레이아웃 설계의 몇 가지 원리들에 초점을 맞추어 보자. 균형화, 중첩, 그리고 구획의 분할 등도 또 다른 기본적이면서 더 복잡한 원리이지만, 나의 경험상 덜 중요한 원리라 생각되어 여기서는 다루지 않고 관심 있는 독자들을 위해 이 장의 끝에 참고문헌을 제시할 것이다. 레이아웃 설계에 대한 이 모든 원리들은 종속변인에 대한 처리의 효과를 평가하기 위해 어떻게 실험단위에 처리를 할당할 것인지를 다룬다. 원리에 대해 공부를 하고 난 뒤, 어떻게 그 원리들이 적용되는지 보기 위해 다음 장에서 몇 가지 설계를 간단히 살펴볼 것이다.

이 장에서는 제3장에서 통계 분석에 대한 논의에서 다루었던 용어와 개념을 사용하게 될 것이다. 제3장에서 자료를 분석하는 방법에 대해 살펴보았다면, 여기서는 제3장에서 설명하였던 여러 분석들에 관련된 자료들을 만들어 내는 레이아웃을 위한 옵션들을 살펴볼 것이다.

임의화

임의화는 치우침을 줄이기 위해 실험단위들에 처리를 할당하는 것이다. 어떤 치우침에 대해 통제(감소 혹은 제거)하도록 설계된다. 겨울에 온실에서 자라는 상추의 성장에 대해 주당 0, 5, 10mg의 질소를 포함한 비료의 효과를 검사하기 위한 실험을 설계했다고 생각해 보자. 만약 온실의 한쪽 끝에 히터가 있었다면, 우리는 뭔가 문제가 있다고 의심하게 될 것이다. 히터 근처에 있는 식물이 더 잘 자랄 것이다. 만약 우리가 온실의 어느 한쪽 끝에 질소를 흡수하는 식물을 놓았다고 해보자. 열에 의해 야기된 치우침은 얻어진 결과를 혼란스럽게 할 것이다. 실제 이러한 경사는 어떤 실험에서든 존재하며, 실제로 존재하는 많은 치우침을 모른 체 지나가 버리기도 한다. 그러므로 임의로 실험단위에 처리를 할당하는 것이 좋은 예방책이며, 이로부터 존재하는 어떤 치우침을 가능한 많이 무력화시킬 수 있다. 임의의 기본적 목적은 각 처리가 어떤 실험단위에 동일하게 할당되도록 하는 것이다. 이 실험에서는 상추 재배에 사용된 비료가 온실의 어느 위치든지 동일하게 뿌려지는 것을 의미한다.

컴퓨터에 의해 만들어진 난수나 통계책에 제시된 난수표를 사용하여 임의화를 할 수 있다. 만약 위 둘 다 사용할 수 없는 상황이라면, 전화번호부책의 전화번호 끝자리 숫자를 이용해 만들 수도 있다. 상대적으로 간단한 실험에서는 간단하게 임의화를 할 수 있다. 만약 온실 내에 연속적으로 9종의 상추를 기르기를 원한다면, 각 화분에 9까지의 숫자를 부여할 수 있다. 이때 다음과 같은 일련의 난수를 사용할 수 있다.

5 2 9 5 6 0 2 8 0 1 4 9 3 6 7 8

화분에 3종류의 처리(투여 1, 2, 3이라 부르자)를 할당한다고 해보자. 예를 들어, 처리 투여 1은 화분 위치 4에, 투여 2는 화분 2에, 투여 3은 화분 9에 할 수 있다. 다음 투여 1을 계속하고자 할 때 화분 6에 적용하고(화분 5는 이미 했으므로), 각 처리가 화분 수만큼 될 때까지 계속 같은 방법으로 한다.

만약 실험설계가 더 복잡하다면, 임의화도 더 정교하게 해야 함은 명확하다. 예를 들어 여러 줄로 상추를 심었다면 각 줄 내에서도 위치가 임의로 할당되어야 한다.

반복

반복[2]은 한 처리 조합(조종실험의 경우) 또는 분류(비교의 경우)에 하나 이상의 실험단위가 할당된 것을 말한다. 반복은 여러 가지의 기능을 가진다. 먼저, 반복은 임의 변이를 평가하는 방법을 제공한다. 제1장에서 배운 경험과학의 특징이 통제된 관찰의 원리임을 기억해 보자. 반복은 우연 효과에 의해 야기되는 변이를 통제함에 의해 처리 효과를 분리시킬 수 있다. 반복은 우리가 관심을 갖고 있는 종속 변인의 집단 내 변이를 측정할 수 있는 유일한 방법이다. 샘플이 크면 클수록 모집단에서 얻은 결과와 같아지기 때문에 반복 역시 우리가 원하는 모집단에 가까운 결과를 얻도록 해준다.[3] 또한 관심 있는 변인 측정의 정확성을 높여주기도 한다.

비록 반복에 대해 처음 생각했을 때는 간단한 개념처럼 느껴지지만 이것은 매우 민감한 문제이다. 다중 표본을 얻는 여러 가지 방법에는 외적 반복, 내적 반복, 부표집, 그리고 반복 측정(그림 4.2)이 있다. 다중 표본을 얻기 위한 대안적 방법의 절차와 성질들에 대해 아래에서 더 알아보자.

외적 반복 만약 호수에 있는 물속의 질산염의 양을 측정하는 데 관심이 있다고 해보자. 호수 내에서도 질산염의 양이 다양하게 변하기 때문에 보통 여러 개의 표본을 얻도록 계획한다. 즉, 반복 표집하여 평균값을 계산함으로써 전체 호수를 대표하는 값을 얻는다. 어떤 시간(t_1, 그림 4.2 제일 위)에 물 표본을 취하여 질산염의 양을 측정하고, 다시 시간 t_2, t_3에 다시 물을 떠서 여러 표본에서 질산염을 측정한다. 여기서 우리는 호수로부터 3개의 질산염 표본을 얻게 되었다. 이러한 것을 진정한 반복이라 할 수 있는데, 여기서 변이는 전 호수에서 질산염의 변이뿐 아니라 시간 간격(t_1에서 t_3)에 따른 변이 역시 결과에 반영이 된다. 이러한 반복을 외적 반복이라 하며, 연구 대상에서 일어나는 변이가 시간에 따른 변이인지 혼란을 주기도 한다. 만약 시간에 따른 변이가 별로 크지 않다면 이러한 절차는 유용하다. 로지스틱이나 또 다른 이유로 외적 반복이 필요한 환경이 있을 수 있다.

---

2) 반복(replication)이라는 용어는 실험수행에서 다른 방식으로 사용되어 왔다. 어떤 사람은 실험단위의 초기 유사성을 말하는 것으로 사용하지만, 어떤 사람은 종속변인에 의한 반응이 처리의 반복 적용 뒤에도 믿을 만하게 반복될 수 있다는 의미로 사용한다. 이러한 혼동된 용법은 안타까운 일이며 피해야 한다.

3) 이러한 일반화는 만일 n이 증가함에 따라 뭔가 다른 모집단에 대한 값을 포함시키게 된다면 사실이 아닐 수도 있다. 따라서 n의 값이 커지는 것이 언제나 바람직한 것은 아니다.

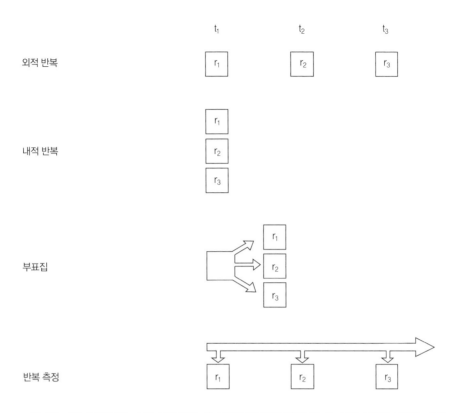

그림 4.2 다중 측정을 얻는 여러 가지 방법. r은 특정의 반복체를 가리키며, t는 다른 시간에 수행되는 측정을 가리킨다.

내적 반복 반복을 수행하는 데 더 좋은 방법은 가능한 한 동시에 독립적인 표본을 수집하는 것이다(그림 4.2 두 번째 줄). 내적 반복이라 불리는 이 절차는 시간 경과에 따른 잠재적인 효과에 의해 나타나는 결과에 상관없이 관심 있는 변이만 보여주는 표본을 제공한다.

　분명히 내적 반복과 외적 반복은 연속체의 양 극단에 있다. 두 반복이 동시에 일어나는 연구는 매우 드물며, 표본을 얻거나 실험단위를 다루기 위해 어떤 공간적 분리가 항상 존재한다. 어떤 반복을 사용할 것인지는 시간 효과가 측정되는 변이에 비례하여 중요하지 않은지에 의해 결정되며, 시스템과 그 변이와도 관련 있다. 예를 들어, 넓은 호수에서 샘플을 모으는 데 시간이 많이 걸리기 때문에 여러 날에 걸쳐 표본을 수집할 경우 바람이 첫날과는 달라질 수도 있고, 폭풍우 같은 것들이 물에 포함된 영양 성분들을 바꿔 버릴 수도 있다. 또한 가까운 거리에서 수집한 표본이 수 킬로미터 떨어진 곳에서 수집한 표본만큼 다양하다면 이때의 표본 수집은 거의 동시에 일어난 것이라 간주할 수 있다. 표본 수집의 로지스틱스, 측정의 시공간적 규모, 그리고 시스템 연구 고유의 변동성은 어떤 연구에서 어떻게 반복을 수행할 수 있는지에 영향을 미친다.

부표집 어떤 특정 시점에 호수의 한 지역에 가서 물을 큰 병에 수집하여 실험실에 가져온 뒤 내용물을 다시 여러 부분으로 나누어 담았다가 각 부분의 질산화물을 측정하였다고 하면, 그것도 역시 다중 표집이라 할 수 있다. 이것은 부표본이긴 하지만 호수에서의 변량이나 병에 채집된 물에 대한 반복이라 할 수 없다(오히려 병 안에서 균일하게 더 섞이게 만들 것이다). 일반적으로 부표본 간의 변이는 반복에 의한 변이보다 더 적다.

부표본의 상대적 균일성은 우리가 질산화물의 양을 분석하는 절차의 변이성을 평가하고자 할 때 더 유용할 것이다. 그런 이유로 가능한 유사한 물 표본을 이용해, 분석 절차에 따라 어떤 변이가 일어나는지 보기를 원한다.

Hurlbert(1984)는 부표집이나 반복 측정과 실제 반복을 혼동하지 않는 것이 중요하다고 말했다. 환경 과학에서 발행된 논문의 검토 결과 26%의 연구가 '사기 반복'을 범하고 있었다. 이 연구들에서는 처리 효과를 비교하기 위한 임의 오차 항을 계산하기 위해 실험단위로부터 부표본들을 사용하였다. 이 말이 좀 추상적으로 들릴지 모르니 예를 한 번 살펴보자.

물 표면 10미터 아래와 1미터 아래 침전물 위에 가라앉아 있는 나뭇잎 중 어느 것이 더 빨리 분해되는지 알아보는 비교실험을 한다고 해보자. 급한 마음에 잎이 들어 있는 8개의 자루를 깊이 1미터인 한 장소에 모두 두고, 깊이 10미터인 또 다른 장소에 자루 8개를 놓아두었다. 한 달 후에 돌아와서 자루를 다시 꺼내어 남아 있는 잎의 무게를 재고, 무게가 얼마나 변했는지 측정하였다. 이 경우 $n=8$인 일원 ANOVA로 통계분석을 실시한다. F 검증은 자루 간에 비해 장소에 따른 차이가 유의미한지를 보여주므로, 두 장소 사이에 분해 속도의 차이를 정확하게 추론할 수 있다. 만약 결과가 우리가 1미터와 10미터 깊이 간에 유의미한 차이가 있음을 보여준다고 결론을 내린다면, 사기 반복을 범한 것일 뿐 아니라 잘못된 결론을 내린 것이 된다. 자루는 해당 깊이의 각 위치에 임의로 놓인 것이 아니기 때문에, 우리는 분해 정도의 차이가 깊이에 관련된 것인지 또는 유사한 차이 깊이가 아닌 두 위치에서 온 것인지를 확인할 방법이 없다. 이 예에서 자루들은 실제 반복이라기보다는 부표집에 가깝다. 자루들 간의 차이는 좁은 지역 내에서의 변이를 측정하는 것이다.

사기 반복은 자료를 부적절한 통계 검사에 사용할 때 일어난다. 이것은 과학 그 자체의 문제는 아니다. 앞의 예에서 만약 우리가 장소와 깊이에 대해서가 아니라 특정 깊이 또는 위치에 대해 단순히 결론을 내리고자 한다면 이런 경우에는 사기 반복의 문제는 사라진다.

반복 측정 동물연구에서 일반적인 다중 측정의 특별한 경우는 동일한 실험단위에 여러 시간에 걸쳐 반복적으로 측정되는 것이다. 이러한 일련의 측정으로 얻은 변이는 시간에 의한 효과(외적 반복으로서)와 더불어 실험단위가 처리에 반복적 혹은 장기 노출의 효과를 반영한다. 만약 그런 누적된 효과가 없다고 실험자가 확신할 수 없다면, 반복 측정은 반복을 달성하는 좋은 방법이 아니다. 반복 측정은 학습, 기억, 내성과 같은 과정에 대한 처리의 누적 효과를 탐지하기 위해 더 적합하다.

예를 들어, 물 샘플 문제에서 반복 측정은 표본이 필드 상태를 잘 측정할 수 있는 상태를 유지하고 있는 동안 시간을 측정하는 데 사용할 수 있다. 그러한 자료는 어떤 조건하에서 표본 병 안에서 세균에 의해 질산염이 소실되는 속도를 측정하는 데 사용될 수 있다.

화식조를 구제하는 방법을 찾고자 설계했던 실험에서, 우리는 살충제 처리의 결과로 새당 기생충의 점진적 감소가 있는지 보기를 원한다. 3마리 새의 처리 및 통제 영역에서 깃털당 기생충의 양을 일주일에 한 번씩 여러 주 동안 반복해서 측정할 수 있다. 이러한 표집은 누적된 효과의 결과를 보여준다. 이러한 표집은 살충제가 처리 영역뿐 아니라 통제 영역에서 기생충의 감소를 가져왔는지에 대한 질문에 정답을 준다. 이것은 정확하게 말하면 반복 측정 설계는 아니다. 왜냐하면 여러 시간에 일련의 깃털에서 기생충을 채집하여 수를 세었기 때문이다. 이것은 때때로 설계를 단순한 범주로 분류하기가 어렵다는 것을 보여준다.

이와 비슷하게 비록 우리는 다중 측정을 위한 여러 범주들에 대해 토론하였지만, 실제로 이러한 범주들은 나타내는 것보다 덜 명쾌하며 때때로 혼란을 일으키기도 한다. 예를 들어 내적·외적 반복 사이에 표본과 체계의 시공간적 크기에 의존하는 연속체가 있다는 것은 명백하다. 예를 들어 우리가 비료 처리를 받은 것에서 식물 바이오매스를 반복적으로 표집한다면 이 경우에 외적 반복과 반복 측정 사이에도 역시 연속체가 있다. 만약 우리가 비파괴적 방법으로 식생 피복을 측정했다면, 우리는 어떤 처리에 대해 한 동물의 행동주의 기록 행위의 자료와 유사한 자료를 얻는다. 여기서 다루는 주제가 반복의 형태와 많은 관련이 있지는 않지만, 과학적 질문이 어떤 것이든지, 처리되는 일련의 실험단위 내에서의 변이를 측정하는 가장 적절한 방법이 무엇인지 결정하는 것과 관련되어 있다.

얼마나 반복해야 하나

앞 절에서 먼저 임의 변이를 측정하기 위해서 둘째로는 관심 있는 변인들의 대표적 측정법을 얻기 위한 방법으로서 반복에 대해 설명하였다. 반복의 세 번째 기능은 변인을 통제하는 것이다. 반복은 평균의 측정 시 정확성을 증가시켜 준다. 평균의 분산($s_{\bar{x}}^2 = s^2/n$)을 고려해 보았을 때 이는 명확하다. 변이의 측정은 반복횟수를 n이라 할 때, $1/n$에 비례한다. 그러므로 n을 증가시켜, 반드시 여러 모집단 내에서 값들의 더 큰 비로 표집하게 되는 것이며, n이 커짐으로 이질성이 증가하여 더 큰 분산을 가져온다. 이 주제에 대해서는 가설 검증에 대해 설명했던 제2장 6절에서 살펴보았다. 사실 표집의 크기 선택에 대해 다루는 통계의 큰 다른 영역이 있다.

한 연구에서 반복의 수준이 적절한지를 대략 확인할 수 있는 빠른 한 방법은 n에 대해 통계변인들을 그래프로 나타내 보는 것이다(그림 4.3). 그림 4.3의 예에서 8군데의 해역에서 수집한 청어의 길에 대한 일련의 자료를 사용하였다. 우리는 길이를 2, 3, 4, …, n 반복 측정한 것을 임의로 선택하여, 2, …, 100까지 반복한 세트 각각의 평균, 범위, 표준편차, 그리고 표준오차를 계산하였다. 이 예에서 우리는 각 해역에 대해 측정된 평균길이가 처음에는 일정치 않다가 약 $n=10$ 이후에는 매우 안정됨을 볼 수 있다(그림 4.3 위). 평균길이의 범위는 측

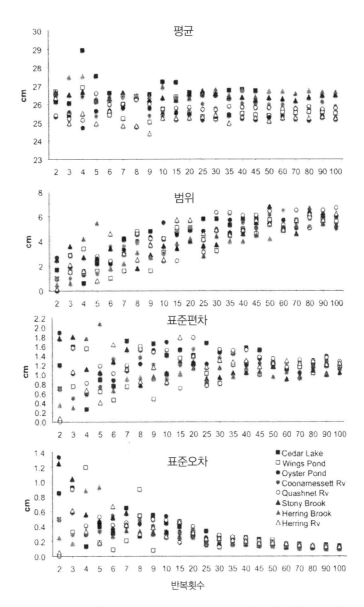

그림 4.3 8군데의 물에서 수집한 에일와이프 청어의 길이 데이터에 대한 평균, 범위, 표준편차, 표준오차를 계산에 사용된 반복횟수 *n*에 대해 그래프로 나타낸 것. *n*의 값들은 데이터에서의 값을 임의로 선택하여 얻는 것이다. 데이터와 그래프의 출처는 리타 몬테이로에서 수집된 미출판 정보이다. Rv는 강을 가리킨다.

정 횟수가 늘어날수록 다소 증가하는 경향을 보이는데, 이는 더 작거나 큰 개체들이 계속 포함되기 때문이다(그림 4.3 두 번째). 그러나 범위의 증가가 *n* 증가로 인한 안정화로부터 표준편차를 방해하지는 않았으며(그림 4.3 세 번째), 낮은 n에서 흩어졌던 값의 중앙으로 값이 수렴하였다. 어려운 부분은 s의 안정화가 어느 정도에서 받아들여질 수 있는지 결정하는 것이다. $n=10$에서 얻은 s에 문제가 없을까? 우리가 하려는 작업에서 n이 40 또는 50 정도의 표준편차를 요구하는가? 표집 크기를 결정하는 통계적으로 미묘한 절차는 통계 교과서나 프로그램에서 얻을 수 있다. 내 경험에 의하면 표집 크기에 대해 통계분석에서 요구되는 n의 값은 대부분 연구자들이 기대하는 것보다 항상 더 높다. 이는 공기역학적 원리에 의하면 뒝벌은 날 수 없다는 유명한 사례와 비슷하다. 하지만 뒝벌은 난다. 이론상 연구자들이 사용한 반복횟수로는 결과를 평가할 수 없지만 여하튼 연구자들은 계속 과학을 발전시킨다.

필자의 경험으로는 적어도 환경과학에서는 반복횟수가 결국은 로지스틱이나 가용 자원에 대한 실용적인 고려에 의해 제한된다. 표본의 크기를 주어진 상황에서 가능하면 최대로 선택하며, 그 수는 대개 표본 크기의 계산에 바탕을 둘 때 바람직한 값보다 더 작다. 실제로 대부분의 분야에서 반복횟수는 상대적으로 낮은 편이며, 표본 크기의 적합성은 대부분 평가되지 않는다. Kreiva와 Anderson(1988)은 생태학 연구의 45%가 반복횟수가 2 이하임을 발견했다. 또한 정원지가 작다면 반복횟수 20 정도가 가능하지만, 실험이 지름이 1미터보다 큰 정원지와 관련된다면 반복횟수는 대부분 5 이하임을 발견했다.

그러나 몇몇 중요한 연구 성과들은 반복이 없는 조종이었다. R. A. 피셔가 통계학을 발전시키게 된 계기가 된 실험은 유명한 로탐스테드 비료 시행이었다. (장의 맨 처음을 볼 것) 이 시행의 반복횟수는 1이었다.[4] 환경과학에서 새로운 방향을 열어준 많은 중요한 실험들도 반복횟수는 1이었다. 반복은 없었지만, 허버드 브룩(Hubbard Brook)의 대규모 산림벌채 실험(Bormann & Likens, 1979), 캐나다 실험 호수 영역(Canadian Experimental Lakes Area)의 호수 전체의 비옥화 실험(Schindler, 1987), IRONEX 즉 태평양에서 제곱킬로미터 규모로 철을 농축한 실험(Martin et al., 1994) 등은 환경과학에 크게 기여했다(Carpenter et al., 1995). 이 연구들에서 조작의 효과는 충분히 뚜렷했기 때문에 처리의 효과에는

---

4) 원숭이도 나무에서 떨어지는 법이다. 헐버트(Hurlbert 1984)의 지적에 따르면, 피셔는 감자의 거름 실험에서 얻은 데이터의 일차 분석에서 유사반복을 저질렀다. 그 뒤에 맘에 안 드는 데이터를 삭제하고 자신의 실수에 대해서는 다시는 언급하지 않았다.

의심의 여지가 별로 없었고 통계분석은 요구되지 않았다. 따라서 반복되지 않은 연구라고 해서 무시해서는 안 된다. 우리가 분명히 해야 할 것은 만일 효과가 있으면 분명하게 나타나도록 처리와 레이아웃과 반응을 잘 선택해야 한다는 점뿐이다. 또한 더 최신의 통계적 접근을 통해 반복되지 않은 연구의 결과를 음미할 수 있는 더 좋은 방법을 얻을 수 있다(Matson & Carpenter 1990).

제3장에서 논의했듯이 표본이나 반복횟수가 매우 많은 연구는 조심하는 것이 좋다. 관찰횟수가 많은 통계 비교에서는 통계적으로 유의적인 차이가 생기는 경우가 많다. 연관된 자유도가 많기 때문이다. 실제로 발견된 차이가 아주 작아서 실용적인 상황에서는 그 차이가 검출될 수 없거나 중요하지 않은 경우라도 그렇다(가령 그림 10.2 참조).

또한 표본의 수가 매우 적은 연구도 조심하는 것이 좋다. 몇 번의 관찰에만 바탕을 둔 비교는 제2장에서 논의한 것처럼 설명력이 부족하다. 크고 중요한 차이는 반복횟수가 많지 않다면 '유의하다'라고 말하기 어렵다. 물론 반복횟수를 많이 하기가 힘들 때도 있다. 그럴 경우에는 연구자가 실험설계를 최대한 정교하게 해서 앞으로 설명할 설계의 원칙들을 적용해야 한다.

층화

반복 실험단위 또는 표집 장소는 공간 전체에 펼쳐져 있어야 한다. 불가피하게 장소마다 많은 변수에 차이가 생기기 마련이다. 이 모든 차이의 효과는 반복 단위에서 얻은 측정의 다양성에 반영될 것이다. 우리는 처리 변동을 임의 오차에 연관된 변동과 비교하려 하고 있으므로 임의 변동 때문에 생기는 변동을 최소화하는 것이 바람직하다. 만일 관심이 있을 수도 있고 없을 수도 있지만 연구 영역 안에서 변동한다고 알려져 있는 다른 변수들의 경사 때문에 생기는 변동의 기여를 분리시킬 수 있다면, 바람직하지 않은 변동 가능성을 줄일 수 있을 것이다.

'장애'변수(nuance variable)의 효과를 분리시키기 위해 '블록' 또는 '층' (strata)을 늘어놓는다[그래서 이것을 층화(stratification)라 부름]. 층 안에서는 장애변수들이 많든 적든 일정하다. 그렇게 층화된 설계에서 블록 또는 층이 j개 있다면 임의 변동으로부터라는 항을 제거할 수 있다.

$$Y_{ij} = \mu + \alpha_i + \beta_j + \varepsilon_{ij}$$

층화된 실험설계에 대해서는 아래에서 더 상세하게 논의할 것이다.

기초 실험 레이아웃

실험의 수만큼 레이아웃 설계도 많이 있을 수 있지만, 기본 원리를 잘 보여주는 핵심적인 레이아웃이 몇 가지 있다.

임의화된 레이아웃

실험을 레이아웃하는(즉, 실험단위에 처리들을 할당하는) 가장 간단한 방법은 임의화하는 것이다. 그림 4.4에서 위의 두 레이아웃은 실험단위가 선형이거나 사각형인 경우에 임의화된 레이아웃을 보여준다. 실험단위는 들판의 정원지 열일 수도 있고, 연못들일 수도 있고, 연구소 벤치의 수족관일 수도 있다. 두 가지 처리(검은 네모와 하얀 네모)를 8개 또는 12개의 실험단위에 임의로 할당한다.

　　반복횟수가 적은(4~6회 이하) 실험에서는 임의화된 레이아웃을 쓰면 어느 한 처리에 종속된 반복들이 다른 처리에 종속된 반복들과 분리되어 편향을 일으킬 수 있다(그림 4.5의 맨 윗줄). 가령 반복횟수가 3이라면 앞의 세 반복이 두 처리 중 하나만 받게 될 확률이 10%이다. 따라서 완전히 임의화된 레이아웃은 언제

대조

제1장에서는 실험수행의 핵심부분에 대해 거의 언급하지 않았다. 이제 몇 가지 더 구별할 수 있는 개념과 용어를 갖게 되었다. **대조**라는 용어는 실험수행과의 관계에서 다양한 방식으로 사용된다.

- **대조 처리**는 절차 효과와 시간적 변화를 **대조**함으로써 조작적 처리의 평가를 가능하게 한다.
- 반복과 임의화를 통해 임의의 효과와 편향을 **대조**할 수 있다.
- 처리를 산재시키면 실험단위 안에서 공간적 정칙변동을 **대조**할 수 있다.
- 물리적 환경이나 실험물질의 정칙화(실험자에

의한)를 통해 실험을 더 잘 **대조**할 수 있다.

대조라는 용어는 첫 번째 유형에만 국한시키는 것이 바람직하다. 이것이 통계검정에서 가장 유의미하다. 두 번째와 세 번째 의미는 첫 번째 의미의 확장일 뿐이며, 반복, 임의화, 층화 등의 기능을 이해하는 데 도움을 준다. 네 번째 의미는 가장 추천하지 않는 용법이다. 이는 "관심 있는 하나의 변수를 제외한 나머지 변수를 모두 고정하라."는 교훈에서 유도될 수 있지만, 진짜 실험에서는 대조 처리의 적합성이 반드시 연구자가 실험을 수행하는 조건을 제한하는 정도에 관계되는 것은 아니기 때문이다.

나 최선의 레이아웃 설계가 되지 않을 것이다. 그림 4.4의 맨 위 오른쪽에 보이는 것과 같은 완전히 임의화된 레이아웃은 분리된 처리의 문제를 덜 겪는다.

　선형 배열(그림 4.4의 맨 위 왼쪽)이나 사각형 배열(그림 4.4의 중간 오른쪽)과 같은 레이아웃에서 얻은 데이터는 일원 ANOVA 분석이나 그에 동등한 비모수 검정에 의한 분석에 적합한 후보이다.

임의화된 블록

임의화를 한 방향으로 국한시켜서 실험단위의 레이아웃을 짤 수도 있다. 통계학자들은 이를 **블록화**라 부른다(그림 4.4 중간). 앞에서 층화를 논의하면서 이 개념을 다루었다. 단위의 선형 배열(그림 4.4 중간 왼쪽)에서는 블록을 b_1, b_2, b_3, b_a로 둔 뒤 처리를 각 블록 안에서 임의로 할당할 수 있다. 그래서 임의화된 블록이란 이름이 붙었다.) 마찬가지로 블록을 사각형 모양(그림 4.4 중간 오른쪽)으로 설정하고 처리를 블록 안에서 임의화할 수도 있다. 블록화는 처리에서 우연한 분리가 일어날 가능성을 줄여주며, 나아가 이미 존재하는 기울기나 비악성 침입(nondemonic intrusion)[5] 때문에 처리의 진짜 효과가 모호해지거나

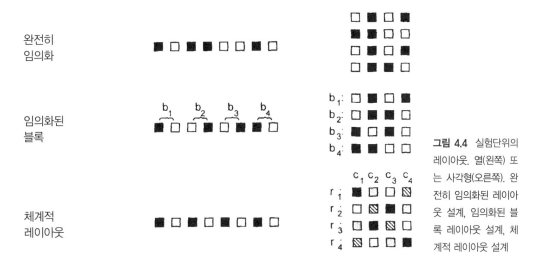

완전히 임의화

임의화된 블록

체계적 레이아웃

그림 4.4 실험단위의 레이아웃. 열(왼쪽) 또는 사각형(오른쪽). 완전히 임의화된 레이아웃 설계, 임의화된 블록 레이아웃 설계, 체계적 레이아웃 설계

---

5) '비악성 침입'은 미국의 생물학자 헐버트(Stuart H. Hurlbert)가 1984년에 도입한 개념으로서, "진행 중인 실험에 우연한 사건이 영향을 주는 것(the impingment of chance events on an experiment in progress)"으로 정의된다.

처리의 가짜 효과가 촉진되지 않도록 해줄 수 있다.

그림 4.4의 중간 왼쪽에 있는 것과 같은 레이아웃에서 얻을 수 있는 데이터는 대응표본 t검정(paired t test)이나 일원 비반복 분산분석(one-way unreplicated ANOVA)이나 동등한 비모수적 방법으로 분석할 수 있다. 중간 오른쪽 패널의 사각형 배열에서는 이원반복 분산분석(two-way replicated ANOVA)에 적합한 데이터를 얻게 될 것이다.

체계화된 레이아웃

선형 레이아웃에서 임의화를 제한하는 또 다른 방법은 처리를 체계적으로 산재시키거나 교차시키는 것이다(그림 4.4 아래 왼쪽). 이는 많은 상황에서 받아들일 만하며 완전히 임의화된 레이아웃보다 더 적절할 수 있다. 왜냐하면 이 레이아웃이 실험단위의 선형 배열에서 분리가 일어나지 않게 하기 때문이다. 체계적인 선형 레이아웃에서 얻는 데이터는 비대응 t검정(unpaired t test)이나 비모수 검정으로 분석할 수 있다.

임의화를 체계적으로 제한하는 특별한 경우가 라틴 사각형으로서, 층화를 두 방향(행과 열)으로 잡는다(그림 4.4의 아래 오른쪽). 라틴 사각형은 다양한 상황에서 유용하다. 특히 농업 연구에서 가치가 있다. 가령 비료 시험을 경사면에서 하는데 경사면에서 수직한 강한 바람이 있다고 해보자. 그러면 라틴 사각형 디자인은 실험단위를 두 방향으로 층화할 수 있는 가능성을 만들어 준다. 따라서 비료 효과의 추정을 증진시킬 수 있다. 라틴 사각형이 적합한 또 다른 상황은 다양한 층화가 있을 때의 검정에 대한 것이다. 한 가지 예는 여러 상표에 따른 자동차 타이어의 마모이다. 네 가지 상표의 타이어를 검정한다면 바퀴 위치마다 각 상표의 타이어를 놓는다. 이를 위해 검정에서 사용할 자동차(또는 일종의 탈 것) 네 대가 있어야 한다. 각 탈 것에 타이어 상표를 할당하여 모든 상표가 모든 네 가지 바위 위치에 나타나게 한다. 이 레이아웃을 이용하면, 각 바위 위치마다 그리고 각 탈 것마다 네 가지 타이어 상표 모두의 성능을 검사할 수 있다.

라틴 사각형 레이아웃은 삼원 분산분석(three-way ANOVA)로 분석된다. 즉, 변동의 세 요소는 행과 열과 잘라내기이다.

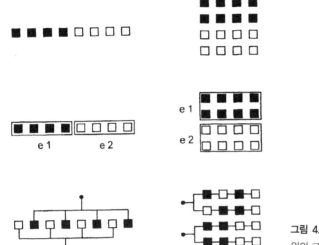

그림 4.5 바람직하지 않은 레이아웃. *e*는 실험단위의 그룹을 묶는 고정위치를 가리킨다.

$$Y_{ij} = \mu + r_i + c_i + t_{k(ij)} + \varepsilon_{ij}$$

여기에서 r와 c는 행과 열을 나타내며, *t*는 처리효과를 나타낸다. 괄호 안에 있는 *ij*는 *k*번째 관찰이 각 행과 열에 국한되어 있음을 나타낸다. 라틴 사각형 레이아웃은 유용하지만 제한되어 있다. 반복의 수가 처리의 수와 같아야 하며, 반복을 위해서는 하나 이상의 사각형에서 실행할 필요가 있다. 더 상세한 분석은 (Mead, 1988)을 참조할 수 있다.

라틴 사각형이지만 그리스 사각형은 아니다

1782년 스위스의 수학자 레오나르트 오일러는 네덜란드의 젤란트 과학학회에서 강연을 하면서 다음과 같은 문제를 제기했다. 황제가 어떤 요새 마을을 방문하려고 왔다. 그 마을에는 여섯 개의 부대가 있고 여섯 등급의 장교들이 있다. 요새의 사령관이 36명의 장교를 골라 사각형 모양으로 배치해서 황제가 배열의 어느 쪽에서 보더라도 각 등급의 장교를 한 명씩, 각 부대마다 한 명씩의 장교를 시찰할 수 있게 하려고 했다. 오일러는 장교들의 여섯 등급을 라틴 문자로 표시하고, 부대는 그리스 문자로 표시했다. 오일러는 라틴 사각형을 푼 뒤에 그리스 사각형은 동시에 풀 수 없음을 보였다. 그 증명에는 오류가 있었지만 오일러가 옳았다. 여하튼 이러한 실험 레이아웃에 라틴 사각형이란 이름을 부여한 것은 오일러였다.

출처 : Pearce, S. C. 1965. *Biological Statistics.*
McGraw-Hill.

4. 반응설계

어떤 실험이나 표집에서든 실험단위나 표집단위에 따른 여러 종류의 반응들을 기록할 수 있다. 만일 항생제의 성공을 시험하고 있다면, 항생제와 세균을 함께 넣은 세균배양접시의 한천 배지에 세균 콜로니가 있는지 또는 없는지를 기록할 수 있다. 세균배양접시마다 콜로니가 몇 개 생겼는지를 계수할 수도 있다. 또한 세균배양접시에서 콜로니가 덮고 있는 넓이를 잴 수도 있다. 이 모두가 어떤 면에서 항생제의 작용을 평가할 수 있게 해준다.

반응 측정에 관한 첫 번째 질문은 그 측정이 실험에서 부과된 질문에 유관한 답을 줄 수 있는가 하는 점이다. 존재 유무가 충분한 반응일까? 정량적인 반응이 필요하지는 않은가? 투여량을 다르게 시험하고 있다면 정량적인 반응이 필요하겠지만, 항생제의 작용의 경계값을 확인하기 위해서는 다양한 투여량에 대해 반응의 유무에도 관심을 가질 수 있다. 반응이 질문에 대해 의미가 있는가? 가령 콜로니의 넓이는 항생제가 다른 세포들을 제거하고 난 뒤 내성을 지닌 세포 몇 개가 급속하게 늘어나는 반응일 수도 있다. 그런 경우에는 콜로니의 넓이가 항생제의 효과를 평가하는 데 이용할 최선의 반응이 아니다.

상이한 측정에서 얻는 데이터는 사용되는 분석의 종류에 따라 다를 것이다. 존재 유무의 측정은 이산적인 반응이나 이항분포나 푸아송 분포가 될 수 있다. 모두 비모수적 방법으로 분석될 것이다. 이항분포 데이터의 계수 결과는 처음에는 이산적이지만 실험이 반복되면 평균할 수 있고 연속적인 반응을 산출할 수 있다. 연속 데이터는 분산분석(ANOVA)을 이용하여 분석할 수 있을 것이다. 데이터의 근원이 계수이기 때문에 몇 가지 변환을 해야 할 수도 있다. 푸아송 분포 데이터는 분산분석에 준하는 연속적 측정으로 이어질 것이다.

측정하는 반응이 실험단위에서 오는 것이 아니라 평가단위에서 오는 경우가 흔히 있다. 평가단위(evaluation unit)라는 용어는 얼크허트(Urquhart, 1981)가 붙인 것이다. 가령 특정 종의 큰부리새의 혈액 표본을 사용해서 다른 종과의 유전적 유사성을 평가한다고 하자. 큰부리새에게 주는 먹이가 생식에 영향을 주는지 평가하기 위해 암컷 큰부리새가 낳은 알 몇 개의 지름을 측정할 수도 있다. 우리는 평가단위에 대해 측정을 하지만, 나아가 실험단위에 대한 추론을 하고

바람직하지 못한 실험 레이아웃

우리는 이미 그림 4.5의 레이아웃 같은 레이아웃들이 바람직하지 않음을 보았다. 명백한 이유는 단위의 위치의 효과가 처리 효과와 뒤죽박죽으로 나타날 수 있다는 데 있다. 그러나 금세 알아채기 어려운 더 미묘한 특징이 있다. 단위들을 들판, 연못, 화탁, 수족관 등에 두는 경우가 있다. 가령 다른 박테리아 클론들이 압력에 어떻게 반응하는지 연구하고 있다고 하고 압력이 높은 방이 두 개뿐이라면, 반드시 그렇게 해야 할 것이다. 가능하다면 그런 것은 피해야 한다. 왜냐하면 우리의 반복이 이 레이아웃에 따라 부표집이 되기 때문이다.

단위에 대한 처리를 단위를 묶어 주는 방식으로 하는 경우도 있다(그림 4.5 왼쪽 아래). 만일 두 종류의 배양기질을 더해서 곰팡이 항생물질이 더 많이 생기는지 확인하는 시험이라면 두 배양기질 각각에 대

한 원천을 가지고 있을 것이다. 이것은 피할 수 없을지 모르지만, 이를 레이아웃으로까지 가져가면 단위들이 서로 덜 독립적이게 된다. 우리의 레이아웃에서 단위들 간의 다른 연결을 살펴볼 필요가 있다(그림 4.5 오른쪽 아래). 만일 혼합의 배양에 두 가지 다른 먹이를 시험하고 있는데 해수 원천은 하나뿐이라면, 해수연결관을 그림 4.5의 오른쪽 아래 패널의 위쪽 경우에 보이는 것처럼 설치할 수 있다. 그 물리적 연결 때문에 처리가 덜 명확하고 단위의 독립성을 뺏을 수도 있다. 최악의 상황은 필자가 어느 수산양식장을 방문했을 때 본 것이다. 한 단위로부터 다른 단위로 해수가 흐르는 연결이 있었을 뿐 아니라 한 처리가 다른 처리의 상류에 있었다(그림 4.5의 오른쪽 아래 패널의 아래쪽 경우).

싶어 한다. 따라서 평가단위가 실험단위를 적절하게 나타내는지 확인할 필요가 있다.

어떤 경우에는 평가단위의 반응을 반복해서 평가하고 싶어 할 수도 있다. 발버둥치는 물고기의 길이를 재려면 여러 차례 측정하는 것이 꼭 필요할 것이다. 어쩌면 악마의 방해 때문에 측정이 영향을 받지 않도록 여러 차례 적정을 반복하려 할 수도 있다. 어떤 점에서 이전에 부표집의 쟁점에 대해 논의할 때 이 문제도 다루었다. 그 경우처럼 반복을 통해 측정이 개선될 뿐이며 시험의 의미가 증가하는 것은 아니다.

5. 현명한 실험설계

제1~3장에서 개념을 강조한 까닭은 많은 사람들이 그냥 통계학 책을 꺼내서 데이터에 알맞은 설계와 분석을 찾아볼 따름이기 때문이다. 그런 뒤에는 데이터를 그 프로크루스테스의 침대에 끼워 맞춘다.[6] 그것도 자주 부적절한 방식으

로. 그런 뒤에 결과에 대한 논평으로 돌진한다. 연구를 설계하고 결과를 분석하는 것은 풍부한 지식을 가진 사람에게 자문을 구함으로써 더 좋아질 수 있다.

통계학자가 문의할 첫 번째 질문은 "물어보려 하는 질문이 무엇인가?" 하는 것이다. 대답하려 하는 특정의 질문을 언제나 마음속에 굳게 간직하는 것은 아무리 강조해도 지나치지 않을 만큼 중요하다. 과학에서 설계와 분석의 모든 것이 질문에서 나온다.

다음으로 통계학자는 두 가지 주제를 파고든다. 가장 적절한 처리와 레이아웃이 무엇인가 하는 것과 실험단위에 주어질 속박조건이 무엇인가 하는 것이다. 이는 앞에서 살펴본 실험설계의 세 가지 부분, 즉 처리와 레이아웃과 반응을 반영하고 있다.

처리는 우리가 질문에 대답하는 방식이다. 우리는 처리를 선택하기 위해 사전 정보를 사용한다. 비용, 효율, 수준, 처리의 횟수, 유지 등 모두가 고려될 필요가 있다. 기저에 깔려 있는 과정에 대한 기초연구에서는 처리의 수준에는 관심을 덜 기울이고 상이한 과정들이 효과를 지니는지 여부에 더 많은 관심을 기울이게 될 것이다. 여러 변수, 즉 여러 변화율, 간접적인 평가, 실험단위의 다양한 측면들의 반응 등을 측정해야 할 수도 있다. 이를 위해서는 반복횟수가 적은 것으로 맞교환을 해야 할 수도 있다. 반복횟수가 충분할 만큼 시행을 할 수 있을까? n이 작으면 데이터에 대한 선택사항은 어떤 것이 있을까? 단위나 재정이 부족하다면 실험단위를 좁히거나 쪼개야 할까? 어떤 응용 작업에서는 단위가 많은 처리수준에서 어떻게 반응하는지를 조사하기 위해 매우 많은 처리설계에 관심을 둘 수도 있다. 그런 경우에는 대개 실험단위의 산출만 측정하고, 표집을 위한 노력과 재정을 아껴서 반복에 집중하는 것으로 충분할 것이다. 어느 설계의 레이아웃은 처리를 통해 치우치지 않은 방식으로 질문에 답하는 방법이다. 레이아웃에서 보면 설계에서 모종의 층화를 포함시킬 수 있도록 해서 검출해야 할 처리의 효과를 쉽게 만들어야 한다.

---

6) 그리스 신화에서 프로크루스테스는 긴 침대를 갖고 있는 잔인한 노상강도였다. 지나가는 사람을 억지로 그 침대에 맞추려고 잡아 늘려 죽였다. 아주 짧은 침대를 갖고 있었다고도 하는데, 잡은 사람이 그 침대에 맞게 하려고 발을 톱으로 잘라 버려 죽였다. 테세우스는 프로크루스테스를 프로크루스테스의 방법으로 처형했다.

과학연구에서 실험을 할 수 없는 분야가 많이 있다. 많은 전문분야에서 데이터를 얻기 위해 측량, 원격탐사, 역사적 기록, 설문조사 등 체계적이지만 실험이 아닌 방법을 사용해야 한다. 이런 것을 강조하지 않은 이유 중 하나는 그런 방법이 매우 방대해서 짧은 책에서 다룰 수 없기 때문이다. 그러나 실험의 레이아웃에 깔려 있는 원리들은 데이터를 얻는 비실험적 접근들에서도 여전히 유효하다며, 이 장에서 다룬 원리들을 숙고해 보면 실험적 접근이 아닌 접을 이용할 필요가 있는 연구의 설계에서도 틀림없이 도움이 될 것이다.

이제 통계와 설계에 대한 논의를 마칠 때가 되었다. 제2장부터 제4장까지 일련의 속박조건과 처방을 차례차례 살펴보았다. 쟁점을 잘 알고 있다고 해서 세부적인 것을 속속들이 따라야 한다거나 모든 가정들을 시험해야 한다거나 모든 통계적 요구를 따라야 한다는 뜻은 아니다. 실상 과학의 많은 부분은 통계의 도움 없이 이루어져 왔음을 상기할 필요가 있다. 내 생각에는 노벨상에 이르는 업적에서 통계의 역할을 살펴보는 것이 유익할 것이다.

다른 한편으로 통계와 설계를 통한 고된 여정이 과학을 하는 것에 대해 생각하는 방식을 훈련하는 데 도움을 준다. 결과가 객관적 판단을 필요로 할 때 약간의 통계와 상세한 설계를 통해 그런 판단을 하는 데 도움을 받는다. 실상 통계적 작업의 객관성에 한계가 있음이 이제는 분명해졌을 것이다. 통계를 통한 짧은 여정에서 가령 우리가 어떤 유형의 데이터를 갖고 있는지 판단하거나, 유형 I의 오류의 수준을 선택하거나, 어떤 검정이 가장 적절한지 생각하거나, 가정들을 위배하는지 아닌지, 또는 심지어 검정의 유의수준을 결정하는 데에서도 주관적 판단에 맞닥뜨려야 했다. 따라서 통계학에서조차 모호함이 많이 있다. 그렇지만 설계와 통계적 개념을 통해 사고하는 법을 배우는 과정을 마음에 두는 것은 두말할 나위 없이 과학적 연구에서 유용하다.

얼크허트(Urquhart 1981)를 간접 인용하자면, 우리의 관심을 과학을 하는 데 있지 통계학 자체에 있는 것은 아님을 유념할 필요가 있다. 통계는 연구를 수행하고 분석하는 방식에 도움을 줄 것이며, 그럼으로써 우리의 사고를 더 정교하게 하고 주어진 자원들에서 가장 좋은 정보를 얻게 한다. 이를 성공적으로 하려면 그 무엇보다 가장 중요한 것이 우리의 질문을 예리하고 정확하게 제기하는 것이다. 우리는 질문에 처리를 통해 답한다. 우리가 처리를 적용하는 레이아웃 설계는 질문에 적합하며, 처리에 알맞고, 편향을 피하며, 편차를 분할할 수 있는 추정을 가능하게 한다. 우리는 실험단위에 의한 반응을 적당히 선택함으로써 질문에 대한 대답들을 평가한다. 그런 뒤에 우리는 데이터의 유형과 레이아웃에 적합한 통계적 방법에 의거하여 결과를 검토한다.

참고문헌 및 더 읽을거리

Bormann, F. H., and G. E. Likens. 1979. *Pattern and Process in a Forested Ecosystem*. Springer-Verlag.

Carpenter, S. R., S. W. Chisholm, C. J. Krebs, D. W. Schindler, and R. F. Wright. 1995. Ecosystem experiments. *Science* 269:324–327.

Hurlbert, S. H. 1984. Pseudoreplication and the design of ecological field experiments. *Ecol. Monogr.* 54:187–211.

Kareiva, P., and M. Andersen. 1988. Spatial aspects of species interactions: the wedding of models and experiments. *Lect. Notes Biomath.* 77:35–50.

Martin, J. H., et al. 1994. Testing the iron hypothesis in ecosystems of the equatorial Pacific Ocean. *Nature* 371:123–130.

Matson, P. A., and S. R. Carpenter. 1990. Statistical analysis of ecological response to large-scale perturbations. *Ecology* 71:2037–2068.

Mead, R. 1988. *The Design of Experiments*. Cambridge University Press.

Pearce, S. C. 1965. *Biological Statistics*. McGraw-Hill.

Schindler, D. W. 1987. Detecting ecosystem responses to anthropogenic stress. *Can. J. Fish Aquat. Sci.* 44:6–25.

Sokal, R. R., and F. J. Rohlf. 1995. *Biometry*, 3rd ed. Freeman.

Urquhart, N. S. 1981. The anatomy of a study. *HortScience* 16:621–627.

과학자가 단어들로 세상을 뒤덮는 알레고리

출처 : Wegman, C. E. 1939. Zwei Bilder für das Arbeitszimmer eines Geologen. *Geolog. Rundsch.* 30:1-392.

제 5 장

과학정보의
커뮤니케이션 : 글쓰기

1. 출판의 문제
2. 어떤 언어를 사용하는가의 문제
3. 과학 영어 글쓰기

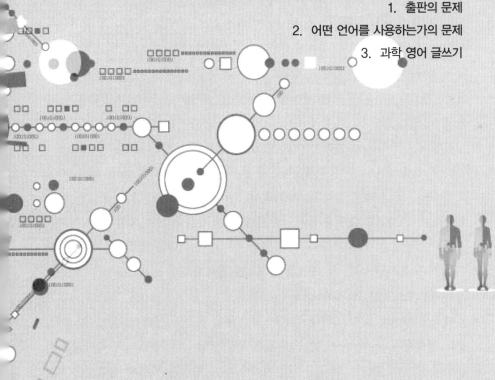

1. 출판의 문제

과학적인 의문을 잘 정의했고 제대로 시험했다고 가정하자. 그 일이 전 세계에서 가장 훌륭한 과학일 수도 있을 테지만, 과학자가 되는 첫 걸음의 나머지 절반을 완성하지 않는다면 그 결과는 중요하지 않게 된다. 그 절반은 바로 우리가 발견한 것을 다른 사람에게 명확하고 확신을 주는 방법으로 알려주는 것이다.

지금까지 논의했던 주제들은 뛰어난 학자들의 관심을 붙잡았고, 거대하고 추상적인 개념들은 쉽게 과학적 과정의 범위에 해당한다. 여기에서 앞으로 다룰 내용들은 매우 자세하고 실제적이며, 좋게 이야기하면 사소하고 나쁘게 말하면 진부하다고 할 수 있다. 하지만 만일 우리가 우리의 결과를 남에게 효과적으로 알리지 못한다면, 위대한 과학결과라 하더라도 소용이 없게 될 것이라고 주장하고 싶다. 게다가 본문과 데이터 제시의 표현을 명료하게 하려고 노력하는 것은 연구하는 과학에 대한 저자 자신의 이해를 더 향상시킬 수 있다고 확신한다. 과학의 복잡한 결과를 청중에게 잘 전달하기 위해서는 여러 가지가 필요한데, 단어 선택의 세심함에 대한 주의는 물론이고 문장, 단락, 본문의 구성과 함께, 표와 그림 디자인의 사소한 점들에 덧붙여, 데이터의 핵심적인 의미에 대한 주의 등이다.

과학적인 결과가 소통되는 여러 방법이 있는데, 상관이나 기관에 제출하는 보고서, 전문적인 학술지에 제출하는 논문 또는 검토서, 서적, 구두 발표, 학술모임에서 포스터 발표 등이다. 이들 중에서 두 가지가 본질적으로 중요한데, 바로 학술지에 발표하기 위해서 과학 논문을 쓰는 것과 구두 발표를 하는 것이다. 결과를 소통하는 이들 두 가지에 관련되는 원리들이 다른 것들에도 주로 적용되기 때문에, 나는 이들 두 가지를 과학적인 결과의 효과적인 소통에 대해 논의하는 수단으로 이용할 것이다.

과학 분야에서 노력의 성공 여부는 서면 또는 구두 논문의 질과 양에 의해서 주로 평가된다. 취직, 승진, 연구비 등은 논문 발표 실적에 의해서 평가되는 생산성에 크게 의존한다. 논문을 생산해야만 하는 엄청난 압력은 발표되는 논문의 폭발적인 증가와 함께 보조를 맞춰 왔다. 예를 들면 1993년 이후에 발표된 화학 논문의 수가 1900년 전부터 그때까지 발표됐던 수보다 더 많다. 학술지인

*Chemical Abstracts*에 수록된 초록의 수가 처음으로 백만 개가 되는 데는 31년
(1907~1837)이 걸렸는데, 다음 백만 개는 18년이 지나 도달했고, 최근에 백만
개는 단지 1.8년이 필요했을 뿐이다.

과학 출판의 급증은 1900년 이후 매년 *Chemical Abstracts*에 수록된 초록의
수로 알 수 있다(그림 5.1). 해가 지날수록 학술지들이 초록의 색인을 포함하도
록 정책이 변하면서 장기간의 경향을 해석하는 데 약간의 문제가 있기는 하다.
일반적으로 20세기 중반까지 완만한 증가가 있은 후에, 1950년대와 1980년대
사이에 폭발적인 증가가 있었다. 아마도 세계적인 경제 불황 때문에 1980년대
에 약간의 정체가 있었지만, 다시 1990년대에 급격한 증가가 있다. 20세기에 출
판된 과학 논문의 증가는 출판된 논문의 수가 로그로 표시되어 있는 그림 5.2에
서 볼 수 있는 것처럼 거의 지수함수이다. 점들을 지나는 직선은 출판된 논문의
수가 지난 50년 동안 매년 10배 증가하는 것을 보여준다. 논문 출판이 늘어남에
따라 출판되는 논문의 초록 수도 빠른 속도로 증가했다(지난 30년 동안에 매년
10배로, 그림 5.2). 초록의 수가 급격하게 증가하는 것은 출판되는 것에 보조를
맞추려는 과학자 사회의 반응이었다.

새로운 사실들과 알아낸 것들을 출판할 필요가 많아짐에 따라 전문적인 학술
지 제목이 1970년대 중반에 7만 개에서 1990년대 중반에는 10만 개로 증가했

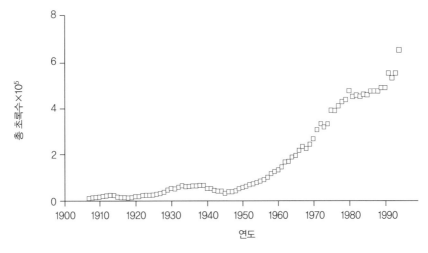

그림 5.1 1907~1994년 동안 Chemical Abstracts에 게재된 초록의 수
출처 : Chemical Abstracts Society Statistical Summary 1907-1994.

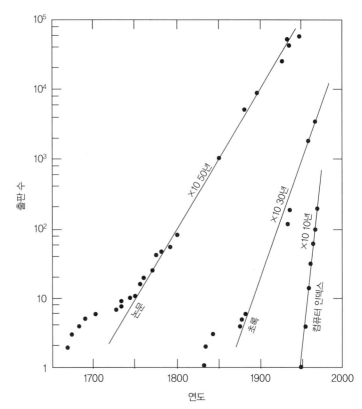

그림 5.2 모든 과학 분야에서 논문의 수, 초록의 수, 컴퓨터 색인의 수의 시간적 추이

출처 : Menard, H. W. 1971. *Science: Growth and Change.* Cambridge, Mass.: Harvard University press, copyright ⓒ 1971 by the President and Fellows of Harvard College.

다. 덧붙여서 이미 존재했던 학술지의 페이지 수도 매년 증가했고, 많은 경우에 책 크기도 커졌다. 이것은 독자가 읽고 소화해야만 하는 단어의 수가 지수함수 모양으로 늘어났다는 것을 의미한다.

출판의 증가는 과학자들과 과학기관들에게는 무거운 짐을 안겨 주었다. 우리의 동료 연구자들이 저술한 것을 따라가기 위해서는 시간이 더 많이 필요할 뿐만 아니라, 출판 비용, 도서관 공간, 유지하는 비용 등이 통제할 수 없는 수준까지 증가되었다. 연간 *Chemical Abstracts* 구독 비용은 1940년에 12달러였다. 1977년에는 3,500달러까지 올라갔고, 1995년에는 17,400달러가 되었다. 현재의 경향으로는 견딜 수가 없기 때문에, 틀림없이 향후 10년 후에는 과학이 기록되는 방법의 변화를 보게 될 것이다. 좋든 싫든 최소한 두 가지 경향이 일어나게 될 것이다. 하나는 과학자들이 더 전문화되어서 적은 분야에 대해서 더 많이 알게 될 것이다. 현재의 엄청난 논문의 양은 더 늘어나게 되어서 우리는 각자의 결과를 배우는 다른 방법을 이용할 것이다. 다음으로 향후 수십 년 동안에 우리는 틀림없이 전자적인 방법으로 소통하는 것이 주된 방법이 되고 종이가 없는 세상으로 가는 경향을 보게 될 것이다.

출판이 급증하면서 누가 그것들을 읽을 것이며 각각의 논문이 과학을 발전시키는 데 어떤 기여를 할 것인가 하는 쟁점이 생긴다. 이것들은 대답하기 어려운 문제이고, 결함이 있겠지만 영향력을 평가하는 한 가지 방법은 단순하게 논문들이 후속 저자들에 의해서 인용되는가를 알아보는 것이다. 필라델피아 소재 *Institute for Scientific Information*에 의해 축적된 통계에 의하면 놀랍게도 1981년과 1985년 사이에 출판된 논문들의 55%가 전혀 인용되지 않았고, 약 80%의 논문은 한 번 이하로 인용되었음을 보여준다. Coastal Biogeochemistry에 따르면 출판된 논문의 20%는 한 번도 인용된 적이 없고, 자주 인용되는 유형은 소수 논문에 불과하다(표 5.1, 5.2). 만일 인용이 없는 것이 인용되지 않은 논문이 여벌의 것이고 불필요한 것을 의미한다면 출판이 범람하는 것은 우리의 주의, 시간, 자원 등에 한층 더 부담을 줄 것으로 보인다.

학문적 · 사회적 · 경제적 유인을 제대로 고려한다면, 논문의 범람을 멈출 수 있다고 생각하는 것은 비현실적이다. 과학과 연관되는 직업에서 모든 동기유발 요인은 우리가 어떤 성공을 바란다면 출판을 하도록 우리를 압박한다. 아마도 만약에 학과장, 승진위원회, 연구계획서 심사위원회가 자리를 결정하고, 승진을 시키고, 연구비를 주는 데 있어서 출판 데이터에 덜 중요성을 둔다면 질주하는

표 5.1 1971~2003년 동안 Coastal Biogeochemistry에 게재된 논문의 인용 백분율

인용 횟수	논문의 백분율
0	20
1~2	17
3~5	16
6~10	16
11~20	14
21~40	10
41~60	3
61~90	2
91~195	1
201~512	0.1

출처 : Gattuso et al. (2005)

표 5.2 1971~2003년 동안 해안 생지구화학 분야에 출판된 출판물의 백분율[a]

제1저자가 거주하는 국가	출판된 모든 논문의 백분율
미국	29.4
프랑스	7.5
영국	6.8
캐나다	5.2
오스트레일리아	5.1
독일	4.1
일본	2.9
이탈리아	2.9
중국	2.7
인도	2.6
스페인	2.6
네덜란드	2.4
덴마크	1.6
러시아	1.6
스웨덴	1.6
멕시코	1.5
남아프리카	1.5
브라질	1.4
노르웨이	1.0
포르투갈	0.8
벨기에	0.8
뉴질랜드	0.8
그리스	0.7
케냐	0.7
타이완	0.7
폴란드	0.6
이스라엘	0.6
아르헨티나	0.6
필리핀	0.5
핀란드	0.5
한국	0.4
칠레	0.4
탄자니아	0.4
스리랑카	0.3
코트디부아르	0.3
태국	0.3
나이지리아	0.3
우크라이나	0.3

a 이 데이터는 제일 저자가 거주하는 국가 중 50편 이상의 논문이 나온 국가의 출판물을 대상으로 했음

출처 : Gattuso et al. (2005)

출판물에서 양과 질의 평가

출판물의 수와 연구의 질이 관련되어 있다는 증거가 있다. 저명한 과학자들 중에서 수적인 생산성은 흔한 일이다. 다윈은 은퇴할 무렵 119편의 논문과 저서를 출판했으며, 아인슈타인은 248편, 골턴은 227편을 출판했다. 논문 생산과 논문의 질 사이의 연결을 정량화하기 위해 다른 저자들이 그 논문을 인용한 횟수, 즉 출판물의 '임팩트'를 공인된 질의 지표라고 간주해 왔다. 논문 생산의 총수와 개별 논문의 인용 빈도에 대한 연구에서 0.47-0.76의 유의미한 상관계수가 나왔다. 시몽통(Simonton 1988)은 방대한 생산성이 일반적이고 주목할 만한 기여를 이룬 몇몇 사람들에 국한된 예외가 아님을 방증하는 다른 정보를 많이 개관했다. 물론 이것은 유명한 과학자라고 해도 모든 논문이 뛰어나다는 의미는 아니다. 여전히 대부분의 논문은 거의 인용되지 않으며 심지어 읽히지도 않는다는 것이 일반적이다.

대부분의 인간의 활동에서와 마찬가지로 참여자 중 적은 일부만이 행위의 대부분을 떠맡고 있다. 다양한 하부 분야들(언어학, 소아마비, 노인학 및 노인병학, 지질학, 화학)에서 논문을 많이 출판하는 상위 10%의 투고자들이 전체 출판물의 절반을 떠맡고 있다(Simonton, 1988). 이는 논문을 많이 출판하는 사람들의 우위를 줄잡아 말하는 것이다. 왜냐하면 박사학위논문의 절반은 출판되지 않기 때문이다. 창조적인 활동가들이 우위에 있는 것은 일반적인 규칙이다. 제독들이 싸우는 전투의 수, 기업가가 벌어들이는 이윤, 입법가가 작성하는 법률, 정치가들이 끌어들이는 선거, 음악가들이 쓴 작곡 등 모두가 심하게 치우친 분포를 보인다. 몇몇 개인들이 실행가들 전체에서 심각하게 초과하여 수행을 하고 있다. 가령 음악에서 (비교적 널리 알려진 250여 명의 작곡가 중에서) 오직 16명의 작곡가가 흔히 들을 수 있는 레퍼토리의 절반을 작곡했다.

전자 데이터 처리가 널리 퍼지면서 인용지수 정보가 다양한 방식으로 이용되어 왔다. 가령 인용 빈도의 분석은 개인이나 학과나 대학의 과학적 성취를 평가하는 데 너무 많은 상황에서 사용되어 왔다. 필자가 알고 있는 한 지중해 연안의 나라에서는 중앙 정부가 가장 자주 인용되는 학술지의 목록을 발행해 오고 있다. 국가의 대학과 연구소에서 과학에 대한 순위가 개선되는 것은 부분적으로 고과점수체계로부터 정해진다. 이 체계에서 과학자는 다양한 학술지들에 출판한 논문의 수에 따라 점수를 부여받는다. 학술지는 인용 등급에 따라 상위 학술지의 계층을 이룬다. 이것은 과학적 능력을 결정하는 합리적이고 객관적인 방식인 것처럼 보이지만, 함정이 있다. 과학자들이 가치가 있지만 아직 정부의 목록에 올라가 있지 않은 전문화된 학술지나 새로운 학술지에 논문을 내게 되면 불이익을 감수해야 한다. 인용지수 데이터를 성취의 척도로 사용하는 것은 연구자들에게 불공정하다. 그 이유는 다음과 같다.

- 인용빈도는 더 자주 출판할 수 있는 특정의 하부 분야에서 더 높다.
- 새로운 방법을 기술하는 논문은 실증적인 논문이나 이론적인 논문보다 더 자주 인용된다.
- 하부전문 분야마다 연구자의 수가 다르며, 인용 횟수는 그 연구를 인용할 수 있는 연구자의 수에 따라 부분적으로 달라진다.
- 인용 빈도는 개인이나 기관의 영향이나 권위에 따라 달라질 수 있다.
- 다른 하부전문 분야마다 제출된 논문을 게재하는 비율이 다르다.

출판 속도를 늦출 수 있을 것이다. 물론 우리들은 양이 아닌 질의 기준으로 사용되기를 원하겠지만, 질이라는 것은 출판 수보다 정의하거나 측정하기에 더 어려울 수 있다.

아마도 보다 현실적인 접근 방법은 과학 글쓰기와 표현이 가능하면 경제적으로 이루어지도록 요구하는 것이다. 이러한 요청은 보다 화려한 언어를 선호하는 어떤 나라에서는 문화적 선호도와 충돌을 일으킬 것이 분명하지만, 유감스럽게도 경제성에 대한 압력은 문체의 선호보다 더 우선권이 주어져야만 한다. 게다가 우리는 과학자들이 집단적으로 어둡게 글을 쓰며 너무 많은 전문용어를 사용한다는 것을 인정해야만 한다. 이런 것이 효과적이고 경제적인 소통을 어렵게 만든다.

2. 어떤 언어를 사용하는가의 문제

여러 세기 동안 라틴어가 서구 과학의 국제공용어였으며, 서로 다른 민족성의 사람들이 쉽게 소통하도록 만드는 공통의 언어를 제공했다. 17세기가 지나서 과학자들은 자기들 자신의 언어로 쓰기 시작했다. 20세기 초반에 과학 저작들은 주로 독일, 미국, 영국, 프랑스 등에서(표 5.3) 출간되었는데, 시간이 가면서 과학은 더 많은 곳에서 연구되었고, 20세기 말에는 미국이 과학활동의 주된 장소가 되었다(표 5.3).

물론 최근에 활동상의 많은 변화가 있으며 국가마다 강조하는 과학 영역이 다소 다르다. 과학의 질을 표 5.3에서 보인 것처럼 정량적인 데이터로 판단할 수 없다는 점도 인정한다. 게다가 국가마다 과학자의 수와 과학연구에 필요한 자원의 수 사이에는 불일치가 있다. 이러한 대조를 통해 분명히 과학 활동의 차이를 알 수 있을 것이다. 그렇지만 과학 활동의 지리적 분포는 최근에 전 세계로 크게 확장되었다. 해안 생지구화학의 예를 들면, 유럽연합의 국가들이 연구 활동을 주도하고 있다(유럽의 25개 국가를 합하면 전체 논문의 34.5%이다. 표 5.2 참조). 또한 여전히 미국이 주도적인 역할을 하고 있긴 하지만 이 분야의 과학에 더 많은 국가들이 기여하고 있다(표 5.2 참조).

그러나 여기에서 지적하는 요점은 과학의 연구가 어디에서 수행되는가와 무

표 5.3 *Chemical Abstracts*에 게재된 학술지, 책 특허가 나온 국가 1909, 1951, 1994년(전체 초록 수의 백분율)

국가	1909	1951	1994
미국	20.1	36.6	29.9
일본	0.3	9.1	12.7
독일	45.0	7.9	6.6
중국			6.2
영국	13.4	17.4	5.5
캐나다			3.4
인도			2.6
오스트레일리아			1.3
프랑스	13.2	6.2	4.4
이탈리아	1.2	3.3	2.6
스페인	____[a]	____[a]	1.7
네덜란드	____[a]	1.7	1.6
폴란드	____[a]	____[a]	1.4
스웨덴	____[a]	____[a]	1.2
스위스	____[a]	1.9	1.1
러시아			4.6
기타	5.6	9.6	12.9

[a] 이 해는 기타에 포함시킴

관하게 이러한 과학에 대한 출판물에서 사용되는 언어는 압도적으로 영어라는 것이다.

영어가 국제공용어가 된 이유

과학활동이 수행되는 장소가 다양해졌다는 것에 더해서, 우리 시대에 과학활동 이 변화된 현저한 특징은 영어가 과학을 위한 '새로운 라틴어'로 떠올랐다는 것 이다(표 5.4). 지난 30년 동안에 영어는 과학 글쓰기를 위한 선택에서 압도적인 언어가 되었다. 독일어와 프랑스어 등 다른 언어들은 과학 언어로서 상대적인 중요성이라는 측면에서 지속적으로 내리막이었다. 주목할 만한 사실은 러시아 어와 다른 언어로 쓴 논문의 수가 상대적으로 감소했다는 것이다. 영어가 과학 소통의 중심 언어가 되고 있다. 과학 소통의 도구로서 영어가 우위에 서게 된 것은 경제적 풍요, 상대적인 사용의 용이, 풍부한 어휘, 간결성, 사용자의 수 등 에 기인한다.

표 5.4 *Chemical Abstracts*에 게재된 학술지에 사용된 언어(전체 초록 수의 백분율)

언어	1961	1966	1972	1978	1984	1993	1994
영어	43.3	54.9	58.0	62.8	69.2	80.3	81.9
러시아어	18.4	21.0	22.4	20.4	15.7	6.4	5.2
중국어	____[a]	0.5	____[a]	0.3	2.2	2.9	4.6
일본어	6.3	3.1	3.9	4.7	4.0	4.6	4.2
독일어	12.3	7.1	5.5	5.0	3.4	2.2	1.5
프랑스어	5.2	5.2	3.9	2.4	1.3	0.9	0.6
한국어	____[a]	____[a]	0.2	0.2	0.2	0.4	0.5
폴란드어	1.9	1.8	1.2	1.1	0.7	0.5	0.3
스페인어	0.6	0.5	0.6	0.7	0.6	0.4	0.3
기타	12.0	5.9	4.3	2.4	2.7	1.4	0.9

출처 : *Chemical Abstraciety Statistical Summary* 1907∼1994
[a] 이 해는 기타에 포함시킴

경제적 풍요

영어 사용 국가들이 20세기 동안에 경제적으로 유력하게 되었다. 이들 사회는 잘 발달된 과학기관들을 유지할 수 있는 여유가 생겼고, 어떤 사람들은 사실 과학이 경제적 우세에 힘을 주었다고 주장한다. 영어 사용 국가들에 더 많은 과학자들이 있을 뿐만 아니라, 그들은 더 많은 자원을 가지고 있으며, 학교와 연구기관들이 출판을 우리가 보았던 출판의 범람을 위한 동기유발 요인을 창조하는 성공의 척도로 이용하고 있다.

사용의 용이

영어는 과학 소통의 수단으로서 장점들을 제공한다. 문법은 상대적으로 배우기에 쉽고, 어떤 언어보다도 풍부한 어휘를 가지고 있으며, 새로운 용어를 쉽게 받아들이고, 개념들을 경제적으로 표현한다.

　많은 다른 언어들의 문법적인 복잡함이 없기 때문에 영어는 비교적 쉽게 배울 수 있다. 문법적인 장점은 영어 철자법의 특이성과 약간은 특이한 발음조차도 넘어선다. 비영어권 사람들에게는 절망스럽게도 'ewe', 'you', 'yew'는 모두 같게 발음된다. 영어 글자 다발인 'ough'는 영어 학습자에게는 고민의 대상이며, 'through', 'though', 'thought', 'plough', 'hiccough', 'tough' 등에서처럼 몇 가지 방법으로 발음될 수 있다. 이런 어려움에도 불구하고 복잡한 어형 변화,

동사 형태, 관사 변화 등이 없고, 문장 구성이 간단하기 때문에 영어는 쉽게 접근 가능하다. 스페인, 헝가리, 일본 사람이 만났을 때, 그들은 영어로 말하게 될 것이다.

풍부한 어휘

영어는 색슨의 노르웨이, 라틴, 프랑스와 다른 영향들로부터 유래한 엄청나게 풍부한 어휘에 장점을 가지고 있다. *Oxford English Dictionary*는 약 615,000 단어를 포함하고 있는데, 기술과 과학 용어들을 추가한다면 아마도 200만 개를 더하게 될 것이다. 물론 이들 단어들의 대부분은 일상생활에서 사용되지는 않고, 보통의 영어 사용자는 약 200,000 단어를 사용한다. 이것은 독일인의 일상 어휘 184,000 단어와 프랑스인의 100,000 단어보다 더 많다.

영어는 그 변화의 역사에서 다른 언어들로부터 많은 단어들을 만들었다. 예를 들어 Bryson(1990)은 스칸디나비아에 기원을 둔 영어 단어들과 짝을 이루는 고대 영어의 비슷한 단어들을 나열했는데, 'skill/craft', 'want/wish', 'raise/rear' 등이다. 이렇게 빌려오는 것은 두 가지 장점을 주었다. 첫 번째로 많은 동의어가 가능해졌는데, 이것은 영국인들이 약간 다른 의미의 미묘한 차이를 표현하는데 사용하는 것을 가능하게 만들었다. 예를 들면 많은 언어들은 빌려주는 것에 쓰는 용어와 빌리는 것에 쓰는 다른 용어를 가지고 있지 못하다.

두 번째로 영어 사용자들에게는 언어의 순수성을 유지하는 것에 대한 걱정이 거의 없다. 영어는 표 5.5에 제시한 것과 같이 영어에 존재하는 단어와 잘 어울리지 않는 많은 새로운 용어들을 실용적으로 채택하는 유연한 언어가 되어 왔다. 새로운 용어가 필요하게 되면 기계적으로 채택함으로써 영어는 오늘날의 기술시대의 급변하는 상황에 적응할 수 있게 되었고, 아울러 새로운 개념과 사물들의 정확한 의미를 훨씬 잘 기술할 수 있었다.

역사적인 선례들이 결국 정확하고 항상 팽창하는 영어 어휘를 과학 글쓰기에서 요구되는 정확성과 가변성과 우연하게도 짝이 잘 맞도록 만들었다. 어쨌든 영어는 특정한, 명확한, 미묘한 차이를 나타내는 의미와 함께 새로운 단어를 받아들이고 변하는 단어 의미를 채택하는 유연성을 동시에 함께 제공했고, 예로서 최근에 'gay'의 현저한 변화에서 볼 수 있다. 'inhibit'의 사용은 'reduce' 또는 'hinder'로부터 'stop'으로 변화했고, 'peripheral'은 'forming an external

표 5.5 여러 언어에서 차용한 영어 단어의 실례			
Alcohol	Arabic	Moose	Algonquian
Amok	Malay	Oasis	Coptic
Atoll	Maldivan	Opera	Italian
Boondocks	Tagalog	Poto	Tibetan
Boss	Dutch	Poncho	Araucanian
Bungalow	Bengali	Shampoo	Hindi
Caucus	Algonquian	Slalom	Norwegian
Chaparral	Basque	Slogan	Gaelic
Flannel	Welsh	Sofa	Arabic
Hammock	Taino	Sugar	Sanskrit
Hurricane	Taino	Tattoo	Tahitian
Jackal	Turkish	Tundra	Lapp
Jaguar	Guarani	Tycoon	Japanese
Ketchup	Malay	Typhoon	Cantonese
Kindergarten	German	Whisk	Icelandic
Mesa	Spanish	Whiskey	Gaelic
Molasses	Portuguese	Zebra	Bantu

boundary'로부터 'ancillary' 또는 'of little importance'로 의미를 변화시켰으며, 'enhanced'는 'improve'의 특수성을 잃어버리고 'increased', 'additional', 또는 'raised'를 제안하게 되었다.

간결성

과학 글쓰기를 위해 영어를 바람직한 것으로 만드는 또 다른 특징은 풍부한 어휘를 고려할 때 의외이긴 하지만, 영어의 간결함이다. 우리는 대부분의 다른 언어들보다 영어를 사용해서 더 적은 수의 단어로 무엇인가를 말할 수 있다. 두 가지 예를 드는 것으로 충분할 것이다.

Lederer(1991)는 기독교 성서 마르코 복음서를 여러 언어로 번역할 때 필요한 음절의 수를 세어서 아래와 같이 보고했다.

영어	29,000
게르만어(평균)	32,650
프랑스어	36,500
슬라브어(평균)	36,500

표 5.6 같은 표현을 다섯 가지 언어로 비교

영어	스페인어	프랑스어	독일어	이탈리아어
This product must be kept in its original package and in a cool dry place; in this way it preserves extremely well.	This product must be kept in its original package and in a cool dry place; in this way it preserves extremely well.	This product must be kept in its original package and in a cool dry place; in this way it preserves extremely well.	This product must be kept in its original package and in a cool dry place; in this way it preserves extremely well.	This product must be kept in its original package and in a cool dry place; in this way it preserves extremely well.
글자 수				
111	119	125	128	145

로망스어(평균)	40,200
인도-이란어(평균)	43,100

두 번째 예로서 표 5.6은 보스턴의 노스엔드에서 구입한 이탈리아 연말 축제 빵 제품의 포장에 있는 주의사항을 보여준다. 영어로 표현한 문장이 다른 언어들로 하는 것보다(빈칸을 포함해서) 7~13% 적은 글자들로 목적을 달성하고 있다.

만약 우리가 적어도 인쇄되는 자료가 늘어나는 것을 더디게 하려고 한다면, 과학 글쓰기에서 간결성은 매우 바람직한 것이다. 영어를 사용하는 것이 어느 정도는 페이지 수를 줄이는 데 도움을 줄 수 있다.

사용자의 수

영어는 또 다른 장점을 제공하는데, 영어를 말하고 읽는 사람이 많이 있다는 것이다(그림 5.3). 중국어는 유일하게 영어보다 더 많은 사람이 사용하는 언어지만 중국어가 과학 '라틴어'로 사용되지는 않을 것 같다. 힌디어는 과학 글쓰기 전통이 없고, 다음 순위의 유럽 언어인 러시아어와 스페인어는 영어를 사용하는 수의 절반보다도 약간 적다. 모든 다른 언어들은 훨씬 적은 사용자를 가지고 있다. 과학적으로 관심이 있는 독자의 수는 전체 사용자 수의 어떤 함수가 되어야 하므로, 우리의 저작에 도달 가능한 청중들을 최대화하기 원한다면 영어를

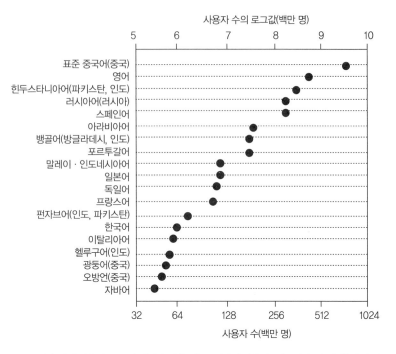

그림 5.3 세계에서 가장 많이 사용되는 21개 언어의 사용 인구. 언어의 사용자 수는 백만 명 단위(x축의 아래쪽 표시)와 사용자 수의 로그값(x축의 위쪽 표시)으로 나타냈다. 로그값 표시를 이용하면 왼쪽에서 오른쪽으로 옮겨가면서 점 표시마다 언어의 사용자 수가 두 배가 됨을 볼 수 있다.

출처 : Cleveland, W. S. 1985. *The Elements of Graphing Data*. Wadsworth Advanced Books and Software.

선택 언어로 사용하는 것이 편리하다.

영어의 풍부함, 정확성, 간결성 등이 역사의 우연과 결합하고 기술발전에 응답하면서 전 세계의 많은 사람들이 영어를 사용하도록 했고, 영어를 국제적인 과학 언어로 정착시켰다. 1700년 이전 세기 동안에 라틴어가 수행했던 역할을 오늘날에는 영어가 하고 있다. 비록 과학 글쓰기는 많은 다른 국가들에서 수행되고 있지만, 최근 수십 년간 영어는 압도적인 선택 언어가 되었다. 영어를 말하는 국가에서 과학자들이 *Chemical Abstracts*에 수록된 논문의 43%만을 썼지만, 논문의 82%는 영어로 작성되었고(표 5.4), 이 비율은 앞으로 더 늘어날 것 같다. 좋든 싫든 국제적인 수준에서 과학의 소통은 가까운 장래에 주로 영어로 이루어질 것이다.

나는 우리 시대의 과학 라틴어로서 영어를 사용하는 시대에 살고 있다. 왜냐하면 오늘날 많은 과학자들처럼 나는 영어를 제2언어로 배워야만 했고, 가끔 나의 제1언어로 쓰고 싶기 때문이다. 비영어권 사람은 힘든 선택을 한다. 그들이 편안하고 더 중요하게는 문화적으로 일치하는 언어로 글을 쓰는 것은 독자층을 제한하게 될 것이다. 자기 나라의 지역적인 관심 주제에 국한해서 자기의 모국어로 글을 쓰거나, 아니면 국제적인 청중에게 다가서려고 할 때는 영어를 사용함으로써 아마도 그들은 타협을 할 수 있다.

영어로 출판하는 압력은 너무 강렬해서 어떤 학술지들은 영어를 읽는 구독자들과 소통하기 위한 특별한 방법을 고안했다. 독일에서 가장 저명한 과학 학술지라고 주장할 수 있는 *Naturwissenschaften*은 뉴스와 논평 부분은 독일어로 하지만 과학 논문은 영어로 게재한다. Brazilian Association for the Advancement of Science의 최고 학술지인 *Ciencia e Cultura*도 비슷한 상황이다. 일본과 남미의 다른 학술지들은 한 페이지에는 자신들의 언어로, 다음 페이지에는 영어로 같은 본문을 표현하는 병렬 번역 형태로 출판한다. 이것은 어느 정도 언어에 대한 대접을 해주는 것이기는 하지만 인쇄 공간을 약간 낭비하는 것으로 보인다.

3. 과학 영어 글쓰기

아래의 여러 절에서 우리는 간결성을 촉진시키고 논문의 명료함을 향상시키는 제안들을 살펴본다. 글쓰기의 규칙들을 복습하려는 의도가 아니고, 나의 경험으로는 문제가 있어 보이는 일반적인 개념들을 소개하고자 한다. 일반적인 글쓰기에 관한 규칙으로는 Strunk와 White(1979)가 쓴 *The Elements of Style*이라는 작은 책보다 더 좋은 (혹은 더 짧은, 단지 92페이지) 책이 없다. Kirkman(1992)은 과학 글쓰기를 겨냥한 훌륭하고 더 자세한 지침서이다.

어떤 과학 논문이 말하고자 하는 것을 효과적으로 전달하는지 아닌지를 결정하는 네 가지 주요한 특징이 있는데, 단어 사용, 문장 구조, 단락 구조, 논문 부분들의 조직화 등이다.

단어 사용

과학 영어 문장을 쓰는 사람은 시인처럼 주의를 기울여 단어를 선택하고 사용할 필요가 있다. 왜냐하면 본문의 정확하고 경제적인 이해를 전달하기 위해서는 명료함과 간결성이 특별히 요구되기 때문이다. 과학적 결과를 보고하는 것은 시와는 달리 감정을 최소화하고 직접적인 단어들을 선택함으로써 더 나아진다. 덧붙여서 영어가 국제적인 과학 언어로서 우세하게 됨에 따라 영어를 제2언어로 배우게 될 독자들이 많다는 것을 염두에 둘 필요가 있다. 이들 독자들이 점점 많아지고 있기 때문에 그러한 독자들을 마음에 두고 단어를 선택하며, 오해를 줄이는 직접적이고 단순한 단어들을 사용하는 것이 좋다.

학위논문이나 학부생 논문을 읽으면서, 컨설팅 회사나 정부의 보고서를 읽으면서, 원고나 책을 검토하면서 시간을 보내는 사람은 단어 사용과 관련해서 세 가지 중요한 문제를 발견하게 되는데, 전문용어, 명료하지 않은 단어 사용, 쓸데없이 많은 단어 등이다.

전문용어

전문용어는 동료 전문가들 사이에서 특별한 의미를 전달하기 위해서 짧게 만든 단어들이나 표현의 사용이다. 그래서 전문용어를 공유하는 공동체 안에서 소통을 촉진시키고, 공간과 시간을 아낀다는 면에서 편리한 것이다. 다음 구절들에서는 전문용어 사용이 도움이 될 수도 있다.

> "The variation of the overall rate with s for constant a priori probability and loss-function values for the original data. . . ."
> "Lipid tubule self-assembly: Length dependence on cooling rate through a first-order transition."
> "Long-lasting neurotropin-induced enhancement of synaptic transmission in the adult hippocampus."

이 구절들은 아마도 그들이 의도한 특별한 소수에게는 이해될 수 있고, 그 사람들은 loss-function values, tubule self-assembly, adult hippocampus 등에 관해서 알 수도 있다. 나머지 우리들에게는 전문용어가 소통을 가로막고, 앞을 가리며, 극단적으로는 내용을 왜곡시킨다. 전문용어가 충분히 넓게 퍼지게 되어 비평가들이 어떤 것들은 관료제 용어, 컴퓨터 용어, 기술 관련어, 분자생물학 용어 등으로 지칭하도록 되었다.

어떤 경우에는 전문용어가 불필요하거나 우쭐대기도 한다(Day, 1994).

"Unilateral nephrectomy was performed" means "One kidney was removed."

"The drug induced natriuresis and kaluresis" means "The drug increased excretion of sodium and potassium in the urine."

이 모든 구절에서는 전문용어가 단순히 그 의미를 알기 어렵게 만들 뿐이고, 심지어 이들을 읽을 수 있는 과학자들이나 의사들에게도 마찬가지이다. 예를 들어 'kaluresis'가 무엇을 의미하는지 아는 과학자는 많지 않을 것이다.

전문용어는 또한 일상적인 단어들을 특별한 방법으로 사용한다. 우리는 통계학에서 이런 예들을 많이 보았는데, 통계학자에게만 국한되지 않는다.

"The block-to-block variation must be regarded as larger than the error term."

"The reaction is quantitative when the ratio A:B is higher than 2:1."

이들 단어들은 틀림없이 기본적인 영어 어휘이지만 이 구절들은 우리들 대부분에게 이해되지 않는다. 이것은 경제적으로 쓰는 것이 필요할 수 있다. 하지만 이것이 만들어 내는 이해의 장벽은 이 문장을 읽는 것이 가능한 독자가 거의 없다는 것을 의미한다. 전문용어는 진짜 세심한 균형을 요구한다.

전문용어는 불행히도 그 정의를 공유하는 소수의 전문가 바깥으로 삐져나오는 경향이 있다. 통신매체가 'parameters', 'cyberspace', 'viability' 등을 좋아하고 과도하게 사용하는 것은 삐져나오는 전문용어가 무차별적으로 적용되는 예가 된다.

전문용어의 한 가지 예는 머리글자로 된 말의 사용으로 '집단 안에 있는' 사람들에게만 이해 가능하다.

To further investigate whether other tyrosine motifs in gp130 can mediate phosphorylation of Stat3, we designed a series of epitope-tagged chimeric receptors in which the Y_2, Y_3, Y_4, Y_5 motifs(all fitting the YXXQ consensus) were individually appended to either of the truncated receptors $TGDY_{1-5}$ or $EGDY_{1-5}$(referred to as Tgt or Egt).

나는 이것이 무엇을 의미하는지 이해하는 척할 수가 없지만, 아마도 어떤 분자 유전학자에게는 이것이 명확하게 이해될 것이다. 어쩌면 모든 용어들이 논문의 앞쪽 부분에서 설명되었을지도 모르지만, 그래도 이렇게 전문용어가 들어간 불투명한 문장을 만들 필요가 있었을까? 몇 가지 용어들(tyrosine, phosphorylation, receptors, epitope-tagged)은 틀림없이 사실을 경제적으로 기술하기 위해서 필요했다. 표준 단어들(chimeric, motifs, consensus, truncated)을 전문용어 형태로 사용하는 것은 내가 위에서 지적했던 것처럼 그럴 필요는 없다. 이 예에서 보통의 단어들을 특별하게 사용하는 것은 독자를 혼란시켜서, 분자유전학자가 아닌 사람은 "왜 수용체가 괴물들의 결합인가?", "어떤 주제 또는 설계가 Ys를 구별하는가?", "어떤 교감 작용을 누가 공유하는가?" 하고 의아해할 수 있다. 구절을 어지럽게 만드는 머리글자로 된 말의 어지러움은 정말 불필요하다. 이들은 공간을 절약하기는 하지만 어떤 사람에게는 이해하는 데 방해를 한다. 대부분의 머리글자로 된 말과 전문용어는 부호화된 말을 확인하는 단어들을 선택함으로써 피할 수 있다. 가장 메스꺼워지는 전문용어의 증상은 조지 오웰 스타일의 애매한 말이다. 이 극단적인 형태의 전문용어에서는 단어들이 그 의미를 잃고 속임수가 들어온다. 명확한 의미의 단어가 무엇을 말하는지에 대한 독자의 인식을 무디게 만드는 용어들로 대체된다. 'toxic substances'라는 보통의 용어가 'cell death initiator signals'가 되고, 담배가 'nicotine delivery device'가 된다. 근로자들은 해고를 'reclassified', 'deselected', 'outplaced', 'nonretained', 'nonpolsitively terminated' 등으로 표현한다. 세금 대신에 우리가 아마도 'user's fees'에 의해서 'revenue enhancement'를 가진다고 말하며, 그레나다침 공은 'predawn vertical insertion'이라고 표현한다. 이렇듯 완곡하게 돌려서 말하는 것은 과학 글쓰기 또는 어떤 종류의 소통에서도 설 자리가 없고 단지 선전 활동일 뿐이다.

정확하지 않은 단어 사용

영어에는 의미가 같거나 약간 의미가 다른 용어들이 많이 있다. 이들 단어들이 끊임없이 잘못 사용되고 있다. 많은 과학 글을 읽은 사람은 누구든지 그러한 용어들의 목록을 모을 수 있다. 내 목록은 아래에 주어진 내용을 포함하고 있다.

- 'amount'는 절대적인 양을 나타내고, 'concentration'과 'content'는 다른 것 안에서 한 물체의 상대적인 양을 나타낸다.

- '수준'은 수직 방향을 따라가면서 위치를 나타낸다. 양, 농도, 함량 등에 대한 일반적 용어로는 적절하지 않다.

- 'constantly', 'continually', 'repeatedly', 'continuously', 'regularly', 'sometimes' 등은 'often'과 같지 않고, 각각은 자신의 고유한 의미가 있다는 것을 배워야만 한다.

- 'alternate'와 'alternative', 'intense'와 'intensive', 'compose', 'comprise', 'constitute'는 각각 같지 않은데, 종종 틀리게 바꾸어서 사용된다.

- 'invariably'는 'always'를 의미하는데, 후자가 더 낫다.

- 두 변수가 'correlated'라고 말하는 것은 둘 다 함께 변한다는 것을 의미한다.

- 'varying'은 능동적으로 변하는 것을 의미하고, 자주 그리고 맞지 않게 'various' 대신에 사용된다.

- 'variable'은 'parameter'가 사용되는 경우 거의 대부분에서 같은 의미인데, 후자는 추출된 가변 양의 분포를 가리키는 통계적 사용을 위해서 잘 사용된다.

- 'indicate'와 'suggest'는 정성적인 결론을 전달하는 데 유용한 반면에, 'imply'는 숨겨진 채로 있는 것을 제안한다.

- 'infer'는 가까이에 있는 증거로부터 추론되는 것을 나타낸다.

- 'implicate'는 연관되어 있는 것을 나타낸다.

- 'efficient'는 상대적인 성과를 가리키고, 'effective'는 결과를 만들어 내는 것을 나타낸다.

- 'principle'은 확신 또는 본질적인 아이디어의 서술이지만, 'principal'은 단지 학교의 교장이나 일련의 항목 중 가장 중요한 것을 나타낸다.

- 'between'은 두 항목을 나타내고, 'among'은 둘보다 많은 것을 다룬다.

- '많은 학부생 에세이에서 읽을 수 있지만, 'effect'는 어떤 원인에 의해 대상에 'affect'한 것으로 판명된 결과를 의미한다. 혼동은 'effect'를 동사로 사용하는 것에서 발생하는데, 이 경우에는 'to cause'를 의미한다.

- 'while'은 시간의 의미를 전달하므로 시간 맥락에서 사용되어야 한다. 만일 시간과 연관된 것이 아니라면, 비교 또는 대조를 위해 세미콜론을 사용하고 'and', 'although', 'whereas'를 시도한다.

- 'since' 역시 시간의 경과를 내포한다. 이유에 이르기 위해서는 'because'로 대체한다.

- 'test'는 계산을 위해 제출하거나 어떤 성질을 탐지하는 것을 의미한다. 어떤 오염이 존재하는지 또는 어떤 방법이 잘 작동하는지 test할 수 있지만, 'test'가 정말로 'to measure'를 의미하는 것은 아니다.

- 'due to'는 'caused by'를 의미하고, 'owing to'는 'because of'의 의미를 가진다.

특별히 곤란한 단어 선택의 경우가 있다. 이들 중에서 두 가지가 'that' 또는 'which'를 사용하는 것과 'over'를 사용하는 방법이다. 외국인은 물론이고 대부분의 영어 저자들에게도 'that'과 'which' 사이에서 선택하는 것은 하나의 수수께끼이다. 한 가지 규칙이 있는데 'which describes, that defines'이고, 충분히 명확하게 보이지는 않는다. 아마도 예를 드는 것이 더 좋겠다.

1. brown hens, which lay brown eggs, have yellow . . .
2. brown hens that lay brown eggs have yellow . . .

첫 번째 구는 갈색의 암탉이 갈색의 달걀과 노란색의 무엇인가를 함께 가지고 있다는 것을 의미한다. 두 번째 구는 갈색의 달걀을 낳은 그 갈색의 암탉만이 노란색의 무엇인가를 가지고 있다는 것을 의미한다. 'which' 앞에 쉼표가 있다는 것을 주의하고, 만일 문장이 쉼표를 필요로 하면 'which'를 사용한다. 도움을 줄 수 있는 다음 예에서, 첫 번째 문장은 정의를 하고 쉼표가 없지만 두 번째 문장은 기술하고 있다는 것에 주목하자.

A pronoun that cannot easily be identified with a noun is said to dangle. Dangling pronouns, which may include "it," "ones," and "they," are troublesome.

쉽게 잘못 사용되는 것으로 보이는 또 다른 단어는 'over'인데 'above'를 의미한다. 다음과 같이 사용될 때 'over'는 더 좋은 단어로 대체될 수 있다.

'over'의 오용 사례	대체 단어
growth over time, took place over the winter	during
fertilizer was spread over the field	onto
took over three samples, yield increased over 10%	more than
pooled over three locations	from
two replications over six dilutions	of
lime was applied over 100% of the soil	to
sampling was stratified over soil taxonomic groups	across
accumulated over the years	through
changed concentrations over time	with, through

과도한 단어들

불필요한 단어들은 공간을 차지할 뿐만 아니라 쟁점을 흐리게 만든다. Strunk와 White는 "불필요한 단어를 피하라!"라고 분명하게 말한다. 조지 오웰은 "Never use a long word where a short one will do"라고 지침을 주었고, 토머스 제퍼슨은 "[N]ever us[e] two words when one will do"라고 말했으며, 마크 트웨인은 같은 말을 더 적은 단어로 'Eschew surplussage'라고 하였다. 미국에서 명확한 글쓰기의 최고참자인 William Strunk는 "활발한 글쓰기는 간결하다. 문장은 필요가 없는 단어를 포함하지 않아야 되고, 단락은 필요가 없는 문장을 포함하지 않아야 되며, 같은 이유로 그림은 불필요한 선을 기계는 불필요한 부품을 포함하지 않아야 된다."고 주장했다.

아무 이유도 없이 과학 글쓰기를 붙어 따라다니고 근절할 수 없을 것처럼 보이는 단어들의 그룹이 있는데, 연결의 필요성 때문에 또는 도입 부분에 많이 사용된다. 예를 들어 나는 'in order'를 영어에서 가장 불필요한 어구의 후보로서 지목하지만, 다른 것들도 많이 있다(표 5.7).

몇 가지 추가적인 제안이 과학 영어에서 간결성에 대한 요구를 도와줄 것이다. 대부분의 경우에 'the'는 의미의 손상 없이 잘라낼 수 있다. 예를 들면 'prior history'에서 'prior'는 생략할 수 있고, 'previous'를 사용하면 더 명확하게 만들 수 있다. 보통 'very'는 거의 필요하지 않으며, 'careful'도 또한 생략할 수 있다.

표 5.7 영어에서 생략하거나 더 짧은 표현으로 바꿀 수 있는 단어나 구절

불필요하거나 너무 긴 단어	대체 단어
in order to	to
very few, very rarely	few, rarely, *perhaps* "only few"
utilize, utilization	use
obviously, of course, certainly, indeed	(*omit*)
in fact	(*omit*)
as to whether, as yet	whether, yet
currently, at this point in time	now(*time has no points*)
following	after
located	(*omit*)
it is interesting to note that	(*omit, adds nothing*)
interesting	(*omit, let the reader decide if it is*)
there can be little doubt	doubtless
in this connection the statement can be made	(*omit*)
appears to be	seems, is
in the absence of	without
higher in comparison with	larger, more than
was found to be	was
in the event that	if
small number of	few
was variable	varied
additional	added, more, other
approximately	about
establish	show, set up
identify	find, name, show
necessitate	need, cause
operate	run, work
it is shown, shows that	(*omit*)
it is emphasized that	(*omit*)
it is a fact that	(*omit*)
it is known that	(*omit*)
reports here demonstrate that	(*omit*)
vicinity of	near
the nature of	(*omit*)
the purpose of this study was to test whether	we hypothesized that
were responsible for	caused
as a result of	by
during the process of	during
may be the mechainsm responsible for	may have caused
due to the fact that	because (*or omit*)

번거로운 표현

다음은 J. Kirkman에 의한 것인데, 그는 어떤 생각을 표현하기 위해서 과도한 단어들을 사용하는 것을 싫어한다.

> "Combustion of this material can be accomplished in an atmosphere of oxygen." (This material can be burned in oxygen.)
>
> "The storage facilities consist of a number of steel fabricated cylindrical bottles. The bottles, linked by header tubes, are sited in an area adjacent to the compressor building, the ground having been excavated for the purpose of siting the bottles, the earth being subsequently replaced such that the bottles are now subterranean." (Storage consists of cylindrical steel bottles. The bottles are linked by header tubes, and are buried beside the compressor building).

이들 인용문들은 의미의 손상 없이 없앨 수 있는 단어들과 연관된 번거로운 표현을 보여준다. 더 간단하게 만들 수 있는 가능한 표현이 괄호 속에 있다. 비록 더 긴 표현이 더 중요하게 들리겠지만, 번거로운 표현은 독자들에게 성가시다.

추상화

번거로운 표현과 전문용어는 보통 불필요한 축약 단어 또는 어구와 함께 나타난다. 'energy source', 'fuel', 'liquid fuel', 'gasoline', 'hexane'과 같은 일련의 계열을 의미하는 'ladder of abstraction'을 생각해 보자. 이 계열은 일반적인 것에서 특별한 것으로 나열되어 있다. 각각의 단어는 적절하게 사용되며, 선택은 우리가 무엇을 말하고 싶은가에 따라 달라진다. 더 일반화를 하는 것이 바람직스러울 수도 있겠지만, 일반화는 보통 모호함이 수반되며 이것은 바람직하지 않다. 어떤 단어가 추상화의 사다리 위로 가면 갈수록, 독자가 저자와 같은 의미를 그 단어에 부여할 가능성은 적어진다. 문장의 맥락이 주어지면 단어는 가능하면 구체적으로 표현되어야 한다는 것이 규칙이다. 명확한 글쓰기를 위해서 추상화의 사다리에서 가장 낮은 단어를 선택하자.

> "shall use a crane" instead of "shall make use of a lifting facility."
>
> "shall measure weight and temperature" instead of "shall carry out measurements of certain parameters."

우리는 동사를 사용할 수 있는 경우에도 종종 명사를 사용해서 불필요한 추상적인 어구를 덧붙인다. 다음 예에서 불필요한 여분의 추상화와 그것을 고친 것은 굵은체로 나타냈다.

"The thermal **decomposition** of the TMAH occurs rapidly at these temperature and **results in the formation** of trimethylamine and methyl alcohol." (TMAH **decomposes** quickly at these temperatures and forms trimethylamine and methyl alcohol.)

"**Contraction** of the tree stems **occurred** rapidly." (The tree stems contracted rapidly.)

"**Measurement** of the torque is **achieved by** means of the plastograph." (The plastograph **measures** the torque.)

위와 같은 종류의 추상화는 피하는 것이 좋고, '-tion' 형의 명사들과 추상적인 행동을 나타내는 동사에 주목하자.

문장 구조

어떤 문장들은 다른 문장들보다 이해하기에 더 쉽고 말하고자 하는 바를 더 효과적으로 전달한다. Strunk와 White, 그리고 Zeiger는 명확함에 이르는 문장 구성의 세부사항을 언급했다. 이 절에서는 과학 글쓰기에서 자주 거론되는 문제인 문장 구성의 몇 가지 특징을 집중적으로 다룬다.

문장에서 위치

문장은 주제 위치인 시작과 강조 위치인 끝을 가지고 있는데, 이들 두 부분은 서로 다른 역할을 한다. 주제 위치에 있는 단어들은 문맥을 제공하고, 문장의 끝에서 발견된 새로운 자료에 대한 연결을 나타내기도 한다.

주제 위치는 그 문장이 취급하고 있는 사람, 사물, 또는 개념 등을 소개한다. "Bees disperse pollen"은 꿀벌에 관한 무엇인가를 우리에게 알려주는 문장이다. "Pollen is dispersed by bees"는 꽃가루에 관한 단락에서 유용한 문장이다. 꽃가루의 수동적인 역할이 정확하게 수동태로 기술되고 있다. 두 문장 모두에서 주제 위치의 정보는 독자들이 문장을 해석하는 것을 기대하는 것으로부터 앞으로의 전망을 형성한다. 주제 위치에 있는 단어들은 또한 앞 문장과의 연결로서 역할을 하는데, 언급되어야 할 새로운 자료에 대한 맥락을 제공한다.

영어 사용 독자들은 중요한 새로운 자료를 문장의 끝에서 발견하는 것을 기대하며, 이것이 그것을 문장에서 강조 위치라고 부르는 이유이다. 무엇이 중요한가에 대한 우리의 판단을 독자가 공유하도록 하기 위해서, 우리는 강조하고 싶은 자료를 독자가 기대하는 장소인 문장 끝에 놓는다. 그러므로 어디에 위치하는가 하는 문제가 문장에서 자료의 상대적인 가치를 전달하는 효과적인 방법을 제공하며, 이것은 저자와 독자 사이의 성공적인 소통을 의미한다.

만일 저자가 한 가지 항목보다 더 많은 것을 강조하고 싶다면, 콜론이나 세미콜론을 사용해서 같은 문장 안에서 강조 위치들을 만들 수 있다. 이들 구두점 앞에 있는 자료는 완전한 문장 형태야만 한다. 만일 우리가 한 문장에서 평행하게 관련된 개념들을 연결하고 싶으면, 콜론 또는 세미콜론을 덧붙인다.

주제와 행동

간단하고 명확한 문장은 문장의 주어인 주제와 주제가 하고 있거나 관련된 행동으로 구성되는데, 행동은 동사가 되어야 한다. "Fishing effort increased"는 "An increase in fishing effort occurred"보다 더 간단하고 짧다. 두 번째 문장에 있는 'occurred'는 모호한 추상화이고 문장에 아무 의미도 더하지 못한다. 게다가 두 번째 문장은 무엇이 발생했느냐보다는 발생을 강조하고 있다. 문장의 주제를 정하고 문장을 시작하는 것이 규칙이고, 이것은 당신이 무엇에 관하여 말하고 싶은지를 알리는 것이다. 그 다음에는 주제에 관한 의견을 덧붙인다.

문장 길이

어떤 편람은 제안하기를 우리가 평균 22개의 단어로 된 문장을 목표로 해야만 한다고 말한다. 실제로는 문장의 길이에 대한 표준은 없고, 잘 읽을 수 있는가 하는 문제는 단지 길이에 의존하는 것은 아니다. Gopen과 Swan은 주장하기를 이용 가능한 강조 위치보다 더 많은 항목이 있으면 그 문장은 너무 긴 것이라고 한다. 만일 한 문장이 하나의 아이디어보다 더 많은 것을 포함하고 있다면, 아이디어들을 분리해서 더 짧은 문장들로 나누는 것이 아마도 더 나을 것이라는 것이 최소한 요즘의 과학 글쓰기에서 으뜸인 규칙이다. 잘 정제된 한 가지 아이디어를 전달하는 문장을 영어로 쓰는 것이 효과적인 소통에 이르는 좋은 시작이다.

과학 논문에서 불투명한 것의 많은 부분은 기술적인 어휘보다는 지나치게 길고 복잡한 문장 구조에서 주로 기인한다. Kirkman의 책에서 인용한 문장을 보자.

> According to the chemiosmotic hypothesis of oxidative and photosynthetic phosphorylation proposed by Mitchell(refs. 1-4), the linkage between electron transport and phosphorylation occurs not because of hypothetical energy-rich chemical intermediaries as in the orthodox view, but because oxido-reduction and adenosine triphosphate (ATP) hydrolysis are each separately associated with the net translocation of a certain number of electrons in one direction and a net translocation of the same number of hydrogen atoms in the opposite direction across a relatively ion-, acid-, and base-impermeable coupling membrane.

이 문장은 읽기가 어렵고 이해하기는 더욱 어렵다. 숨찬 독자는 모든 아이디어들을 그대로 간직할 수가 없다. 물론 부분적으로는 어려운 특수 어휘가 있지만, 이 세부 분야에 비전문가인 독자라도 다른 아이디어들이 별도의 분리된 문장에 나타나는 글에서는 보다 쉽게 읽을 수도 있다.

> The orthodox explanation of the link between electron transport and phosphorylation is that it is caused by hypothetical energy-rich chemical intermediaries. Mitchell, however, explains both oxidative and photosynthetic phosphorylation with a chemiosmotic hypothesis [refs. 1-4]. He suggests that oxido-reduction and hydrolysis of adenosine triphosphate(ATP) are each separately associated with net transport of electrons and hydrogen atoms. Mitchell thinks that a certain number of electrons move in one direction and the same number of hydrogen atoms move in the opposite direction across a coupling membrane that is relatively impermeable to ions, acids, and bases.

이제는 최소한 논리를 따라갈 수 있다. 예전 설명이 있고, 대안적인 설명이 있으며, 다음으로 새로운 설명과 연관된 메커니즘에 관해서 읽게 되고, 마지막으로 새로운 설명이 어떻게 잘 기능하는지에 관한 세부사항으로 끝을 맺고 있다. 네 가지 아이디어에 네 문장이다. 이제 우리가 의미를 이해하는 일을 어렵게 하는 것은 오직 기술적인 전문용어뿐이다.

구두점

구두점은 복잡한 주제이지만 여기에서는 뭉뚱그리지 않고 명확한 양식을 위해 애쓰는 과학 글쓰기에서 기초로 하기 위해 선택한 몇 가지 지침만을 다룬다.

마침표와 쉼표는 멈추는 기호이다. 단지 이들 두 멈추는 기호만 잘 사용해도 과학 글쓰기는 잘될 수 있다. 완전히 멈추는 기호인 마침표는 문장의 끝을 나타낸다. 쉼표는 잠시 멈추는 것으로서 독자에게 문장에서 절을 나누는 곳을 알려준다.

세미콜론, 콜론, 대시는 문장의 부분들 사이에 관계를 만들기 위해 사용된다. 세미콜론은 두 문장이 연관되어 있고 함께 읽혀져야만 한다는 것을 보여주는 내용에 유용하며, 두 번째 문장이 첫 번째 문장에 빛을 던진다. 콜론은 앞으로 나가도록 이끄는데, 이것은 독자에게 무엇인가가 오게 된다는 것을 알려준다. 대시는 콜론과 반대로 뒤쪽을 가리키는데, 이것은 저자가 방금 말했던 것에 관해서 의견을 표명하도록 해준다.

짝을 이루는 쉼표, 짝을 이루는 대시, 괄호는 분리된 단어와 어구에 사용되는데, 문장의 이들 단어나 어구는 문장의 일부가 아니고 오히려 반대편에 있고, 설명에 해당하며, 또는 문장에서 아이디어를 수정하거나 다시 정의하는 의견들이다. 이들 세 가지 구두점들의 느낌은 쉼표의 짝은 단순한 의견이고 괄호 안에 놓게 되면 상당한 분리를 의미하는 것으로, 분리의 정도가 점점 커지게 된다.

물음표와 느낌표는 앞서 논의했던 구두점들과는 달리 읽혀지고 있는 것을 독자가 어떻게 말하는가를 알려준다. 대부분의 과학 논문들은 두 가지 모두를 회피한다. 가끔 물음표가 논리적인 논쟁을 따라 독자에게 자극을 주는 유용한 장치이다. 느낌표는 대부분 다른 산문 작가들에게 넘겨져야만 한다.

능동태와 수동태

많은 작가들 중에서 George Orwell은 "Never use the passive where you can use the active [voice]."라고 주장했다. 능동태가 더 이해하기에 쉽고, 더 직접적이며, 보통은 더 적은 단어를 필요로 한다.

> "It has been reported by Garcia(1997) that . . ." is better written as "Garcia(1997) reported . . ."
>
> "Stratification was demonstrated by the cores drilled in . . ." is weaker than "Cores drilled in . . . showed stratification" or "Stratification was evident in the cores drilled in . . ."; a better option still would read "Cores drilled in . . . were stratified."

과학 저자들은 부분적으로 과학적 증거의 속성 때문에 수동태를 사용하는 경향이 있다. 과학은 반증에 의해서 진보하므로, 결코 어떤 것을 '증명'하는 것은 아니다. 결과적으로 우리는 대부분 어떤 것이 '사실이 아닌' 것을 보였다는 부정적인 결론을 정확하게 기술하며, 보통 수동태 어법이 그것을 말하는 합리적인 방법이라고 여긴다. 많은 경우에 수동태가 유용하지만, 과학 글쓰기에서 너무 과도하게 사용되고 있다.

주어-동사 분리

문장의 주어 바로 뒤에 동사가 따라온다면, 적어도 영어에서는 독자들이 문장을 해석하는 일은 더 쉽게 된다. 주어와 동사 사이에 놓이는 어떤 것도 옆으로 새는 것, 덜 중요한 어떤 것으로 읽혀진다. 구조적인 위치가 의미를 부여한다. 옆으로 새는 것에 중요한 자료가 있다면 그 의미가 의도적이 아니게 감소되는 것이고, 이런 문장은 다시 쓸 필요가 있다. 만일 그 탈선이 단순한 것이라면 없애야만 하고, 그렇게 함으로써 문장이 진짜로 중요한 논점을 보여주도록 하게 된다.

불분명한 비교와 귀속

비교를 할 때 무엇이 무엇보다 더 큰가 작은가를 명확하게 하는 것이 필요하다. "The starch yielded more glucose than maltose."라는 문장은 잘못 해석될 수 있다. 더 명확한 비교는 "Starch yielded more glucose than did maltose." 또는 "Starch produced a greater yield of glucose than of maltose." 이다.

평행한 구조를 유지하는 것이 명확한 비교를 할 때 특별히 중요하다. 만일 우리가 "Nitrate content of the water increased by 50% . . ."와 같은 형태로 문장을 시작했다면, "but chlorophyll concentration decreased by only 5%"를 덧붙여서 비교를 완성한다면 더욱 명확해진다. 문장의 두 부분에서 순서는 주어, 동사, 보충하는 부분이다.

누구의 아이디어 또는 연구가 논의되는가 하는 사람을 잘 표현하는 것이 또한 필요하다. "It has been claimed that . . ."과 "It is thought that . . ."은 모호하다. "Comin has claimed that . . ." 또는 "I thought that . . ."이라고 말함으로써 명료함이 향상된다. 그러면 우리는 누가 그 주장과 생각에 책임이 있는지를 정확하게 알고 있다. "It . . . that . . ." 형태의 문장 구성은 우리가 종합적인 진술을 의미하는 경우를 위해서 남겨진다.

과학 논문은 인칭 주어 'I' 또는 'we'보다는 비인칭 주어 'it'을 오랫동안 선호해 온 것이 사실이다. 그런 관습은 서서히 없어지고 있고, 아직도 능동태와 인칭 주어로 문장을 구성하는 것을 받아들이는 것을 꺼리는 경향이 있다. 그럼에도 불구하고 인칭 주어 형태로 작성된 문장이 더 짧고 따라가기에 더 명확하고 쉬우며, 그렇기 때문에 장려되어야 한다.

명사 집단

형용사로 사용되는 명사의 긴 나열이 영어 산문에서는 허용되지만, 이것들은 불명확해질 수 있고 과학 글쓰기에는 부적당한 이해할 수 없는 의미로 인도할지도 모른다. 간단한 수정을 통해서 개선될 수 있는 것들이 있다.

"A mobile hopper-fed compressed air-operated grit-blasting machine." (A mobile grit-blasting machine, fed from a hopper and operated by compressed air.)

명사 집단의 다른 예는 더욱 복잡하다.

" . . . can be configured to meet a wide range of user data communication requirements."

주제가 무엇인가? 이 문장은 넓은 범위의 사용자, 데이터, 요구 사항 중 어느 것에 관한 것을 의도하고 있는가? 사용자의 데이터 또는 요구 사항에 관해서 새로운 소식이 있는가? 사용자에게 속하는 데이터, 사용자에게 소통되어야 하는 데이터, 사용자에 관한 데이터 중 어느 것에 관해서 논의하려는 의도인가?

이러한 애매모호함에 주의를 기울여 지켜보자. "Subtidal rockweed nitrate reductase activity."와 "stable nitrogen isotope ratio field data."는 단순하게 불명확하고, 특히 외국인 독자들에게는 읽기 어렵다. 형용하는 명사를 쉽게 바꾼 것조차도 헷갈린다. 문장이 조금 길어지는 것을 감수하더라도 'drug administration', 'seasonal fish harvest', 'product treatment'는 의도하는 의미를 명확하게 한다면 각각 'administration of the drug', 'seasonal harvest of fish', 'treatment of the product'로 대체된다. 반복해서 'of'가 사용되는 것을 피하려면 소유격이나 아포스트로피를 사용한다. 어떤 명사 결합은 'dog meat'처럼 명료화를 필요로 하는 데 반해서, 'hydrogen bond', 'oak tree', 'Standard International Units' 등은 명확하다. 'Bird tissue winter lipid level change'는 다시 써서 사용할 수 있다.

현수(懸垂) 분사

비록 Strunk와 White 같은 지침서들이 현수 분사에 반대하는 경고를 하기는 하지만, 현대의 영어 사용에서는 문장의 유쾌한 비논리를 용인할 정도로 바뀌고 있어서 "Using a meter, the current . . ." 또는 "Having completed the observations"와 같은 문장을 포함한다. (우리들 중 많은 사람은 이런 전류와 전화를 고용하기를 원할 것이다. 그들은 급여를 요구하지 않고 일을 할 수도 있다.) 어떤 석사 학위 논문의 결론에 "Most regions of the country have shown an elevated prevalence of neoplasms or papillomas as a result of field studies."라는 표현이 있었다. 불필요한 추상화는 무시하더라도, 어떤 종류의 야외 연구가 증가를 초래한 것인지 궁금하다.

비록 점차 받아들여지는 추세이기는 하지만 현수 분사는 피하는 것이 최선으로 보인다. 그렇게 하는 한 가지 방법은 'Using . . .', 'Based on . . .', 'Judging by . . .'처럼 '-ing' 또는 '-ed'로 끝나는 단어로 시작되는 문장을 자세하게 살펴보는 것이다.

약한 선행사

약한 선행사를 가지고 있는 대명사를 발견하는 것은 흔하다. 'it', 'them', 'they' 등은 대부분 다루기 힘들다. Day는 의학 논문의 초고에서 예를 든다.

> The left leg became numb at times and she walked it off . . . On her second day, the knee was better, and on the third day it had completely disappeared.

유모차 다리와 없어진 다리의 경우는 'it'의 선행사가 'leg' 또는 'knee'가 아닌 'numbness'라는 것을 발견함으로써 명백하게 해결된다. 이런 부적절한 표현을 방지하기 위해서는, 비록 명사를 반복하는 것이 본문을 길게 만들지만, 가능하다면 대명사의 사용을 피하는 것이다. 명확하고 경제적인 문장을 쓰는 것은 의미를 전달하기 위해서 넘치는 자료를 자르는 일과 충분한 단어를 덧붙이는 일 사이의 타협이다.

일반적으로 효과적인 글쓰기에서 주어는 주제 위치에 있고, 강조되어야 하는 새로운 자료는 강조 위치에 있으며, 옆으로 새는 주변의 자료는 없애고, 능동태를 사용하며, 사람이 주어가 되고, 무엇이 무엇을 하고 있는지 독자가 쉽게 알 수 있도록 주어와 동사를 가깝게 만든다.

과학 글은 복잡한 개념과 특별한 용어가 관련되어 있기 때문에 모호해 보일 수 있다. 더 읽어 나가면 문장들이 애매한 이유가 과학 때문이 아니라 불명확한 영어 때문이다. 기술적인 복잡함과 전문성이 글쓰기에 있어서 모호함을 보증하는 것이 아니고, 사실은 모호함이 복잡함을 전달하는 원인이 된다. 실제로 글의 명료함을 성취하려는 노력이 '전문가'를 압박해서 자신의 마음을 그들이 우리에게 말하고자 하는 정확한 내용을 명확하게 하도록 만든다. 그러므로 Strunk와 White의 권고인 'clarity, clarity, clarity'는 글에만 도움을 주는 것이 아니고, 독자들이 아는 것이 무엇이며 세계가 알고자 하는 것이 정확하게 무엇인가를 연구자들이 분류하는 일을 도울 수 있다.

Hansen (1991)은 명료한 문장의 십계명을 제시했는데, 이는 이제까지 논의한 것을 요약한 것이기도 하다.

1. 간결하게 쓸 것 ─ 불필요한 단어를 지울 것
2. 올바른 단어를 주의 깊게 선택할 것 ─ 긴 단어보다는 짧은 단어를 고를 것
3. 단어나 구절이나 아이디어를 불필요하게 반복하지 말 것 ─ 명료함을 위해 필요한 것은 반복할 것
4. 수동태보다는 능동태로 쓸 것
5. 명시적일 것 ─ 구체적인 용어를 사용하고 추상적인 단어를 피할 것
6. 어중간한 수식어를 피할 것 ─ 수식어는 피수식어에 될수록 가까이 놓을 것
7. 삽입구절을 넣는 데 유의할 것
8. 주어, 수, 시제, 태, 인칭 등의 변화를 피할 것
9. 평행적인 생각은 평행적인 구문으로 표현할 것
10. 생각을 논리적으로 배열할 것 ─ 간단한 것으로부터 더 복잡한 것으로 향할 것

단락 구조

우리들 모두는 학생이었을 때 '단락'에 대해서 들었지만, 성공적인 단락을 위한 몇 가지 간단한 규칙들을 기억하는 사람은 별로 없다.

- 단락마다 한 가지 아이디어를 다룬다면 단락이 더 명료해지고 결론도 그러하다.
- 단락이 무엇에 관한 것인지 기술하는 주제 문장으로 시작한다면 이해하기에 더 쉽다.
- 주제 문장에는 하나 또는 두 개의 후원 문장이 뒤따르는데, 이들은 주제 문장을 설명하고, 확장하며, 주장을 강제한다.
- 마지막 요약 문장은 주제 문장의 의미를 완성한다.

이런 형태로 단락을 구조화하는 것은 저자가 말하고 싶은 내용을 정말로 이해하도록 강제하며, 저자에 의해 얻어진 명료함은 다음 차례로 결국에는 독자에게 도움이 된다.

일단 우리가 이 엄격하지만 간단한 규칙들을 숙달했다면, 가끔 단락의 구조를 바꿀 필요가 있다는 것을 인식하게 될 수 있다. 예를 들면 앞의 자료에 연결

윌리엄 새파이어의 뒤틀린 규칙

Remember to never split an infinitive. The passive voice should never be used. Do not put statements in the negative form. Verbs has to agree with their subjects. Proofread carefully to see if you words out. If you reread your work, you can find on rereading a great deal of repetition can be avoided by rereading and editing. A writer must not shift your point of view. And don't start a sentence with a conjunction. Remember, too, a preposition is a terrible thing to end a sentence with. Don't overuse exclamation marks!! Place pronouns as close as possible, especially in long sentences, as of 10 or more words, to their antecedents. Writing carefully, dangling participles must be avoided. If any word is improper at the end of a sentence, a linking verb is. Take the bull by the hand and avoid mixing metaphors. Avoid trendy locutions that sound flaky. Everyone should be careful to use a singular pronoun with singular nouns in their writing. Always pick on the correct idiom. The adverb always follows the verb. Last but not least, avoid clichés like the plague; seek viable alternatives.

이것도 흥미로운 규칙이지만, 정치적 스펙트럼의 반대편에 있는 조지 오웰의 규칙도 흥미롭다. "대단히 야만스러운 어떤 것을 말하는 것보다 이 규칙들을 깨기가 더 쉽다(Break any of these rules sooner than say anything outright barbarous.)."

* 윌리엄 새파이어의 허락하에 게재함
출처 : http://www.chem.gla.ac.uk/protein/pert/rules.html

을 허용해야 하는 경우도 있고, 이 경우에는 연결 문장으로 단락을 시작하도록 선택할 수 있고, 주제 문장은 연결 문장을 따라 나올 수 있다.

단락 구조에 주의를 기울이는 것이 성공적인 소통을 위한 대부분의 결정적인 단계 중의 하나라는 것을 강조하고 싶다. 이 절에 있는 항목들을 읽고 이해하기 바란다.

연결 문장과 단락

문장들 사이의 관계와 단락들 사이의 관계는 화법 표지(discourse marken)의 사용에 의해 명확하게 만들 수 있다. 이들은 글쓰기 단위들 사이에서 연결을 만드는 단어들이나 장치이다. 이 연결은 독자에게 다양한 단서를 제공한다. 이들 단서들은 어떤 항목들이 어떤 순서로 나타날 것인지를 제안할 수 있고, 다음에 오는 것이 방금 말했던 것을 강화하는 것인지 또는 그것으로부터 다른 쟁점으로 옮겨가는 것인지를 말해 주며, 또는 다음에 올 것이 방금 말했던 내용에 대한 요약, 결론, 설명, 예시, 반대 중 어느 것에 해당하는지 암시한다. 이들은 과학 산문에서는 필수적인 관계들이기 때문에, 그러므로 화법 표지의 적확한 사용은 주의를 집중하게 만드는 장점이 있다.

구조를 알려주는 장치는 단락들 사이의 연결만큼 중요하다. 어떤 현상을 설명할 수 있는 세 가지 메커니즘을 논의하는 단락이 있다고 가정하자. 단락이 너무 길고, 문장이 너무 길면 독자를 주춤하게 할 수 있다는 것을 우리는 안다. 세 가지 메커니즘을 하나씩 작은 단락들로 분리하면 더 쉽게 읽을 수 있다. 유감스럽게도 우리는 세 개의 단락이 같은 현상을 서로 다르게 설명하는 것으로 연결되어 있다는 것을 어떤 형태로 전달할 필요가 있다.

우리는 화법 표지로 작용하는 구조화 문장을 "Three mechanisms may explain the results. First, it is possible that . . ."처럼 하나 작성함으로써, 분리된 단락들을 연결할 수 있다. 다음으로 "Second, it might be that . . ." 같이 시작하는 새로운 단락이 오고, "Third, an alternative explanation may be that . . ."처럼 시작하는 단락이 뒤따른다. 구조화 문장 표지는 독자에게 세 가지 항목을 기대하도록 경계시키며, 뒤따르는 단락에서 주제 문장은 독자에게 그 사실을 상기시킨다.

모든 이러한 글쓰기에서 명료함은 연관된 일련의 문장들과 단락이 문법적으로 병렬 형태로 작성되는 것을 요구한다. 어떤 항목들이 비교되는 것인지 병렬 구조로 제안되면, 독자들이 훨씬 쉽게 비교를 인식한다. 만일 일련의 항목들이 병렬되지 않으면 의도하는 명료함의 많은 부분이 상실된다. 절약을 위해 'firstly', 'secondly' 대신에 'first', 'second' 등을 사용하고, 독자가 세는 것을 놓칠 수도 있으므로 'last', 'finally'는 피한다.

일반적으로 구조화 문장의 사용은 과학 글쓰기에서 더 자주 있어야만 하는데, 왜냐하면 이들이 독자에게 그들이 어디에 있는지를 기억하도록 진짜로 도움을 주기 때문이다.

앞의 단락은 한 문장으로 이루어진 단락을 피하라는 일반적인 규칙의 예외이다. 한 문장 단락을 이들이 속할 수도 있는 인접 단락들로 옮기는 것이 편리하다. 여기에 제시한 것과 같은 예외는 단순히 하나의 결론 문장이나 한 문장으로 구성된 요약 단락보다 더 강조를 하는 것이 유용할 수도 있겠다고 저자가 원하는 경우이다. 결론 단락의 기능은 어떤 아이디어를 기술하고 확장하는 것이 아니고, 오히려 앞선 단락들에서 말했던 결론들을 종합하는 것이다.

단락의 부분들을 하나의 명확한 구조 안에 함께 유지하는 것을 도와주는 여분의 장치가 있다. 핵심단어는 한 단락의 서로 다른 문장들에서 반복되는데, 동의어는 의미에 혼란을 줄 수도 있다. 단락 안에 있는 서로 다른 문장들에서 아이디어의 순서를 같게 유지하는 것은 독자에게 요구되는 정신 작업을 감소시켜서 결과적으로 이해를 돕는다. 병렬 아이디어를 병렬 표현하는 것이 저자가 전달하기 원하는 비교를 독자가 이해하는 것을 더 쉽게 만든다.

독자에게 무엇이 중요한가

우리는 지금까지 문장과 단락 구성에 관한 상당한 논의를 했고, 표현의 명료함을 향상하기 위한 제안들을 제시하였다. 이러한 모든 제안이 정말로 중요한가? 독자들이 어떤 특정 형식의 글쓰기를 다른 것보다 더 선호하는 것인가? 몇 년 전에 John Kirkman은 세 개의 서로 다른 과학자 사회의(Institution of Chemical Engineers, British Ecological Society, Biochemical Society) 구성원에게 하나의 인용문에 대한 여섯 개의 서로 다른 버전을 읽고 선호도 순서를 요청했다(Kirkman, 1992). 여기에서는 British Ecological Society의 구성원들로부터 회수한 결과에 대해서만 논의할 것인데, 이들에게 오리의 먹이 섭취 습관에 관한 짧은 글을 읽도록 요청하였다.

각 버전의 마지막 단락들이 표 5.8에 나타나 있다. (실제의 전체 글은 여기에 제시된 단락의 대략 5배 길이 정도였다.) Kirkman이 발견한 내용은 표 5.9에 제시되어 있다. 이것은 능동태와 수동태, 문장 구조, 단락 길이 등의 상대적인 효과를 분류하는 결정적인 실험으로 설계된 것은 아니었다. 그럼에도 불구하고 이 조사는 독자들이 강한 선호도를 가지며, 그러한 반응이 독자들 다수에 의해 공유된다는 증거로서 가치가 있다. 우연히도 다른 과학자 사회로부터 얻은 결과 또한 영국의 생태학자들에 의해 주어진 결과와 놀랍게도 유사했다.

영국의 생태학자들은 다른 어떤 버전보다도 훨씬 더 버전 Y를 명확하게 선호하는 것을 보여주었다. 서로 다른 문화 차이를 검사하기 위해서 Ecological Society of America 구성원에게 같은 버전을 주었다. 언어적·사회적·교육적 차이에도 불구하고, 미국인 독자들도 역시 버전 Y를 선호하였다. 영국인과 미국인 모두 최악의 버전이 어느 것인가 하는 판단에서도 일치하였다.

Y   As the swards were visibly different in form, the sites of the six plots in each sward were selected subjectively at first. Later, the swards containing the plots were compared by a 25 × 20 cm quadrat sampling technique, in which percentage cover was estimated for the three species of grasses. Twenty quadrats were sampled at random in each plot.

 To test whether grazing by wigeon changed the sward, we calculated the percentage frequency of blade lengths of the grasses in a plot dominated by salt-marsh grass. The calculation was made on two occasions, one month apart, when the maximum number of wigeon were present. The point intercept method used is described fully in Appendix 1.

B   The selection of the sites of the six plots in each sward was made on an initial visual differentiation between the two swards which owing to their different morphology were quite distinct to the naked eye. The swards in which the plots were placed were later compared by a 1/20 m² (25 × 20 cm) quadrat sampling technique, in which percentage cover estimates were made for the three grass species in twenty random quadrats in each plot. In order to test for changes to the sward as a result of wigeon grazing, the percentage frequency occurrence of the various blade lengths of the grass species in a *Puccinellia/Agrostis* plot was determined by a point intercept method on two occasions at a month's interval, when maximum numbers of wigeon were present. This intercept method is described in full in Appendix 1.

F   Site selection of the six plots in each sward was based on an initial visual differentiation between the sward types, whose heterogeneity in respect of morphology was macroscopically apparent. A comparison of swards in which plots were located was however later performed utilising a 25 × 20 cm quadrat sampling technique, enabling percentage cover estimation for the three grass species in twenty randomly selected quadrats in each plot. As a test for sward modifications consequent upon wigeon grazing, a point intercept method was employed (for full details see Appendix 1) on two occasions at an interval of one month, at peak wigeon population levels, to determine percentage frequency occurrence of various blade lengths of grass species in a *Puccinellia/Agrostis* plot.

S   Selection of the six plots in each sward was based on an initial visual differentiation between the two swards. Due to morphological differences, the naked eye could readily detect differences between the swards. The swards in which the plots were placed were later compared by a 1/20 m² (25 × 20 cm) quadrat sampling technique. Percentage cover estimates were made for the three grass species in twenty randomly selected quadrats in each plot. To test for changes to the sward consequent upon wigeon grazing, the percentage frequency occurrence of various grass blade lengths of the species in a *Puccinellia/Agrostis* plot was determined. Two determinations were carried out at a one month interval, at times when maximum wigeon numbers were present. A full description of the point intercept method utilised in the determinations is given in Appendix 1.

M   At first, we chose the sites for the six plots in each of the two swards simply by looking at them: they were plainly different in form. Later, we compared them by a 25 × 20 cm quadrat sampling technique, to get an estimate of the percentage cover for our three grass species. This was done in twenty random quadrats in each plot. To test for changes in the sward after the wigeon had grazed, we used a point intercept method to check the percent-age frequency of the lengths of blades of grass in a salt-marsh-dominated plot. We did this twice, with a month in between, at times when the largest number of wigeon were present. Full details of our intercept method are in Appendix 1.

R   Site selection for the six plots in each sward type was based on an initial differentiation between the two swards made visually, the swards being quite distinct to the unaided eye due to their morphological distinctiveness. A comparison of the swards in which the plots were placed was subsequently performed by means of a 1/20 m² (25 × 20 cm) quadrat sampling technique, in which percentage cover estimates were made in twenty quadrats chosen at random in each plot for each of the three grass species under review. To identify changes in the sward brought about by the grazing of the wigeon a test was carried out to determine by a point intercept method the percentage frequency occurrence of blades of varying lengths of the grass species occurring in a *Puccinellia/ Agrostis* plot on two occasions separated by a one month interval, when maximum numbers of wigeon were present. Full details of the intercept method concerned are shown in Appendix 1.

These versions were sent to the members of the British Ecological Society and are used here courtesy of the Society.

선호도에 대한 결정적인 조사는 아니지만, 표 5.9의 결과는 글쓰기의 스타일이 중요하다는 것을 명확하게 보여주고 있다. 독자들은 결과를 소통하기 위해 특정한 방법을 일관되게 선호하였다. 이 선호도는 (놀랍지도 않게) 이 장에서 제안했던 것들과 같은 방향이다. 독자들은 직접적으로, 능동태 동사로, 특별한 어휘를 최소로 해서, 인칭과 비인칭 구조가 섞여 있는, 긴 문장 몇 개보다는 짧은 문장 여러 개로 이루어진 글을 선호하였다. 독자들은 과도하게 대화하는, 개인적인 스타일의, 완곡한 표현, 수동태 동사, 전문용어, 긴 문장과 단락을 좋아하지 않았다. 그러므로 이 장에서 논의했던 쟁점들은 과학적 내용에 관계가 없이 독자의 내용 인식에 매우 중요하다.

표 5.9에 보고된 조사의 두 번째 주요 결과는 의견에 만장일치가 없다는 것이다. 실제로 다수에 의해 최악이라고 판단된 버전을 (1% 미만의) 적은 수의 독자들은 가장 선호했다. 소통의 영역은 명백하게 정밀과학이 아니다. 명료함을 지

표 5.9 다양한 글쓰기 스타일에 대한 선호도 조사 결과

버전	요약 묘사	좋음 BES	좋음 ESA	나쁨 BES	나쁨 ESA
Y	Direct, verbs mainly active, minimum jargon, judicious use of personal and impersonal constructions, short, simple sentences, 6 paragraphs.	57.4	67.7	0.6	0.6
B	Reasonably direct, verbs mainly passive, some roundabout phrasing to avoid personal construction, reasonable amount of jargon, sentence length varied but direct, 4 paragraphs.	16.4	6.7	2.3	4.1
F	Reasonably direct, verbs mainly passive, much roundabout phrasing, consequent use of abstractions, much jargon, long sentences packed with information, 5 paragraphs.	10.7	15.7	3.1	5.1
S	Reasonably direct, verbs mainly passive, some roundabout phrasing, much jargon, much use of nouns as adjectives, almost all sentences short, 5 paragraphs.	8.7	5.5	20.8	6.2
M	Conversational but clear, verbs mainly active, little jargon, colloquial expressions, much use of personal constructions, sentences short and simple, 5 paragraphs.	5.7	3.8	22.7	23.1
R	Indirect and woolly, verbs mainly passive, much jargon, much roundabout phrasing, sentences long and complex, 4 paragraphs.	1.1	0.5	50.5	60.8

a 영국생태학회(BLS)회원 응답=526, 미국생태학회(ESA)회원 응답=1,103
출처 : Kirkman (1992)

닌 글쓰기, 예민한 감각, 효율적 사용, 능률 등은 오히려 하나의 예술이다.

참고문헌 및 더 읽을거리

Barnes, G. A. 1982. *Communication Skills for the Foreign-Born Professional*. ISI Press.

Booth, V. 1979. *Writing a Scientific Paper*, 4th ed. The Biochemical Society.

Bryson, B. 1990. *The Mother Tongue: English and How It Got That Way*. Morrow.

Day, R. A. 1994. *How to Write and Publish a Scientific Paper*, 4th ed. Oryx Press.

Gattuso, J.-P., N. A, Dawson, C. M. Duarte, and J. J. Middleburg. 2005. Patterns of publication effort in coastal biogeochemistry: A bibliometric survey. *Mar. Ecol. Progr. Ser.* 294:9–22.

Gopen, G. D., and J. A. Swan. 1990. The science of scientific writing. *Am. Sci.* 78:550–558.

Gordon, I. 1991. How to stop without missing the point. *New Scientist* 2 March, 60–61.

Hamilton, D. P. 1990. Publishing by—and for?—the numbers. *Science* 250:249–250.

Hansen, W. H. 1991. *Suggestions to Authors of the Reports of the United States Geological Survey*. 7th ed. U.S. Government Printing Office.

Hildebrand, M. 1983. Noun use criticism. *Science* 221:698.

Kirkman, J. 1992. *Good Style: Writing for Science and Technology*. E & FN Spon.

Lederer, R. 1991. *The Miracle of Language*. Pocket Books.

Mackay, R. 1979. Teaching the information-gathering skills. In Mackay et al. (Eds.), *Reading in a Second Language*. Newbury House.

Noam, E. M. 1995. Electronics and the dim future of the university. *Science* 270:247–249.

Simonton, D. K. 1988. *Scientific Genius: A Psychology of Science*. Cambridge University Press.

Strunk, W., Jr., and E. B. White. 1979. *The Elements of Style*, 3rd ed. Allyn and Bacon.

Zeiger, M. 1991. *Essentials of Writing Biomedical Research Papers*. McGraw-Hill.

제 6 장

과학정보의 전달: 과학 논문

1. 과학 논문의 구성
2. 과학 논문의 일생
3. 과학 논문의 중요성과 변화

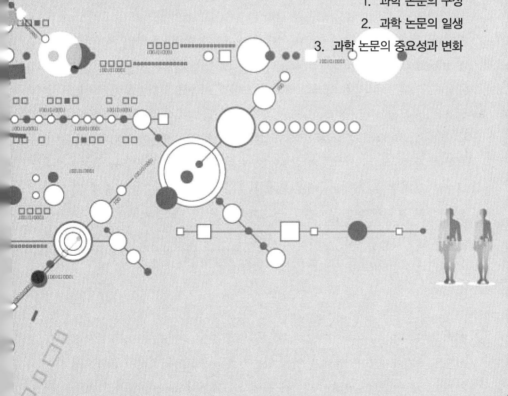

1. 과학 논문의 구성

과학 논문의 기본적인 부분은 서론, 방법, 결과, 논의 등으로 대부분의 사람들에게 익숙하다. 제목, 초록 또는 요약, 감사의 글, 인용된 참고문헌, 부록 등 다른 항목들도 있는데, 이들은 덜 두드러질 수도 있지만 그럼에도 불구하고 많은 생각이 필요하다.

복잡한 개념과 결과를 명확하고 경제적인 방법으로 전달하는 문제를 해결하려고 열심히 노력한 결과 과학 논문은 발전되었다. 읽기 쉬운 논문이 목표이지만 그런 논문을 쓰는 것은 어렵다는 것이 문제이다.

과학 글쓰기에서는 글을 쓰는 기술이 단지 간소한 역할만 한다. 과학 글쓰기는 특별한 글쓰기로서 매우 제한적이라고 보일 수 있는 엄밀한 구속 조건이 있다. 하지만 과도하게 엄밀하고, 예술가들에 의해 고안되고 받아들여진 구속 조건 안에서도 거의 항상 창조적인 활동이 성취되었음을 생각해야만 한다. 세 줄의 문장 안에서 미묘한 분위기와 의미를 풍부하게 불러일으키는 하이쿠를 생각해 보라. 그림이나 사진에서는 작은 이차원 공간에 세계를 만들어 내는 것이 과제이다. 입체주의자들은 형태의 중요한 모양만 이용하여 세상을 창조하는 것을 선택했고, 안셀 아담스(Ansel Adams)는 암실기법으로 흑백 풍경을 빼낼 수 있는 두려움에 집중하기 위해서 컬러 영화를 피했다. 마찬가지로 과학자들은 명료함과 경제성에 대한 필요에 의해 요구되는 구속 조건 내에서 틀림없이 창조적으로 글을 쓸 수 있다. 실제로는 가장 효과적인 과학 저술가들 중에 몇 사람은 선택된 경우에 과학 글쓰기의 구속 조건을 의식적으로 어기기도 한다. 경험이 많은 저자들은 일반적으로 규칙을 따르고, 예외적인 상황에서는 특정 부분을 글의 다른 부분으로부터 따로 떼어놓기 위해서 의도적으로 규칙을 위반하는 것이다.

서론

서론은 독자에게 논문 안에 무엇이 있는지 알려주고, 왜 그것이 흥미롭고 가치가 있는 주제인가를 말해 준다. 이 절에서는 주제에 관해서 알려진 것과 아직 모르는 것이 무엇인가를 언급한다. 보고되어 알려진 결과들의 상황과 새로운 질문이 어떻게 또는 왜 나오는가를 전개한다. 그 새로운 질문에 대답하기 위해 저자들이 한 일을 말함으로써 끝을 맺는다.

보고된 결과의 의미와 배경을 나열하면서, 질문을 불러일으킨 결과의 연구자들에게 제대로 된 인용을 함으로써 인정을 해준다. 우리의 새로운 질문을 만드는 일에 이르도록 논리를 만들기 위해서 앞선 결과들을 이용한다. 서론의 마지막 단락에서 독자들에게 질문을 검토하기 위해서 우리가 했던 것을 알려준다. 이 간단한 구조는 쟁점에 대한 현재의 지식을 정리하면서 동시에 독자들이 뒤따라오는 방법 절을 준비하도록 도와준다.

독자들이 계속 초조하지 않도록 논문의 주요 결과들을 서론에서 보고하도록 추천하는 사람들이 있다. 하지만 그것은 우리가 피할 수 있는 쓸데없는 반복인데, 왜냐하면 곧 논의하겠지만 거의 모든 논문은 서론 앞에 초록이 있으며 초록이 또한 논문의 결과를 포함하고 있기 때문이다.

방법

방법 절에서는 우리가 보고하는 일을 어떻게 했는가를 설명하는 과제를 만난다. 이 절은 보통 짧은 글로 주어지는데, 왜냐하면 다른 주제들보다 덜 엄격한 과정들의 무미건조한 묘사이기 때문이다. 그럼에도 불구하고 이 절은 중요한데, 제2장에서 논의했던 것처럼 실험과학의 중요한 특징은 가설의 반증이고, 다른 사람들이 우리의 결과에 확신을 가지려면 똑같이 재현할 수 있어야만 하기 때문이다.

그러므로 우리는 방법 절을 가능하면 간단하고 투명지만 다른 한편으로는 과정들이 다른 사람에 의해 재현되어 확인될 수 있도록 자세하게 쓸 필요가 있다. 이것은 누구에게나 글 쓰는 기술에 있어 어려운 일이 된다. 만일 서론에서 제시된 질문들이 구체적이고 서론에서 표현했던 것과 같은 순서로 방법에서 다시 나타난다면 이 일이 더 쉽게 될 것이다.

방법 절의 첫 번째 부분에서는 연구대상의 초기 사실을 언급할 수 있는데, 조사대상 또는 관련된 유기체 등 연구주제에 대한 정보이다. 다음으로 데이터를 얻고 분석하기 위해 사용된 절차와 방법을 기술할 수 있다. 연구가 이루어진 실제 순서를 보고하는 것이 필요한 것은 아니고, 서로 다른 데이터 묶음은 실제로 얻은 순서와 다르게 제시하는 것이 더 명확할 수도 있다. 그렇지만 서론, 방법, 결과 절에서 항목들을 같은 순서로 논의하는 것은 중요하다. 이것은 독자의 입장에서 뒤죽박죽이 되는 것을 줄어들게 한다. 긴 논문에서는 방법과 결과 절의 여러 부분들을 시작할 때 소제목을 사용하는 것이 바람직하다.

과학 학술지의 압도적 다수가 SI(International System of Unit)라고 약칭되는 국제단위계를 사용한다. 미국에서는 몇 개의 공학 분야 학술지가 여전히 영국 단위계를 허용하고 있지만 점점 감소하는 추세이다. 과학의 모든 분야가 미터법과 표준화된 양을 사용하는 것은 오래되었다. 과학적인 결과들을 소통하는 것이 충분히 어려운데 무엇을 의미하는지 이해하는 어려움에 단위환산의 귀찮은 문제까지 덧붙여서는 곤란하다.

읽을 논문은 많은데 바쁘고 인내심이 없는 독자들의 관심을 얻기 위해서 우리의 논문이 많은 다른 논문들과 경쟁하게 된다는 것을 언제나 명심해야 한다. 가능하다면 독자를 위해 불필요한 마음의 부담을 줄여주는 것이 저자에게는 이득이다. 독자들이 항목의 순서를 헷갈리게 만들고, 처치, 분류, 위치 등을 위해 불필요한 기호나 약호를 사용하는 것이 모두 마음에 부담을 주고 이해를 느리게 만든다. 그렇게 되면 우리의 바람과는 달리 우리의 논문이 덜 읽혀지게 된다.

결과

결과 절은 연구에서 새로 알게 된 사실들을 보고한다. 이 절은 독자가 알기를 저자가 원하는 발견들에 대한 서술들로 구성되어 있다. 연구자가 발견한 것을 과학 독자가 읽게 되는 곳이다. 논문 심사자와 편집자 등 과학 독자들은 원고의 다른 부분에서 결과를 발견하는 것을 싫어한다. 이 독자들은 방법 절에서 결과를 발견하고 결과 절에서 방법을 발견하는 것을 기대하지 않으며, 저자가 독자의 기대를 좌절시키는 것은 위험하다.

결과 절은 보통 다양한 면을 보여주거나 복잡한 데이터를 포함하고, 연구를 수행한 연구자에게는 확실해 보이는 관계와 해석들이 독자에게는 덜 분명하게 될 수 있다. 저자는 이해력이 뛰어나긴 하지만 아직 알지 못하고 있는 청중을 가정하고, 관대하게 청중에게 다가가서 명확하게 소통하기 위한 기회를 이용한다.

데이터의 순서를 잘 정해서 데이터를 명확하게 제시한다면 결과 절은 이해하기 쉽다. 데이터를 일관되고 논리적인 순서로 제시하게 되면 더 쉽게 이해되는 이유는 독자가 뒤죽박죽이 되는 것을 최소화하기 때문이다. 독자는 결과, 방법, 서론 절에서 데이터의 순서가 같은 논문의 내용을 쉽게 이해한다. 만일 어떤 논문이 세 종류의 결과 a, b, c를 다룬다면, 비록 c가 a 또는 b보다 먼저 이루어진 일이라 하더라도 논문의 모든 절에서 a, b, c의 순서가 유지되어야 한다.

선택할 수 있다면 가장 흥미로운 결과를 먼저 제시하는 것이 효과적이지만, 이것이 가능하지 않은 상황도 있다. 예를 들어, 만일 b가 흥미로운 결과인데 독자가 결과 b의 진가를 인정하기 위해서 결과 a를 아는 것이 필요하다면 논리가 중요하니까 a가 먼저 나와야만 한다.

결과 절에서 데이터는 대부분 숫자 또는 기호의 행과 열인 표 또는 데이터 사이의 관계를 보여주는 그래프인 그림으로 나타낸다. 어떤 학술지들은 사진 또는 손으로 그린 그림을 보여주는데, 요즘에는 이것들도 간단하게 그림이라고 부른다. 표와 그림은 결과 절에서 특징적으로 나타나고 논문의 다른 부분에는 거의 없다. 제8, 9, 10장은 표와 그림을 만드는 것에 대해서 논의한다.

과학적 결과들은 데이터에 의존하고, 데이터로부터 얻을 수 있는 주장 또는 결론은 데이터가 제시되는 곳을 적절하게 언급하면서 설명되기를 기대한다. 증거를 위해 인용되지 않은 표 또는 그림을 가지고 독자가 찾아내는 것을 강요하는 것은 잘못된 생각이다. 독자가 예상을 하면서 우리가 주장하는 것과 관련되지 않은 항목들에 의해 다른 곳으로 갈 수도 있고, 더 나쁜 경우에는 입증되지 않는 결론으로 독자가 좌절할 수도 있다.

우리의 주장이 근거하는 증거를 독자가 쉽게 발견하고 명확하게 볼 수 있는 기회를 항상 제공해야만 한다. 이것은 "남극의 오존 농도는 1978년 이후 감소했다(표 11)."처럼 우리의 주장을 지지하는 데이터로 정확하게 독자를 안내하는 인용을 통해서 할 수 있다. 만일 한 단락 안에 일련의 여러 주장이 하나의 주어진 표 또는 그림으로부터 유도된다면, 너무 많이 반복되는 것을 피하기 위해서 첫 번째 주장 뒤에만 인용하는 것이 보통이다. 표 또는 그림이 복잡하다면 ". . . 1978년 이후 감소(표 11, 제5행)."처럼 더 구체적으로 인용하는 것이 좋다.

논의

서론에서 제시된 질문에 대한 답과 결과의 의미가 논의 절에서 고찰된다. 여기에서 우리는 결과들에 의해서 알 수 있는 새로운 관계를 살펴보고, 새로운 데이터가 이전의 지식들을 어떻게 변화시키는지를 주목한다. 또한 다른 사람의 결과들과 비교를 할 수 있고, 그 비교의 결과를 논의한다. 요약하면 논의 절은 결과 절에 제시된 데이터의 더욱 '멋진' 특징들을 언급할 수 있는 자유가 부여된 부분이다. 비록 새로운 관계 또는 비교를 탐구하면서 얻어진 표 또는 그래프가 적절할 수 있겠지만 논의에서 새로운 데이터가 제시되지 않아야 한다.

특정한 주제들을 어떤 것은 결과 절에 넣고 어떤 것은 논의 절로 보내도록 분리하는 방법을 아는 것은 보통 매우 어렵다. 이치에 맞으면 되는데, 만일 논문이 길지 않고 여러 부분을 가지고 있다면, 항목 a, b, c에 대한 결과와 논의를 묶는 것이 편리할 수도 있다. 만일 결과와 논의 절을 결합하는 것이 최선으로 보인다면 그렇게 한다. 대부분의 학술지들은 결합된 '결과와 논의' 절을 허용한다. 그렇지만 결합된 형태에서도 독자는 그 논문에서 보고된 결과와 비교를 위해 사용되는 다른 논문의 결과를 여전히 명확하게 구분할 수 있어야만 한다.

몇 개의 복잡한 결과 묶음을 갖춘 논문에서는 본문을 재조정해서 각 주제의 묶음이 자신의 방법과 결과 절을 포함하도록 하는 것이 실제적일 수 있다. 그렇지만 이 경우에 왜 모든 주제가 한 논문에서 다루어지는지에 대한 언급을 독자에게 하기 위해서 모든 데이터 묶음을 서론과 논의 절에서 다루는 것이 필요하다.

효과적인 논의는 데이터를 더 얻어야 할 필요에 관한 불평 또는 데이터에 있는 특이성에 대한 자세한 변명이 아닌, 근본적인 함축적 의미 또는 논문의 중요성에 대한 언급으로 끝을 맺는다.

과학 논문의 다른 부분

실제로 과학 논문의 부분들은 다음과 같이 구성되는데, 개별 학술지 또는 보고의 목적에 따라 약간 달라진다.

1. 제목	6. 결과
2. 저자 목록	7. 논의
3. 초록	8. 감사의 글
4. 서론	9. 인용된 참고문헌
5. 방법	10. 부록

인쇄했을 때 나타나는 순서대로 항목들을 논의하는 것이 더 논리적으로 보일 수도 있겠지만, 여기에서는 그 순서를 따르지 않았는데, 왜냐하면 인쇄했을 때 나타나는 순서와 다르게 과학 논문을 작성하는 것이 실제적이라는 것을 발견했기 때문이다. 과학 논문의 독자들이 읽을 시간이 많지 않기 때문에, 논문의 저자들은 그들의 일을 간소화하고, 명확한 본문을 만드는 방법을 모색하며, 가능하다면 다시 쓰는 것을 줄일 필요가 있다.

모으기와 논문 쓰기

과학 논문의 심장은 데이터이기 때문에 결과 절부터 시작하는 것이 좋은 생각이다. 데이터 분석에 관해서 제2, 3, 4장에 언급된 여러 사항과 데이터 제시에 관한 제8, 9, 10장의 논의를 살펴본 후에, 다음 단계는 표와 그림들을 우리 앞에 늘어놓는 것이다. 다음으로 우리는 데이터에 관해 우리가 말하고 싶은 것은 무엇이고 어떤 순서로 할 것인가 우리 자신에게 물어볼 수 있다. 만일 우리가 표 A 다음에 그림 B와 C를 보여주기로 결정했다고 가정하자. 일단 이렇게 결정되면 방법 절의 기본적인 구조가 나오는데, 먼저 표 A에 보고된 결과를 얻었던 과정들을 설명할 필요가 있고, 다음으로 그림 B와 C에 대해서 설명을 한다. 우리는 또한 서론을 구조화하게 되는데, 먼저 표 A의 데이터를 모으도록 만들었던 질문을 유발시킨 맥락과 논문들을 논의하고, 다음으로 그림 B와 C에 보고된 결과들에 대한 필요를 만들어 낸 맥락이 뒤따른다.

이러한 과정은 최소한 두 가지 일을 한다. 하나는 전체 본문의 명확한 구조를 만드는 것이고, 다른 하나는 서론과 결과에 포함될 필요가 있는 것을 정확하게 보여준다. 만일 우리가 처음에 서론을 먼저 쓴다면, 마지막에는 결과와 별로 관련이 없는 여분의 부분이 포함되었다는 것과 순서가 바뀌어야만 한다는 것을 거의 항상 발견하게 될 것이다. 우리는 귀중한 시간을 낭비한 것이며 많은 부분을 다시 쓰는 것이 필요하다.

그래서 먼저 결과 절을 쓰고, 다음에는 방법, 그다음에는 서론 순으로 하는 것이 가장 효과적이다. 다음에는 논의를 쓰는데, 왜냐하면 이제 우리는 논문 또는 보고서의 전체 내용이 무엇인가를 알 수 있기 때문이다.

초록

이제는 전체 논문을 마음에 가지고 있으니 초록을 쓸 시간이다. 어떤 학술지들은 이것을 요약이라고 부르고 논문의 끝에 붙이며, 다른 종류의 보고서들에서는 Executive Summary라는 이름을 붙여 앞에 나온다. 어느 경우에도 초록은 발견된 것과 그 함축된 의미를 간결하게 전달해야만 한다. 결과와 논의의 한 단락을 한 문장으로 압축해서 쓰는 것이 가장 편리하다. 초록에서 'X was investigated', 'Y is discussed', 'W are given'처럼 모호한 진술문을 만드는 것은 낭비이기도 하고 논문에 해가 된다(그림 6.1). 초록에서는 발견한 것을 직접적으로

A SCRUTINY OF THE ABSTRACT, II

KENNETH K. LANDES
Ann Arbor, Michigan

ABSTRACT

A partial biography of the writer is given. The inadequate abstract is discussed. What should be covered by an abstract is considered. The importance of the abstract is described. Dictionary definitions of "abstract" are quoted. At the conclusion a revised abstract is presented.

For many years I have been annoyed by the inadequate abstract. This became acute while I was serving a term as editor of the *Bulletin* of The American Association of Petroleum Geologists. In addition to returning manuscripts to authors for rewriting of abstracts, I also took 30 minutes in which to lower my ire by writing, "A Scrutiny of the Abstract."[1] This little squib has had a fantastic distribution. If only one of my scientific outpourings would do as well! Now the editorial board of the Association has requested a revision. This is it.

The inadequate abstract is illustrated at the top of the page. The passive voice is positively screaming at the reader! It is an outline, with each item in the outline expanded into a sentence. The reader is told what the paper is about, but not what it contributes. Such abstracts are merely overgrown titles. They are produced by writers who are either (1) beginners, (2) lazy, or (3) have not written the paper yet.

To many writers the preparation of an abstract is an unwanted chore required at the last minute by an editor or insisted upon even before the paper has been written by a deadline-beviled program chairman. However, in terms of market reached, the abstract is *the most important part of the paper*. For every individual who reads or listens to your entire paper, from 10 to 500 will read the abstract.

If you are presenting a paper before a learned society, the abstract alone may appear in a pre-convention issue of the society journal as well as in the convention program; it may also be run by trade journals. The abstract which accompanies a published paper will most certainly reappear in abstract journals in various languages, and perhaps in company internal circulars as well. It is much better to please than to antagonize this great audience. Papers written for oral presentation should be *completed prior to the deadline for the abstract*, so that the abstract can be prepared from the written paper and not from raw ideas gestating in the writer's mind.

My dictionary describes an abstract as "a summary of a statement, document, speech, etc. . . . ." and that which *concentrates in itself the essential information* of a paper or article. The definition I prefer has been set in italics. May all writers learn the art (it is not easy) of preparing an abstract containing the *essential information* in their compositions. With this goal in mind, I append an abstract that should be an improvement over the one appearing at the beginning of this discussion.

ABSTRACT

The abstract is of utmost importance, for it is read by 10 to 500 times more people than hear or read the entire article. It should not be a mere recital of the subjects covered. Expressions such as "is discussed" and "is described" should *never* be included! The abstract should be a condensation and concentration of the *essential information* in the paper.

그림 6.1 W. R. 1991. *Suggestions to Authors of the Reports of the United States Geological Survey*, 7th ed. U.S. Government Printing Office.

정보를 주도록 말해야만 한다. x가 증가했는가 아니면 감소했는가? 왜? 언제? 어디에서? 증가 또는 감소가 의미하는 것은 무엇인가? 결과가 이전의 다른 결과를 반증하는가? 결과의 '멋진' 의미는 무엇인가? 결과를 기술하면서 필요하다면 접근법 또는 방법에 관해서 자세하지 않은 일반적인 언급을 첨가할 수 있다.

초록은 보고서의 주제를 차례대로 요약할 필요는 없다. 제목을 확장한 것으로, 보고서의 중요한 내용을 제공하는 요약으로 생각할 수 있다. 우리가 초고를 투고하는 학술지가 요약을 요구한다면, 발견 사실을 간단하게 정리하는 것을 기대하는 것이다.

명확하고 접근성이 좋은 초록을 만드는 것은 어렵지만 가치 있는 일이다. 한 가지 이유는 많은 독자들이 단지 논문의 초록만을 읽을 것이라는 사실이고, 다른 하나는 초록이 컴퓨터 데이터베이스에 있게 될 것이라는 이유 때문이다. 훌륭한 초록은 우리의 결과가 더 많은 사람들에게 명확하게 전달되도록 한다는 것을 보증한다.

제목

제목은 두 가지 목적이 있는데, (1) 가능하면 적은 단어로 논문의 내용을 기술하는 것과 (2) 찾아보기, 초록, 컴퓨터 검색을 도와주는 핵심어를 제공하는 것이다. 제목은 보통 마지막 순간에 결정하는 추가 표현으로 간주되지만, 실제로 이것은 상당한 시간과 생각을 필요로 한다. 보통의 독자는 학술지, 책, 논문들에 압도되어 있을 것 같다는 것을 생각해 보자. 잠재적인 독자가 학술지의 최신호를 받으면, 방랑하는 관심과 따분한 눈으로 논문들이 나열되어 있는 차례를 대충 훑어본다. 이번 호에 10편의 논문이 있다고 가정하자. 보통의 독자는 10개의 제목을 읽고, 아마도 초록을 읽을 정도로 관심을 갖는 논문은 3편 정도이고, 논문을 끝까지 읽는 것은 1편 정도일 것이다. 마케팅 전략이 제안하는 바에 의하면, 만일 우리가 더 많은 독자의 관심을 붙잡기를 원한다면 가능하다면 제목을 매력적이고 명확하며 정보를 주도록 만드는 것이 필요하다.

어떤 과학자들은 컴퓨터 검색을 이용하거나 다른 논문에 있는 참고문헌 목록을 이용해서 특정 주제에 관한 논문들을 발견한다. 그런 독자들에게 *Further*

*Studies on Bacteria*란 제목의 논문을 만나는 것은 별 소용이 없다. 이 제목이 흥미롭다고 하는 사람은 거의 없고, 이런 제목들은 컴퓨터 검색이나 참고 문헌 목록에서도 유용하지 않다. 제1장에서 언급했던 갈릴레오의 제목인 '시금석 표지'도 오늘날 유용한 제목이 아니다. 내 친구인 Mark Ohman은 *The Inevitability of Mortality*라는 제목의 논문을 썼다. 이것은 확실하게 우리의 주목을 받을 수 있는 함축성 있는 제목이다. 이것은 논문의 내용을 전달하지 않는데, 어떤 해양동물 플랑크톤의 죽음에 대한 개략적인 계산으로 밝혀졌고, 이 이상한 동물의 일생에 의한 결과의 계산이었다. *Biodiversity: Population versus Ecosystem Stability*라는 제목은 중대하게 들리기는 하지만, 독자에게 이 논문이 여러 종류의 식물을 식생하는 구역에서 목초지 식물의 현재 수확량의 연중 변화에 관한 정보를 포함하고 있다는 것을 말해 주지는 않는다.

정말로 유용한 제목들은 (a) 논문의 정확한 내용을 전달하고 (b) 검색에 이용될 수 있는 핵심어를 포함한다. 그런 제목들은 또한 논문의 내용을 가장 효과적으로 홍보하고 관심이 있는 청중을 붙잡는다. 전자 검색을 도와주기 위해서 오늘날 대부분의 학술지들은 그들이 출판하는 어떤 논문이 핵심어의 나열을 첫 페이지에 포함하도록 요구한다.

제목은 마지막에 마침표를 포함하지 않는 것에서 보는 것처럼 완전한 문장은 아니지만, 제5장에서 논의했던 단어 선택과 문장 구성에 관한 규칙을 따라야만 한다. 가장 특징적이고 정보가 가득한 제목의 예는 "Characterization of the microbial community colonizing the anal and vulvar pores of helminths from the hindgut of zebras"이다. 비록 사람들은 연구의 범위가 너무 미시적인 것이 아닌지 의아해하겠지만, 저자들은 이 제목을 쓰느라 많은 시간을 들였을 것임에 틀림없다.

논문의 다른 어떤 부분보다 제목은 많은 사람들이 읽기 때문에, 정보가 있고, 호소하는 면이 있으며, 전문적일 필요가 있다. 이것은 우리가 논문의 내용을 전달하고 연구의 중요성을 제안할 필요가 있다는 것을 의미한다.

"Study of the effects of water content on the compaction behavior of breakfast flakes", "Does toast always tumble on the buttered side?", "Transmission of gonorrhea through an inflatable doll" 같은 논문들을 위한

*Annals of Improbable Research*의 편집자들에 의해 수여되는 Ig 노벨상을 생각하면 매우 재미있다. 이 제목들은 잘못된 표현뿐만 아니라 주제의 평범한 선택을 보여준다.

"Relationship of mountaineering and the changing practice of Buddhist religion among the Sherpas of Nepal"과 "Increased aggression in goldfish that ingested alcohol"과 같은 제목들도 또한 크게 비웃음을 받은 주제였으며 귀한 자원을 낭비한 것에 반대하는 주장에 사용되었다. 이들은 과학적인 보고서의 내용을 기술한다는 면에서 적당한 제목들이다. 하지만 이들은 연구에 포함될 수 있었던 더 큰 쟁점들을 전달하는 것에 실패했다. 예를 들어 첫 번째 논문은 "modernization and religion in human societies" 사이의 연결문제라는 중대한 쟁점에 대한 제목이 될 수 있었다. 원래의 제목 앞에 이 단어들을 더하고 콜론이 따라오게 했다면 연결을 암시하며 연구의 중요성에 대한 우리의 인식에 큰 도움이 되었을 것이다. 마찬가지로 인간의 알코올 음료의 음용에 연결된 공격적인 행동에 관한 연구는 윤리적인 제한점이 있다. 대부분의 폭력 범죄에 내포된 인간 행동의 본질적인 특성을 위한 부분적인 기초를 개발하는 일에 물고기가 더 용납될 수 있고 윤리적인 대안으로서 도움이 될 수 있을 것이다. 다시 한 번 바닥에 있는 기본적인 질문의 암시가 제목에 신뢰성과 중요성을 더할 수 있다.

저자의 이름

저자들의 이름이 보통 논문의 제목 다음에 온다. 단독 저자의 경우에는 간단하지만, 오늘날의 과학에서는 저자들의 수가 복수인 논문이 늘어나면서 단독 저자의 논문은 흔하지 않다. 저자들의 목록은 과학 논문의 가장 논쟁적인 부분이 될 수 있는데, 왜냐하면 누가 인정을 받는가 하는 것을 결정하기 때문이다. 과학이 복잡해지면서 여러 학문 사이의 협력과 과학적인 의문을 검사하기 위해서 요구되는 여러 기술이 과학 출판의 저자 구성 경향을 변화시켰다. 가까운 과거에는 단독 저자가 규칙이었다. 오늘날에는 논문이나 책의 머리 부분에 있는 저자 목록에서 많은 이름을 보게 된다. 1960년에 *Institute of Scientific Information*은 제목 하나의 평균 저자 수가 1.67이라고 계산했다. 단지 20년 후에 이 수치는 2.58이 되었다. 이 수는 틀림없이 계속 올라가고 있다. 최근의 대형 협력 논문에서는 100명이 넘는 저자도 있는데, 이 사람들 모두가 이 논문을 실제로 썼다는 것은 믿기 어렵다. 그럼에도 불구하고 저자 수가 점점 늘어나는 것을 다루어야만 하는데, 이렇게 되면 연구와 아이디어에 대해서 인정하는 것을 어렵게 만든다. 아마도 사회적·경제적·정치적인 전체적 경향과는 달리 과학에서는 우리의 분야와 경력을 전진시키는 보다 집단적인 방법에 우리가 적응해야만 할 것이다.

제5장에서 우리는 연구의 소통과 상의 귀속에 대한 필요에 의해 출판이 자극을 받는다는 것을 언급했다. 저자가 여러 명인 경우에 '제1저자 외(연도)'를 사용해서 이름과 날짜를 인용하는 관행에 의해, 제1저자가 인정의 대부분을 받는 것이 분명하다. 많은 경우에 저자의 순서는 논문에 상대적으로 기여한 정도를 반영하기 때문에, 알파벳 순서로 나열하는 것은 적당하지 않다. 게다가 알파벳 순서는 나와 같은 성을 가진 사람의 역할을 항상 과소평가하게 되며, 서 있는 줄의 끝에 가까운 곳으로 밀려나는 것이 늘 짜증나게 되었다는 것을 인정한다.

기여 정도가 동등한 경우에는 저자 순서를 결정하는 다른 방법이 필요하다. 저자 이름의 각주에 인용된 것처럼 독창적인 한 가지 해결 방법은 "CCCC College 운동장에서 있었던 크로켓 경기의 결과에 의해 저자 순서가 결정되었다."라고 설명했다. 충분히 공정하다!

이름이 저자로 나타나는 사람들은 발견하는 일 또는 논문을 쓰는 일에 실제로 기여했어야만 한다. 모든 저자는 논문 내용에 책임이 있다고 생각되며, 독자들은 가정하기를 모든 저자들이 기여했을 뿐만 아니라 마지막 제출 원고를 읽고 동의했다고 생각한다. 실험실 또는 연구소의 책임자들이 모든 논문에 자동적으로 자신의 이름을 덧붙일 선천적인 권리를 갖는 것은 아니다.

감사의 글

감사의 글은 시료를 제공했거나, 장소에 접근하도록 허락했거나, 조언을 주었거나, 특별한 분석을 수행하는 등 어떤 형식으로나 도움을 주었지만, 그 기여가 저자로 포함시키는 것을 보증할 정도로 충분하지는 않은 사람들에게 감사를 하는 자리이다. 마찬가지로 연구비를 주었거나 연구를 용이하게 했던 기관들에게 감사를 표시하기도 한다.

인용된 참고문헌

인용된 참고문헌 절은 논문에서 인용된 모든 참고문헌을 모아 놓는다. 이것은 어떤 주제에 관한 모든 참고문헌을 의미하는 것이 아니고, 이 논문에서 사용된 자료의 목록이다. 이것은 이미 출판된 자료들의 더 큰 맥락에서 우리가 기여한 것을 제자리에 놓는 상호인용의 눈에 보이지 않는 네트워크인 논문들 사이의 연결 절이다.

저자들은 모두 인용된 참고문헌 절을 성가신 것으로 취급하며, 초고를 보내기 전에 서둘러서 해야만 하는 싫증나는 마지막 의무라고 여긴다. 참고문헌 목록은 귀찮은 것이고, 부분적으로 그 이유는 거의 모든 학술지가 자신들만의 참고문헌 형식을 고집하기 때문이다. 편집자들이 명시적으로 선호하는 양식이 있고, 한 형식에서 다른 형식으로 바꾸면서 오류에 이르게 된다. 인용된 참고문헌 절은 하자가 있을 가능성이 있고, 한 연구결과에 의하면 검토된 논문들의 35%가 참고문헌 절에서 오류가 있었다. 논문이 투고되는 학술지에 의해서 요구되는 인용 형식에 대한 일치된 주의가 세심한 교정과 함께 필수적이다. 사용자에게 필요한 인용문헌 목록을 자동적으로 편리하게 바꾸어 주게 될 소프트웨어 패키지가 있다.

초창기 감사의 글

우리는 지원에 감사하는 방법에 대해 살펴보았다. 갈릴레오의 『시금석』(p. 2)의 표지를 보면 갈릴레오가 후원을 받은 사람에게 어떤 글과 상징을 사용하고 있는지 알 수 있다. 먼저 갈릴레오는 토스카나 대공의 왕실 수석수학자로 지명됨으로써 받은 후원에 대해 명시하고 있다. 제목 바로 아래에 있는 네모 칸에는 스라소니가 있다(이 그림을 새긴 F. 빌라모에나는 최고의 동물화가는 아니었을지 모른다.). 스라소니는 아카데미아 델 린체이(Accademia del Lincei)의 상징이었다. 갈릴레오는 철학자, 수학자, 과학자로 이루어진 이 단체의 회원들과 교류하고 있었다. 아카데미아 델 린체이는 토스카나 대공의 궁정에서 후원을 받고 있었다. 이는 스라소니 위에 있는 왕관을 통해 알 수 있다. 이 책은 로마에서 출판되었으며, 교황이 갈릴레오를 지지하고 있음을 드러내는 것이 유익했음이 분명하다. 교황과의 연관을 드러내기 위해 표지 가운데 맨 위에 교황청 안에 있는 바르베리니 교황의 문장을 뚜렷하게 나타냈다. 당시는 바로크 시대의 전성기였으므로 여백에 여러 가지 장식용 아이템들을 함께 나타냈다.

부록

어떤 학술지에는 부록이 허용되며 보고서에서는 흔하다. 부록은 본문이 끝난 뒤에 첨가된다. 중요하지만 너무 긴 표와 그림을 포함할 때 이용하며, 본문에서 제시된 데이터를 보충한다. 본문 자체에 요약 형태로 제시된 데이터 묶음을 단순히 확장된 형태로 포함하는 것은 아니다. 부록 사용은 점점 드물어지고 있는데, 왜냐하면 큰 데이터 묶음에 컴퓨터로 접근하는 것이 흔해지면서 출판된 자료는 덜 필수적이기 때문이다.

2. 과학 논문의 일생

일단 논문을 썼으면 다음 단계는 출판을 위해 논문을 투고하는 일이고, 대상이 전문 학술지라면 여러 다양한 학술지 중에서 선택을 해야만 한다. 실제로 어느 학술지에 논문을 보낼 것인가는 논문을 쓰기 전에 결정되어야 하는데, 왜냐하면 학술지들은 논문의 길이, 페이지 크기, 참고 문헌 형식, 표와 그림 형식, 표제 등이 다르기 때문이다. 게다가 논문 게재 비용 또는 출판에 걸리는 시간 등도 다른데 이런 사항들이 저자에게는 중요하다. 학술지의 형식, 양식, 정책이 다르다는 것은 논문을 쓰기 전에 학술지를 선택하는 것이 가장 실제적이고 시간을 절약하는 길이라는 것을 의미한다. 이것은 우리가 집필을 마친 후에 나중에 선택한 학술지에 맞도록 본문을 바꾸는 필요를 감소시킨다. 논문이 보내어질 학술지의 형식을 따라 논문을 작성함으로써 시간을 절약하자.

학술지 선택하기

출판되는 과학학술지는 수천 가지이다. 한 연구 분야에만도 학술지가 매우 많다. 지금 쓰고 있는 논문에 어떤 학술지가 가장 적합할지 선택하는 것은 어려울 때가 많다. 논문을 투고할 학술지를 선택하기 위해 대개 다음 두 가지 쟁점을 고려하게 된다. 첫 번째 쟁점은 적절한 주제라는 점이다. 저자는 문제의 연구에 적절한 주제에 관한 것을 출판하는 학술지가 무엇인지 판단해야만 한다. 어떤 경우에는 그 결정이 명확하며 다른 경우에는 불분명하다. 최근에 발행된 최신호의 내용을 살펴보는 것이 결정하는 좋은 방법이다.

　두 번째 쟁점은 독자가 얼마나 많은가라는 문제로서 소위 학술지의 '명성'이다. 인용의 약 90%는 학술지의 약 10%의 출판된 논문에서 이루어진다고 알려져 있다. 이것은 우리의 논문이 많이 읽히도록 하는 데 관심이 있다면 주의 깊게 학술지를 선택해야 한다는 것을 의미한다. 물론 그 10%의 학술지는 논문 심사 절차가 매우 까다로울 가능성이 높다. 자신의 논문이 독자층이 넓은 학술지에 게재되어 자신의 연구를 널리 알리고 싶어 하는 것은 당연한 일이다. 여러 학술지의 명성과 독자층을 양화하는 것은 어렵다. 우리가 선택할 수 있는 많은 지표 중에 학술지의 '피인용지수(impact factor)'라 부르는 것이 이용된다.[1]

　학술지 피인용지수의 사용을 지지하는 사람들은 과학자들의 삶 속에서 핵심적인 결정을 위해 필수적인 가이드로서 다양한 방식으로 이용될 수 있는 지표로서 '명성'이라는 것보다 덜 부담스럽고 덜 주관적인 가치중립적인 지표가 필요하다고 확신하고 있다. 피인용지수는 일정 정도 연구의 질이 아니라 출판된 논문의 수에 따라 달라진다. 따라서 여러 전문연구 분야에 따라 학술지를 직접 비교해서는 안 된다. 왜냐하면 그 분야 연구자들의 수는 전문연구 분야마다 크게 다르기 때문이다. 가령 의학 분야와 지질학 분야를 비교한다면 분명할 것이다. 많이 배포되지 않는 학술지의 피인용지수가 높은 값이 되기는 힘들며, 이는 출판된 논문의 유익함과 무관하다. 최악의 경우 인용횟수는 어떤 분야의 현재의 일시적인 유행에 따라 달라질 수 있으며 출판의 반감기가 짧은 분야가 과대 포장될 수 있다. 종설논문이나 연구방법에 대한 논문은 독창적인 결과를 보고하는 다른 논문들보다 훨씬 더 많이 인용된다. 이들의 비중을 똑같이 보아야 할까? 이런 논문들의 기여가 똑같다고 말하기는 매우 힘들 것이다.

　피인용지수는 불완전한 출판 데이터의 편집에 기초를 두고 있다. 표 6.1은 다

---

1) 어느 학술지의 피인용지수는 한 해 동안 그보다 2년 전부터 그 학술지에 게재된 논문들이 인용된 평균횟수와 거의 같다. 실제로 피인용을 측정하는 방법에는 여러 가지 뉘앙스의 차이가 있지만 기본적으로는 계산의 문제이다. 피인용지수의 계산은 미국 필라델피아의 문서 컨설턴트 유진 가필드(Eugene Garfield)가 처음 제안했다. 가필드는 과학정보연구소(Institute for Scientific Information, ISI)를 설립했다. ISI는 세계적인 출판사 톰슨 사이언티픽의 일부가 되었다. 톰슨 사이언티픽은 Journal Citation Reports를 통해 피인용지수를 보고하고 있다. 다른 사람들은 인용되는 횟수를 더 잘 측정할 수 있는 방법을 제시했다. 가령 구글이 개발한 PageRank 알고리즘에 바탕을 둔 방법은 여러 인터넷 사이트의 상대적 성능을 평가하는 데 이용된다(Bollen et al., 2006).

표 6.1 주요 데이터베이스의 검색을 통한 세 명 저자의 출판물 백분율

저자	검색된 출판물의 백분율		
	1943~1970	1971~2004	1943~2004
Margalel	1.6	28.6	13.0
Valiela	0	69.7	68.7
Iribarne	—	77.9	77.9
합	1.6	54.8	35.9

출처 : Valiela & Martinetto(2005)에서 수정

른 시기에 활동한 세 명의 저자의 연구업적의 비중을 보여준다. 주요 데이터베이스 그룹에서 수행한 검색의 결과이다. 데이터는 각각 1943~1970년, 1971~2004년, 1943~2004년 전체의 출판 기록을 보여준다. Seglen(1997)이 지적했듯이, 이 결과는 사실상 출판 데이터를 편집하는 검색엔진이 아직 믿을 만한 수준이 아님을 시사한다. 오래된 참고문헌이나 학술지는 주요 검색엔진에 아직 색인되지 않았고, 어떤 나라에서 나오는 학술지들은 모두 과소평가되고 있으며, 미국의 논문들과 영어로 된 저술들이 우위를 차지하고 있다. 색인이 완료된 학술지에 게재된 비교적 최근의 출판물들을 망라하는 경우조차도 출판된 논문들의 기껏해야 77.9%밖에 잡아내지 못하며, 세 저자 모두에 대해서는 35.9%만 검색되었다.

여하튼 유능한 저자들은 위의 모든 경우에 학술지는 독자가 많든 적든 논문을 출판하고 있다는 사실을 알아야 한다. 게다가 개별논문들의 인용의 역사와 그 논문이 게재된 학술지의 명성을 측정하는 피인용지수 사이에는 아무런 유의미한 상관이 존재하지 않는다(Seglen, 1997). 네이처(ISI 피인용지수 30.98)나 사이언스(ISI 피인용지수 29.78)에 논문을 게재하는 것은 직업적으로 매우 유익하겠지만, 논문이 좋다면 사람들이 찾아 읽을 것이고 인용할 것이다. 필자의 분야에서는 널리 인용되고 연구 분야 하나를 획정하는 역할을 한 논문(Holling, 1966)이 피인용지수가 0.233밖에 안 되는 학술지에 출판된 것을 기억하고 있다.

피인용지수의 해석과 적용에 대해서는 다양한 의견이 있다. 어떤 연구자는 "학술지의 피인용지수는 연구업적을 평가하는 데 사용되어서는 안 된다."라고 주장하며(Seglen, 1997), 어떤 연구자는 그 사용을 제한해야 한다고 주장하며

(Trudgett et al., 2003), 다른 연구자는 개선책을 제시하기도 한다(Fassoulak et al., 2002; Bollen et al., 2003). 다른 연구자는 피인용지수를 계산하기 위한 통계가 너무 자주 출판물을 누락하거나 오류에 빠지곤 한다는 점을 지적한다(Moel, 2002). 그러나 좋든 나쁘든 피인용지수는 과학 연구의 커뮤니케이션과 수용에 상당한 영향을 주었다. 피인용지수는 계속 사용될 것이다. 그러나 피인용지수는 무오류가 아니며, 여러 전문 영역마다 실제 연구자들 사이의 상당한 차이에 따른 편향이 있음이 분명하다.

경험이 많은 저자들은 주제에 적합한 학술지들 중 어느 것이 가장 널리 읽히는지(즉, 명성이 있는지) 그리고 자신들의 투고논문을 게재해 줄지 따져 본다. 대부분의 저자들이 그런 지식을 얻는 것은 첫 번째 선택으로 고른 학술지로부터 게재 불가를 받으면서이다. 자존심이 상하지 않기 위해서는 논문을 투고하기에 앞서 경험이 많은 연장자 동료에게 학술지 선택에 대해 조언을 구하는 것이 좋다.

모든 학술지는 한두 페이지의 '기고자 투고 요령'을 포함하고 있다. 투고 요령은 최소한 매년 한 번은 출판되며, 요즘에는 그 학술지의 논문들을 볼 수 있는 인터넷 사이트를 통해 여기에 보면 저자들이 따라 주었으면 하고 편집자가 바라는 규칙들이 있다. 이 규칙들이 자의적이고 변덕스럽게 보일 수도 있겠지만, 만일 우리의 원고가 출판되는 것을 원한다면 이 규칙들을 따르는 것 말고는 다른 대안이 없다. 이 지침들은 논문의 형식을 언급한다. 페이지 제한, 출판 비용, 인용과 참고문헌 형식, 다른 많은 세부 사항 등을 포괄한다. 예를 들면 대부분의 학술지는 논문과 함께 앞 페이지를 받는데, 여기에는 제목과 저자들의 이름과 주소가 있고 아마도 감사의 글을 위한 각주가 있게 된다. 이 지침은 또한 그림에서 컬러를 사용할 수 있는지 여부를 말해 주는데, 컬러는 최소한 앞으로 몇 년 동안에는 여전히 비쌀 것이기 때문에 컬러 사용을 결정하기 전에 비용을 따져 보아야만 한다. 지침은 또한 논문의 구성 부분들의 순서를 알려주는데, 여기에는 표 제목을 같은 페이지의 표 위에 놓으면서 반면에 그림 설명은 실제 그림의 앞에 놓인 별도의 페이지에 순서대로 작성하는 등의 세부적인 것이 포함된다. 이런 세부 사항의 이유는 표와 제목 그리고 각주는 같은 장소와 시간에 활자화되기 때문이다. 반면에 그림과 그림 설명은 다른 과정으로 재생되는데,

그림 설명은 활자화되고 그림은 재생되며 보통은 서로 멀리 떨어진 곳에서 이루어진다. 그러나 출판의 세계는 과학의 세계만큼이나 빠르게 변화한다는 점을 기억해야 한다. 출판을 위한 과정이나 요건은 예상보다 더 빨리 변화할 것이다.

분명히 급증하고 있는 한 가지 측면은 전자 버전으로만 발행되는 학술지의 출현이다. 이제까지는 전자학술지는 별로 없었지만 비용과 압력 때문에 이 새로운 형태의 학술지가 더 인기를 끌고 있다. 오늘날 가장 중요한 학술지들도 구독자에게 종이책으로 된 학술지와 더불어 전자 버전도 함께 제공하고 있다. 많은 도서관과 개인이 전자 버전을 받는 쪽을 더 선호하고 있다. 점점 더 종이 없는 세계로 나아가고 있는 셈이다.

논문 투고하기

오늘날의 거의 대부분의 학술지는 원고를 전자파일의 형태로 인터넷 사이트에 제출하도록 요구하고 있다.[2] 이런 요구가 전자적인 통신 수단을 갖추는 데 필요한 자원이 부족한 지역에 있는 연구자들이 논문을 투고하는 데에 불공평한 것이 아닌지 궁금할 것이다.

저자들은 '투고 요령'에 있는 스타일 그대로를 따라야 하며, 학술지 컴퓨터 시스템으로 읽을 수 있는 형식을 사용해야 한다. 또한 적합한 심사자를 추천하거나 심지어 회피하고자 하는 심사자의 이름을 포함하는 편지를 덧붙일 수 있다.

심사자들의 논문 심사

편집자들이 원고를 받으면 그들은 관련 분야의 전문가 몇 사람을 심사자로 선정할 것이고, 심사자들은 심사에 동의하고 원고를 살피게 된다. 심사자가 누구인지는 대부분의 경우에 저자에게는 알려지지 않는다. 대부분의 심사자들은 익명으로 남아 있는 것을 선호하지만 드물게 어떤 사람들은 서명을 할 것이고, 이것은 개인의 취향이다. 대부분의 경우에는 시스템이 잘 작동지만, 인간관계의 경우에서처럼 다른 사람의 연구 결과를 공정하게 심사하는 일에 개인적인 쟁점이 간섭하지 않도록 하는 일은 때때로 어렵다는 것을 발견하게 된다. 그런 경우

---

2) 원고를 영어로 'manuscript'라고 하는데, 이것은 원래 중세의 필기사가 손으로 쓴 뭉치를 의미하는 말이었다. 원고는 심사와 출판 과정이 끝날 때까지는 논문이나 책이 되지 않는다.

에는 잠재적인 심사자가 스스로를 자격이 없다고 해서 원고를 편집자에게 되돌려 보낸다.

다른 사람의 원고를 공정하게 심사하는 것은 전문가의 직업적인 의무 중 하나이다. 우리의 원고가 비판적인, 생각이 깊은, 그렇지만 공정한 심사를 받는 것을 원하는 것처럼 그렇게 우리도 다른 사람들의 연구를 심사해야만 한다. 더군다나 편집자의 심사자 선택은 원고의 운명에 영향을 끼치는데, 왜냐하면 어떤 심사자는 다른 사람들보다 더 비판적인 반면에 어떤 심사자는 학교, 개인적인 취향, 요구하는 기준 등에 바탕을 두고 편견을 가지고 원고를 판단하기 때문이다. 다른 편견들은 국적, 소속 기관의 명성, 전공 분야 등에 의존할 수도 있다.

국적이 다른 것이 과학 분야에서도 우호적인 원고를 정하는 다른 방법으로 발전하는 경향이 있다(표 6.2). 영국 심사자들은 영국 과학자가 쓴 논문을 선호하는 경향이 있고, 마찬가지로 미국 심사자들은 미국인이 쓴 논문을 선호하는 경향이 있다. 비록 영어 비상용 독자는 대부분 감지하지 못하지만 언어 사용, 양식, 구의 변화, 미국과 영국 사이의 데이터에서 약간의 차이가 부정적인 평가를 하는 편견을 주는 것에는 충분하다. 그러므로 많은 경우에 그들이 감지하지도 못하는 양식의 차이 때문에 그들의 논문이 거절된 다양한 국적의 다른 나라 저자들의 당혹스러움을 듣는 것은 놀랄 일이 아니다.

소속 기관에 관련된 명성이 결정에서 편견으로 작용할 수 있다(표 6.3). 명성이 높지 않은 기관에 있는 심사자들은 엘리트 기관과 아닌 기관에서 작성된 논

표 6.2 영국과 북미의 저자들이 쓴 투고논문을 같은 지역의 심사자가 '게재 가능'으로 평가한 백분율

심사자	저자		
	영국	북미	합
영국	600의 70%	307의 65%	907
북미	35의 60%	20의 75%	55
합	635	327	962

데이터는 물리과학의 널리 인정되는 주요 분야에서 연구논문을 출판하고 있는 영국의 학회에서 가져온 것임

출처 : Gordon, M. 1978. Refereeing reconsidered: An examination of unwitting bias in scientific evaluation. pp. 231~235 in M. Balaban (Ed.), *Scientific Information Transfer: The Editor's Role*.

표 6.3 우수 연구기관과 보통 연구기관에서 작성된 투고논문을 비슷한 기관에서 '게재 가능'으로 평가한 백분율

심사자	저자		
	보통 연구기관	우수 연구기관	합
보통 연구기관	120의 65%	80의 67.5%	200
우수 연구기관	110의 55%	309의 82.5%	419
합	230	389	619

출처 : Gordon, M. 1978. Refereeing reconsidered: An examination of unwitting bias in scientific evaluation. pp. 231~235 in M. Balaban (Ed.), *Scientific Information Transfer: The Editor's Role*.

문들의 질을 거의 같게 평가하는 반면에, 엘리트 기관에 있는 심사자들은 덜 유명한 기관에서 작성된 논문보다 엘리트 기관에서 작성된 논문을 훨씬 더 자주 승인한다. 이런 판단이 인식된 질을 제대로 반영하는 것일 수도 있고, 또는 상태와 연관된 의도하지 않은 편견을 보여준다고 할 수도 있다. 만일 편견이 있다면 엘리트 연구자들이 덜 유명한 기관에서 이루어진 연구를 최소화할 수 있으며, 또는 덜 유명한 연구자들이 그들의 연구 결과를 거의 엘리트 수준으로 부풀렸을 수 있다. 비록 내 주장에 객관적인 이유가 부족하지만 나의 개인적인 판단으로는 전자이다.

표 6.2와 6.3에 있는 정보가 보여주는 것은 기준이 치우쳤는지 아닌지에 관계없이 사람들의 그룹이 어떤 기관이 좋은 연구를 수행한다는 인식을 공유하고 있다는 것이다. 공유된 기준의 차이는 서로 다른 전공 분야에서 훨씬 더 현저하다(표 6.4). 고든(Gordon, 1978)은 심사자의 짝을 지어서 같은 논문을 심사하도록 의뢰했다. 원고와 심사자는 물리, 사회과학, 생의학 분야에서 뽑았다. 명백하게 물리과학자들이 경향과 선입관을 공유하며, 사회과학이나 생의학 연구자들보다 현저하게 높은 정도로 공통된 기준을 적용하고 있다.

심사자의 편견은 심사자의 지체보다는 덜 심각한 문제이다. 동료 심사 제도의 커다란 단점은 심사 과정이 너무 오래 걸리고 출판 과정이 여러 달이나 늘어난다는 것이다. 초고를 투고할 때부터 논문이 출판되어 나올 때까지 주로 심사가 지체되어 1년에서 2년 반까지 걸리는 것이 이상한 일이 아니다.

편집자는 심사자의 의견을 받고 게재 승인, 수정 후 승인, 게재 불가 등을 결

표 6.4 각 전문영역에서 전문가 심사자들 사이의 일치 비율

분야	심사된 투고논문의 수	일치 비율(%)
물리과학	172	93
사회과학	193	73
생명의료과학	1,572	65~75

출처 : Gordon, M. 1978. Refereeing reconsidered: An examination of unwitting bias in scientific evaluation. pp. 231~235 in M. Balaban (Ed.), *Scientific Information Transfer: The Editor's Role*.

정한다. 초고가 게재 승인된 드문 경우에는 특권을 받는 느낌이 들고 다른 덜 선호하는 경우로 밀려나지 않았다는 안도감을 느낀다. 만약 수정 요구가 있으면, 논문을 잠시 옆으로 미루어 놓았다가 며칠이 지나 다시 읽는다. 심사자의 의견은 세 가지로 분류된다. 먼저 비록 당신에게 마음의 상처를 줄 수도 있겠지만 통찰력이 있는 비판이 있기에, 정말 제대로 취급할 필요가 있고 그렇게 함으로써 당신의 논문을 크게 개선하는 경우이다. 다음으로 우호적이거나 강제적인 세부 사항이 있는 경우로, 당신이 동의하지 않거나 무시할 수도 있다. 표지에 동의하지 않는다는 것을 밝히고 수정된 원고와 함께 편집자에게 되돌려 보내야만 한다. 마지막으로 심사자의 의견이 틀렸거나 당신의 논문을 잘못 해석한 경우이다. 심사자들도 결국에는 인간이기에 완벽할 수가 없다. 잘못 해석한 부분을 표시하고, 전문성을 가진 사람들도 당신이 쓴 것을 잘못 읽을 수 있다는 것을 보여준다. 이것은 당신이 특정 부분을 다시 써야만 한다는 것을 의미한다. 수정된 원고와 함께 편집자에게 보내는 편지를 써서 당신이 심사자의 의견에 대응해서 무엇을 했는지를 나열한다.

만일 초고가 게재 거부된다면 왜 그런지를 조사할 필요가 있다. 당신의 초고가 확신을 주기 위해서는 데이터가 약간 더 있으면 될 수도 있다. 아니면 아마도 거의 인용하지 않을 논문들 중의 하나이어서 출판할 가치가 없을 수도 있다. 또는 그 논문이 학술지의 주제와 잘 어울리지 않을 수도 있다. 심사자의 선택, 가능한 시간, 심사자의 분위기 등 여러 요인에 의해 게재 승인 또는 거부의 결정에 많은 기회가 있다는 것을 명심하자. 그런 모든 일이 심사의 결과에 영향을 끼칠 수 있다. 위대한 논문 중에 어떤 것들은 처음에 게재 거부되었었다. 세심하게 비판적으로 살펴본 후에 만일 여전히 그 초고를 그대로 출판하기 원한다

편집 기호

초고 및 검토 원고의 편집자 및 심사자는 교정을 위해 특별한 기호를 사용한다. 이 편집 기호들은 여러 가지 편집에서 유용하기 때문에 가장 널리 사용되는 것의 목록을 여기에 싣는다.

1.26. Corrections in proofs read by authors or department readers must be indicated as follows:

⊙	Insert period	*rom.*	Roman type
∧	Insert comma	*caps.*	Caps—used in margin
:	Insert colon	≡	Caps—used in text
;	Insert semicolon	*c+sc*	Caps & small caps—used in margin
?	Insert question mark	≡	Caps & small caps—used in text
!	Insert exclamation mark	*l.c.*	Lowercase—used in margin
=/	Insert hyphen	/	Used in text to show deletion or substitution
∜	Insert apostrophe		
∜∜	Insert quotation marks	ℓ	Delete
⅄	Insert 1-en dash	ℨ	Delete and close up
⅄	Insert 1-em dash	*w.f.*	Wrong font
#	Insert space	⊂	Close up
ld>	Insert ( ) points of space	⊐	Move right
shill	Insert shilling	⊏	Move left
∨	Superior	⊓	Move up
∧	Inferior	⊔	Move down
(/)	Parentheses	‖	Align vertically
[/]	Brackets	=	Align horizontally
☐	Indent 1 em	⊐⊏	Center horizontally
☐☐	Indent 2 ems	⊓	Center vertically
⁋	Paragraph	*eq.#*	Equalize space—used in margin
no ⁋	No paragraph	∨∨	Equalize space—used in text
tr	Transpose [1]—used in margin	....	Let it stand—used in text
∼	Transpose [2]—used in text	*stet.*	Let it stand—used in margin
sp	Spell out	⊗	Letter(s) not clear
ital	Italic—used in margin	*run over*	Carry over to next line
———	Italic—used in text	*run back*	Carry back to preceding line
b.f.	Boldface—used in margin	*out, see copy*	Something omitted—see copy
∼∼∼	Boldface—used in text	*ql?*	Question to author to delete [3]
s.c.	Small caps—used in margin	∧	Caret—General indicator used to mark position of error.
≡≡≡	Small caps—used in text		

출처 : U.S. Government Printing Office. 1984. *Style Manual.*

(계속)

(계속)

아래의 예는 초고 교정 기호의 실제 사용 사례이다. 편집자는 저자나 출판담당자에게 텍스트를 어떻게 수정할지 표시하고 있다.

] Authors As Proofreaders [

["I don't care what kind of type you use for my]book," said a myopic author to the publisher, but please print the galley proofs in large type. Perhaps in the future such a request will not sound so ridiculous to those familar with the printing process. today, however, type once set is not reset exept to correct errors. Proofreading is an Art and a craft. All authors should know the rudiaments thereof, though no proofreader expects them to be masters of it. Watch proofreader expects them to be masters of it. Watch not only for misspelled or incorrect works (often a most illusive error, but also for misplaced spaces, "unclosed" quotation marks and parenthesis, and improper paragraphing; and learn to recognize the difference between an em dash—used to separate an interjectional part of a sentence—and an en dash used commonly between continuing numbers e.g., pp. 5–10; e.d. 1165 70) and the word dividing hyphen. Whatever is underlined in a MS. should of course, be italicized in print. Two lines drawn beneath letters or words indicate that these are to be reset in small capitals three lines indicate full capitals To find the errors overlooked by the proofreader is the authors first problem in proof reading. The secyond problem is to make corrections using the marks and symbols, devized by proffesional proofreaders, thay any trained typesetter will understand. The third—and most difficult problem for authors proofreading their own works is to resist the temptation to rewrite in proofs.

caps + sc   Manuscript editor

출처 : U.S. Government Printing Office. 1984. *Style Manual.*

고 결정한다면, 당신의 논문에 더 잘 맞는 학술지를 발견할 수도 있다. 더 특별한 주제를 취급하고 지역적이거나 특수한 분류에 초점을 맞추어 당신의 논문에 더 잘 맞는 학술지가 있는가? 대답은 거의 항상 '예'이고, 당신은 새 학술지에 맞도록 논문을 수정해서 투고하면 된다.

게재 승인된 초고는 학술지의 원고 정리자에 의해서 가능하면 오류가 없도록 정리 편집되고, 저자는 다시 한 번 원고를 교정하는 책임이 있다. 원고를 활자로 만들고, 그림을 스캔하며, 논문이 학술지에 나타나는 것과 똑같이 만든 인쇄본이 저자에게 보내진다. 저자가 교정을 보고 조판 과정에서의 오류를 고쳐서 학술지에 되돌려 보낸다. 이때 저자가 원한다면 이 논문을 요청하는 동료들에게 줄 수 있도록 논문의 별쇄본을 별도로 신청할 수 있다. 실제로 요즘은 거의 별쇄본을 신청하지 않는다. 왜냐하면 논문을 PDF 전자파일의 형태로 구할 수 있기 때문이다.

3. 과학 논문의 중요성과 변화

과학에서는 출판된 논문들에 커다란 중요성을 부여한다. 이들은 생산성을 측정하고, 노력을 평가하며, 주목을 받도록 하는 것이다. 건축가는 큰 마천루 빌딩을 세우고, 토목 엔지니어는 웅장한 현수교 다리를 만들며, 투자가는 많은 돈을 번다. 과학자들은 몇 페이지의 별쇄본과 명백하게 하찮은 물건을 가지고 있을 뿐이다. 저자의 권리, 통찰력과 발견에 대한 감사, 동료로부터의 인정, 승진 등 과학자로서 모든 우리의 노력이 논문에 투자된다. 마치 공간의 부족을 벌충하기 위해서인 듯 논문을 과도하게 강조하는 것은 놀라운 일이 아니다. 과학에서는 실험실과 연구실 공간에 관한 것보다 논문 출판에 관해서 더 많은 분쟁이 일어난다. 이유는 간단한데, 앞의 여러 장에서 논의했던 것처럼 논문을 생산하는 것이 엄청난 양의 생각과 일을 요구하기 때문이다. 게다가 이미 언급했던 것처럼 빡빡한 시간 예정, 충분하지 않은 연구비, 아마도 도움의 부족 등 여러 압박 요인 아래에서 연구가 이루어진다. 심사와 편집 과정이 길고, 종종 우리의 정신과 자존심에 도전이 되기도 한다. 하지만 모든 일이 결국 완결되었을 때 우리는 계속해서 모든 것을 참아낼 수 있는데, 그 이유는 세계에 관한 무엇인가 새로운 것을 발견했고, 그것을 다른 사람들과 공유했다는 짝을 찾을 수 없는 만족감이 있기 때문이다.

이 책의 초판은 1999년에 미래를 조망하면서 과학 논문을 출판하는 것에 대해 다음과 같이 서술해야 할 필요성을 느꼈었다.

> 실질적으로 과학 논문을 출판하는 과정에 대한 지금까지의 기술은 다음 10년 안에 구닥다리가 될 것이 확실하다. 점점 더 많은 학술지가 인터넷상에서 접근 가능해질 것이다. 이러한 변환은 단지 인쇄 출력 논문을 화면에서 재생하는 것을 넘어서게 될 것이다. 출판에서 컬러와 3차원 표현이 더 이상 장애가 되지 않을 것이다. 데이터가 단지 그림이 아닌 동영상으로 제시되어, 마우스를 클릭하면 그림을 만든 데이터에 독자가 접근해서 계산과 통계 처리 등을 이용할 수 있도록 해줄 것이다. 참고문헌을 클릭하면 초록 서비스와 연결되어 사용자에게 최소한 그 참고문헌의 초록을 제공할 것이다. 나의 예상으로는 아마도 만일 어떤 질문이 생기면 전자메일로 물어볼 수 있고, 심사와 수정이 인터넷에서 이루어지며, 편집자가 게재 승인을 하자마자 논문이 자동적으로 홈페이지에 나타나고, 즉시 여러 관련된 컴퓨터 검색 엔진 속으로 들어갈 것이다. 이런 발전들이 과학 글쓰기에 접근성을 크게 증가시킬 것이고 우리가 '출판'하는 방식을 변화시킬 것이다. 미래의 과학 학술지들은 틀림없이 온라인에 있고, 심사, 편집, 출판, 문헌 검색 등에 종이가 없을 것이다. 과학자들과 도서관을 위한 비용과 공간에 대한 압력이 줄어들 것이고, 단지 하드웨어를 개선하고 컴퓨터 기술을 발전시키는 압력으로 대체될 것이다.

이와 같은 추측은 이 책을 쓰고 있는 2008년 현재 대부분 현실이 되었다. 과학 정보의 교환에는 더 많은 일이 기다리고 있다. 가령 3차원 홀로그램과 동적인 이미지 등을 포함시키는 것이 가능해질 것이다. 새로운 기법과 기술이 필요할 것이며, 틀림없이 훨씬 더 많은 양의 정보(그러나 그것이 꼭 더 좋은 정보라고는 할 수 없을 것이다.)를 처리하는 법을 배워야 할 것이다.

참고문헌 및 더 읽을거리

Anderson, G. C. 1988. Getting science papers published: Where it is easy, where it's not. The Scientist 2:26–27.

Bollen, J., M. A. Rodriguez, H. Van De Sompel. 2006. Journal status. Scientometrics 69:669–687.

Cole, S. 1992. Making Science. Harvard University Press.

Day, R. A. 1994. How to Write and Publish a Scientific Paper, 4th ed. Oryx Press.

Fassoulaki, A., K. Papilas, A. Paraskeva, and K. Patris. 2002. Impact factor bias and proposed adjustments for its determination. Acta Anaesthesiol. Scand. 46:902–905.

Fourquerean, J. W., C. M. Duarte, M. D. Kershaw, and S. T. Threlkeld. 2008. Estuaries and Coasts as an outlet for research in coastal ecosystems: A bibliometric study. Estuar. Coasts 31:469–476.

Gordon, M. 1978. Refereeing reconsidered: An examination of unwitting bias in scientific evaluation. Pp. 231–235 in M. Balaban (Ed.), Scientific Information Transfer: The Editor's Role. Reidel.

Harper, J. A. 1991. Editor's invited review: Reference accuracy in Environmental and Experimental Botany. Environ. Exp. Bot. 31:379–380.

Holling, C.S. 1966. The functional response of invertebrate predators to prey density. Mem. Ent. Soc. Can. 48: 1–86.

Mackie, R. I., et al. 1989. Characterization of the microbial community colonizing the anal and vulvar pores of helminths from the hindgut of zebras. Appl. Environ. Microbiol. 55:1178–1186.

Moed, H. F. 2002. The impact factor debate: The ISI's uses and its limits. Nature 415:731–732.

Ohman, M., and S. N. Wood. 1995. The inevitability of mortality. ICES J. Mar. Sci. 52:517–522.

Seglen, P. O. 1997. Why the impact factor of journals should not be used for evaluating research. BMJ 314:498–502.

Tilman, D. 1996. Biodiversity: Population versus ecosystem stability. Ecology 77:350–363.

Trudgett, A. G., et al. 2003. Are citation statistics good for science? Science Editor 26:190.

Valiela, I., and P. Martinetto. 2005. The relative ineffectiveness of bibliographic search engines. BioScience 55:688–692.

제 7 장

과학 커뮤니케이션의 다른 방법

1. 구두 발표
2. 포스터 발표
3. 연구비 제안서

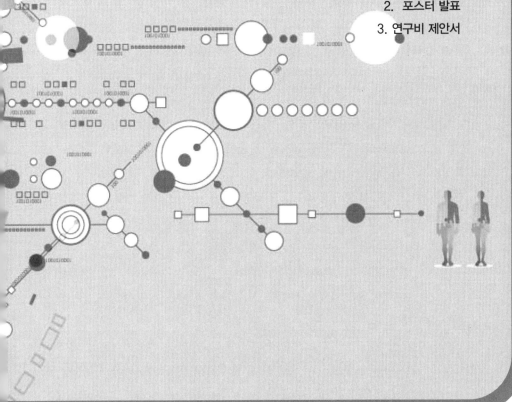

1. 구두 발표

우리는 중요한 문제를 알아차리기 위해서 과학적인 직관을 최대로 이용했고, 그 문제를 검증하기 위한 최선의 가능한 방법을 고안했으며, 필요한 측정을 위해서 혁신적인 방법을 이용했고, 훌륭한 데이터를 얻었다. 우리의 과학 관련 삶의 어느 시점에서는 두려운 구두 발표를 틀림없이 해야만 할 것이다. 구두 발표와 관련해서 첫 번째로 지적하는 점은 비록 경험이 많은 발표자라고 하여도 발표에 대한 약간의 염려를 가진다는 것이다. 두 번째 점은 구두 발표를 하는 것이 연극을 상연하는 것과 같은 무대 공연이라는 것이다.

무엇이 성공적인 공연을 만드는가? 먼저 좋은 이야기 줄거리이다. 비록 우수한 결과라 하더라도 단지 결과의 세세한 면을 제시하기만 한다면 청중의 상상력과 관심을 결코 붙잡지 못한다. 청중을 사로잡는 이야기는 현재의 지식과 새로운 결과 사이에는 물론이고 우리 결과의 부분들 사이에서도 어떤 관계를 보여주고, 그 새로운 정보가 어떻게 우리의 통찰력을 향상시키고 미래의 일에 영향을 주는가를 전달한다. 대체로 구두 발표의 개요는 서론, 방법, 결과, 토론 등 이제는 우리에게 친숙한 과학 논문과 거의 같기는 하지만, 구두 발표의 경우에 허용되는 약간의 변경이 요구된다.

성공적인 공연을 위해서는 또한 이야기를 청중에게 접근하기 쉽고 확신에 찬 방법으로 전달하는 배우가 필요하다. 청중이 누구인지 알고, 그들의 관심을 집중시키려고 애쓰며, 발표 내내 그들을 이끄는 배우 역할을 하는 발표자는 발표 결과의 중요성을 훨씬 성공적으로 전달할 것이다. 발표자는 발표 주제에 대해서 청중이 이미 알고 있는 것에 대해서 명확하게 아는 것이 필요하다. 왜냐하면 청중의 전문적 식견 수준에 따라 서론에 무엇을 포함시키는가, 구두 발표의 각 부분에 어떤 정보를 제공하는가, 특수 용어를 어느 정도 사용하는가, 논리적 이야기 전개에서 얼마나 자세한 사항을 포함 또는 생략하는 것이 필요한지 등을 결정하기 때문이다.

이야기를 한다는 것은 말하는 사람과 청중 사이의 관계를 의미한다. 경험이 많은 발표자는 현재 듣고 있는 청중에게 맞추어서 명확하게 이야기를 하는 법을 배운다. 예를 들어, 열대우림에 있는 나무를 베는 것과 대기 온난화를 촉진

하는 기체의 배출 사이의 관계를 연구한 결과를 박사 학위를 가진 전문가들, 공무원과 정치인 모임, 비전문가인 일반인, 그리고 초등학생 청중에게 발표할 수 있다. 각각의 경우에 사용되는 언어와 전문용어, 청중들이 기존에 가지고 있는 지식의 정도, 청중의 관심을 끄는 쟁점 등은 모두 다를 것이다. 이들 청중들은 물론 명백하게 다르지만, 대부분의 경우에 차이는 적은 정도이고, 청중들이 섞일 수도 있다. 그런 경우에 성공적인 발표자는 청중의 어느 한 부류만 알도록 말하는 것을 피해야 하고, 동시에 다른 청중들의 상층부와만 말해서도 안 된다. 그렇게 균형을 유지하는 행동은 쉽지 않고, 쉽게 이용할 수 있는 지침도 없다. 아마도 배우기에 가장 좋은 방법은 훌륭한 발표자가 다양한 청중을 상대로 발표하는 것을 열심히 듣는 것이다.

성공적인 발표자는 청중을 잘 파악할 뿐만 아니라 철저한 준비를 통해서 증거를 제시하고, 정통하고 정확하게 말을 하며, 믿을 수 있는 데이터를 보여주고, 결과가 편견이 없는 검사를 거쳤다는 것을 명확하게 하는 등 청중과의 거리를 잘 유지한다. 이런 것들은 청중들의 질문에 당황하지 않도록 하는 최선의 방법이다. 이것은 발표자가 그 주제에 관한 앞선 결과들을 철저하게 조사했고, 발표 자료의 순서를 조심스럽게 잘 배치했다는 것을 의미한다. 정통하게 말한다는 것이 의미하는 것은, Anholt(1994)가 예를 든 것처럼, 권위 있는 발표자는 단지 "쥐라기 새의 조상인 시조새는 나무 위에서 사는 동물이다."라고 말하지는 않는다는 것이다. 비록 이 말이 사실이기는 하지만, 이 주장에 대한 증거를 전달하고 쟁점이 아직 해결되지 않았다는 것을 암시하기 위해서는, 발표자가 "시조새 발톱이 많이 굽어진 것은 나뭇가지에 앉는 새의 특징이고, 유추에 의해서 시조새는 나무 위에서 사는 쥐라기 새라고 주장되어 왔다."라고 말하는 것이 훨씬 권위 있게 들릴 것이다. 좋은 데이터와 편견이 없는 분석은 앞의 제2~6장에서 다루었던 것과 같이 결과를 제시하는 방법에 의해서 확실해진다.

성공적인 과학 구두 발표에는 부가적인 요건이 있는데, 어떤 이야기인지 전체 구조를 명확하게 청중들이 아는 것이 필요하다는 것이다. 아주 소수의 과학자들만이 데이터를 제시하지 않고 강요하는 발표를 하려고 애를 쓰며, 그것도 그 분야의 일반적인 모습을 토론하거나 전문가가 아닌 일반인을 대상으로 연설할 경우뿐이다. 거의 모든 구두 발표에는 데이터 제시가 필요할 것이다. 과학적 글쓰기에서 데이터를 제시하는 일과 관련해서 제5~6장에서 다루었던 모든 쟁점이 구두 발표에도 적용되며, 구두 발표에서는 데이터를 명확하고 즉각적으로 인식하는 것을 요구하므로 한층 더 그렇다. 독자가 데이터 제시를 검사할 여유가 있는 논문과는 달리, 구두 발표는 너무 짧은 시간 동안 지속되어 대부분의 구두 발표는 10분에서 길어야 60분 정도이며, 정보를 청중에게 전달하는 기회는 덧없이 지나간다.

한 장의 그림이 천 개의 단어 가치가 있다는 옛 말은 문서로 된 자료보다는 구두 발표에 훨씬 더 적용된다. 가능하다면 표를 사용하지 않는 것이 좋은데, 대부분의 표는 그림으로 변환될 수 있다. 만약 표를 꼭 사용해야만 한다면, 표를 단순하게 만들어서 청중에게 보여주기를 원하는 숫자들만 제시하고 그 이상은 하지 않는다. 대부분의 그림도 구두 발표를 위해서 간단하게 만들 수 있는데, 예를 들어 만약 이미 만들어진 세 장으로 된 그림을 가지고 있고 첫 번째 그림에 대해서만 말할 필요가 있다면, 필요한 그림만 보여준다. 그렇게 하지 않는다면 일부 청중은 불가피하게 여분의 데이터에 의해 주의를 다른 곳에 쏟게 될 것이고, 발표자가 첫 번째 그림에 관해서 말하려고 애쓰는 것을 놓치게 될 것이다. 인쇄된 자료를 통한 의사소통에서도 같은 경우이지만, 단어의 수가 적고 간단하면서도 통일성을 유지하는 그림이 구두 발표에서는 더욱더 도움이 된다.

이야기로서의 구두 발표

구두 발표의 구조는 약간의 수정을 하면 과학 논문의 구조와 비슷하다. 서론은 앞으로 제시될 정보에 대한 일반적 맥락을 제공하고 질문들을 제시한다는 면에서 같은 기능을 가지고 있지만 상대적으로 더 간단하다. 구두 발표의 본문은 새로운 정보를 보여주며 긴 부분이다. 이 긴 부분은 이야기의 논리적 흐름을 좋게 하기 위해서 조심스럽게 나눌 필요가 있다. 각각의 부분에서 방법과 결과는 보통 분리하지 않는다. 결론에 해당하는 아주 짧은 부분이 따라 오는데, 질문에 대한 답이나, 결과에서 드러난 새로운 정보, 그 일의 일반적 의미나 미래의 방향 등을 간결하게 제시한다.

그러므로 우리는 이미 구두 발표의 요소들과 친숙하다. 이 요소들을 유지하면서 이야기가 흘러가도록 만드는 것이 기술이다. 분명히 우리의 발표로서 제시하는 이야기에서 첫 번째 단계는 독자가 그 주제에 관심을 기울여야만 하는 이유를 이해할 수 있는 용어로 설명하는 것이다. 앞에서 예로 들었던 열대우림의 벌목과 대기 온난화를 증진시키는 기체의 방출관계 연구에서, 전문가 청중은 이 결과가 대기지구화학에 관한 현재의 지식을 어떻게 발전시킬 것인지 들을 필요가 있다. 행정가와 정치인은 이 결과가 공공정책의 쟁점에 어떻게 영향을 미치는지 듣고 싶어 할 수 있다. 평범한 청중은 이 결과가 그들의 미래에 대해 무엇을 의미하는지에 대한 전망을 원할 수 있고, 학교 어린이들은 먼 곳에서 발생한 사건이 어떻게 그들이 좋아하는 해변에 영향을 줄 것인지에 관심을 가질 수 있고, 그들이 성장했을 때 세상이 어떻게 될 것인가에 사로잡힐 수 있다. 구두 발표에 전망을 부여하고 발표를 흥미롭게 만드는 맥락은 축약된 형태로 나타낼 필요가 있다. 하지만 간결성이 중요하지 않다는 것을 의미하는 것은 아니다. 주제가 명백하게 중요하도록 만들어지지 않은 발표를 관심을 가지고 들을 청중은 아무도 없다.

맥락을 가지고 시작하는 것은 그 주제가 더 큰 전체의 부분이라는 것과 그렇게 중요하다는 것을 우리가 보여주도록 허용한다. 연사는 이제 논의될 특정한 주제가 어떻게 더 넓은 원칙들의 한 모형이 되는지, 또는 현재의 지식을 새로운 방향으로 어떻게 확장하는지를 보여주도록 나아갈 수 있다. 이제 청중은 이것이 일반적으로 재미있는 주제이고, 이 특정한 주제가 흥미로운 일반 주제의 한 부분일 뿐만 아니라 일반 주제에 유용하고 흥미 있게 더해질 수 있다는 사실에 동의할 수도 있다. 덧붙여서 이러한 과정은 이 발표의 중심적인 질문에 무엇이고, 우리가 되돌아갈 본질적인 주제가 무엇인가를 청중에게 명확하게 만든다.

연구의 맥락을 발전시키면서 우리는 다른 연구자들에 의해 발전되고 얻어진 지식 또는 아이디어를 불가피하게 이용한다. 통상적인 예의는 우리가 이용한 아이디어 또는 정보를 만든 사람에게 적절한 영예를 주어야 한다는 것을 요구한다. 적절한 영예에 관한 예민한 느낌은 제6장에서 언급했던 것처럼 과학의 특별한 특징이다. 다른 분야에서는 구체적이고 때로는 본질적인 대상이 공학자, 건축가, 도시 설계자 등의 산출물이다. 과학자의 산출물은 아이디어이고, 인쇄된 우리의 논문에 들어 있는 몇 개의 단어와 숫자이다. 고층 건물, 다리, 선박을 만든 사람들보다 더욱더 우리는 물질적으로 눈에 띄지 않는 산출물을 소유하게 되는 것이다. 앞선 연구에 영예를 주는 것에 실패한 연사는 그 주제에 관한 역사를 전달하는 일을 빠뜨리게 되고, 동료 연구자들 사이에서 평판을 높이지 못할 것이다. 이러한 이유로 비전문가 청중에게 하는 발표에서는 동료 연구자에 대한 영예가 덜 중요하다.

그러므로 넓은 맥락은 우리가 말하려는 이야기의 논리적 시작이고, 어떤 질문들이 답해져야만 하는지를 지적하게 되는 것이다. 다음으로 발표는 그 문제에서 우리가 발견했던 대답을 펼치게 된다. 예를 들면 이야기의 다음 단계는 이 문제들에 대해서 우리가 했던 대답을 지적하는 일이다. 이야기를 더 가져가기 위해서 우리는 청중에게 어떻게 문제를 검사했고, 방법, 시료, 물질 등을 어떻게 개발했는지 알려주어야만 할 것이다. 다음으로 우리는 우리의 결과를 가지고 이야기를 계속할 수 있다. 첫 번째로 논의했던 특정한 실험이 마지막으로 수행되었을 수도 있으며, 이야기의 논리적 흐름을 해치면서 데이터 수집의 실제 역사를 알려주지는 말아야 한다. 이야기의 이 부분은 우리 결과의 여러 부분이 기존에 알고 있던 사실을 향상, 반대, 예증, 확인, 보충하는 것을 보여주기 위해서 우리의 상상력을 이용할 수 있다. 이야기의 순서를 강조하기 위해서 서론에서 (주제들이 나타나는 순서와 같이) 요청되는 질문을 나열하고, 다시 같은 순서로 문제에 대한 답을 요약함으로써 결과 제시에 종결을 가져오는 것이 종종 유용하다.

당신의 결과에 의해서 제기되는 문제 또는 더 크고 '대단한' 쟁점을 강조하면서 멋진 마무리를 하라. 어떤 것에 대해서도 용서를 구하지는 말아라. 만일 데이터, 그림, 심지어는 전체 발표에 대해서 수세적이라고 당신이 느낀다면, 의심스러운 항목을 제시하지 말거나 발표를 하지 않으면 된다. 발표의 마지막을 'further work is needed'라고 말하면서 마치지는 마라. 이것은 모든 연구에 대해서 사실이다. 모든 훌륭한 연구는 대답한 것보다 더 많은 질문을 열어준다고 흔히 말한다. 얻어진 결과에 대한 간단한 기술을 포함하는 시각 자료와 함께 발표를 마치면서, 그 의미를 재음미한다.

연사를 위한 조언

당신이 곧 청중을 마주 대하게 된다고 상상하자. 연사의 대부분은 최소한의 생명 단축을 경험했다는 것을 기억하라. 대부분의 과학 발표는 방을 가득 채운 사람들에게 전달하는데, 이 사람들은 강연 주제가 그들에게 이득이 되거나 흥미가 있다고 믿기 때문에 온 것이다. 그러므로 청중은 일반적으로 연사에게 우호적인 경향이 있고, 연사가 하는 강연을 따라가고자 하는 의지가 있다. 그럼에도 불구하고 연사는 청중을 관심과 연결시켜야 하고, 그들을 인도함으로써 전체 강연 동안 관심을 유지시켜야만 한다. 청중이 모든 말을 따라오도록 의도한다. 청중이 당신의 말에 집중하도록 하기 위해서는 옆으로 새는 것을 최소화하고 주의를 기울이도록 할 필요가 있다.

준비

- 강연 전에 초조해지는 것은 당연하다. 친하지만 비판적인 청중 앞에서 강연을 연습하라.
- 강연의 논리적 진행을 위해 애써라. 흐름이 논리적이 될수록 무엇을 말하는지 기억하는 것이 더 쉬워진다.
- 첫 번째 문장을 암기하라. 그러면 그다음이 쉽게 나오고 계속할 수 있다.
- 강연할 방을 미리 방문해서 전등, 환등기, 포인터 등을 제어하는 방법과 강연 자료들을 어디에 둘 것인지 미리 확실하게 익혀둔다.

강연

- 어떤 일이 있어도 강연을 읽는 것은 피하라. 읽는 것은 거의 불가피하게 단조로운 목소리가 되어, 청중이 주장의 흐름을 잃게 될 뿐만 아니라 심지어는 졸게 만든다. 매우 뛰어난 연사들 중에서도 어떤 분들은 원고를 읽기도 하지만, 엄청난 노력과 극적인 기술을 가지고 원고의 언어에 생기를 불어넣는다. 훌륭한 연사가 아닌 나머지 우리들은 읽기를 피하는 것이 최선이다.
- 천천히 말하고, 맨 뒤에 있는 사람도 들을 수 있도록 충분히 크게 말하라.
- 청중은 정보를 전달하려는 당신의 모든 동작을 보고 있다. 논점을 강조하기 위해서 몸동작을 사용하라. 포인터를 허공에서 흔드는 것, 손을 주머니에 넣는 것, 다리를 꼬는 행동, 너무 많이 왔다 갔다 하는 것 등 본질적이지

않은 불필요한 행동들은 모두 당신이 말하고자 하는 이야기로부터 청중의 주의를 분산시키는 것이다. 강연의 중요한 부분에서 강조하는 데 필요한 신체 언어를 연습하라.

- 청중과 눈을 맞추어라. 만일 당신이 스크린이나 바닥을 보고 말을 한다면 청중을 끌고 가는 일이 어렵다는 것을 명심하라.

구성

- 이야기는 간단하고 일관성 있게 유지하라. 청중은 전체 내용의 단지 일부만을 흡수한다. 하나의 중요한 논점에 대해 이야기하고, 결론으로 연결되는 의미가 있고 본질적인 세부사항을 제시하며, 데이터가 호소력 있도록 만들어라. 부수적이거나 주된 문제에서 벗어나는 것은 논문을 위해 남겨두라.

- 옆으로 새는 것이 필요하면 그렇다고 이야기하고, 짧게 하며, 논의를 하라. 끝마치게 되면 다시 본류로 돌아왔다는 것을 말해 준다.

- 강연을 하는 것에 대하여 잘 알려져 있고 가치가 있는 격언이 있다. 당신이 말하고자 하는 것을 알려주고, 다음에는 그 내용을 말하고, 마지막에 당신이 말했던 것을 말하라.

- 중요한 논리적 전환이 있을 때 청중에게 알려주어서 그들이 이야기의 진행 과정에 참여한다고 느끼도록 하라(예 : "이것은 우리가 X에 대하여 무엇을 아는지를 보여줍니다. 이제 Y를 검사를 위해서 주제를 바꿔 볼까요.").

시각 자료

- 당신의 이야기 순서를 상기하는 것을 돕기 위해 시각 자료를 이용하라. 만일 순서를 잘 계획했다면 당신이 기억할 필요가 있는 모든 것은 X에 대해서는 세 가지, Y에 대해서는 두 가지 등을 언급하는 것이다. 원한다면 보여주는 것 자체에 이들 논점을 써라.

- 간단하게 만든 그림과 표를 이용하고, 그림과 표에서 라벨을 읽을 수 있도록 큰 글자를 사용하라. 글자 크기를 선택한 후에 그것을 더 크게 만들어라. 대부분의 표는 너무 많고, 숫자는 너무 작은데, 크게 만들고 표를 간단

하게 해서 뒤에 앉아 있는 사람도 읽을 수 있도록 하며, 연사가 표를 모두 논의할 시간을 가진다.

- 스크린 위에서 데이터를 논의할 때 청중이 집중하기를 원하는 곳을 정확하게 보여주기 위해서(당신이 청중을 이끌어 가고 있다는 것을 명심하라.) 포인터를 사용하고, 당신이 논의하는 부분을 청중이 식별할 수 있을 만큼 충분한 시간 동안 그 장소에 포인터를 머물게 하라. 포인터를 '신경질적으로' 방황하게 하는 것은 주의를 산만하게 한다.

- 시각 자료를 많이 준비해서 급하게 말하지 마라. 몇 개만 준비해서 청중이 이해할 수 있도록 그림을 설명하기 위해 필요한 충분한 시간을 가진다.

- 좌표축을 먼저 정의하면서 그림을 소개하고, 그다음에 데이터에서 청중이 보기를 원하는 부분을 이야기하라. 만일 당신이 좌표축을 가르쳐 주지 않으면 청중은 라벨을 읽으면서 그렇게 해야만 하는데, 이는 당신이 하는 말을 청중이 듣지 않게 된다는 것을 의미한다. 읽기를 마치고 다시 돌아와 당신에게 집중할 때는 이미 당신이 주장하는 논점을 청중이 놓치게 될 것이다.

- 강연을 하면서 내용의 일부가 가려지지 않게 주의하라. 이것은 주의를 산만하게 하는 것이고 연사를 어색하게 만든다. 단지 순서대로 말하면 되고, 잘못된 긴장을 만들 필요가 없다. 정말로 어떤 다른 순서를 원한다면 여분의 자료가 더해진 자료를 하나 더 만든다.

- 강연 중에 비디오를 사용한다면 세심하게 내용을 편집해서 짧은 부분 하나로 만들어라. 별 내용도 없는 부분을 오래 나열하거나, 앞이나 뒤로 빨리 되감기 등은 피하라.

예의

- 제한된 시간을 지켜라. 청중은 늘어지는 강연을 싫어하며, 만일 당신이 예정된 시간을 초과하는 경우에는 당신이 하는 말에 집중하기보다는 불만을 품게 된다. 게다가 강연 마지막에 세상을 흥분시키는 집에 가서 생각해 볼 숙제를 전해 주어야만 하는 때에, 시간이 없어서 급하게 막 달려가거나 심지어는 생략해야만 한다.

- 열정적이고 긍정적으로 강연하라. 당신이 발표 자료에 대해서 관심을 가지고 열심이라면 남들도 그렇게 된다.
- 옷을 잘 차려입어라. 이것은 어려운 일이기는 하지만 연사는 무엇이 중요한가를 결정해야만 하고, 청중을 존중한다는 것을 전달한다. 물론 관습은 변한다. 내가 대학원생이었을 때는 학회에 가는 사람들은 모두 양복에 넥타이 차림이었지만, 지금은 적어도 내 분야에서는 넥타이가 거의 사라졌다. 그럼에도 불구하고 예를 들어 당신이 취업 면접의 한 부분으로 강연을 하는 경우에는, 청중이 보기에 당신이 그 기회를 소중하게 여기고 있다는 인상을 줄 수 있도록 산뜻하게 옷을 입는 것이 필요하다.
- 결론을 제시한 후에 단순하게 "감사합니다!"라고 말하면서 강연을 마쳐라. 다른 일, 완성되지 않은 연구, 갑작스러운 끼어들기 등에 관하여 단조롭게 이야기하지 않는다.

강연에서 시각 자료

TV 광고는 어떤 면에서는 과학 강연의 좋은 모델이다. 그들은 최소한의 글자와 시각적으로 감동을 주는 정보의 경제적인 사용을 통해서 어떻게 논점을 주장하는지 보여준다. 강연이 짧기 때문에, 가능하면 신속하고 명확하게 우리가 청중에게 말하고 싶은 논점을 전달하는 영상을 보여주고자 한다.

그림을 더 간단하게 하고 색깔을 사용하게 되면 강연에서 효과적인 데이터 제시를 할 수 있다. 물론 모든 것은 적당하게 해야만 한다. 한 연사가 컴퓨터로 그린 현란한 슬라이드를 사용했던 국제 학술회의가 기억난다. 색깔은 밝고 화려했고, 밝은 데서 어두운 그림자로 서서히 변하는 배경 위에 데이터를 겹쳐 썼으며, 진짜 좋은 그림이었다. 유감스럽게도 연사가 결론을 제시한 후에 처음으로 나온 질문은 흥미로운 결과에 대한 것이 아니라 "색깔이 있는 슬라이드를 어떻게 만들었는가?"하는 것이었다. 슬라이드는 결과 그 자체에 대한 것보다는 데이터가 제시된 방법에 관해서 더 많은 말을 하고 있었던 것이다. 인생의 모든 면이 그러한 것처럼, 본질이 겉치레 표면보다는 항상 우선권을 가져야만 한다. 생각해 보아야 할 또 다른 문제 하나는 청중의 일부가 색맹일 수 있다는 것이다.

결과를 보여주는 방법이 변화하고 있다. 오래지 않아 컴퓨터를 사용한 기술이 과학 소통을 혁명적으로 변화시킬 것이다. CD를 이용한 발표, 대화식 컴퓨터 발표, 홀로그래피 등이 현재의 발표방법들을 낡은 것으로 만들겠다고 위협할 것이다. 거의 모든 것이 진화하는 중에도 슬라이드와 투명비닐은 아직도 대부분의 과학 강연에서 사용되는 주요한 시각 자료이다.

사진을 찍은 슬라이드는 데이터를 가장 좋게 가장 전문적으로 보여주지만, 필름 현상 과정이 요구되고, 만드는데 돈과 시간이 들며, 어두운 방에서 잘 작동하는 영사기가 필요하다. 어두움은 불가피하게 일부의 청중에게 졸음을 유발한다. 흰색 배경 위에 검은색이나 색깔이 있는 그림 또는 숫자가 가장 바람직하다. 검은색 배경 위에 흰색 자료를 가진 슬라이드는 읽기가 어렵고, 방을 더 어둡게 한다. 세미나에 참석했던 거의 30년 동안에 세미나 참석자들이 많이 졸았던 것은 주로 어두운 배경의 슬라이드를 보여주었을 때라는 것을 인지했다.

투명비닐은 슬라이드보다 만들기에 훨씬 값이 싸고, 더 쉬우며, 더 빠른 방법인데, 단지 복사기 또는 레이저 프린터와 비어 있는 적당한 플라스틱만 있으면 된다. 칼라 복사기와 프린터, 또는 칼라 펜 덕분에 투명비닐에 색깔을 넣는 것은 효과적이고 쉽게 만들 수 있다. 투명비닐의 한 가지 장점은 강연 직전에도 마지막으로 갑자기 만들 수 있다는 것이다. 환등기는 방을 어두침침하게 만들 필요가 없기 때문에, 청중이 노트 필기를 할 수 있고 졸지 않고 깨어있게 되는 것이다. 다른 장점은 연사가 시각 자료를 제어할 수 있다는 것인데, 투명비닐을 겹치는 것도 가능하고, 예전 그림으로 돌아갈 수 있으며, 비교도 가능하다. 겹쳐진 투명비닐은 특히 색깔을 잘 이용하면 대조와 변화를 효과적으로 보여줄 수 있다. 유감스럽게도 대부분의 환등기는 가로보다는 세로 차원이 더 길도록 그림을 보여주게끔 설계되었다. 종종 우리는 환등기가 제공하는 밝은 틀 안에 잘 맞도록 그림을 줄이거나 다시 디자인을 해야만 한다.

그러므로 슬라이드와 투명비닐은 서로 다른 장점과 단점을 가지고 있고, 개인적인 취향, 장비의 이용 가능 여부, 청중 등에 따라 선택이 달라진다. 어떤 효과적인 발표에서는 슬라이드와 투명비닐 둘 다 사용한다.

지금까지 수 세기 동안 과학 연사들에게 봉사했던 시간을 견뎌낸 시각 자료가 하나 있는데 바로 칠판이다. 많은 경우에 물론 칠판이 없기도 하지만, 칠판을 사용할 수 있는 경우에는 대부분의 강연 뒤에 따라오는 질문 답변 시간에 칠판이 매우 유용하다. 발표에 포함되지 않았지만 청중의 질문에 답변하기 위해서 필요한 새로운 관계식, 구조 등을 그리는 경우에는 칠판이 매우 가치가 있다.

컴퓨터 기술의 새로운 발전은 위에서 논의했던 기술의 많은 것들을 다가오는 몇 년 안에 구식으로 만들 것이다. 새로운 소프트웨어는 연사가 발표 자료를 스크린에 나타나도록 해 줄 것이고, 많은 놀라운 그림들이 강연에서 사용되도록 가능하게 할 것이다. 이용 가능한 여러 방법과 다양한 기술은 연사를 위해서 새롭고 마음을 끄는 여러 가능성을 제공한다. 가능성이 넘쳐나서 논점에 경제성, 명료함, 정직성 등을 훨씬 중요하게 만든다. 게다가 기술의 포로가 되는 무서움도 있다. 예를 들어 마이크로컴퓨터 발표가 강연 도중에 문제가 생길 수도 있기 때문에 안전장치로 항상 투명비닐 세트를 휴대한다.

2. 포스터 발표

지난 10여 년 동안에 우리는 또 다른 과학 의사소통의 메커니즘이 급격하게 늘어난 것을 보게 되었는데, 바로 과학 학술회의에서 포스터 발표이다. 포스터는 또한 보통 '과학 박람회'라고 부르는 행사에서 초중등 학생들이 과학 결과를 전달하기 위해서 먼저 배우는 중요한 방법이 되었다.

이 포스터는 1~2m 직사각형 모양의 판으로 구성되는데, 과학 전달 내용을 포함하는 제목, 라벨, 본문, 표, 그림 등을 판에 붙인다. 다양한 조각이나 패널을 판에 고정시키는데, 어떤 포스터는 전체가 한 장이지만 중요한 그림이 있어야 하고 덜 유연하다.

포스터 이용이 증가한 것은 구두 발표를 수용하지 못해서인데, 최근에는 점점 더 많은 사람이 전문적인 학회 모임에서 구두 발표를 위한 시간을 요청했다. 대부분의 과학 모임에서 원하는 연사에게 모두 강연을 하도록 허락하기에는 시간이 충분하지 않기 때문에 포스터 세션이 생겨난 것이다. 포스터 세션에서는 많은 수의 포스터가 동시에 게시된다. 청중은 관심이 있는 주제를 찾아 돌아다니고, 포스터 저자는 보통 포스터 옆에 서서, 있을 수도 있는 질문에 답변을 할 준비를 한다. 효과적인 포스터 디자인은 논문 또는 발표의 디자인과는 다른 문제를 제기한다. 포스터는 다른 형태의 과학 소통 형태들보다 훨씬 잘 정리되어 있어야만 하는데, 시간과 공간의 제약 때문에 청중의 관심을 붙잡고 논점을 강조하기 위해서는 일단 청중을 모을 수 있어야만 한다.

포스터는 보통 한 특정한 세션에서 한꺼번에 진행되기 때문에, 움직일 수 있는 청중들의 관심을 끌기 위해서 치열한 경쟁이 있게 된다. 포스터의 디자인이 매우 중요하며, 전달하고자 하는 메시지가 보는 사람에게 쉽고 빠르게 인식되어야 한다. 포스터는 또한 시각적으로 호소하는 모양으로 주제를 전달해야만 한다. TV 광고에서 사용되는 기술로부터 많은 것을 배울 수 있다. 주된 메시지에 집중하는 것을 선호하면서 세세한 곁가지, 긴 문장, 부차적인 쟁점 등은 빠지게 된다. 효과적인 포스터는 증거를 명확하고 놀라운 그림으로 보여주는데, 여기가 바로 관심을 끄는 색깔이 완전하게 이용되는 곳이다. 논문이나 보고서에서 가져온 본문은 초록조차도 더 간단하게 다시 써야만 하는데, 숫자로 순서를 표시하고, 간단한 주장을 하며, 서술문을 사용하는 등 시각적으로 돋보이는 형태를 가져야만 한다. 논문에 있는 것을 그대로 사용하거나 논문에 있는 그림을 포스터에 바로 가져오면 좋지 않은데, 그렇게 되면 너무 복잡하게 되고 글자와 숫자가 너무 작게 된다.

어디에서 시작하고 일단 시작하면 어디로 가는 지를 포스터는 논문보다도 훨씬 더 명확하게 보는 사람에게 제시해야만 한다. 대부분의 포스터는 너무 커서 한 번에 전체를 편안하게 보기가 어렵다. 보는 사람들에게 편안하도록 읽기와 움직임의 잘 만들어진 흐름을 제공할 필요가 있다. 항목들을 읽는 순서를 전달하도록 번호를 사용할 수도 있고(그림 7.1 위쪽), 따라가야만 할 흐름을 보여주는 화살표를 이용할 수도 있다(그림 7.1 아래쪽). 각 절의 제목과 함께 통상적인 과학 논문의 요약이 포스터 표면 위를 보는 사람이 따라갈 수 있도록 이해할 수 있는 관습적인 트랙을 제공할 수 있다. 하지만 이런 구조는 종종 너무 길고 연관되어 있는 본문이 된다. 결과를 논리적이지만 간결하게 보여주는 것이 보통 더 실용적이다.

1. 이것이 문제이다.
2. 이 문제가 중요한 이유는 이것이다.
3. 이 문제에 답하기 위해서 우리는 이것을 했다.
4. 이것이 우리가 발견한 것이다.

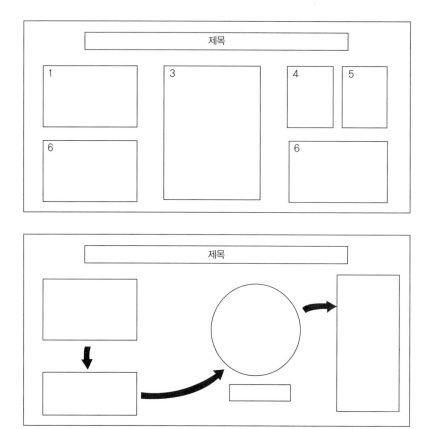

그림 7.1 독자가 의도한 순서를 따라가도록 포스터의 부분들을 배열하는 두 가지 방법

출처 : Hansen, W. R. 1991. *Suggestions to Authors of the Reports of the United States Geological Survey*, 7th ed. U.S. Government Printing Offics.

5. 우리의 결과가 의미하는 것은 이것이다.

본문이 단락이 아닌 문장이면 더 좋고, 글자 크기는 1~2m 거리에서도 읽을 수 있어야만 한다. 아마도 우리는 남들이 읽기를 원하는 순서대로 독자들이 따라갈 수 있도록 번호를 붙여야만 한다. 순서를 보여주는 화살표나 색깔 코드 등 더 정교한 장치가 사용될 수도 있다. 하지만 창의성은 메시지를 전달하는 것에만 제한한다.

만일 더 기술적인 세부사항이나 당신의 결과의 많은 부분을 남들이 접근하기 쉽도록 할 필요가 있다고 느끼는 경우에는, 그러한 정보를 요구할 수도 있는 동료들에게 나누어 줄 수 있는 논문의 초고 또는 별쇄본의 사본을 준비한다.

포스터를 구경하는 사람들은 보통 정보의 흐름을 따라가기 위해서 포스터 면과 평행하게 옆으로 움직일 필요가 있다. 만일 운이 좋게도 우리의 포스터가 매우 인기를 끈다면, 늘어서서 포스터를 지켜보는 많은 사람들이 있게 될 것이다. 이것은 왼쪽에서 오른쪽으로 가는 구성을 따라가기에 어렵도록 만드는데, 왜냐하면 이들이 우리의 포스터를 읽기 위해서는 옆으로 왔다 갔다 해야만 알 것이기 때문이다. 정보를 세로로 배열하는 것이 더 편리한데, 그렇게 되면 다음을 보기 위해서 옆으로 움직이기 전에 한 곳에 서 있는 동안에 가능한 길게 독자가 정보를 따라갈 수가 있다(그림 7.1). 하지만 사람들이 몸을 꾸부리도록 강제할 만큼 낮은 위치까지 패널이 놓이지 않도록 유의한다.

University of London의 R. S. Clymo 교수가 제안했던 기본 배치는 (더 적은 것이 좋지만) 8장 패널보다 더 많지는 않도록 하고, 각각은 대략 표준적인 한 쪽의 크기이며, 각각 2항목을 가진 4줄로 배열된 것이다. 이 틀은 물론 단지 출발점일 뿐이고 포함되는 자료에 맞도록 수정되어야 한다. 다른 크기와 모양을 가진 패널은 시각적인 흥미를 더할 수 있다.

적어도 내가 여러 학회에서 보았던 바에 따르면 실제로 포스터 발표는 가능한 여러 사람들에게 정보를 전달하는 선호하는 방법이라기보다는 필요한 장치였다. 포스터를 간단히 훑어보면서 사람들이 돌아다니기는 했지만, 주로 포스터 세션은 포스터와 관계될 수도 있고 없을 수도 있는 대화를 나누는 사회적 환경으로 작용한다. 실제로 나의 회상에 의하면 대부분의 대화는 다른 학회라면 구두 발표 세션에서 들을 수 있는 발표에 관한 것이었다.

적은 수의 사람들이 당신의 포스터를 읽는다고 기대하는 것이 좋은 생각이다. 포스터는 포스터의 특정한 주제에 이미 관심이 있는 소수의 사람을 끌어드리는 반면에, 구두 발표에서는 다양한 청중에 다가갈 수도 있고 반대로 자신의 연구 주제와 연관을 찾을 수 없는 사람들에게는 흥미가 없게 된다. 하지만 포스터 세션은 당신의 특정한 주제에 관심을 가지고 있는 동료와 일대일로 아이디어를 교환하는 기회를 제공하며, 많은 청중을 기대하는 것보다 이렇게 드물지만 의미있는 의견 교환의 이익을 강조하는 것이 더 좋다. 포스터 세션은 보통 저자에게 특정한 시간 동안 포스터 옆에 있을 것을 요청하는데, 이때 포스터 옆에서 "무엇을 발견했는가?"와 같은 자주 묻는 질문에 대해서 2분 정도의 요약 구두 발표를 하게 된다.

비록 점점 늘어나고 있기는 하지만, 포스터 세션은 젊은 연구자의 영역으로 남아있다. 포스터 세션은 (과학 박람회도) 구두 발표에 수반되는 압력은 적게 하면서 과학 결과를 발표하는 방법을 배우는 장소를 제공한다. 한편 포스터를 발표하는 나이 들고 잘 알려진 저자를 발견하기는 드문데, 이것은 과학자 사회에서 포스터의 계층적 위치에 대해 암시를 알려주는 것이다. 젊은 과학자는 그들의 관련 분야나 사회에 진입하는 문으로 포스터 세션을 이용할 수 있지만, 약간의 포스터 경험 후에는 포스터 발표 보다 구두 발표를 하게 된다면 도움이 된다. 구두 발표는 더 많고 다양한 청중에 다가갈 수 있고 일과 연구자를 보여주게 될 것이다.

포스터 디자인을 위한 몇 가지 조언

- 포스터 위에 있는 모든 글자를 크게 만들어라. 포스터를 보는 것은 1~2m 거리에서 이루어지는데, 우리들 대부분이 읽을 수 있는 것보다 더 멀다. 포스터를 게시하기 전에 읽을 수 있는지 직접 검사한다.
- 최소한 5m 떨어진 곳에서 읽을 수 있는지 제목과 저자의 이름 글자 크기를 확인하라.
- 특별히 색깔을 이용해서 흥미의 중심을 강조해서 청중의 관심을 끌어라.
- 논문의 본문을 단지 잘라내서 그 부분을 판자에 붙여놓지는 마라. 독자들은 너무 작은 글씨로 인쇄된 페이지를 보면 주춤하게 되며, 아마도 당신의 포스터를 무시하게 될 것이다.
- 다른 목적으로 길게 쓴 단락은 피하라. 당신의 포스터를 더 볼 것인지 말지를 결정하면서 보통 단지 몇 초만 사용하는 청중에게는 포스터를 위해 잘 디자인된 문제, 그림, 결론에 대한 간단한 설명이 훨씬 잘 먹힌다.
- 관심을 끌고 부분들의 구조와 논리적 흐름에 관해서 지적하고 치장 목적이 아닌 읽기 쉽도록 그림을 만들기 위해서 색깔을 이용하라.
- 중요한 결과를 선택해서 이들에 집중시켜라. 너무 많은 논점을 가지고 강한 흥미를 돋우는 포스터를 만드는 것은 어렵다.
- 그림 설명, 제목 등을 간단하게 하고, 이들을 읽기 쉽도록 만들며, 논문에

Making It Easier to Read

Letters and numbers should be at least 18 points. Uppercase lettering is harder to read than lowercase—compare reading this paragraph to the next one, set in upper case. Uppercase letters, while good for eye-catching short titles, slow the reader in longer sentences or paragraphs.

LETTERS AND NUMBERS SHOULD BE AT LEAST 18 POINTS. UPPERCASE LETTERING IS HARDER TO READ THAN LOWERCASE. UPPERCASE LETTERS, WHILE GOOD FOR EYE-CATCHING SHORT TITLES, SLOW THE READER IN LONGER SENTENCES OR PARAGRAPHS.

Typefaces with little curlicues or feet (*serif* faces or fonts) are easier for readers to process, and increase reading speed. Type without the little feet (*sans serif*) looks neater as axis labels in figures or as headers, but is harder to read in paragraphs, as one may judge by comparing this paragraph to the next one, which is set in sans serif type.

Typefaces with little curlicues or feet (*serif* faces or fonts) are easier for readers to process, and increase reading speed. Type without the little feet (*sans serif*) looks neater as axis labels in figures or as headers, but is harder to read in paragraphs as in this example.

서보다는 더 큰 글씨를 사용하라.

- 가능하다면 표보다는 간단하게 만든 그림을 사용하라. 포스터에서 표는 그림처럼 쉽게 읽을 수가 없다.

- 어수선하게 나타나는 것을 피하기 위해서 디자인에 여백을 남겨두어라.

3. 연구비 제안서

과학을 한다는 것의 실제는 우리가 지금까지 논의했던 활동들보다는 훨씬 더 많은 것을 요구한다. 젊은 과학자들은 과학을 하는 일에서 가장 많이 요구되면서도 시간을 소모하는 과제의 하나로부터 고립되는 경향이 있는데, 이는 바로 우리가 계획했던 굉장한 연구를 하는 데 필요한 연구비를 얻는 일이다. 실제로 과학 활동을 지원하는 연구비를 획득하기 위해서 연구비 제안서를 쓰는 것은 오늘날 많은 산업 국가에서는 최소한 많은 과학자에게는 시간과 창의성을 소비하는 주요한 활동 중의 하나이다.

연구비 제안서를 쓰는 것은 수행될 기초과학의 본질과 중요성을 전달하는 것

뿐만 아니라 왜 그 일이 연구비를 주는 기관의 관심과 관련이 있는지를 적절하게 주장하는 것과 연관이 있다. 대부분의 국가에서 과학활동을 지원하는 연구비는 주로 정부에서 나온다. 몇 나라에서는 재단과 같은 사설기관들도 활동적이다. 정부 또는 사설기관은 보통 명확한 의제와 관심을 가지고 있다. 연구비 지원기관이 연구비 신청서에서 무엇에 관심을 보이는가를 발견하는 것은 지원자의 책임이다. 실제로 이 문제는 간단한 일이 아니고, 연구비를 받는 것은 일을 하기 위해서 필요한 (세일즈, 표현의 명확성, 비전, 네트워크, 전망, 에너지 등) 연구보조금 획득수완(grantsmanship)이라고 할 수 있다. 여러 기술의 모음으로 바꿀 수가 있다. 비록 연구를 지원하는 재단과 정부기관에 대해서 여러 인쇄된 안내와 전자 안내가 있기는 하지만, 연구비 제안서를 보낼 적절한 기관을 찾는 일에서는 개인적인 접촉이 가장 중요하다.

어떤 국가에서는 연구 또는 다른 과학 일을 하는 연구비가 경쟁에 의해서 주어지는 것이 아니다. 대신에 정부 예산이 특정 연구소 또는 기관에 주어지고, 이들 기관의 책임자가 다시 이 연구비를 소속 과학자에게 분배한다. 이 체계에서 연구의 방향과 질은 책임자의 비전과 질에 달려 있고, 뛰어난 책임자는 좋은 연구에 이르게 되지만 보통은 반대의 경우가 많다.

미국, 캐나다, 유럽연합 국가들에서는 과학 연구비가 서로 경쟁하는 연구비 신청서를 요구하는 상황에서 보통 많은 정부기관과 연구재단에 의해서 주어진다. 경쟁하는 연구비 신청서 아이디어는 연구비 주제와 접근방법의 선택에서 최대의 자유를 허용하며, 제안된 일의 질에 기초해서 선택하는 과정을 거치게 된다. 이 현저하게 좋은 아이디어는 실제로는 덜 명확하게 되는데, 연구비의 한도가 있기 때문에 이 제한된 연구비를 분배하는 방법을 결정해야만 한다.

앞으로 나는 과학 연구비의 세 가지 주요 원천인 정부기관, 박애재단, 경영산업기구에서 연구비를 신청하는 절차를 살펴보고자 한다. 이 논의는 단지 내가 가장 익숙하다는 이유로 주로 미국에서의 상황을 언급하겠지만, 기본 원리의 많은 부분은 다른 국가에도 적용되어야 한다.

정부기관

서론

미국에는 과학활동을 지원하는 여러 연방정부기관이 있는데, 국립과학재단 (National Science Foundation, NSF), 국립보건원(National Institutes of Health, NIH), 미국 농무부(U.S. Department of Agriculture, USDA), 미국지질학조사회 (U.S. Geological Survey, USGS), 해군연구지원부(Office of Naval Research, ONR), 환경보호원(Environmental Protection Agency, EPA), 국립해양대기국 (National Oceanographic and Atmospheric Administration, NOAA), 국립우주항 공국(National Aeronautics and Space Administration, NASA) 등이다.

이들 기관은 연구자가 제출한 연구비 신청서에 근거해서 연구비를 지급하는 데, 보통 그 기관이 수행하는 주제에 관한 것일 수 있다. 대부분의 기관들은 경쟁을 발표하면서 연구제안서(Requests for Proposal, RFP)를 정기적으로 내놓는 부서들이 있다. 예를 들어 NIH에서 심장질환연구소(Institute for Heart Disease) 는 그 주제 내에서는 어떤 과제에 대한 제안서도 좋아할 것이고, NSF에서 해양 과학부(Division of Ocean Science) 내의 물리해양학 분과(Physical Ocean- ography Section)는 자신의 권한 내에 있는 주제들에 관한 연구비 경쟁을 가지 고 있다. 연구비를 받으려고 하는 저자는 이러한 부서에 관한 정보, REF(고정되 어 있는) 마감일 또는 경쟁을 위한(보다 유연한) 목표 일자들, 새로운 연구비, 접촉할 사람, 신청서 제출에 관한 특별한 조건, 자료를 보낼 곳, 신청서에 요구 되는 양식 등을 잘 알아둘 필요가 있다. 현재는 인터넷이 이러한 정보를 얻기 쉽도록 만들었지만, 담당 공무원과 개인적 접촉을 하는 것은 항상 도움이 된다.

어떤 정부기관들은 계약서를 제공하는데, 이것은 그 기관이 특정한 과학기술 과업을 수행할 추진력을 얻기 위한 장치이다. 만약 NASA가 추진 로켓을 위해 고안된 더 나은 O-ring을 갖고 싶거나, USDA가 고구마 재배를 위한 토양 온도 상승을 위해서 더 좋은 짚을 필요로 한다면, 그들은 이들 항목에 대한 계약서를 위한 RFP를 발표할 것이다.

주나 도시기관들도 과학 관련 연구나 다른 과학활동을 지원할 수 있다. 일반 적으로 그 기관이 더 작고 구체화될수록 주제가 더 특정화된다. 예를 들면 특정 주가 관내의 고속도로와 연관된 대기오염을 연구하는 과제에 연구비를 줄 수도 있고, 어떤 마을은 관내의 항구에서 오염물질의 퇴적 수송에 관해서 알고 싶어할 수도 있다. 게다가 RFP가 구체화될수록 연구비보다는 계약서가 연관될 가능성이 높다.

제1장에서 지적했던 것처럼 오늘날에는 응용과 기초과학 사이에 구별을 하는 것이 어렵다. 몬태나에서 지하수 오염을 통기와 숯 첨가 장벽으로 치유하는 일은 응용연구처럼 들리고, EPA와 USGS에 연구비 신청을 하는 것이 적당하다. 같은 일 또는 비슷한 연구가 물 생태계에서 유기물질의 미생물 분해를 제어하는 요소에 대한 기초 조사로 재해석될 수도 있고, NSF에 연구비 신청서를 보낼 수도 있다. 뼈가 부러졌을 때 단백질이 인도하는 느린 자연치유보다 더 빠르게 접합을 시키는 새로운 비단백질 메커니즘에 관한 연구는 의료 서비스 산업에 속하는 응용 프로그램에 적당한 것으로 보인다. 한편 단백질의 인도 없이 뼈를 빠르게 만들어 내는 산호의 성장에 관한 기초연구는 NSF에 신청할 과제로 보인다. 어느 경우에도 같은 일이 연관될지도 모르겠지만, 연구비 지원기관이 다르면 다른 언어와 정당화를 사용해야만 할 것이다. 이것은 그릇된 설명을 하라는 것이 아니고, 같은 일을 서로 다른 맥락에서 중요하도록 정당하게 보이도록 할 수 있다는 것이다.

연구비 신청서의 부분들

연구비 신청서를 성공적으로 이끌어 내기 위해서는 다음과 같이 작성한다.

- 참신성 : 제안된 일이 새로운 아이디어, 방법, 접근을 테스트하거나, 새로운 산출물을 창조해야만 한다.
- 중요성 : 결과가 알려진 사람들에게 중요성을 입증해야만 한다.
- 유관성 : 질문과 대답이 연구비를 주는 기관의 요구나 입증할 수 있는 필요에 응답해야만 한다.
- 개연성 : 일이 연구비를 받을 연구자와 기관에 의해 성취될 수 있다는 것을 연구계획이 확실하게 보여주어야 한다.

이러한 요구 조건들을 성취하는 방법은 전형적인 제안서의 서로 다른 부분에 대한 경쟁력 있는 글쓰기를 통하게 된다(제5장 참조). 정부기관에 제출하는 연구비 신청서의 부분들은 기관에 따라 약간 변화가 있지만, 일반적으로 제목 페이지, 초록, 서론, 제안된 연구, 개인 정보, 예산, 예산 이유서, 다양한 기관 보증서 등으로 구성된다. 대부분의 정부기관들은 이들 각각의 항목들을 빈칸에 채워 넣을 수 있도록(이제는 대부분 인터넷으로 접근할 수 있는) 형식을 제공하고 있다.

제목 페이지

제목에 관하여 제6장에서 했던 언급들이 여기에 관련된다. 더불어 해당 기관이 그들의 관심을 반영해서 나타냈던 RFP에서 사용하는 용어들을 포함해야만 한다. 제안서의 제목에 진지한 고려를 해야만 한다. 세심하지 않게 작성된 제목은 잘하면 심사를 위해서 엉뚱한 패널에 배정될 수 있고, 최악으로는 회의 또는 조소의 대상이 될 수 있다. 우리는 남들이 우리의 아이디어에 투자하기를 요청하고 있으며, 신뢰성과 전문성을 투영시킬 필요가 있다.

초록

초록은 독자에게 제안서가 관계하는 문제 또는 주제가 무엇인가를 말해 줄 뿐만 아니라, 더 중요한 것은 무엇을 제안하며 제안된 일이 어떻게 수행될 것인지를 알려준다. 초록은 제안서의 본문보다 덜 기술적인 언어로 세심하게 작성되어야 하는데, 왜냐하면 초록이 제안서의 본문보다 훨씬 많은 사람에게 읽히며, 이들 많은 사람들이 (다음 절에서 보는 것처럼) 초록에 기초해서 제안서에 관한 결정을 내리기 때문이다.

　여러 기관이 제안서를 작성하는 지침을 주고 있는데, '포괄적 및 장기적 목표', '특정 목표', '과제 관련', '연구설계', '연구방법' 등과 같은 용어들이 들어 있다. RFP에 대응하는 표시로서 이들 용어를 특히 초록에 포함시킨다.

서론

서론은 넓은 장기 목표에 대한 짧은 서술로 시작해서 특정한 과학 문제를 이 장기 목표에 대한 대답으로 연관시킨다. 다음으로 이 제안서에서 연구하고자 하는 차이를 제대로 나타내기 위해서, 그 특정한 문제에 관한 현재의 지식을 짧게 평가하면서 정리를 하는 것이 따라올 수 있다.

이 절에서는 신청하는 연구의 중요성을 보이고, 관련된 연구를 적절하게 인용함으로써 (인용 규칙은 제6장 참조) 그 분야를 당신이 잘 알고 있다는 것을 명확하게 한다. 몇 가지 중요한 관련된 연구가 인쇄 중이거나 아직도 준비 중이고, 당신의 제안서를 심사하도록 의뢰를 받은 저명한 전문가가 이 최첨단의 연구에 대해서 알고 있을 것이라는 사실은 불가피하게 밝혀질 것이다. 당신이 이렇게 아직 출판되지 않은 연구에 대해서 알고 있고, 이 제안서가 그 최신 연구에 무엇인가를 더하게 된다는 것을 보여주어야만 한다. 이것이 성공적으로 연구비를 받기 위해서는 개인적인 비공식 네트워크가 매우 중요하다는 또 다른 이유이다. 제안서에서 참고문헌에 번호를 붙이는 것을 피해야 하는데, 왜냐하면 이렇게 되면 심사자가 참고문헌 절을 반복적으로 보아야만 하고 짜증스럽게 옆길로 가게 되기 때문이다. 심사자의 정의 중 하나가 "이미 회의적이고, 아마도 출근하면서 운전할 때 좋지 않은 일이 있었으며, 아침에 가족 간에 불화가 있었을 수도 있는 과도한 짐을 지고 있는 독자"라는 것을 명심한다.

서론은 저자가 이미 모아진 사전 정보를 소개할 수 있는 장소이다. 이러한 사전 결과는 제안자가 정말로 경쟁력이 있고 제안하는 방법이 잘 먹혀들 것이라고 강력하게 보여줄 수 있다. 확실한 사전 데이터를 제시하는 것은 조심스럽게 다루어져야만 하는데, 예를 들어 나는 "필요한 결과를 이미 얻었다"거나 사전 데이터가 "예상되는 결과의 80%를 이미 얻었고, 나머지 20%를 발견하는 일에는 관심이 없다."는 이유로 몇 차례 제안서가 거절된 적이 있었다. 그러므로 사전 데이터를 이용해서 신뢰성과 유능함을 조심스럽게 보여준다. NSF는 실제로 '기존 연구'의 제시라는 특정한 제안서 양식 부분을 가지고 있는데, 이 절은 이미 성취된 결과 또는 논문의 목록이나 간단한 서술을 허락하고 있다. 제안서의 심사자는 이 연구에 연구비를 지원하라고 결정하기 위해서는 생산적인 결과가 있을 가능성이 있다는 것을 알고 싶어 하는데, 동료 연구자들이 심사해서 출판된 논문의 목록이 그러한 생산성의 증거를 제공하는 것이다. 이 절을 적절하게 잘 이용하면 제안서의 영역에서 자신의 연구 맥락을 제시하는 것이 더 쉽도록 만들며, 왜 특정한 문제를 연구해야 하는가를 주장하는 것이 더 쉽다.

어느 경우에도 이 제안된 연구에서 어떤 문제가 연구되어야 하는 것인가를 말함으로써 서론을 맺는 것이 좋다. 이렇게 하면 독자는 다음 절로 넘어가게 된다.

제안된 연구

이 절에서 당신은 서론에서 개괄했던 각각의 특정한 문제에 답하기 위해서 추진할 내용을 독자에게 설명한다. 서론에 있는 순서를 지켜서 "X가 Y를 일으키는지 검사하기 위해서 우리는 Z를 할 계획이다."처럼 이야기하면서 각 항목을 소개한다면 독자에게 도움이 될 것이다. 만일 다른 방법이나 접근방식이 사용되었다면 당신의 접근방식을 선택하기 위해 사용된 논리를 설명하고, 저자들을 제대로 인용하는 것을 확인한다(그들이 바로 당신의 심사자일 수도 있다). 이 절에서 당신이 믿을 만한 접근방식을 선택했고 당신이 그 일을 하기에 적합하다는 것을 회의적인 심사자에게 확신을 주도록 노력한다.

심사자가 당신의 본문을 이해하도록 도와주려고 최선의 노력을 한다. 예를 들어 서론에서 질문된 문제들과 정확하게 대응되도록 제안된 연구 절에서 단계들을 유지하는 것이 필수적이다. 만약 첫 번째 문제를 다루는 두 가지 방법이 있고, 두 번째 문제를 평가하는 데 필요하다고 느끼는 세 가지 방법이 있는 경우에는, 제안된 연구 절의 앞부분에서 이것을 말해 주는 구조화된 문장을 덧붙여서, 항목 1 아래에는 두 개의 작은 절이 있고 항목 2 아래에는 세 개가 있다고 심사자가 기대하도록 한다. 제안된 연구의 모든 부분이 초록과 서론에서 언급된 쟁점에 대응되도록 해야만 하며, 아무리 산뜻하고, 신기하며, 예쁘다 하더라도 주변 또는 향후의 실험이나 표본을 덧붙이는 것은 피한다. 만일 그러한 첨가가 명시적으로 종합되어 초록, 서론, 제안된 연구 절에 있는 각 항목이 되지 않는다면, 그것들은 과중한 짐을 지고 있는 심사자를 혼란스럽게 할 수도 있다. 그 결과는 본문이 '초점이 맞지 않는' 것으로 보일 수 있는데, 대부분의 제안서들이 쉽게 하는 잘못 중 하나이다.

방법의 기술은 매우 어려운 쟁점 중 하나이다. 어떤 심사자도 이미 잘 알려진 방법을 길게 기술한 것을 읽고 싶어 하지 않는다. 만일 그것을 택해야 하는 경우에는 예를 들어 단순히 "Gutierrez와 Huang(1988)의 Y 방법을 이용해서 X가 될 것이다."라고 말한다. 만일 특정한 조건에 맞추기 위해서 방법을 약간 변경시켜야만 한다면, 앞의 말들을 반복하고 "Z를 첨가함으로써 혐기성 조건을 허용하기 위해 변경했다."라는 표현을 덧붙인다. 만일 방법이 새롭다면 당신의 정당성, 특별한 과정, 검사, 눈금 조정, 사전 데이터 등에 대한 광범위한 설명이 필요할 것이다. 연구를 수행하는 여러 가지 방법을 제시하는 것은 항상 좋은 세심함이다. 이렇게 서로 독립적인 점검을 하는 것은 일반적으로 아직 검사하지 않은 아이디어를 다루는 연구에서 의미가 있고, 게다가 제안된 방법 중에 하나를 불신하는 회의적인 심사자에게 확신을 주는 것을 도와줄 수도 있다.

인용된 문헌

연구비를 주는 기관에 의해서 요구되는 양식을 따라 작성된 적절한 인용문헌 절은 제안된 연구 절을 따라야만 한다.

인사

이것은 연구 책임자의 이력서를 포함할 것이다. 특정한 양식은 보통 기관에 따라 다르다. 지침을 명심해야 하는데, 한 번은 연구자 중 몇 사람의 이력서가 연구비기관에서 요구한 10개보다 몇 개 더 많은 발표 논문의 제목을 포함시켰다는 이유 때문에 전체 제안서를 다시 제출해야만 했던 적이 있다.

연구 일정

이 절에서는 합리적인 일정을 만든다. 불가피하게 실제 일정은 계획에서 출발하지만, 최소한 첫 번째 시도는 그럴듯해 보여야만 한다. 모든 일이 동시에 시작될 것이라고 말하지는 말고, 데이터 분석과 초기 계획 작성에 충분한 시간을 배정한다. 많은 과학연구가 계절적 특징에 의존한다는 것을 명심한다. 예를 들면 오징어의 축색 돌기는 몇 달만 신경생물학적 연구가 가능하며, 토양이 얼어붙는 겨울이나 증발산 때문에 심층 토양에 접근하기가 어려운 여름에는 심층수 시료 채취가 어려울 수도 있다.

예산

제안서의 핵심 부분은 물론 예산이다. 과학자 경력의 초기에 만나는 현실은 필요한 재원을 마련하지 못한다는 것이다. 각 기관이 예산 제시를 위해 나름의 요구 사항을 가지고 있지만 몇 가지 일반적인 특징이 있다.

인건비 이 항목은 연구에 관계하는 각 사람에게 요구되는 시간이 어느 정도인지를 보여줄 것이다. 예를 들어 여름 방학이나 학기 중에 대학 교수 인건비에는 차이가 있을 수 있다. 이것은 큰 차이를 만드는데, 9개월 계약으로 일하는 교수에게는 여름 몇 달이 추가적인 보수가 될 수 있다. 한편 학기 중에는 강의 의무가 있어서 이 경우에는 교수에게 추가 지급이 없다.

특전 이것은 보통 주 기관 또는 대학이 설정하고 정부가 동의하는 것이다. 각 연구 참여자가 기여한 정도에 비례하도록 계산된 양으로 연구 참여자를 위한 퇴직과 의료보험을 위해 필요한 예산을 포함한다.

장비 이것은 제안서의 연구에 사용되는 장비의 목록을 포함한다. 보통 이 범주는 1,000~5,000달러 정도의 장비로 제한된다.

소모품 유리제품, 시약, 컴퓨터 부품 등 이 범주에서 연구 도중에 소비되는 물품을 나열한다. 연구 기간이 1년을 초과하는 경우에는 소모품이 매해에 이루어지는 연구의 종류와 노력을 반영할 필요가 있다.

사용료 이 항목은 같은 기관 내에서 수행되지만 연구자가 아닌 다른 사람들이 일을 완성하는 데 필요한 활동을 포함한다. 예를 들면 광학 실험실, 차량 사용, 컴퓨터 시간 등이 필요할 수도 있다.

여비 이 항목은 연구 단지, 학회 모임, 데이터를 얻기 위한 장소 등 연구를 수행하기 위해 여행하는 경비를 포함한다. 주요한 연구자를 위해 연례 국내 학회에 참가하는 경비도 허용되는데, 왜냐하면 연구결과를 공유하는 것이 중요하기 때문이다. 외국 여행 경비는 언제나 특정한 호소력이 있는 증명을 요구한다.

위탁 이 항목은 연구자가 속한 기관이 아닌 곳에 있는 사람들에 의해 수행되는 중요한 연구를 위한 경비이다. 그 연구는 특별한 질량 분석 센터에서 수행된 안정된 동위원소 분석, 대기 연구를 위해 사용되는 사용 후 버릴 수 있는 일련의 탐사장치 건설, 또는 다른 기관에서 수행된 연구 등이다.

여타 지출 복사, 전화, 팩스, 이메일, 과학을 하는 데 들어가는 다른 많은 소모품 등이 또한 예산에 포함된다.

지금까지 기술한 항목들이 제안서 예산의 **직접 경비**(direct cost)이다. 이것들은 실제의 연구수행을 위해 지출해야만 하는 경비이다. 물론 연구는 아무 곳에서나 이루어질 수는 없다. 연구 참여자, 실험실, 사무실, 전기, 난방 등을 위해서는 소속기관의 지원이 있어야만 한다. 대부분의 기관들은 연구가 수행되는 기관에 의해 지출되는 이러한 경비를 쓸 수 있도록 하고, 이들은 간접 경비(indirect cost)라고 한다. 오버헤드라고도 부르는 간접 경비는 (보통 장비 예산을 제외하고) 다른 항목들 예산에 비례해서 계산된다. 개별 기관은 간접 경비 비율을 정부와 협상한다. 간접 경비를 직접 경비에 더해서 전체 경비를 연구비 지급기관에 요구하게 된다.

어떤 정부기관들은 연구비를 신청하는 기관에게 제안된 연구를 위해서 일부를 지원하라고 요청하는데, 이것을 대응 자금(matching fund)이라고 부른다. 보통 대응 자금은 정부와 무관하며 제안서 전체 금액의 20% 또는 40% 등으로 비율이 정해진다. 이런 모든 문제에서 예산은 재정 관련 부서의 자문을 받아 준비한다면 크게 도움이 된다.

대부분의 정부기관들은 또한 시민권의 보호와 공정한 채용의 요구를 준수할 것을 확약하도록 요구하며, 연구자의 소속기관이 실험 대상자, 보호 종, 발명, 금지, 부유물, 약품 등의 이용을 다루는 법률을 보증하도록 요구한다.

예산 근거

이 절은 흔히 대부분의 제안서 작성에서 마지막으로 남겨지는데, 심사 결과에 도움을 주지 못할 수도 있는 부분이다. 1,000달러 이상의 품목은 설명되어야 하는데, 필요성과 제안된 연구의 어느 부분이 그것을 요구하는지에 대해 특정한 근거 제시를 포함한다.

수행 중인 연구와 신청한 연구

심사자는 우리가 제안하는 연구를 수행할 수 있는지 여부를 결정하고 싶어 한다. 만일 우리가 11개월의 급여를 제공하는 여러 과제를 하고 있다면, 아마도 우리는 약속하는 3개월보다 더 적은 시간을 제안된 연구에 할당하게 될 것이다. 대부분의 기관들은 그러므로 현재 수행 중인 연구와 신청한 연구의 목록, 그리고 연구 책임자가 각 과제에 전념할 수 있는 시간이 몇 달인지를 볼 수 있도록 요청한다. 이 절은 또한 심사자들이 심사 중인 제안서와 과제 책임자가 다른 기관에 제출한 제안서 사이에 현저하게 겹치는 부분이 없는지 확인하도록 해준다.

제안서 평가

정부기관이 RFP를 발표하면, 우리는 제안서를 작성하고, RFP에 기술된 정확한 요구 사항에 맞추어 기관에 보낸다. 우리의 희망 사항이지만, 이 제안서는 기관 내의 가장 연관성이 있는 패널이나 연구 부서로 보내진다. 패널 또는 부서의 책임자는 제안서의 제목을 고려해서 그 분야에서 전문성을 지닌 몇 명의 외부 심사자를 선택한다. 미국 기관의 심사자는 보통 미국 내에서 일하지만, 어떤 경우에는 다른 나라에 심사를 의뢰한다. 심사자 선정은 그 분야의 활동적인 연구자들에 대한 책임자의 지식과 제안서에 사용된 인용에 기초한다.

결국 제안서 심사가 있게 되면, 책임자가 전문가 패널을 소집하며, 전문가들이 그 기관으로 와서, 제안서와 외부 심사 결과 모두를 심사하며, 각 제안서에 대해서 거절 또는 연구비 지급의 패널 추천에 이르게 된다.

미국 국립보건원(NIH)이나 미국 국립과학재단(NSF)과 같은 연방기관들은 매년 제출되는 신규 제안서의 20% 이상을 지원하려고 노력해 왔다. 하지만 지난 몇 년 동안 연방기관들이 받는 제안서의 수는 증가했는데, 연구비 지원을 위해 할당된 예산이 줄어들거나 약간 증가한 상황에서 연방기관들이 일을 해야만 했다. 결과적으로 제안서가 지원을 받게 될 가능성이 줄어들었다. NSF의 어떤 부문에서는 1990년대 후반에 제출된 제안서의 5~10%만이 지원을 받았다는 것을 발견하는 것은 놀라운 일이 아니다. 이러한 과제지원 비율은 과학사회의 최고 집단들이 매년 10개의 제안서 중 아마도 하나가 지원을 받게 되는 것을 기대하면서 제안서를 쓰는 일에 시간을 쏟는다는 것을 의미한다는 것에 주의를 기울여야만 한다. 최소한 내 마음속으로는 이러한 상황이 미국에서 최고의 과학기술 전문가들을 제대로 활용하고 있는 것인가 의문이 든다. 게다가 제안서를 만들고, 심사에 행정력이 필요하며, 제안서의 홍수 속에서 여러 번 심사를 하는 과정을 거쳐서, 이들 중 대다수가 지원을 받지 못하는 일에 엄청난 지출과 노력이 관련되는 것이다.

연구비가 줄어드는 경향은 과학사회에서 경쟁을 치열하게 만들었고 압박도 높아졌다. 많은 과학자들이 적은 연구비를 두고 경쟁을 하기 때문에, 점점 더 많은 제안서들이 고쳐 써져서 기관에 다시 제출되고 있다(그림 7.2). 오래 지속하면 보상을 받게 되는데, 과학자가 여러 번 다시 제출하면서 살아남으려고 애쓰면 제안서가 지원을 받는 비율이 증가한다. 여러 차례 비판을 받고 고치게 되면 받아들여질 수 있는 것으로 점점 수렴하게 되는 것이다. 물론 많은 심사자에 의한 여러 번의 비판적인 언급에 대응하여 제안서가 고쳐지면서 논쟁의 여지가 있지만 독창적인 측면이 잘려 나가는 것이 아닌가 하는 의문이 있다.

박애재단

사설공익재단에 연구비를 신청하는 일은 우리가 관심을 갖는 주제에서 연구를 지원하는 재단을 잘 파악하고자 하는 종합적인 노력으로 시작한다. 개인적인 접촉 네트워크가 도움을 주는 것처럼, 인쇄된 재단 자료집과 전자 정보가 도움을 줄 수 있다.

일단 재단에 대해서 알게 되면, 우리 주제에 대한 연구를 위한 연구비를 신청하고 싶다는 것을 표현하는 짧은 편지가 다음 순서이다. 편지의 글쓰기와 주제

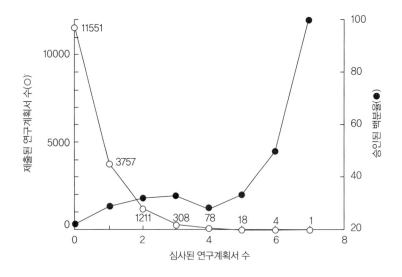

그림 7.2 1992년 미국 국립보건원(NIH)에서 심사된 연구계획서의 수와 승인된 백분율을 제출된 연구계획서의 수를 비교하여 그린 것. 0은 처음 연구계획서를 제출한 것을 의미한다. 빈 동그라미 옆에 있는 숫자는 제출된 연구계획서의 실제 수를 나타낸다. 데이터는 NIH가 1990년대 말보다 더 높은 비율로 연구비를 지원한 시기에서 가져온 것이다. (실제로 제9장과 제10장에서 이 데이터를 더 잘 나타내는 것은 점 대신 막대를 사용하는 히스토그램임을 보게 될 것이다.)

는 재단이 표명한 주제와 접근방법에 가깝게 대응되어야 한다. 대부분의 경우에 재단은 답장에서 말하기를, 비록 우리의 아이디어가 장점이 있다는 것은 알겠지만, 그들은 엄청나게 많은 제안서에 압도되어 있으며, 아이디어를 제출해주어서 고맙다고 한다. 이 경우에는 다른 곳에서 연구비를 찾는다. 하지만 우리가 운이 좋다면, 재단이 우리에게 정식 제안서를 제출하여 주기를 요청하면서 제안서 양식에 요구되는 것을 전해 준다. 그러면 제5장에서 논의했던 모든 글쓰기 기술과 앞 절에서 말했던 제안을 이용해서, 우리는 요구되는 정확한 양식대로 제안서를 작성한다. 대부분의 재단들은 제안서를 심사하는 이사회의 위원회를 가지고 있으며, 우리 제안서의 주제에서 전문가를 제외하고 이들 위원회는 아마도 과학자들이 아닐 것이다. 이런 점 때문에 박애재단에 제출하는 제안서의 본문은 전문용어 없이 작성되어야 한다. 품격이 높아야만 하고, 아이디어가 호소력이 있어야만 한다. 우리가 빠뜨리는 것은 NSF 제안서에 필요한 비밀스러운 기술적인 언어이다. 어떤 경우에는 재단이 외부 심사를 위해서 제안서를 전문가에게 보내므로, 비록 기술적이지 않은 언어로 표현되었지만 여전히 과학에 흠이 없어야만 한다.

양식, 예산, 그리고 제안서의 다른 부분들은 사설재단에 따라 다르다. 특정한 재단에 의해 요구되는 대로 각각 별도로 제안서가 개발될 필요가 있다.

경영산업기구

미국에서 경영산업기구도 연구비를 지원하지만, 그들은 정부나 심지어는 박애재단에 비교한다면 소규모이다. 어떤 큰 회사는 연구소 또는 연구재단을 세웠다. 일반적으로 이들 연구비에 관한 정보는 얻기가 어렵고, 당연하게 넓은 분야의 주제에 관한 연구비보다는 경영 또는 산업에 특별한 관심이 있는 특정 연구에 대한 계약이다. 어떤 유럽 국가에서는 은행과 같은 상업기관이 다양한 연구주제에 관한 연구비를 지원한다.

상업 분야에서 나온 계약은 연구결과를 공표하는 것에 관해서 제약을 가할수도 있다. 어떤 경우에는 결과가 단지 얼마간의 시간이 경과한 후이거나, 아니면 경영기구에서 허락을 한 후에 발표될 수 있다. 계약을 받아들이기 전에 저자는 결과의 이용에 관한 조건들을 조심스럽게 협상해야만 한다.

참고문헌 및 더 읽을거리

Anholt, R. R. H. 1994. *Dazzle Them with Style: The Art of Oral Scientific Presentation.* Freeman.

Bragg, L. 1966. The art of talking science. *Science* 154:1613–1616.

Hansen, W. R. 1991. *Suggestions to Authors of the Reports of the United States Geological Survey,* 7th ed. U.S. Government Printing Office.

Reif-Lehrer, L. 1995. *Grant Applications Writer's Handbook.* Jones and Bartlett.

Wennerås, C., and A. Wold. 1997. Nepotism and sexism in peer review. *Nature* 387:341–343.

Many perſons cannot ſufficiently wonder at the immenſe quanti-
ties of Flies with which the inhabitants of a beſieged town, of any
note, are infeſted. But we may eaſily ſolve this difficulty, when we
conſider that it is impoſſible for the commanding officers to cauſe all
the bodies of the ſlain to be interred, and that from them, and from
the entrails and offal of beaſts, left expoſed in the fields, the num-
ber of Flies muſt increaſe beyond meaſure. For, let us ſuppoſe that
in the beginning of the month of June,
there ſhall be two Flies, a male and a fe-
male, and the female ſhall lay one hun-
dred and forty-four eggs, which eggs, in
the beginning of July, ſhall be changed
into Flies, one half males and the other
half females, each of which females ſhall
lay the like number of eggs ; the number
of Flies will amount to ten thouſand :
and, ſuppoſing the generation of them to
proceed in like manner another month,
their number will then be more than
ſeven hundred thouſand, all produced
from one couple of Flies in the ſpace of three months.

144 Flies in the firſt month.

72 of which ſuppoſed females.
144 eggs laid by each female.

288
288
72

10368 Flies in the ſecond month.

5184 of theſe females.
144 eggs laid by each female.

20736
20736
5184

746196 Flies in the third month.

Conſidering this we need not wonder at the great multitudes of
Flies obſerved where the bodies of great numbers of men or ani-
mals lie unburied.

레벤후크의 저작의 영문번역판(S. Hoole)의 상세 부분
출처 : The Selected Works of Antony van Leeuwenhoek, containing his microscopical
Discoveries in many of the Works of Nature [vol. 2]. 1798년과 1807년에 두 권으로 출
판됨

제 8 장

데이터를 표로 나타내기

1. 왜 데이터를 표에 보여주는가
2. 표의 요소
3. 표의 설계
4. 표가 될 필요가 없는 표

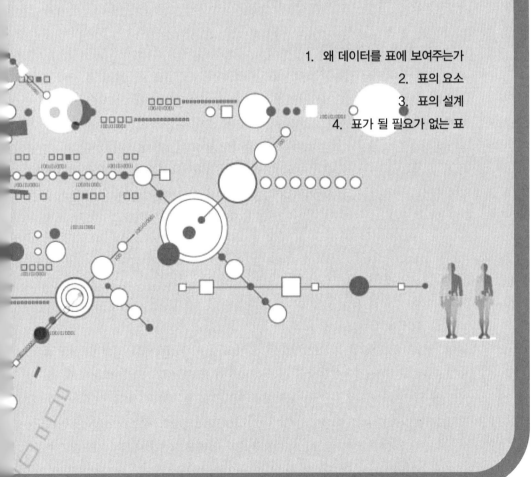

제6장에서 과학 논문에 대한 우리의 논의는 결과 절에서 주어지는 모든 결과가 데이터에 기초를 두고 있다는 것과 독자가 이 결과를 지지하는 데이터를 발견할 수 있는 곳에서 본문이 보여줄 필요가 있다는 것을 언급했다. 나는 또한 데이터 제시에는 표와 그림의 두 가지 모드가 있다는 것을 언급했다. 이 장에서 우리는 표를 논의하는데, 데이터가 쉽게 이해되도록 모으는 방법을 어떻게 발전시키는지, 표에 데이터를 명료하고 경제적으로 제시하는 방법을 논의한다. 정보를 명확하게 보여주려는 노력은 또 다른 중요한 결과를 가져오는데, 그것은 우리가 우리의 데이터를 더 잘 이해할 수 있도록 강제한다는 것이다.

1. 왜 데이터를 표에 보여주는가

과학 논문의 초기 역사에서 주제는 우선 관찰과 연역, 또는 아리스토텔레스 같은 초창기 권위자를 인용하는 것이었다. 결국 수는 관찰을 정량화하기 위해서 모아졌고, 수는 산문에 짐을 지우게 되었다. 논쟁을 명확하게 하고 수를 보다 강력하게 제시하기 위해서 과학자들은 본문 내에서 수를 분리시키기 시작했다. 이 장의 첫 페이지에 있는 자세한 본문에서 우리는 레우벤후크(van Leeuwen-hoek)가 어떻게 그것을 했고, 그래서 파리의 생식이 '엄청난 수의 파리' 를 만들기에 충분하다는 논증의 기초가 되는 수를 그가 명확하게 보여줄 수 있었다는 것을 알 수 있다.

곧 표는 더욱 구조화되었고 논문에서 별도의 항목으로 제시되었다. 그림 8.1은 콘스탄티노플에서 사망자 표를 재현한 것인데, 여기에서 첫 번째 열은 비교적 '건강한' 해였던 1752년 사망자를 나열하고 있고, 흑사병 해인 1751년의 같은 시기 사망자를 포함하고 있는 두 번째 열과 비교하려고 명백하게 의도하고 있다. 사망자 데이터는 도시의 성문 중 하나를 통해서 운반되었던 시체의 (수비대에 의해 보존된) 기록에서 얻은 것이었다. 두 해 사이의 차이는 놀라운데, 흑사병 해의 데이터가 더 긴 기간에 모아졌다는 것을 무시하고, 데이터 수집 기간을 같게 하더라도 여전히 차이가 있다. 상대적으로 건강한 해조차도, 그 당시에 콘스탄티노플에서 단지 하나의 성문을 통해서 놀라울 정도로 많은 수의 시체가 매일 통과했다. 이 표 디자인은 하나의 현대적인 비교연구로 다룰 수 있는데,

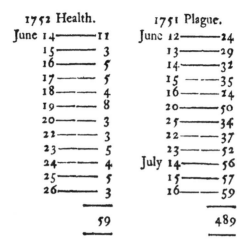

그림 8.1 1755년 터키 주제 영국 전권대사 포터(J. Porter)가 "Queries sent to a friend in Constantinople," *Philos. Trans.* 49:96–109에 대한 응답으로 보낸 편지에 있는 표

여기에서 한 해는 다른 해에 대하여 처치를 하지 않은 대조군이다.

1800년까지 표는 익숙한 형태를 나타낸다. 그림 8.2에 보인 합금의 경도에 관한 데이터 제시는 이미 현대적인 모양을 나타내고 있다. 용기 안에서 서로 다른 합금의 공을 굴림으로써 여러 합금이 얼마나 단단한지를 결정하는 실험에서 데이터를 가져왔다. 왼쪽 칸에는 금을 다른 금속과 서로 다르게 혼합하는 처리방법이 있다. 가장 오른쪽 칸은 합금 공이 위치한 용기를 200, 300번 회전시킨 후에 무게 감소를 보고하고 있다. 명쾌한 결과가 있는 산뜻한 실험인데, 왕을 위해서 오래 지속되는 화폐를 만드는 필요에 의해 시작된 기본적인 연구 발견인 합금에서 철, 구리, 은이 얼마나 혼합되었는지 차이를 만든다. 모든 것이 표에서 산뜻하게 보고되었고, 결과를 최선으로 잘 보여주고 있다. 표는 과학 데이터를 보여주는 훌륭한 방법임을 지난 200년 동안 입증해 왔다.

표 제시에 의해 주어지는 장점이 무엇인지 살펴보기 위해서 어떤 시간 동안에 우리가 온도를 측정했다고 하자. 모아진 데이터는 t(시간, 분)=15, T(온도, ℃)=32; $t=0$, $T=25$; $t=6$, $T=29$; $t=3$, $T=27$; $t=12$, $T=32$; $t=9$, $T=31$처럼 보일 수 있다. 이렇게 데이터를 본문에 제시하는 것은 읽는 것이 확실히 곤란하다. 규칙 : 수를 가지고 어수선하게 하는 것을 피한다.

수를 본문 안에 끼워 넣는 것은 역시 데이터에서 경향성을 식별하는 것을 어

TABLE I.

Total number of revolutions, 200300.

Quality.	Weight be-fore friction.	Weight after friction.	Loss.
	Grains.	Grains.	Grains.
1. Gold made standard by copper - -	844,90	844,90	——
2. Gold reduced to 18 carats by copper - -	747,60	747,60	——
3. Gold made standard by copper and silver -	829,20	829,10	,10
4. Gold made standard by silver - -	937,20	937,10	,10
5. Gold 23 car. $3\frac{1}{4}$ grs. fine	854,0	849,80	4,20
6. Gold made standard by tin and copper - -	846,90	831,60	15,30
7. Gold made standard by iron and copper - -	825,10	803,50	21,60
8. Gold alloyed with an equal proportion of copper -	615,68	549,90	65,78

그림 8.2 Hatchett, C. 1803. Experiments and observations on the various alloys, on the specific gravity, and on the comparative wear of gold. *Philos. Trans. Roy. Soc. Lond.* 1803:43–194에서 가져온 표

렵게 만든다. 예를 들면 위에 주어진 수의 행진으로부터는 시간에 따른 온도의 경향을 쉽게 식별할 수 없다. 표는 수가 결과를 기술하는 문장을 방해하지 않고, 데이터의 특징이 드러나도록 데이터를 포장하는 방법으로서 편리하다.

앞으로 몇 페이지에서, 우리는 데이터의 표를 만드는 것에 대해서 논의할 것이다. 왜 이 주제에 관한 절이 있는가? 수를 단순히 나열하는 것에는 어떤 어려움이 있는가? 수를 보여주는 어떤 방법이 다른 방법보다 독자에게 더 명료하다고 입증된다. 앞 단락에서 소개했던 데이터를 보여주는 서로 다른 방법을 조사함으로써 Gopen과 Swan(1990)은 이 점을 지적했다. 여기에 두 번째 시도가 있다.

온도(℃)	시간(분)
25	0
27	3
29	6
31	9

32	12
32	15

이것이 더 좋다. 최소한 눈이 열을 따라 아래로 훑어볼 수 있다. 여기에 세 번째 대안이 있다.

시간(분)	온도(℃)
0	25
3	27
6	29
9	31
12	32
15	32

여하튼 이 세 번째 변형은 더 명료하게 보인다. 왜? 왜냐하면 이것은 정보를 독자의 기대에 부합하여 제시하기 때문이다. 히브리어 또는 일본어 사용자와는 다르게 영어 사용자는 왼쪽에서 오른쪽으로 읽는 것에 익숙해져 있다. 이것은 알려진 상황이 (이 경우에는 측정 시간) 왼쪽에 주어지고 알려지지 않은 새로운 정보가 오른쪽에 제공될 때 정보를 해석하기가 쉽다는 것을 의미한다. 우리의 경우에 서양 독자에게는 시간 기울기가 쉽게 해석되는 상황이고, 다음으로 오른쪽 행에 주어지는 온도에 미치는 시간의 영향을 쉽게 해석할 수 있다. 이것은 표의 디자인에서 거의 사소한 작은 세부 사항을 통해서 전달되는 과학적 의미의 주요한 소통 향상의 한 예이다.

우리가 제5장에서 문장과 문단의 구조를 논의했을 때 만났던 일반적인 점은, 독자가 발견할 것으로 기대하는 곳에 정보를 배치했을 때 더욱 쉽고 정확하게 해석된다는 것이다.

표에서 데이터를 보여주는 것도 가능하다면 독자에게 정보를 쉽게 접근하도록 만드는 것이다. 결과를 기술하는 것이 문장으로는 부담이 될 때 표가 사용되어야 한다. 약간의 생각을 가지고 만들어진다면 많은 일들처럼 표도 더 융통성이 있게 되며 본연의 일을 최대로 살리게 된다. 아래에서는 먼저 표의 요소를 살펴보고, 다음으로 표의 디자인을 논의한다.

2. 표의 요소

과학 논문에서 표의 요소는 다음과 같다.

표 설명(최소한 표 번호와 표 제목을 포함)	
그루터기를 위한 상자머리[a](또는 표제)	본체를 위한 상자머리(또는 표제)
그루터기	본체

[a] 각주

표 설명은 표 번호와 제목을 포함하며, 관습적으로 상자머리와 표의 본체 위에 위치한다. 표 번호는 본문에서 표를 인용할 수 있도록 필요하며, 우리가 주장하는 내용이 근거하고 있는 데이터를 독자에게 참고하도록 한다. 표 번호를 사용하는 가장 경제적이고 직접적인 방법은, 본문에서 예를 들면 "X는 Y가 증가함에 따라 증가한다(표 10)."와 같이 쓰는 것이다. 다른 장황한 인용들("표 3은 ~의 목록이다.", "표 4는 ~임을 보여준다.", "표 6은 ~임을 증명한다.")은 불필요하거나 맞지 않는 것이다(표는 살아 있는 것이 아니므로 아무것도 증명하지 않는다.).

표 제목은 표 안에 무엇이 있는지 기술한다. 이것은 데이터 의미의 해석이나 배경을 제공하는 것이 아니고, 이런 것들은 논문의 서론, 결과, 논의 부분에서 이루어진다. 대부분 편집자들은 표 설명이 단지 간단한 제목이 되고 더 많은 정보는 각주로 보내는 것을 선호한다. 변하지 않는 어떤 관습은 없다. 그림 설명처럼(제9장 참조) 표 설명을 다루고 표 내용을 설명하기 위해서 필요한 정보를 많이 제공하는 것이 가장 편리하다는 것을 알았다. 어떤 경우에는 더 많은 설명이 필요하며 각주로 보낼 수 있다.

상자머리(표의 부분들을 상자로 감싸는 가로세로 선이 사용되었을 때로 되돌아가는 오래된 용어)는 표의 열에 대한 표제기술을 제공한다. 그루터기는 맨 왼쪽 칸으로서, 상자 본체의 행에 제시하는 데이터를 알려주는 문맥 서술을 포함한다.

표의 본체는 표의 내용물인 데이터가 보고되는 곳이다. 표의 본체는 단어(예 : 표 5.6), 기호, 또는 숫자(예 : 표 5.2) 등일 수 있다. 과학 글쓰기에서는 숫자를 포함하는 표가 가장 일반적이다.

표에서 숫자는 적당한 유효 숫자로 나타내야만 한다. 우리가 어떤 양을 소수점 아래 네 자리까지 나타낼 수 있거나 계산기가 여섯 자리를 제공한다고 해서, 독자들을 우리 데이터의 정밀도 수준으로 생각하도록 만들어야만 하는 것을 의미하는 것은 아니다. 유효 숫자의 자릿수는 문제에 따라 다른데, 주어진 연구에 적합한 것을 결정하는 책임은 저자에게 있다. 일반적으로 우리는 너무 많은 자릿수를 제시하는 경향이 있다. 변이를 측정하는 일에는 유효 숫자 자릿수가 평균보다 하나만 더 많으면, 다른 사람들이 계산을 검사하도록 해준다.

표의 본체에서 각 열에 보고되는 값들은 오직 한 가지 데이터를 포함해야만 하며, 만일 그렇지 않으면 독자들을 혼란하게 만들 위험이 있다. 대부분의 경우에 값의 본성 또는 단위가 데이터 종류를 분리해서 유지하도록 도움을 준다. 하지만 서로 다른 두 가지의 양을 같은 열에 놓고 싶어 하는 특별한 경우가 있다. 어떤 값의 열이 있을 때 그 열의 아래에 합(또는 평균)을 보여주고 싶을 때가 있다. 측정된 값과 합(또는 평균)은 서로 다른 데이터이기 때문에 이것은 머리 부분을 약간 모호하게 만든다. 그루터기 머리에 들여쓰기를 하거나, 또는 각 열에서 전체 값 위에 가로선을 만들어서, 이들이 다른 종류의 데이터라는 것을 보여줄 수 있다.

독자는 열은 물론 행에 대해서도 적절한 단위를 알 필요가 있고, 단위는 보통 괄호 속에 넣어서 머리 부분에 나타낼 수 있다. 상대적으로 간단한 디자인의 표에서는 표의 본체에 보고되는 값의 단위를 보통 괄호 속에 넣어서 표 설명에 포함시킬 수 있다.

여러 계층의 범주를 가진 데이터 또는 다른 종류의 변수를 가진 데이터를 보여주는 표는 몇 가지 장치에 의해서 읽기에 쉽도록 만들 수 있다. 본문에서 논의되고 있는 데이터를 독자가 발견하는 일에 도움을 주는 것은, 예를 들어 '(표 11, 셋째 열)'처럼, 표 안에 있는 특정한 위치를 지적하는 것이다. 두 번째 장치는, '(표 11, 3열)'처럼, 열에 번호를 주어서 준비된 인용을 제공하는 것이다.

데이터의 복잡한 분류를 다루는 세 번째 방법은 데이터 열 또는 행을 묶어서 독자가 데이터 구조를 인식하도록 도와주는 것이다. 서로 다른 범주 아래에 있는 데이터를 묶는 가장 쉬운 방법은, 여러 개의 열에 '갑판을 대는' 머리를 채택하거나 또는 여러 개의 행을 묶는 상자머리를 들여서 쓰는 것이다. 갑판을 대는 것은 계층적인 분류를 보여주는 가로선에 의해 길이가 정해지는 둘 이상의 머리로 구성된다(그림 8.3). 들여서 쓴 행(그림 8.4) 또는 행 머리글 아래 나열(그

TABLE 9-2. Rough Estimates of Consumption of Antarctic Krill by Major Groups of Predators in the Southern Ocean in 1900 and 1984. Numbers are Based on Published Data, Guesses Based on Information from Various Sources, and Back-Projected Population Estimates.[a]

Consumer type	Annual consumption (tons × 10^6)	
	1900	1984
Whales	190	40
Seals	50	130
Birds	50	130
Fish	100	70
Squid	80	100
Total	470	470

[a] From Laws (1985).

TABLE 10-2. Species Richness (Average Number of Species ± Standard Error) of Macroalgae on Boulders Whose Size Resulted in Different Frequencies of Disturbance.[a]

	Incidence of disturbance		
	Frequent	Intermediate	Seldom
Nov. 1975	1.7 ± 0.18	3.3 ± 0.28	2.5 ± 0.25
May 1976	1.9 ± 0.19	4.3 ± 0.34	3.5 ± 0.26
Oct. 1976	1.9 ± 0.14	3.4 ± 0.4	2.3 ± 0.18
May 1977	1.4 ± 0.16	3.6 ± 0.2	3.2 ± 0.21

[a] The size classes are grouped into three frequency of disturbance classes: frequent, that rock size that required less that 49 Newtons (N) to move horizontally; intermediate, 50–294 N; seldom, more than 294 N. From Sousa (1979).

그림 8.3 다중 헤더를 이용하여 범주를 보여주는 표의 예
출처 : Valiela, I. 1995. *Marine Ecological Processes*, 2nd ed. Springer-Verlag. Springer-Verlag의 허락하에 게재함

TABLE 7-3. Ranges in Net Growth Efficiencies for Bacteria Consuming Different Organic Substrates.[a]

Organic substrates	Net growth efficiency
Dissolved organic matter	
Amino acids	34–95
Sugars	10–40
Mussel exudates	7
Ambient DOM, estuaries	21–47
", oceanic	2–8
Particulate matter	
Phytoplankton	9–60
Macroalgae	9–15
Plants	2–10
Feces	10–20

[a] From Ducklow and Carlson (1992).

TABLE 13-6. Approximate Carbon to Nitrogen Ratios in Some Terrestrial and Marine Producers.[a]

	C/N
Terrestrial	
Leaves	100
Wood	1,000
Marine vascular plants	
Zostera marina	17–70
Spartina alterniflora	24–45
Spartina patens	37–41
Marine macroalgae	
Browns (Fucus, Laminaria)	30 (16–68)
Greens	10–60
Reds	20
Microalgae and microbes	
Diatoms	6.5
Greens	6
Blue-greens	6.3
Peridineans	11
Bacteria	5.7
Fungi	10

[a] Data compiled in Fenchel and Jorgensen (1977), Alexander (1977), Fenchel and Blackburn (1979), and data of I. Valiela and J.M. Teal.

그림 8.4 행을 들여쓰기 해서 범주를 보여주는 표의 예
출처 : Valiela, I. 1995. *Marine Ecological Processes*, 2nd ed. Springer-Verlag. Springer-Verlag의 허락하에 게재함

TABLE 7-1. Assimilation Efficiencies in an Amphipod, *Hyalella azteca* (Hargrave, 1970), a Polychaete, *Nereis succinea* (Cammen et al., 1978), a Holothurian, *Parastichopus parvimensis* (Yingst, 1976) and oysters, *Crassostrea virginica* (Crosby et al., 1990), Feeding on Various Foods.

Species of consumer	Food	Assimilation efficiency (%)
Hyalella azteca	Bacteria	60–83
	Diatoms	75
	Blue-green bacteria	5–15
	Green algae	45–55
	Epiphytes	73
	Leaves of higher plants	8.5
	Organic sediment	7–15
Nereis succinea	Microbes	54–64
	Spartina detritus	10.5
Parastichopus parvimensis	Microorganisms	40
	Organic matter	22
Crassostrea virginica	Bacteria	52
	Detritus	10

그림 8.5 열 안의 목록을 이용하여 범주를 보여주는 표의 예

출처 : Valiela, I. 1995. *Marine Ecological Processes*, 2nd ed. Springer-Verlag. Springer-Verlag의 허락하에 게재함

림 8.5) 등은 행들에 대해서 같은 기능을 제공한다. 표 설계라는 주제는 다음 절에서 논의한다.

각주는 표의 어떤 요소를 설명하기 위해서 또는 데이터 출처에 감사를 표하기 위해서 사용된다. 각주는 올려쓰기를 한 글자나(*, †, ‡, §, |, #) 기호로 표시하기도 한다.

표 작성에 대한 더 상세한 사항과 다른 형식의 표에 대한 논의는 *The Chicago Manual of Style*(제15판, 2003)에 제공되어 있다.

3. 표의 설계

대부분의 독자에게는 열을 비교하는 것이 행보다는 일반적으로 더 쉽지만, 이 원칙에는 실질적인 한계가 있다. 그림 8.3(왼쪽 표)에서 단지 고래와 물개만 비교하고 있는데 10년 동안의 데이터를 보여주어야만 한다면, 표가 대부분의 인쇄 페이지에는 너무 넓다. 그런 경우에는 행과 열 사이의 데이터를 바꾸는 것이, 읽는 일의 용이함을 약간 희생해서, 인쇄된 페이지에 비례하는 더 좋은 비

례를 가진 표를 만들 수 있다.

두 개 이상의 열을 비교하는 표에서 이들이 합리적인 순서로 (예 : 그림 8.3의 오른쪽 표에서는 높은 교란에서 낮은 교란으로) 배열한다면 비교가 더 쉬울 수 있다. 열을 순서대로 하는 일과 같은 사소한 세부 사항이 시간이 걸린다. 만일 열들이 모두 비교되는 것이 아니라면(예 : 열이 4개 있는데, 서로 다른 두 종류의 데이터 두 가지) 서로 비교하고 싶은 열을 가능하면 서로 가깝게 배치한다.

구조화가 왜 명료함을 더할 수 있는지 알기 위해서 표 8.1을 고려한다. 인쇄된 원래 상태의 이 표에서는 인구 증가 열과 인구 수 열이 교대로 배열되어 있다. 처음에 보면 이 배열이 합리적으로 보이는데, 저자는 데이터를 시간 순서대로 배치한 것이다. 만일 독자가 인구 증가를 인구 수와 비교하도록 하는 것이 관심사라면 이 배열이 합리적이다. 이 경우에는 두 변수 각각에 대해서 해가 지나면서 증가하는 것에 더 관심이 있을 것으로 보인다.

하지만 표 8.1의 배열이 주어지면, 두 변수의 경향성을 이해하는 것은, 인구 증가 또는 인구 수에서 경향성을 이해하려고 노력할 때, 독자가 마음으로 매번 다른 열은 지워버리는 것을 요구한다. 이러한 요구는 불필요한 정신 작업을 덧붙인다. 표의 열을 재배열해서 저자가 원하는 비교를 하는 것이 더 쉬워지도록 한다면(표 8.2) 데이터 해석이 더 쉽다. 이 변화는 열의 순서를 바꾸는 것과 두 종류의 데이터를 갑판을 댄 머리글 아래에 모으는 일을 포함한다. 이렇게 표 재배치를 하게 되면 우리가 두 종류의 데이터를 다룬다는 것이 더 분명해지고, 요

표 8.1 녹색혁명–일차적으로 영향을 받는 국가의 인구 증가(1960~1985)

	인구 증가 1960~1969	인구 수 1970	추산 증가 1970~1979	인구 수 1980	예측 증가 1980~1985	인구 수 1985
인도	125.6	555.0	170.4	725	253	808
파키스탄	44.2	136.9	51.0	187	87	224
인도네시아	27.7	121.2	32.3	154	63	184
멕시코	14.7	50.7	20.7	71	34	85
필리핀	10.7	38.1	17.7	56	26	64
스리랑카	2.7	12.6	3.7	17	5	18
합계	+225.6	295.8	+914.5	1,210	+468	1,383

출처 : Borgstrom, G. 1973. *The Green Revolution*. Prentice Hall, Upper Saddle River, N.J.

표 8.2 녹색혁명의 영향을 받는 국가의 인구 증가와 인구 수(백만 명)

	인구 증가			인구 수		
	1960~1969[a]	1970~1979[b]	1980~1985[c]	1970[a]	1980[b]	1985[c]
인도	125.6	170.4	253	555.0	726	808
파키스탄	44.2	51.0	87	136.9	187	224
인도네시아	27.7	32.3	63	121.2	154	184
멕시코	14.7	20.7	34	50.7	71	85
필리핀	10.7	17.7	26	38.1	56	64
스리랑카	2.7	3.7	5	12.6	17	18
합계	225.6	295.8	468	914.5	1210	1383

[a] 실제 인구

[b] 추정 인구

[c] 예상 인구

출처 : Borgstrom, G. 1973. *The Green Revolution.* Prentice Hall, Upper Saddle River, N.J.

구되는 비교가 이들 두 범주 내에서 이루어진다. 이제 이 구조는 데이터의 본성을 반영하면서 해석이 더 쉬워지는데, 이것이 표 설계의 두 가지 목표이다.

몇 가지 다른 변화가 표 8.1의 정보를 더 압축되고 쉽게 접근할 수 있도록 만들 것이다. 표 8.1과 8.2를 비교하면, 원래의 표 설명은 너무 간결하고 본문이 알기 쉽게 설명되어 있어야 한다는 것에 의존한다. 규칙 : 표는 그 자체만으로도 의미를 나타낼 수 있어야 한다.

소문자, 대문자, 이탤릭체 사용은 번잡하지만 않다면 임의적이고 별다른 영향이 없는 것으로 보인다. 더 중요한 것은, 데이터가 처음에 10년, 10년, 5년 간격으로 묶여 있어서 독자가 경향성을 해석하는 일을 해치게 된다. 만일 모든 해의 데이터에 접근할 수 있다면, 아마도 데이터를 같은 시간 간격으로 묶는 것이 독자가 경향성을 해석하는 일에 도움을 줄 것이다. 만약 데이터에 접근할 수 없다면, 시간 간격이 균일하지 않다는 것을 알려주어야만 하고, 아마도 독자가 경향성을 정확하게 볼 수 있도록 도움을 주기 위해서 적당한 외삽 결과를 보여주어야만 한다.

표의 설계는 데이터의 구조뿐만 아니라 강조되는 비교를 따라야만 한다. 우리가 국가들 사이에 비교를 강조하고 싶으면 표 8.2의 배치가 편리하다. 눈이 열을 따라 위아래로 쉽게 움직인다. 다음에는 두 번째 해석으로서 단지 인접한

3개의 열을 가로로 훑어봄으로써 연도별 경향성에 집중한다. 만약 주된 강조점이 연도별 변화를 조사하는 것이라면, 열을 따라 아래로 내려가면서 가장 쉽고 정확한 비교를 할 수 있도록, 열과 행을 바꾸는 것을 고려할 수도 있다.

4. 표가 될 필요가 없는 표

데이터가 너무 많아서 본문에 포함시키는 것이 어색할 때 우리는 표를 필요로 한다. 만일 우리가 많은 수를 가지고 있으면, 비록 본문 속에 데이터를 제시하는 것보다 표가 귀중한 공간을 더 많이 차지하기는 하지만, 데이터를 표로 이동시키기로 결정하는데, 우리는 명료함을 위해서 공간을 희생하는 것이다. 제9장에서 우리는 비슷한 결정을 다루게 될 것인데, 훨씬 더 많은 공간을 요구하는 그래프로 꾸민 관계를 보여주기 위해서, 이번에는 표가 허락하는 상대적으로 경제적인 공간의 사용과 바꾼다. 하지만 여기에서는 어떤 데이터 모음이 표로 나타내기에 적합한 것인가 하는 논점으로 되돌아가고자 한다.

필요할 것 같지 않은 표의 몇 가지 예로서 표 8.3~8.5를 살펴보자. 이들은 표로 만들 필요가 없는 좋은 예로서 주목할 만하다. 예를 들어 표 8.3의 내용은 정보의 손실이 없이 다음 문장으로 대체될 수 있다. "*S. coelicolor*는 공기가 통하는 배지에서만 배양할 수 있다. 공기를 통한 배지에서는 세포의 밀도가 상당히(78Klett 단위) 나타났지만, 공기를 통하지 않은 배지에서는 배양이 되지 않았다." 이들 (하나로 줄일 수도 있는) 두 문장은 결과를 보여주는 훨씬 더 경제적

표 8.3 *Streptomyces coelicolor*의 배양에 통기가 미치는 효과

온도(℃)	실험 횟수	배양 매질의 통기	배양[a]
24	5	+[b]	78
24	5	−	0

[a] 광학적 밀도(Klett 단위)로 결정함

[b] 기호의 의미: +는 대학원생이 500-ml 에를렌마이어 플라스크에 시간당 15분 동안 병 속으로 바람을 불어넣어 공기를 통하게 해주었다는 뜻이며, −는 같은 조건으로 나이 든 교수가 바람을 불어넣었다는 뜻이다.

출처 : Day, R. 1994. *How to Write and Publish a Scientific Paper*, 4판, The Oryx Press.

표 8.4 오크 성장에 온도가 미치는 영향

온도(℃)	48시간 동안의 성장
−50	0
−40	0
−30	0
−20	0
−10	0
0	0
10	0
20	7
30	8
40	0
50	0
60	0
70	0
80	0
90	0
100	0

[a] 각 묘목은 개별적인 화분에 유지되었음

출처 : Day, R. 1994. *How to Write and Publish a Scientific Paper*, 4판, The Oryx Press.

인 방법이다. 표 8.3은 수가 변하지 않는 두 열이 있는데, 이것은 낭비이다. 주변 온도와 복제 수는 방법에서 한 문장으로 보고될 수 있다. 규칙 : 오직 변하는 변수만이 표의 열과 행으로 제시되어야 한다.

게다가 세 번째 열은 기호만 있는데 이들은 분류이므로, 이 열 또한 아무 것도 더하지 않는다. 필요한 모든 것은 본문에서 성장률 78과 0에 대한 언급이다.

표 8.4는 쓸모없는 것이 매우 많은데 이들은 주로 0이다. 이 표는 내용의 손상 없이 한 문장으로 쉽게 대체될 수 있다. "오크 묘목은 섭씨 20~40℃의 온도에서만 성장할 수 있다. 섭씨 20℃, 30℃, 40℃의 온도에서 측정한 성장은 각각 7mm, 8mm, 1mm였다." 표 8.5도 표가 차지하는 공간을 정당화하는 정보는 거의 포함하고 있지 못하다. 이것은 한 문장으로 대체될 수 있다. "*S. griseus, S. coelicolor, S. everycolor, S. rainbowenski* 등은 호기성 조건에서 배양되는 반면, *S. nocolor*와 *S. greenicus*는 혐기성 조건에서만 배양된다." 규칙 : 플러스와

표 8.5 *Streptomyces*의 여러 종이 필요로 하는 산소의 양

종	호기성 조건하의 배양[a]	혐기성 조건하의 배양
Streptomyces	+	−
S. coelicolor	+	−
S. nocolor	−	+
S. everycolor	+	−
S. greenicus	−	+
S. rainbowenski	+	−

[a] 기호의 의미는 표 8.3 참조. 이 실험에서는 장치를 흔들어서 통기했음

출처 : Day, R. 1994. *How to Write and Publish a Scientific Paper*, 4판, The Oryx Press.

마이너스가 있는 표는 신중을 가하라.

이번 장의 메시지를 요약하기 위해서 내가 논의했던 규칙들을 말로 다시 반복하겠다.

- 표는 너무 복잡해서 본문에 제시할 수 없는 데이터를 위해 사용되어야 한다.
- 중요한 차이를 보이지 않는 데이터는 모든 데이터를 제시하지 말고 본문에서 요약해야 한다.
- 열과 행은 실험이나 비교에서 변하는 변수에만 할당되어야 한다.
- 실험실 코드, 샘플 번호, 다른 본질적이지 않은 숫자는 표에 나타나지 않아야 한다.
- 표는 내용을 설명하는 설명과 각주와 함께 해석 없이도 스스로 의미를 나타낼 수 있어야만 한다.

참고문헌 및 더 읽을거리

The Chicago Manual of Style. 1993, 14th ed. University of Chicago Press.

Day, R. A. 1994. *How to Write and Publish a Scientific Paper*, 4th ed. Oryx Press.

Gopen, G. D., and J. A. Swan. 1990. The science of scientific writing. *Am. Sci.* 78:550–558.

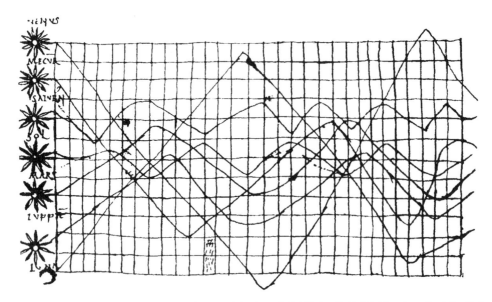

데이터를 그래프로 표시한 최초의 예. 이 그래프는 10세기 또는 11세기의 한 수도원 문서에 있는 것으로서 저자는 알려져 있지 않다. 그래프의 의도는 분명하지 않다. 수직축은 일종의 천문학적 관측을 나타내는 것으로 보인다. 아마 금성, 수성, 토성, 태양, 화성, 목성, 달이 수평선에서 얼마나 올라와 있는가를 나타내는 듯하다. 수평축은 구간으로 표시되어 있는데 아마 날짜일 것이다. 이 그래프는 몇몇 천체에 대해서는 성립하지만 나머지에 대해서는 그렇지 않다. 누군가가 수정을 하고 알 수 없는 표시를 덧붙였다.

출처 : Funkhouser, H. G. 1936. A note on a tenth-century graph. *Osiris* 1:260-262.

제 9 장

데이터를 그림으로 나타내기

1. 그림 인식
2. 그림의 유형
3. 그림 제시의 원칙

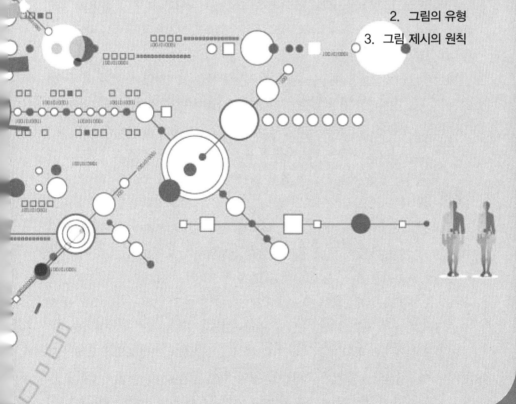

과학 보고서의 특징은 결과를 그래프로 나타내는 것이다. 그래프는 다른 방법으로는 제공하지 못하는 방법으로 관찰된 양들 사이의 관계를 보여준다. 게다가 그림은 실제 데이터를 제공하기 때문에, 저자가 자신의 주장을 위한 증거로 무엇을 사용했는지 의심이 많은 독자는 알 수 있다. 우리는 그래프를 논의하면서 상당한 노력을 하게 될 텐데, 근본적인 이유는 우리가 데이터를 제시하는 방법이 바로 그 데이터에서 알 수 있는 것을 결정하기 때문이다. 과학 데이터의 효과적인 전달은 데이터를 배열하는 주도면밀한 방법에 명확하게 의존한다.

과학 문헌에서 그림들은 매우 다양하다. 그림 자료들은 사진, 지도, 바닷길 지도, 건축 정면도, 설계도, 그리고 많은 종류의 그림들을 포함한다. 컴퓨터 기술의 도움으로 이들 모두는 예측할 수 없는 방식으로 분명히 팽창할 것이다.

시각적으로 흥미로운 지도, 해도, 그림 등에 머무는 대신에, 우리는 덜 매혹적이지만 과학에서는 일반적인 도구인 그래프와 막대 그래프에 관심을 집중시킬 것이다. 오늘날 이들은 과학 출판물과 보고서에 나타나는 두 가지 중요한 그림이다. 다른 더 특수한 형태의 그림들인 3차원 그래프, 가로막대 그래프, 파이 그림, 삼각형 그래프, 장미 그림 등에 대해서도 논의할 것이다.

데이터를 그림으로 보여주는 서로 다른 방법들을 논의하면서, 이들이 데이터를 나타내는 단지 명쾌한 방법뿐인 것은 아니라는 것이 분명해질 수도 있다. 먼저 이런 장치들은 데이터의 내용을 분석하는 중요한 방법을 제공한다. 데이터를 그림으로 분석하는 것은 데이터를 통계적으로 분석하는 것을 보완하기도 하고 병렬적이기도 한 점점 쓰임이 많아지는 분야이다. 많은 경우에 그림으로 데이터를 분석하는 것이 더 만족스러운데, 그 이유는 우리가 데이터를 다루고 보여주는 방법에 의해서 숫자들로부터 의미를 뽑아내기 때문이다. 명확한 그림은 데이터가 의미하는 것에 대한 명확한 생각을 도와주고 보여준다.

다음으로 그림은 우리 생활의 여러 면에 결정적인 중요한 정보를 전달한다. 데이터를 명확하게 제시하는 중요성에 대한 극적인 예는 1986년 1월 28일에 불행한 운명의 우주 왕복선 챌린저호(Challenger)를 발사하는 결정의 과정이다.

로켓을 설계했던 공학자들은 이 전의 발사에서 얻은 데이터로부터 로켓의 부분 사이에 있는 연결 부위를 조이는 O-링이 추운 날씨에서는 작동하지 않을 수도 있다는 명백한 가능성을 알고 있었다. 일기예보에 따르면 발사 예정일의 기온이 26~29°F로 발표되었다. 이 기온은 이 전의 발사를 견뎌냈던 어떤 온도보다도 훨씬 낮았다.

발사 결정을 내릴 예정이었던 사람들이 공학자로부터 받은 보고서에는 이 전의 발사에서 기록된 네 가지 다른 종류의 O-링 실패 또는 손상 데이터가 나타나 있었다(그림 9.1). 데이터는 그림 9.2와 같은 13장의 일련의 그림으로 제시되었다. 발사 결정팀은 발사에 동의하는 엄청난 중압감 아래에 있었고, 공학자들의 보고서는 확신을 주지 못했다. 발사 결정팀은 재검토를 위해 보고서를 돌려보냈고, 공학자들의 보완된 보고서는 발사를 동의하는 것으로 변경되었다. 로켓은 발사 직후에 폭발했고, 교사 한 명을 포함한 탑승자 모두는 사망했다. 미 의회 하원의 우주 왕복선 챌린저 사고조사위원회는 1년이 지나지 않아 결론을 내렸는데, 낮은 온도로 인한 O-링의 실패가 연료 누출과 우주 왕복선의 폭발에 책임이 있다는 것이었다.

예방할 수도 있었던 이 재앙에 관해서 여러 압력이 가해지는 가운데, 적어도

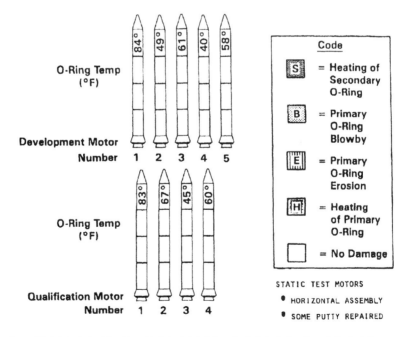

그림 9.1 챌린저호 발사 전에 기술 조언자가 결정단에게 보낸 데이터 제시(13개 그림 중의 하나)
출처 : The 1986 *Report of the Presidential Commission on the Space Shuttle Challenger Accident*, House of Representatives, Washington, D. C.

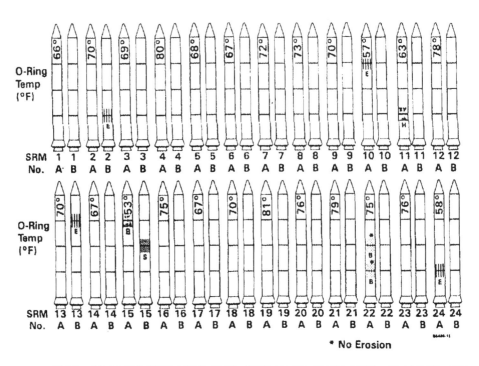

그림 9.2 기술자가 결정 단에게 보낸 O-링 기능 불량을 보고하는 또 다른 13개의 그림. 코드들이 그림에 포함되어 있지 않음에 유의할 것

출처 : The 1986 *Report of the Presidential Commission on the Space Shuttle Challenger Accident*, House of Representatives, Washington, D. C.

한 가지 요인은 데이터가 접근하기에 쉽지 않고 불명확한 모양으로 제공되었다는 것이었다(Tufte, 1977).

1. 너무 많은 잉크를 사용했다. 많은 사소한 사항들이 데이터를 보는 것을 방해하도록 끼어들었다. 예를 들면 불필요한 로켓, 숫자, 글자들이 그림 전체를 뒤덮고 있었다.

2. '온도가 변하면 어떤 일이 일어날 것 같은가?'라는 가장 중요한 질문에 대해서 이 그림은 직접적으로 답을 주지 않는다. 실제로는 데이터가 거기에 있었지만, 옆으로 뉘어져서 로켓의 앞부분에 들어가 있었다.

3. 이 그림은 읽는 사람에게 너무 많은 것을 요구하고 있다. 이 그림을 만든 사람들은 네 가지 서로 다른 손상과 13장의 서로 다른 그림을 따라 옆으로 뉘어진 온도 사이의 형태를 읽는 사람이 마음으로 잘 따라갈 것이라고 기

대했다.

4. 부호도 도움을 주지 못했는데, 명암과 문자 부호가 주어지기는 했지만 오
   직 첫 장에서만이었다. 마지막 그림에 이르렀을 때는 보통 사람은 누구나
   부호는 잊어버리고 경향만을 알 뿐이었다.

공학자들은 데이터를 이해했으나 효과적으로 전달하지 못했다. 어떻게 했으면
그 데이터를 더 쉽게 접근하도록 흥미롭게 만들 수 있었을까? 먼저 무엇보다도
질문에 대한 대답이 되도록 데이터를 정리해서 그림을 설계해야만 한다. 데이터
를 보여줄 뿐만 아니라 해석하기에 더 쉽도록 만들 때까지 데이터와 그림을 가
지고 계속해서 씨름을 하는 것은 늘 좋은 연습이다.

다음으로 우리는 데이터 전체를 모아서 읽는 사람에게 관심 사항의 형태를
보여주는 모양으로 만들어야만 한다. 이 경우에는 이 전의 모든 발사에서 얻은
데이터가 제시될 수 있고, 네 종류의 손상을 결합해서 서로 다른 O-링의 비정상
에 대해 상대적인 중요성과 사고의 빈도 등에 가중치를 고려해서 계산한 하나
의 '손상 지수'로 만들 수 있다(그림 9.3).

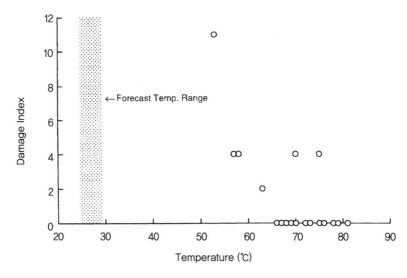

그림 9.3 그림 9.1과 그림 9.2 및 그와 연결된 그림들로부터 얻은 O-링 기능 불량에 관련된 데이터들을 결
합하여 가중치를 고려한 '손상 지수'를 발사가 진행되는 동안의 온도에 대하여 그림으로 나타낸 것이다. 점
으로 표시한 부분은 챌린저호가 발사되던 날의 온도 예보 영역을 보여주고 있다.

출처 : The 1986 *Report of the Presidential Commission on the Space Shuttle Challenger
Accident*, House of Representatives, Washington, D. C.

데이터 제시는 전체적인 패턴을 아는 것을 어렵게 만들었다. 예를 들면, O-링의 부식과 온도 사이에 상관관계가 있는지 여부가 확실하지 않았기에, 읽는 사람이 각 사례를 하나하나 개별적으로 조사해야만 했다. 그들이 그렇게 했을 때, 어떤 경우에는 낮은 온도가 O-링 손상과 연관되었고 다른 경우에는 아니었다. 확신을 주는 경우는 나타나지 않았고, 발사 동의에 반대하는 점에 대해 논쟁했다.

손상 지수와 온도를 그림으로 나타내면(그림 9.3 참조) 결정적인 모습들이 바로 명료해진다. (1) 커다란 손상을 주는 경우는 낮은 온도와 연관되어 있다. (2) 예정된 발사일의 예상 온도 범위는 예전의 어떤 발사일의 온도보다도 훨씬 낮다. 이 그래프는 공학자들이 알았지만 강력한 방법으로 제시하지 못했던 것을 극적으로 분명하게 만들고 있는데, 그것은 바로 발사일에 O-링 손상이 있을 것이라는 사실이다.

데이터를 제시하는 많은 방법이 있지만, 어떤 것들은 사실을 전달하는 데 효과적이지 않다. 앞의 챌린저호의 예는 데이터를 제시하는 선택이 단지 취향의 문제가 아니고 중대한 결과를 초래할 수 있다는 것을 명확하게 보여준다.

논문을 발표할 때 공간을 최소화하려는 필요 때문에, 우리는 데이터를 표 또는 그림으로 보여주는 선택에 직면한다. 드물기는 하지만 같은 데이터를 표와 그림으로 둘 다 보여주는 것을 편집자가 허용하는 경우도 있다. 표나 그림 중 어느 것을 선택하는가는 우리가 강조하고 싶은 것이 무엇인가에 달려 있다. 표는 공간을 더 절약하고 실제의 값을 제공하는데, 이 값은 우리의 특정한 값을 나중에 이용하기를 원하는 연구자들에게는 쓸모가 있다. 그림은 데이터의 정성적인 패턴을 더욱 효과적으로 보여주지만, 정량적인 데이터를 제공하는 것은 아니다. 훈련을 받는 연구자는 어떤 경우에는 실제 데이터를 간결하게 보여주기 위해서 표를 사용하고, 다른 경우에는 데이터에서 관계를 부각시키기 위해서 그림을 사용하는 것을 배운다.

마지막 주안점은 그림의 효과적인 설계가 증거에 대한 명확한 사고와 별개가 아니라는 것이다. Tufte(1997)가 관찰한 것처럼, 명료하고 정확한 앎은 증거에 대한 명료하고 정확한 사고에 의존한다. 게다가 우리로 하여금 데이터를 잘 제시하도록 강제하는 것은 종종 우리들이 발견한 것에 관하여 보다 예리하게 생각하도록 만든다.

그림에 관한 더 좋은 생각은 Tufte(1983)가 세밀하게 만든 책에서 발견할 수 있으며, 거기에서 아래 자료의 많은 부분을 가져왔다. Cleveland(1985)는 그림 분석의 요소들을 조사했으며, Tukey(1977)는 이 주제에 대해 발전된 논의를 제공하고 있다.

1. 그림 인식

우리는 데이터를 그림으로 바꾸기 위해서 여러 다양한 장치를 사용한다. 그러므로 독자는 이 데이터를 이해하기 위해서 이들 장치를 해석해야만 한다. 아무리 훌륭한 과학이라 하여도, 바꾸는 것이 독창적이어도, 그래프의 설계가 인상적이라 하여도, 쉽게 이해될 수 없다면 그 그림은 실패이다.

우리는 그림을 볼 때 먼저 좌표축을 이해하려고 노력하는데, 왜냐하면 이들은 그래프에 무엇이 있는지를 알려주기 때문이다. 다음으로 관계에 대한 대략적인 이해를 얻기 위해서 데이터, 선, 기호 등을 훑어본다. 데이터가 충분히 명확하고 두드러지게 제시되었다면 관계를 인지할 수 있다. 우리는 데이터를 단서와 비교해서 그래프의 관계를 판단한다. 그래프에서 비교에 사용되는 단서는 좌표축을 따라가면서 점의 위치, 길이, 기울기, 각도, 면적, 부피, 색깔 등을 포함한다.

우리의 눈과 마음은 그림의 단서를 서로 다른 정확도로 평가한다는 것이 입증되었다. Cleveland(1985)는 실험을 했는데, 사람들에게 서로 다른 그림 단서와 관련해서 판단을 해주도록 요청했다. 이 실험결과를 이용하고 다른 정보를 더해서 Cleveland는 단서의 순위를 정했는데 가장 정확한 그래프 인식에서 부정확한 순서로 다음과 같았다.

1. 좌표축 따라가면서 위치
2. 길이
3. 각도 또는 기울기
4. 면적
5. 부피

6. 색깔과 음영

이 Cleveland 순위는 데이터를 제시하는 방법을 결정하는 지침으로서 유용하다. 가능하면 순위가 높은 단서를 사용한다면 읽는 사람이 그래프를 해석하는 일이 더 정확해질 것이다. 따라서 선택의 기회가 주어지면 데이터가 허락하는 한도 내에서 위쪽으로 이동한다. 데이터를 그래프와 막대 그래프로 보여주는 것은 좌표축을 따라가며 비교하는 것을 허용하는 것이다. 가로막대 그래프는 길이 비교를 강조한다. 우리의 그래프를 정확하게 읽기 위해서는, 읽는 사람이 면적, 부피, 색깔, 음영 등에 기초해서 판단하도록 요청하는 그림을 가능한 피해야만 한다.

2. 그림의 유형

변수가 2개인 그래프

변수가 2개인 그래프(bivariate graph)는 2개의 변수에 대한 데이터가 제시되는 그림이다. 실제 데이터의 범위에 따라 정의되는 연속적인 공간에서는 x와 y가 대표로 사용된다. 만일 그래프가 연속적인 공간을 나타낸다면 독자는 그래프 평면 위에서 값들의 간격으로부터 x와 y 사이의 관계 모양을 해석할 수 있다. 이 것이 그래프의 핵심 전제이다.

제8장에서 우리는 표가 어떻게 복잡한 데이터 묶음을 경제적으로 전달하는지 논의했다. 왜 우리는 그래프를 필요로 하는가? 단순한 한 가지 이유는 데이터에서 관계를 보여주는 일에 그래프가 더 좋다는 것이다. 이것을 증명하는 하나의 방법이 Anscombe(1973)에 의해서 주어졌는데, 그는 4개의 데이터 묶음을 만들었고 각각은(그림 9.4의 왼쪽에 X와 Y로 표현한) 2개의 변수에 대해 11개의 관찰로 구성되어 있다. 이들 데이터 묶음은 같은 평균과 분산을 보여주고, 같은 직선회귀방정식으로 나타낼 수 있는 것이다.

단지 숫자들의 열만 바라보아서는 각 데이터 묶음에서 x와 y의 관계를 구별하는 것이 어렵다. 데이터를 그래프 형태로 보여주는 것의 장점은 그림 9.4의 오른쪽 패널에서 분명하다. 그룹 1의 데이터에서 점들은 직선 관계를 따라서 흩어져 있다. 그룹 2에서는 곡선에 잘 들어맞고 있다. 그룹 3의 데이터에서는 명

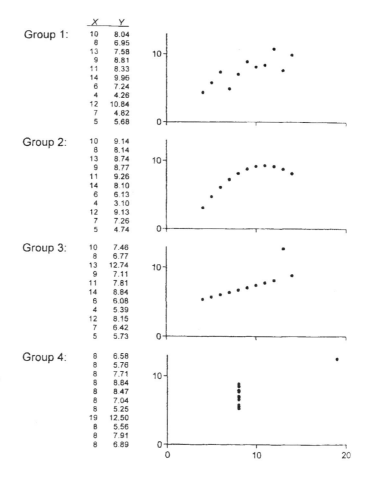

	X	Y
Group 1:	10	8.04
	8	6.95
	13	7.58
	9	8.81
	11	8.33
	14	9.96
	6	7.24
	4	4.26
	12	10.84
	7	4.82
	5	5.68
Group 2:	10	9.14
	8	8.14
	13	8.74
	9	8.77
	11	9.26
	14	8.10
	6	6.13
	4	3.10
	12	9.13
	7	7.26
	5	4.74
Group 3:	10	7.46
	8	6.77
	13	12.74
	9	7.11
	11	7.81
	14	8.84
	6	6.08
	4	5.39
	12	8.15
	7	6.42
	5	5.73
Group 4:	8	6.58
	8	5.76
	8	7.71
	8	8.84
	8	8.47
	8	7.04
	8	5.25
	19	12.50
	8	5.56
	8	7.91
	8	6.89

그림 9.4 데이터의 상호관계를 보여주는 그래프. 왼쪽 면에 나타난 X 및 Y 수치의 열은 오른쪽에 그래프로 나타내어 수에서의 관계를 보여준다. Anscombe에 의해 준비된 데이터(1973)

백하게 바깥에 있는 하나를 제외하고 점들이 직선 위에 위치하고 있다. 그룹 4에서 가정된 회귀관계는 전적으로 한 점에 의해서 만들어지며, 나머지 모든 점들은 x의 변화가 없다. 이렇게 전적으로 다른 관계들은 오로지 우리가 데이터를 그래프로 그렸을 때 명확하게 나타나게 된다.

독자들이 정보를 쉽게 해석할 수 있도록 그래프에서 데이터를 변환하는 방법을 배우기 위해서는, 우리는 먼저 그래프의 요소와 유형에(그림 9.5 참조) 친숙해질 필요가 있다. 변수 중에 하나는 세로축을 따라서 그리는데, 종속변수를 놓는 것이 관례이다. 다른 변수는 가로축을 따라서 그리는데, 독립변수를 여기에 놓는다. 좌표축 위에 그려지는 변수는 좌표축 라벨로 표시되고, 변수의 단위도 나타낸다. 변수의 범위와 값들 사이의 간격을 알려주기 위해서 좌표축에 표시

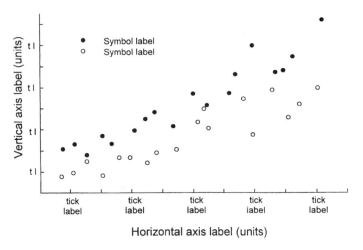

그림 9.5 이변수 그래프의 중요한 부분. *y* 및 *x* 축들에 의해 범위가 정해진 데이터 계

마크가 더해진다. 모든 표시 마크에 라벨을 붙이는 것은 바람직하지 않은데, 그 이유는 그것이 그림을 혼란하게 만들기 때문이다.

읽을 수 있도록 만들기 위해서는 그림에서 라벨과 기호들을 적당한 크기로 만들 필요가 있다. 대부분의 사람들은 그림에서 글자를 너무 작게 만드는데, 글자를 더 크게 만들어라. 읽을 수 있는 글자는 일반적으로 독자에게 도움을 주고, 그림이 출판과정에서 상당히 축소되는 기술적인 문제를 해결해 준다. 글자나 기호를 너무 작게 만드는 것은 출판을 위한 그림을 만드는 일에서 가장 흔한 잘못의 하나이다. 당신이 초고를 투고할 학술지의 크기에 맞도록 축소 복사를 해서 그래프가 읽을 수 있는지 확인하라(그림 9.6). 만일 학술지에서 사용하는 크기에서 쉽게 읽을 수 없다면 그림을 다시 그려라. 축소를 하게 되면 얇은 선과 세밀한 점은 인쇄를 했을 때 사라져 버린다. 이것은 미리 축소를 함으로써 점검될 수 있고, 그러면 선의 굵기와 점의 크기는 그것에 따라 조절될 수 있다.

그래프의 주된 목적은 데이터를 보여주는 것이고, 이것은 데이터 필드에 데이터 점들을 놓음으로써 될 수 있다. 충분하게 큰 데이터 점들은 그림이 축소됐을 때 잘 구별이 될 수 있을 것이다. 데이터 점들은 어떤 적당한 기호가 될 수 있는데, 만일 그래프에서 여러 개의 기호가 사용된다면 이들이 무엇인지를 먼저 데이터 필드 내에서 확인해 주어야만 하고, 이것은 그림 해석을 쉽게 만들고 공간을 절약하도록 만든다. 만약 데이터 필드에서 기호 정의가 너무 많은 혼란

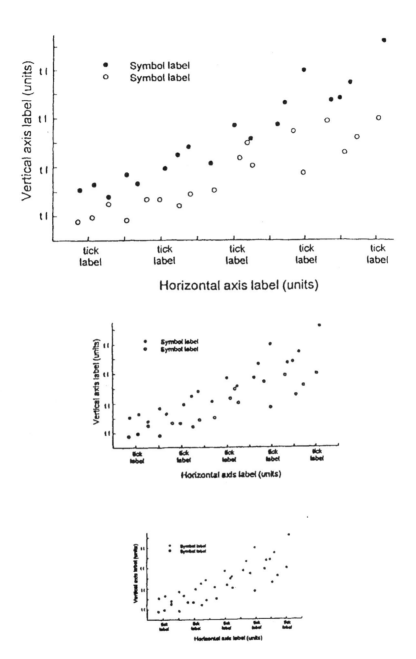

그림 9.6 축소 때문에 가독성을 잃어버린 예. 이 그래프(그림 9.5로부터 나옴)가 중간 패널에서는 50% 축소되었으며, 제일 아래 패널에서 다시 50% 축소되었다.

을 일으킨다면, 그림 설명에서 정의를 할 수도 있겠으나, 이것은 그래프 해석을 더 어렵게 만든다. 기호 라벨을 데이터 필드 바깥에 놓는 것도 하나의 대안이지만, 이것은 공간을 낭비하는 것이다. 어떤 경우에도 독자의 관심은 라벨보다는 데이터 점들에 있어야만 한다. 소문자를 사용하면 데이터 점들로부터 관심을 덜 끌게 된다.

그래프가 간단하게 설계되었을 때 독자들은 그래프를 잘 해석한다. 그림 9.5에 있는 꽉 찬 원과 빈 원처럼 간단한 기호는 데이터 필드를 어지럽게 하지 않는다. 검은 기호는 비어 있는 흰 기호보다 더 강하고, 하나의 기호만 사용된다면 그래프에서 더 선호된다. 반대로 하나보다 더 많은 기호가 사용된다면 빈 기호가 구별하기에 더 쉽다. 그래프를 너무 혼잡하게 만드는 각도와 점을 가지고 있는 +와 ×와 같은 기호는 피하라.

다른 취급과 분류를 비교하기 위해서 해석을 쉽게 할 수 있도록 선택된 몇 가지 종류의 기호를 사용할 수 있다. 예를 들어 많은, 중간, 적은 세 가지 양으로 투약된 치료실험으로부터 얻은 데이터를 가지고 있다면, 전체가 검은, 반이 검은, 비어 있는 원을 사용하라. 이 기호들은 단계적인 투약을 대리하는 것으로 해석하기 쉽다. 마찬가지로 만일 세 가지 투약의 두 가지 치료가 있다면, 하나의 치료에는 모두 (전체가 검은, 반이 검은, 비어 있는) 원을 사용하고, 다른 하나는 (전체가 검은, 반이 검은, 비어 있는) 삼각형을 사용하라. 데이터 필드에서 더 많은 다른 기호를 사용하면 데이터를 해석하는 것이 더 어렵다. 한 그래프에서 4개보다 더 많은 기호를 해석하는 것은 대부분의 독자들에게 문제를 일으킨다.

데이터를 가장 잘 나타내려면, 데이터가 데이터 필드를 덮을 수 있도록 y와 x 척도를 변경할 수 있다. 예를 들어, Y 값이 55~75 범위라면 y 척도를 50~80으로 그릴 수 있고, 따라서 가능한 한 자세하게 데이터를 보여준다. 척도를 0~100으로 하면 빈 데이터 필드가 너무 많아서 데이터를 압축된 형태로 보여주게 될 것이다. 모든 그래프에서 원점을 포함할 필요는 없고, 원점을 포함하는 것은 종종 공간의 낭비가 된다.

표처럼 그림도 일체가 완비되어야 한다. 기호, 선 등 세세한 것들이 정의되지 않은 채로 있으면 안 된다. 기호에 대한 정의가 너무 길어서 데이터 필드에 포함될 수 없으면 그림 설명에 포함시킨다. 그림 설명은 그림 번호와 제목으로 구성되어 있고, 그림에 무엇이 있는지 간단하게 설명해야 하지만, 방법이나 데이터의 의미를 논의하지는 않는다. 나에게는 알려지지 않은 이유로 그림 설명은 그림 아래에 놓는 것이 관례이다. 이와 대조적으로 표에 대한 설명은 표의 위에 놓는다는 것을 당신은 기억할 것이다.

변수가 2개인 그래프는 종종 여러 선택적인 특징이 있다. 데이터에서 경향성을 강조하기 위해서 그래프에 선이 더해질 수 있는데, 그림 9.7에 있는 선이 그림 9.5와 비교해서 경향성 인식이 더 잘 된다. 서로 다른 종류의 선들이 더해질 수 있다. 하나의 대안은 그림 9.7의 위 패널에 있는 것처럼 선으로 데이터 점들을 연결하는 것이다. 이것은 전반적인 경향성을 제시하는 것을 도와주지만, 지그재그가 중요하다는 암묵적인 메시지를 전달한다. 이렇게 할 것인지 여부는 저자의 판단을 요구한다. 각 점들이 벗어난 것이 회귀선 주변에 여분의 변화를 주고 있으면, 더 좋은 대안은 전체적인 관계를 기술하기 위해서 회귀 직선을 데이터에 맞추는 것이다(그림 9.7의 아래). 오늘날의 소프트웨어는 최선의 맞춤

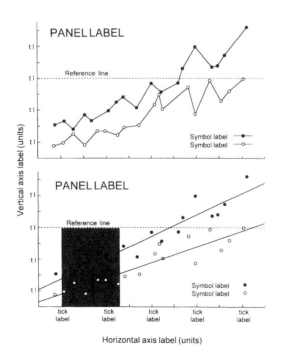

그림 9.7 이변수 그래프를 나타낼 때 선택적 요소들

곡선을 계산하는 일을 쉽게 만든다.

하나의 그림은 여러 개의 그림으로 이루어질 수 있는데, 그림 9.7에 있는 것처럼 세로로 쌓여 있는 패널이나, 그림 9.8에 있는 것처럼 옆으로 늘어선 모양으로 보여줄 수 있다. 이 경우에는 각 그래프에 패널 라벨을 붙일 필요가 있다. 패널 라벨은 짧아야만 하고 대문자를 사용하면 좋다. 왜냐하면 독자가 주의해야 하는 데이터의 서로 다른 부류를 나타내도록 독자의 마음을 확인시켜야만 하고, 좌표축 라벨보다 더 두드러져야 하기 때문이다.

이것이 패널 라벨 사용에는 대문자를 남겨놓고 좌표축 라벨에는 소문자를 사용하는 것이 좋은 연습이 되는 또 하나의 이유이다. 패널에 라벨을 붙이는 더 전통적인 방법은 A, B, C 등의 기호를 사용하는 것이다. 만일 우리가 쉽게 기억되는 기호를 사용하거나, 추상 기호를 해독하기 위해 여분의 정신적인 일을 연관시키지 않는 방법으로 패널을 언급한다면, 우리의 그림은 읽기에 더 쉬워질 것이다. '그림 23 오른쪽 위'가 '그림 23D'보다 더 직접적인데, 왜냐하면 'D'라고 하면 따로 기억했다가 그림에서 찾아보아야 하기 때문이다. 독자들에게 또 다른 암호를 해독하도록 만들고, 그림에서 'D'를 찾도록 강요하는 것은 불필요해 보인다. 제5장에서 말했던 것처럼 글쓰기에서 추상화를 피하는 것이 최선이고, 그림에서 추상화된 암호를 최소로 유지하는 것이 또한 최선이다. 예를 들면 판을 표시할 때 글자 등을 사용하는 것이 중요한데, 많은 항목의 그림이나 사진에서 '위'와 '오른쪽'이 불충분한 경우가 있을 수 있다.

우리의 데이터와 비교하기 위해서 참조를 언급해야 할 필요가 있는 경우가 있다. 이러한 비교는 참조할 점이나 선(그림 9.7의 위) 또는 데이터 필드 내에서 그림자 혹은 점으로 표시한 영역을(아래) 첨가함으로써 성취될 수 있다.

그림 9.8의 맨 왼쪽 패널과 같은 그래프는 변수의 범위를 평균에서 뻗어 있는 선으로 표시할 수 있는데, 선의 길이가 변수의(범위, 표준편차, 표준오차, 확실성 구간) 양이다. 선들은 변수가 표현되는 좌표축과 평행하다. 몇 가지 이유로 변위를 보여주는 선의 양 끝을 변위 선에 수직인 짧은 선분을 덧붙여 표시하는 것이 전통이 되었는데(그림 9.8의 왼쪽 가운데), 불필요한 장식으로 생략할 수 있다.

만일 실제 측정이 서로 다른 모양으로 분포되어 있는 것을(그림 9.8의 왼쪽)

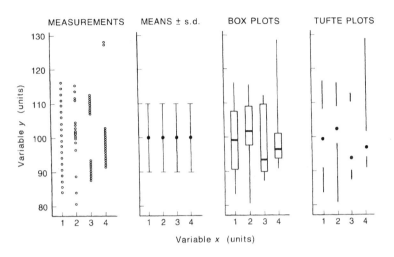

그림 9.8 이변수 그래프에서 편차를 보여주는 다른 방법들. 데이터 점들이 제일 왼쪽 패널에 보인다. 왼쪽 중간 패널에 나타나듯이 데이터 점들은 사실 같은 평균 및 표준 편차를 가진다. 데이터의 박스 그림이 오른쪽 중간 패널에 있으며, 더 효율적인 버전은 가장 오른쪽 패널에 있다. 이 그림은 Cleveland(1985), Tufte(1983), 그리고 Tukey(1977)로부터 나왔다.

알고 있다면, 변수를 간단하게 표현하는 것이(그림 9.8의 왼쪽 가운데) 우리를 불편하게 할 수 있다. 이렇게 간단하게 나타내는 것보다는 더 많은 정보가 있다고 느낄 수 있다. 변수를 더 잘 표현하고 평균과 분산을 사용하는 것을 피하기 위해서, Tukey(1977)는 박스와 선분(box-and-whisker) 그림을 고안했는데(그림 9.8의 오른쪽 가운데), 여기에서는 중앙값, 위와 아래 1/4값, 최대와 최소, 바깥의 위치를 보여준다. 많은 소프트웨어 프로그램들은 상자 그림에서 주어진 확실성 한계를 넘어서 너무 멀리 떨어져 있는 점들의 분리를 포함해서 많은 범주를 허용한다. 이 선택들은 너무 많은 데이터 점들을 없애도록 잘못 사용될 수 있기 때문에, 나는 그림 9.8에(오른쪽 가운데) 나타낸 것처럼 몇 가지 범주에서 데이터를 표현하는 상자 그림 사용을 선호한다. Tufte(1983)는 더 간단하고 잉크를 절약하는 그림 상자 버전을(그림 9.8의 오른쪽) 제안했다. 저자들은 변수를 보여주는 이들 방법 중에서 어느 것을 선택하는 것이 그들 그림의 목적에 가장 잘 맞는 것인지 결정해야만 한다.

변수가 3개인 그래프

많은 소프트웨어 프로그램의 출현으로 변수가 3개인 그래프는 대단히 쉽게 만들어진다. 이러한 그래프는 커다란 시각적 영향력을 발휘할 수 있지만(그림 9.9) 과도하게 사용되기가 쉽다. 3차원 그래프의 한 가지 단점은 변수의 표시를 허락하지 않는다는 것이다. 3차원 그래프에는 두 가지 주요한 형태가 있는데, 원근 그래프와 등고선 그래프이다.

원근 그래프

이 그래프에서 세 번째 차원은 원근에 의하여 가상적으로 주어진다(그림 9.9). 원근 그래프는 표면을 정의하기 위해서 그린다. 이 형태의 그래프는 표면이 상대적으로 간단하면 효과적인데, 왜냐하면 원근 그래프는 독자가 어려운 작업인 3개의 다른 좌표축에 상대적인 표면을 시각화하도록 요청하기 때문이다. 표면의 위치를 좌표축에 따라 해독하는 일은 항상 어렵다.

  원근 그래프에서 표면의 위치를 인식하는 어려움을 쉽게 하기 위해서 다양한 장치가 이용되었다. 대부분의 원근 그래프는 표면에 격자를 덧붙이는데(그림 9.10의 위 패널과 아래 왼쪽), 표면 위에서 격자선의 교차가 x-y 평면 위에서 격자선의 교차와 묶여 있다. 어떤 원근 그래프는 z축의 척도를 보여주는데, 표면을 z축을 따라 위치와 연관시키도록 도움을 준다(그림 9.10의 위 오른쪽). 표면 위에 있는 점들을 x와 y 좌표축 위에 있는 척도와 독자가 연결할 수 있도록 만들기 위해서, 그림 9.10의 아래 왼쪽은 선을 점으로 표현했다. 이것은 독자를 도와주기 위한 관대한 시도이지만, 결과적으로는 약간 복잡한 그림이 되어 다른 방법으로 혼란스럽다.

  비록 현대적인 소프트웨어가 원근 그래프 그리는 일을 쉽게 만들기는 했지만, 이 그래프가 정말로 데이터 표현을 도와주는 경우에만 제한적으로 사용되어야 한다. 여기에 원근 그래프를 잘 맞도록 사용한 예를 두 개 소개한다.

  원근 그래프는 그 특징이 세 변수 관계인 데이터 세트의 결과를 시각화하도록 도와준다. 그림 9.11의 위 오른쪽은 어떤 지리적 영역을 가로질러 x와 y 차원에서 표본 추출점에서 잡히는 풍뎅이의 수를 보여준다. x-y 평면을 따라서 현저한 수의 분포가 있다. 같은 데이터를 친숙한 빈도분포로 보여줄 수 있지만

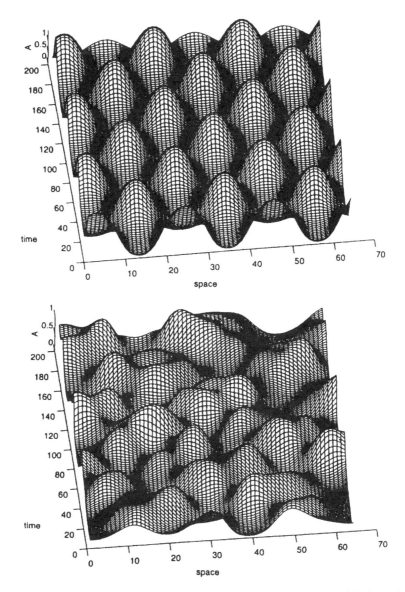

그림 9.9 기체와 액체 사이의 경계면에서 어떤 형태의 열 대류에 의해 만들어진 변하지 않고 무질서한 파동 형태. 데이터는 이론적 모델에 근거한 컴퓨터 시뮬레이션이다.

출처 : Kazhadan, D., et al. 1995. Nonlinear waves and turbulence in Marangoni convection. *Phys. Fluids* 7: 2679-2685. American Institute of Physics의 승인으로 사용

(그림 9.11의 왼쪽), 이렇게 데이터를 보여주는 것은 이 경우에 결정적 사실인 공간적 정보가 빠지게 된다. 예를 들어 같은 빈도분포가 풍뎅이 양이 무작위로

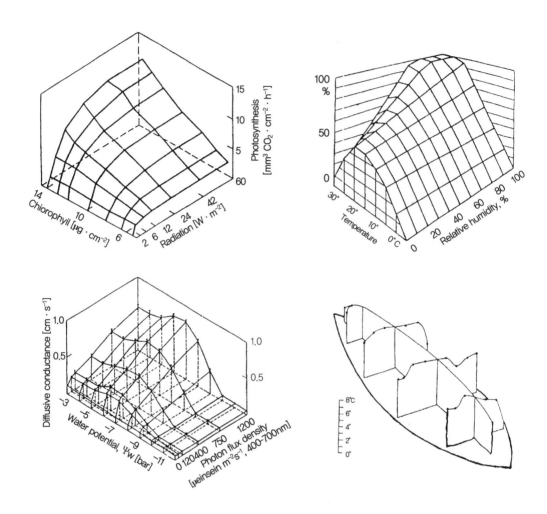

그림 9.10 3차원 원근 그래프의 예들. 왼쪽 위 : 빛의 세기 효과('복사' 라고 표기됨) 및 코코아 식물 테오브로민(*Theobroma*) 카카오 잎의 광합성에 따른 클로로필 농도. 오른쪽 위 : 쥐똥나무(*Ligustrum japonicum*)의 잎의 언제나 열려 있는 기공(stomata)의 비율에 미치는 온도와 습도의 영향. 왼쪽 아래 : 강낭콩 표면의 전도도에 대한 물 함량과 빛의 세기의 영향. 오른쪽 아래 : 정오에 칸나 잎의 표면 온도
출처 : Larcher, W. 1983. *Physiological Plant Ecology*. Springer-Verlag 및 저자의 승인으로 사용

분포되어 있는 지역에서 얻은 데이터를 똑같이 잘 기술할 수 있다(그림 9.11의 아래 오른쪽).

원근 그래프는 지도 위에서 변수의 분포를 시각화하도록 도움을 줄 수 있다. 예를 들면 그림 9.10의 아래 오른쪽에서 원근 그래프는 2차원 지도 위에 그려진 변수의 공간 형태를 효과적으로 보여준다.

등고선 그림

등고선 그림은 원근의 복잡함이 없이 평평한 표면 위에 3차원 결과를 보여줄 수 있는 장치이다. 원근 그래프에서보다 등고선 그림에서 정량적인 비교가 더 쉽다. 실제로 원근 그래프와 등고선 그림은 밀접하게 연관되어 있다(그림 9.12). 원근 그래프에서 z좌표축을 따라 그려진 데이터는 x-y 평면 위에 써질

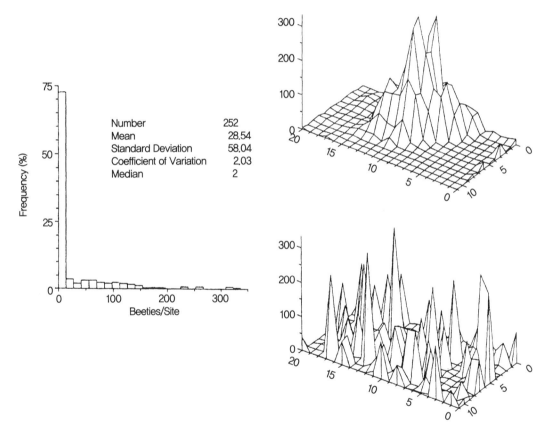

그림 9.11 3변수 그래프 제시의 예. 데이터는 폴더(네덜란드의 간척지)의 그리드에 놓인 구멍 함정에 잡힌 카라비드 딱정벌레의 수이다. 그리드 가로지름은 40m 정도이다. 왼쪽 : 데이터가 빈도 히스토그램으로 나타난다. '위치'와 x 및 y축들의 숫자들은 그리드 가로지름을 언급한다. 오른쪽 위 : 원근 그래프. 얼마나 많이 잡힌 딱정벌레가 폴더의(x 및 y) 표면을 따라 분포되는지를 강조하여 보여준다. 오른쪽 아래 : 동일한 데이터, 그러나 그리드 위치가 임의적으로 재배치되었다.
출처 : Rosssi, R. E., et al. 1991. *Ecol. Monogr.* 62:277-314, R. Hengeveld의 데이터 사용

수 있다. z좌표축 위에서 변수의 값이 같은 점들을 선으로 연결하여 그렸고, 그들의 위치는 x-y 평면 위에서 z 변수값의 공간분포에 의해 정해진다. 이들 선을 등고선이라고 부른다(그림 9.12의 아래). 등고선은 층으로 된 케이크를 자른 후에 볼 수 있는 것처럼 서로 다른 층의 면을 보여주는 것으로 생각할 수 있다. 등고선은 등고선의 가까운 정도에 의해 관심이 있는 변수에서 변화율을 시각화하는 것을 가능하도록 만든다.

등고선 그림은 매우 유용하며, 약간의 연습을 하면 해독하기가 쉽다. 등고선 그림은 원근 그래프만큼 시각적으로 효율적이고, 훨씬 더 쉽게 해석할 수 있다. 등고선의 사용은 천문학 구조의 판별이나(그림 9.13의 왼쪽) 지리적 변화(오른쪽) 등 넓은 영역에 걸쳐 있다. 등고선의 사용은 또한 그림 9.14에서처럼 과정의 결과를 잘 시각화한다. 그림 9.13과 9.14에서처럼 x와 y 좌표축이 공간 차원

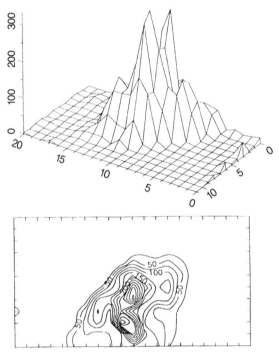

그림 9.12 원근법 및 등고선을 사용한 동일한 데이터의 표현. 위 : 그림 9.11과 같다. 아래 : 동일한 데이터의 등고선. 축 스케일은 위 그림과 같으며, 등고선은 수집된 딱정벌레가 50마리가 되는 간격으로 그린 것이다.

출처 : Rosssi, R. E., et al. 1991. *Ecol. Monogr.* 62:277-314, R. Hengeveld의 데이터 사용

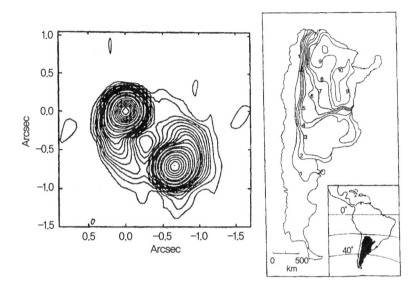

그림 9.13 등고선 사용의 예들. 왼쪽 : 하늘에서 라디오 분광법 세기의 편차, 두 개의 큰 렌즈를 가진 나이 테 같은 지도를 그림

출처 : Kochanek, C. S. 1996. The optics of cosmology. *Nature* 379:115. D. L. Data from D.L. Jauncey and others. Copyright 1996, Macmillan Magazines Limited. 의 승인으로 재출판

오른쪽 : 아르헨티나에서 잎을 자르는 개미 종들의 수에 관한 등고선 지도

출처 : Farji, A. G., and A. Ruggiero. 1994. Leaf-cutting ants(*Atta and Acromyrmex*) inhabiting Argentina: Patterns in species richness and geographical range sizes. *J. Biogeogr.* 21: 391-399. Blackwell Science Ltd의 승인으로 사용

그림 9.14 작용의 과정을 보여주는 등고선 도표 : 다공성의 퇴적 물에서 움직이는 물의 수문학적 연구의 예. 모래에 염분이 있는 물(여기서 물은 왼쪽에서 오른쪽으로 흐름)을 준 후 12, 24, 36, 45, 72 및 120시간 후의 염분 농도에 따라 같은 농도를 이은 등 고선. 축들에 눈금을 만들고 라벨을 하면 더 유용했을 것이다. 염 분이 있는 물의 얼룩이 물의 흐름을 따라 오른쪽으로 이동한다. 염분이 있는 물은 염분이 없는 물보다 무겁기 때문에 밑으로 내 려간다. 등고선은 0.1부터 0.9mg NaCl/ℓ까지 0.1mg NaCl/ℓ 의 간격으로 그려졌다. 모델 시뮬레이션은 다음의 출처로부터 재 출판

출처 : Fan, Y., 및 R. Kahawita, 1994. A Numerical study of the variable density flow and mixing in porous media. *Wat. Resour. Res.* 30: 2707-2716. 출판사의 승인 으로 사용됨

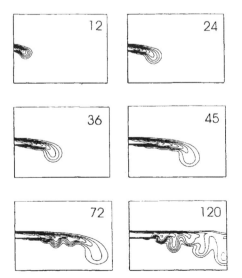

인 경우에 등고선 그림은 등고선 지도가 된다.

암묵적인 등고선 그림은 여러 방법으로 유용하다고 입증되었다. 제3장의 속표지에 있는 분류의 암묵적인 등고선 그림을 보면, 1885년 골턴의 부모와 자식의 키에 대한 흩뿌림 그림을 볼 수 있다. 비록 골턴이 등고선을 그리지는 않았지만, 데이터 점들의 모음이 암묵적으로 등고선 면을 정의한다. 데이터의 흩뿌림 그림은 많이 변형하면 전체 필드의 상관과 회귀관계를 알 수 있다. 원래의 골턴 데이터 처리는 수십 년 동안 사용되지 않았으나, 1960년대에 매우 특별한 응용으로 다시 나타났는데, 남아프리카 금 광산의 산출량 평가였다(그림 9.15). 타원이 대부분의 값들을 포함하고 있고, 광산의 금 산출량에 변화가 없다면 주된 축이(선 BB) 값의 궤도를 보여주며, 회귀선은(선 AA) 갱의 9미터 앞과 갱 벽을 따라 금 산출량 측정을 보여준다. (나는 왜 이렇게 이상한 기준이 사용되는지 모르겠다.)

히스토그램

히스토그램은 변수가 2개인 그래프인데, 변수 중 하나는 간격으로 표현된다. 실제 히스토그램에서는 그래프의 경우처럼 가로와 세로 척도가 연속적인 공간을 표시하지만 공간은 간격으로 나누어진다.

히스토그램은 변수가 2개인 그래프에서 언급했던 필수적인 특징을 모두 지니고 있지만, 간격을 표현하는 방법의 문제를 더 가지고 있다. 이것을 하는 가장 경제적인 방법은 간격 경계에 표시 라벨을 더하는 것이다(그림 9.16).

우리는 히스토그램의 세트를 두 가지 다른 방법으로 비교할 수 있다. 첫 번째 방법은 히스토그램을 여러 패널 그림으로 쌓는 것이다(그림 9.16). 각 패널의 표시는 변수가 2개인 그래프의 경우처럼 될 것이다. 히스토그램 안에서 막대는 변수들을 쌓아놓은 형태를 보여주거나(그림 9.16의 세로막대 안에서 서로 다른 범주를 주목하라.), 변수가 2개인 그래프에서처럼 막대 내에서 백분율을 보여준다.

히스토그램을 비교하는 두 번째 방법은 비교가 되는 둘 또는 세 가지 대상을 서로 옆에 놓이도록 좌표축에서 각 간격을 나누는 것이다(그림 9.17). 기껏해야 세 개의 세부 나눔이 있어야 하는데, 왜냐하면 세 개보다 많으면 혼란스럽기 때문이다. 이 두 번째 방법은 원하지 않는 확장에 이르는데, 왜냐하면 간격을 나

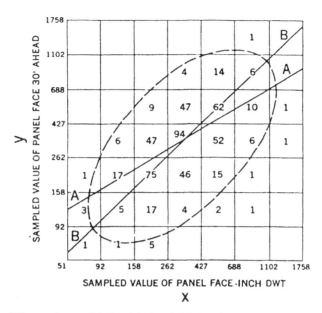

그림 9.15 함축 등고선 도표. 데이터는 광산 기둥 벽에서의 금의 수득률이다. 여기에서 샘플의 위치(x축)와 광산 기둥(y축)에서 9m 정도 떨어진 위치. 수치들은 위치당 10개의 샘플들의 평균. x 및 y 크기의 특별한 번호체계와 A와 B가 무엇인지, 여기에 포함하기에는 너무 긴 설명이 필요하다.

출처 : Agterberg, F. P. 1974. *Geomathematics*. ElsevierScientific Publishing Company; Borrowed from its originator, D. G. Grige. F. P. Agterberg의 승인으로 사용

누고 나면 좌표축이 더 이상 실제의 연속적인 공간에 대한 대용물이 아니기 때문이다.

만일 암호가 간단하고 그 의미를 지시하고 있다면 히스토그램에서 막대는 더욱 쉽게 읽혀진다. 막대를 비교하기 위해서는 빈 막대를 항상 선택의 하나로 이용한다. 처리 또는 범주의 증가하는 농도를 대신하기 위해서 점화의 정도를 증가시킨다. 하지만 얇은 점화는 축소했을 때 사라진다는 것을 기억하라. 대각선으로 줄무늬를 만든 막대는 눈길을 끌 수 있지만 주의를 흩뜨릴 수도 있다.

우리는 세로선을 없애고 가로선만 보여줌으로써 히스토그램을 간단하게 할 수 있다. 아니면 막대의 지평선만을 보여주기 위해 세로선을 이용할 수 있다(그림 2.4 참조). 이 두 장치는 모두 히스토그램에서 사용되는 잉크의 양을 낮추고 본질적이지 않은 요소들을 줄인다.

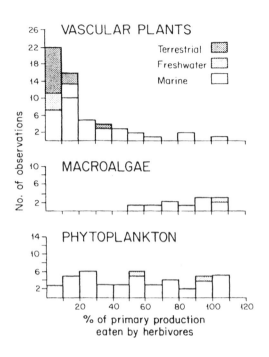

그림 9.16 히스토그램 패널의 수직 배열의 예, 그리고 막대 내의 변수의 스택. 데이터는 고등식물, 큰 조류, 및 초식동물이 먹는 단세포 조류에서 1차 생산율의 빈도이다.
출처 : Valiela, I. 1995. *Marine Ecological Processes*, 2nd ed. Springer-Verlag의 승인으로 사용됨

막대 그래프

막대 그래프는 한 차원은 변수이고 다른 것은 분류 또는 범주인 그림이다. 분류가 놓이게 되는 좌표축은 연속적인 공간에 대한 대용물이 아니다. 막대 그래프는 일련의 막대로 그릴 수 있거나(그림 9.18), 또는 더 경제적인 형태로는 점 그래프로 그린다(그림 5.3 참조). 대부분의 소프트웨어는 히스토그램과 막대 그래프를 혼용한다. 두 좌표축이 모두 의미가 있는 공간을 표시하는 히스토그램과 혼동을 피하기 위해서, 막대 그래프는 점 그래프로 보여주는 것이 적당할 것이다.

막대 그래프는 또 다른 용도가 있다. 한 가지 용도는 변수의 목록 사이에서 순위를 보여주는 것이다. 예를 들면 그림 5.3에서 우리는 연사의 수로 언어의 순위를 쉽게 인식하게 된다. 막대 그래프는 또한 우리가 그러한 목록 사이에서

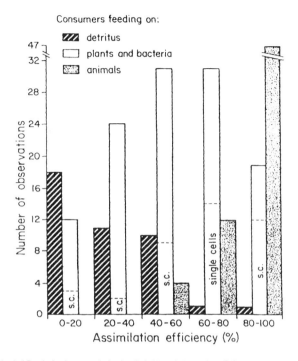

그림 9.17 세분된 간격을 가진 히스토그램의 예. 데이터는 퇴적물, 식물 혹은 조류, 및 다른 동물들을 먹은 많은 종류의 동물들에 대해 동화 효율의 정도를 보여준다.

출처 : Valiela, I. 1991. Ecology of water columns. Pp. 29-46 in Barnes, R. S. K., and K. H. Mann(Eds.), *Fundamentals of Aquatic Ecology.* Blackwell Science Ltd., who reprinted it from Valiela, I. 1984. *Marine Ecological Processes.* Springer-Verlag의 승인으로 사용

무리를 이루는 일을 발견하도록 도와준다. 예를 들면 그림 9.18에서 어떤 다른 종류의 물고기가 비슷하거나 다른 무리에 속하는지 인식하는 것은 쉽다. 막대 그래프는 또한 서로 다른 변수의 범위를 비교하는 데 도움을 준다. 그림 9.19는 서로 다른 종류의 물고기 치어가 1년 중 서로 다른 시기에 발생하는 것을 우리가 쉽게 알 수 있도록 그려져 있다. 이 막대 그래프는 풍부함에 비례하는 여분의 암호로서 막대의 서로 다른 두께를 더해 준다. 이렇게 더해진 세부사항은 그림에 의해 전달되는 정보를 증가시킨다.

막대와 점 그래프는 유용하지만 종종 너무 남용되고 있으며, 우리는 이들의 사용을 정당화할 필요가 있다. 많은 경우에 데이터는 명료함이나 영향력의 손상이 거의 없이 표에서 더 경제적으로 제시될 수 있다.

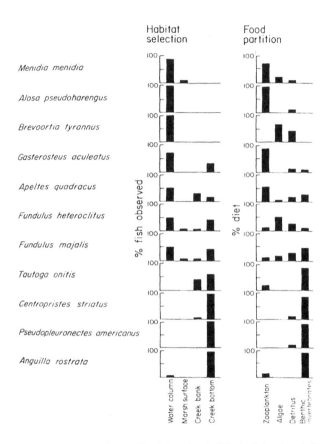

그림 9.18 항목 사이의 무리를 구별하기 위한 막대 그래프의 사용 예. 바닷물이 드나드는 소택지에서의 몇 종이 서식지와 음식 형태에 따라 나누어지는 것을 보여주는 C. Werme의 데이터
출처 : Valiela, I. 1995. *Marine Ecological Processes*, 2nd ed. Springer-Verlag의 승인으로 사용

파이 그림

파이 그림은 여러 범주로부터 얻은 데이터를 비교하기 위해서 이용되는데, 변수의 크기를 원에서 같은 각도로 바꿈으로써 비교한다(그림 9.20). 파이 그림은 언론기관과 소프트웨어 설계자들이 선호한다. 유감스럽게도 파이 그림은 가장 쉽게 오해에 이르는 그림에 속하는데, 왜냐하면 파이 그림이 독자로 하여금 각도와 면적을 판단하도록 요구하기 때문이다. 이러한 그림 인식은 Cleveland 정확성 순위에서 낮다는 것을 상기하라(제9장 1절). 데이터가 스스로 분명하도록 파이 그림을 만드는 능력에 자신이 부족하면, 소프트웨어 설계자는 실제의 값

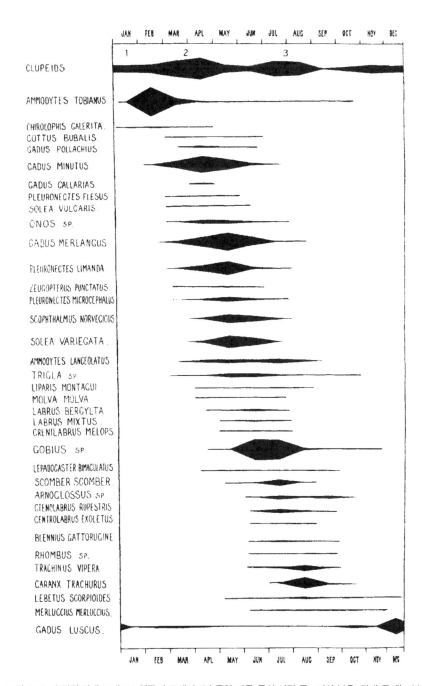

그림 9.19 수정된 막대 그래프 : 영국 수로에서 1년 동안 다른 종의 어린 물고기의 부유. 막대 두께는 부유 정도에 비례

출처 : F. S. Russell, in Cushing, D. H. 1975. *Marine Ecological and Fisheries.* Cambridge University Press의 승인으로 사용

을 더해야만 한다고 느끼는 것처럼 보인다. 예를 들면 백분율이 거의 항상 파이 조각 다음에 나타난다(그림 9.20). 이러한 강박관념은 깊고 분명한데, 왜냐하면 대부분의 소프트웨어는 또한 기호 정의를 포함하는 상자 안에서 데이터를 반복하는 것이 가능하도록 만들기 때문이다.

대부분의 파이 그림은 과도하게 간단해서 거의 아무것도 더하지 않는다. 그림 9.20을 포함해서 거의 모든 경우에, 간단한 두 열 표가 서로 다른 비율을 보여주는 더 좋고 경제적인 방법이다. 만일 당신이 정말로 그림을 고집해야만 한다면 막대 또는 점 그래프가 다음으로 좋은 대안이다.

삼각형 그래프

삼각형 그래프는 3개의 변수값을 비교할 필요가 있는 경우에 유용하다(그림 9.21). 비록 적은 경우에만 응용 가능하지만, 삼각형 그래프는 관계를 해석하는 강력한 방법을 제공한다. 삼각형 그래프는 모래, 진흙, 찰흙 크기의 광물질 입자 범위에서 토양의 시료를 정의하는 일에 연관된 과학자들에 의해 고안된 것으로 보인다. 삼각형 그래프는 다른 분야에서 이용되어 왔는데, 예를 들면 온도, 강수량, 고도의 차이에 따른 환경 사이에서 구별되는 열대지방의 서식지에 대한 Holdridge 분류에서 이용되었다. 삼각형 그래프는 3개의 성분을 가지고 있는 데이터에서 시간 진행을 추적하는 데 이용될 수도 있다(그림 9.21).

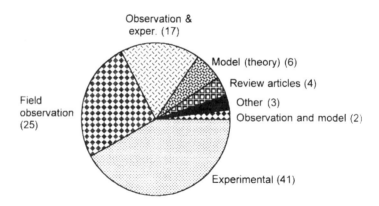

그림 9.20 파이 그림. 데이터는 1987년과 1991년 사이에 출판된 세 개의 가장 높이 평가되는 논문에서 묘사된 다른 종류의 생태 연구 빈도를 보여준다.
출처 : Roush, W. 1995. When rigor meets reality. *Science* 269:313

장미 그림

이것은 어떤 중심점에서 변수의 크기와 방향을 표시한다(그림 9.22). 이 그림은 그 이름이 항해가의 장미 모양 자석에서 유래했는데, 자석의 방향을 보여주는 기하학적 설계가 장미 모양이다. 원래의 장미 그림은 어떤 주어진 장소에서 서로 다른 방향으로 바람의 크기와 진동수를 표시하기 위해 사용되었다. 장미 그림의 약간 다른 버전은 방향 찾기에 관한 실험결과를 명확하게 전달한다(그림 9.23). 방향 찾기에 관한 데이터는 특별한 통계적 취급을 요구한다. Batschelet (1981)은 그러한 절차에 대한 지침서를 제공했다.

장미 그림의 아이디어에 관한 변화는 시간 또는 다른 변수가 변화하면서 크기와 방향이 어떻게 변하는지 효과적으로 보여주기 위해서 사용될 수 있다. 그림 9.24는 오스트레일리아의 그레이트 배리어 리프(Great Barrier Reef)에서 5월 15일에서 6월 1일까지 측정한 바람과 해류에 대한 데이터를 포함하고 있다. 예

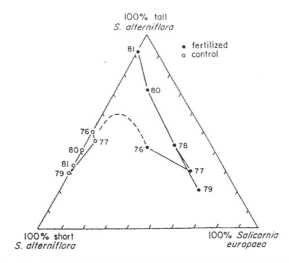

그림 9.21 삼각형 그래프의 예 : 1976년과 1981년 사이의 소택지 식물의 시간에 따른 경과. 거름을 받은 식물의 변화는 제어에 의해 거름을 받지 않은 식물들과 다르다. 세 가지 중요한 식물 형태가 있다: 큰 호화미초, 짧은 호화미초, 그리고 통통마디. 점선은 실험적으로 기름지게 한 후 짧은 시간 동안의 추정된 시간에 따른 경과를 의미한다.

출처 : Valiela, I. et al. 1985. Some long-term consequences of sewage contamination in salt marsh ecosstmes. Pp. 301-361 in Godfrey, P. et al.,(Eds), *Ecological Considerations of Wetlands Treatment of Municipal Wastewaters.* Van Nostrand Reinhold. 저자의 승인으로 사용됨

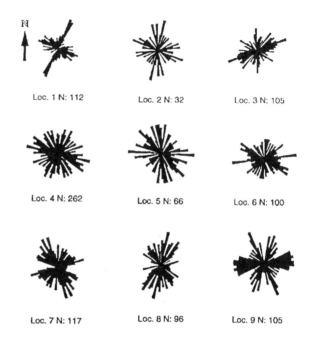

그림 9.22 장미 그림은 노르웨이 지역 내 9개의 위치에서 지질학적 분열과 흠의 방향적 배열을 비교하는 데이터를 보여준다. N은 관찰 횟수이며 적절한 자기장의 방향으로 나타난다. 그림은 또 쐐기 모양의 길이가 왜 다른지를 설명해야 한다.
출처 : Karpuz, M. R., et al. 1993. *Int. J. Remote Sensing* 14: 979-1003. Taylor and Francis Ltd 의 승인으로 사용됨

를 들면 해류의 크기와 방향은 쉽게 인식할 수 있다. b 지역에서 해류가 강했고 급격한 방향 변화를 보여주었고, d 지역에서는 해류가 더 약했고 2주 동안의 측정 기간 중에 방향이 현저하게 일정했다.

3. 그림 제시의 원칙

데이터의 그림 제시에서 수월성은 증거를 경제성, 명료성, 진실성을 가지고 보여줌으로써 성취된다. 이러한 세 가지 특징은 종종 우아하고 뚜렷한 그림으로 이어진다. 하지만 다른 한 가지를 더해야만 할 것 같은데, 바로 매력으로서 이것은 우리가 경제적이고 명료하며, 진솔한 그림을 설계할 때 얼마나 즐겁게 항목들을 배열하고, 더하거나, 빼는지를 말한다.

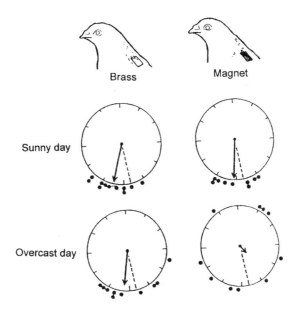

그림 9.23 수정된 장미 그림은 비둘기가 그들의 둥지를 찾기 위해 지구 자기장과 태양 위치(해가 떠 있을 때와 흐릴 때에 행해진 실험을 주시하라.)를 이용하는지 안 하는지를 테스트하기 위해 디자인된 실험 결과를 보여준다. (지구 자기장에 대한 감각적 인식을 방해하기 위해 붙여진 자석을 가지고 있는 비둘기의 출발 방향을 비교할 것, 모조 제어 장치를 유의할 것)
출처: W. S. Keeton, 그림 출처 : Farner, D. S., and J. R. King(Eds.), 1975, *Avian Biology*, Vol. 5. Academic Press의 승인으로 재출판

경제성

그래프의 포인트는 데이터를 보여주는 것이지 도안자의 정교함이나 우리의 소프트웨어 프로그램에서 장식적인 특색의 풍부함을 증명하는 것은 아니다. 그림의 경제성을 가지고 데이터를 보여주는 표어가 몇 개 있다.

- 데이터에 대한 잉크의 비율을 최소화한다.
- 공간을 효과적으로 이용하는 그래프를 설계한다.
- 필요가 없는 그래프는 피한다.

데이터에 대한 잉크의 비율을 최소화한다는 것은 거의 적용되지는 않지만 Tufte의 규칙(Tufte's Rule)으로 불려야만 하는 훌륭한 원리이다. 과도한 잉크를 제거하는 것은 데이터를 더 분명하게 만들 뿐만 아니라 또한 공간을 절약한다. 그림을

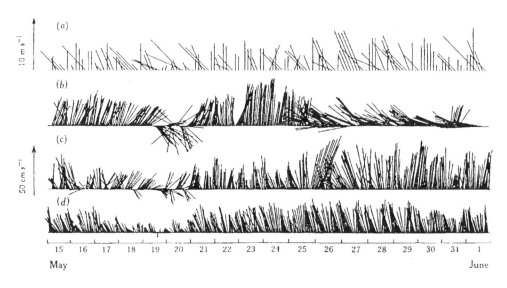

그림 9.24 축을 따라 가는 중심점을 가진 장미 그림. 데이터는 바람속도와 방향 및 (a) 암초의 3개의 다른 부분에 장착된 해류 계량기에 의해 기록된 물의 속도와 방향(b, c, d)을 나타낸다.

출처 : Cresswell, G. R., and M. A. Greigh. 1978. Currents and water properties in the north-central Great Barrier Reef during the south-east trade wind season. *Austral. J. Mar. Feshw. Res.* 29:345-353. 승인으로 재출판

설계한 후에 모든 요소를 조사해서 비본질적인 모든 부분을 제거하는 것은 좋은 연습이 된다. 흔히 있는 불필요한 항목들은 여분의 경계선, 너무 많은 표시들, 과잉의 기호 라벨, 넘치는 설명, 불필요한 추상 기호 등이다. 지우기가 되었을 때 이것을 다시 하는데, 여러분은 처음에 발견하지 못한 여분의 잉크가 얼마나 많은지 놀라게 될 것이다.

이미 언급했지만 그래프는 한 가지 중요한 단점을 가지고 있는데, 표보다 단위 데이터당 더 많은 공간을 차지한다는 것이다. 우리는 또한 우리의 데이터를 가능한 한 효율적으로 제시하기 위해서는 그래프에 주어지는 인쇄 페이지가 얼마의 공간을 차지하더라도 사용하기를 원한다. 예를 들어 그래프에서 공간을 효과적으로 사용하기 위해서는, x와 y 좌표축의 척도를 조정해서 그려져야 하는 데이터의 x와 y 범위를 맞춘다. 여러 개의 패널을 가진 그림에서는 패널들 사이의 의미가 없는 공간을 없앤다.

언급할 가치가 있는 그림만 포함시킨다. 많은 그림은 데이터를 이해하는 것

에 거의 아무것도 보태지 못하거나, 또는 공간 사용에서 더욱 경제적인 표에 의해 대체된다.

명료성

데이터는 그래프 안에 나타내야만 하고, 라벨과 설명의 미로에서 헤매서는 안된다. 그러므로 데이터와 연관된 선들의 굵기뿐만 아니라 데이터 기호의 크기도 조심스럽게 선택될 필요가 있다. 그래프 안에 있는 어떤 선들도 두드러지지 말아야 하고, 참조선이 데이터와 간섭하지 않아야 한다.

데이터는 비교를 쉽게 할 수 있도록 만들어져야 한다. 독자가 비교하기 위해서는 그래프 하나에 최대 네 가지의 다른 데이터 세트나 선을 사용할 수 있다는 것이 일반적 규칙이다. 하나의 예외는 때때로 같은 종류의 측정에서 선들의 집단이 범위의 호소하는 시각적 감각 또는 측정에서 변화의 패턴을 제공할 수 있다는 것이다(그림 9.25).

그래프에서 가장 자주 저지르는 실수는 아마도 좋지 않은 가독성일 것이다. 그래프의 대다수에서 글자가 너무 작다. 당신의 손에 있을 때 간신히 읽을 수 있는 그래프는 인쇄하면서 많이 축소될 수도 있을 것이다. 반복되는 위험을 감수하고 다시 한 번 말하는데, 그래프 위에서는 상대적으로 커다란 글자를 사용하라. 그림이 인쇄될 때 발생할 거의 불가피한 축소는 또한 얇은 선들과 미세한 점을 사라지도록 만들 것이다. 그림을 명료하게 인쇄하려면 어느 정도 대담할 필요가 있다.

만일 설계 뒤에 불명료한 생각이 있다면 그림 제시에서 명료함은 발생할 수 없다. 그래프를 새로 만드는 것은 다른 데이터 분석과 같다. 우리는 다른 사람은 물론 우리에게도 데이터의 의미를 드러내 주는 글을 찾는다.

진실성

그래프는 데이터를 드러내기 위해서 진실해야만 한다. 어떤 그림 제시는 완전성 검사에서 실패하는데, 나는 이런 경우의 대부분 예가 속이려는 의도보다는 경험이 없는 설계의 결과라고 믿는 것을 선호한다. Tufte(1983)는 훌륭한 예를 제공한다. 처음에 그림 9.26의 위를 보면, 1966년부터 1977년까지 뉴욕 주가 무

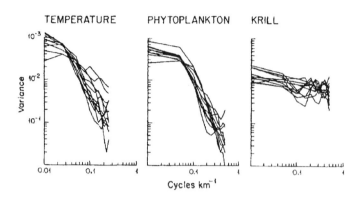

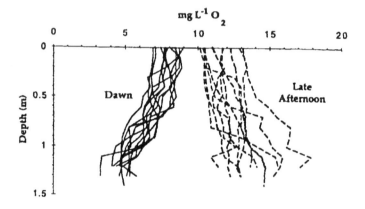

그림 9.25 때때로 그래프당 4개 이상의 선을 사용하지 말라는 규칙의 위배가 인상에 남는 그래프를 만든 다. 선들을 한꺼번에 나타냄으로써 나타나는 형태들은 데이터 세트 사이의 의미 있는 차이를 좀 더 명확하 게 만든다. 위 : 남극해로부터 나온 12개의 횡단선의 데이터는 x축에는 거리, y축에서는 온도, 단세포 조류, 크릴(새우 같은 동물)의 변화를 묘사한다.

출처 : Valiela, I. 1995. *Marine Ecological Processes*, 2nd ed. Springer-Verlag, using data from L. H. Weber et al. Springer-Verlag의 승인으로 사용됨

출처 : D'Avanzo, C. , and J. N. Kremer. 1994. Diel oxygen dynamics and anoxic events in an eutrophic estuary of Waquoit Bay, Massachusetts. *Estuaries* 17: 131-139. 저자의 승인으로 사용됨

모하게 늘린 지출 이야기를 단호하게 전달한다. 두 번째로 보면 우리는 과격한 지출 이미지를 전달하려는 음모를 위해 몇 가지 장치가 있다는 것을 발견하게 된다. 가로 화살표와 왼쪽으로 글자가 모여 있는 것은 일련의 시간 초기에 지출 이 적다는 인상을 시각적으로 묶어둔다. 원근 조망과 위로 향하는 조각은 최근 에 지출이 많다는 것을 강조한다. 원근을 전달하려고 사용되는 그림 요소들은

일관성이 없을 뿐만 아니라, 일련의 시간 초기에는 막대의 값이 작고 최근의 지출을 나타내는 막대는 급격하게 위로 향하는 느낌을 암시한다(그림 9.26의 중간 왼쪽). 과도하고 편파적인 항목들이 제거된 후에, 우리는 덜 거슬리는 그림을 볼 수 있다. 그림 9.26에서 위와 가운데 오른쪽 패널에 의해 주어지는 인상을 비교해 보자. 차이점은 편파적인 항목들에 의해서 도입된 진실성의 결핍 측정이다.

잠시만 생각해 보면 우리는 그림에서 포함하는 기간 동안에 뉴욕 주의 인구가 증가했다는 사실을 깨닫게 된다. 그러므로 사람당 증가된 지출을 보고하는 것이 공정할 것으로 보인다. Tufte는 사람당 지출을 계산했고(그림 9.26의 아래), 실제로는 뉴욕 주에서 사람당 지출이 1970년부터 1977년까지 거의 변하지 않았다는 것을 새로운 그림이 보여준다. 만일 이 기간 동안에 통화의 가치가 감소했다는 것을 고려한다면, 사람당 실제 지출은 이 기간 동안에 감소했다는 것을 발견할 수도 있다. 어느 경우에도 (높은 완전성을 가진) 편파적이지 않고 더 공정한 그래프에서 나온 실제 그림은 우리가 원래의 그림에서 처음 본 후에 얻은 그림과는 다르다.

매력

경제성, 명료성, 진실성이 결합해서 매력적인 그림을 만든다. 하지만 그래프를 멋지게 만드는 것이 약간 더 있다. 최소한 내 눈에는 장식이 없는 폰트가 최선으로 보인다. 대칭성, 요소들의 배치, 공간과 그림 요소들의 균형이 모두 훌륭한 이미지에 기여한다. 이것들은 명확하게 가치 판단이고, 우리들 각각은 서로 다른 의견을 가질 수 있다.

그림의 경제성, 명료성, 진실성을 논의하는 중에, 나는 다소 중립적이 되려고 의도했다. 매력의 요구를 더함으로써 나는 이들 모든 원리가 거의 중립적일 수 없다는 것을 확실하게 지적한다. 일을 하는데 덜 즐겁고 더 즐거운 방법이 있는 것처럼, 마찬가지로 못생긴 그림과 아름다운 그림이 있다. 우리들은 그림 10.31의 표면에 껍데기가 있는 파이에 대해서는 반감을 공유한다. 한편 그림 9.27의 명료함, 우아함, 상상력은 내 생각에 대부분의 독자에게 인정을 받을 것이다. 차이점은 미묘한 것이 아니고, 한 경우에는 못생긴 그래프이고, 다른 경우에는

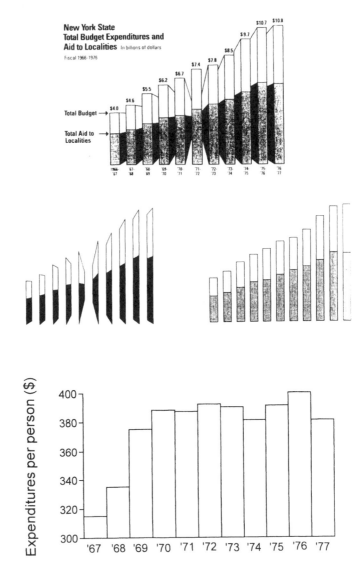

그림 9.26 데이터에 편견을 주는 그래프의 예
출처 : Tufte(1983)로부터 수정됨. 승인으로 사용

명확하고 아름다운 그래프를 만드는 기발한 생각이 살아 있고 전달하는 것이다. 그러나 대부분의 그림은 이들 극단의 중간에 있고, 이들 경우에 구별에 등급이 주어지며, 많은 부분은 의견의 문제이다.

그림 9.25의 아래 그림은 훌륭한 그림으로 정직하고, 경제적이며(x 좌표축 라

벨을 제외하고, 이것은 'O$_2$ 밀도(mg l^{-1})' 또는 'mg O$_2$ l^{-1}'이 되어야 한다.) 명확하다. 화려함을 덜 사용하고 글자에 장식이 없다면, 그림 설명 라벨이 데이터 라벨보다 덜 두드러진다면, 표시 라벨과 좌표축 사이에 공간이 약간 적다면, 나는 그림이 더 매력적이라고 생각했을 것이다. 나는 오후의 산소 측면도를 나타내기 위해 사용된 모든 선분의 반짝거리는 효과를 피했는데, 왜냐하면 이 경우에는 새벽과 오후의 눈금을 위해 서로 다른 형태의 선들을 보여주는 것이 필요

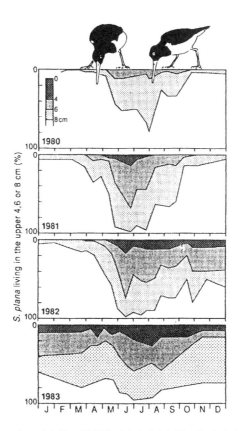

그림 9.27 매력적인 그래프. 데이터는 4년 동안 간만의 차이가 있는 큰 강의 어귀 내에서 대합조개가 있는 지역의 수직 위치에 따른 주기적 변화를 보여준다. 대합조개를 찾을 수 있는 깊이의 중요성은 검은머리 물떼새가 찾아서 먹을 수 있는 위치냐는 것이다. 새를 그림으로써 그래프가 무엇에 관한 것인지를 명확하게 보여준다. 검은머리 물떼새는 1년의 어떤 시기에만 대합조개를 찾을 수 있었으며, 몇 년 동안 그러했고 아닐 때도 있었다.

출처 : Zwarts, L., and J. H. wanink, 1993. How the food supply harvestable by waders in biomass, burying depth and behaviour of tidal flat invertebrate. *Neth. J. Sea Res.* 31: 441-476. 승인으로 사용됨

하지 않기 때문이다. 나는 또한 그림의 가로 범위와 비교해서 세로 비율이 약간 더 키가 큰 것을 선호했다. 개인적 선호도에 관해서는 사소한 흠잡기가 있다. 그럼에도 불구하고 매력적인 그래프는 그러한 세부사항들의 전체적 누적효과에 달려 있다.

그러므로 어느 정도는 그림설계는 주관적인 문제이다. 우리는 모두 특정한 쟁점에 관해서 약간 다른 견해를 가지고 있다. 이 책을 통해서 객관적인 평가가 강조되었지만, 우리는 여기에서 다시 한 번 주관성이 관련된 과학하기의 측면에 이르게 되었다. 그림설계에 관한 견해의 주관성은 그림의 수월성을 위한 규칙 만드는 것을 어렵게 만든다. 그림 기술의 엄청난 다양성과 그림의 목적은 엄격한 규칙을 만드는 것을 권할 수 없게 만든다.

그렇지만 더 좋은 그림에 관한 어떤 합의를 발전시키는 것이 가능한지 여부를 알기 위해서, 제10장에서 나는 내 견해로는 결함이 있는 일련의 그림을 모았다. 거기에서 나는 내가 문제로 보는 점들을 지적하고, 결과의 전달을 향상시킬 수 있는 처방을 제시한다.

참고문헌 및 더 읽을거리

Anscombe, F. J. 1973. Graphs in statistical analysis. *Am. Stat.* 27:17–21.

Batschelet, E. 1981. *Circular Statistics in Biology*. Academic Press.

Beniger, J. R., and D. L. Robyn. 1978. Quantitative graphics in statistics: A brief history. *Am. Stat.* 32:1–11.

Cleveland, W. S. 1985. *The Elements of Graphing Data*. Wadsworth.

Funkhouser, H. G. 1936. A note on a tenth century graph. *Osiris* 1:260–262.

Halley, E. 1686. On the height of the mercury in the barometer at different elevations above the surface of the earth, and on the rising and falling of the mercury on the change of weather. *Philos. Trans.* 16:596–610.

Magnusson, W. 1997. Teaching experimental design in ecology, or how to do statistics without a bikini. *Bull. Ecol. Soc. Am.* 78:205–209.

Tufte, E. R. 1983. *The Visual Display of Quantitative Information*. Graphics Press.

Tufte, E. R. 1997. *Visual Explanations: Images and Quantities, Evidence and Narrative*. Graphics Press.

Tukey, J. W. 1977. *Exploratory Data Analysis*. Addison-Wesley.

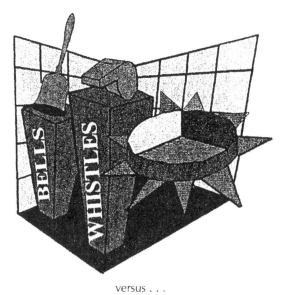

versus . . .

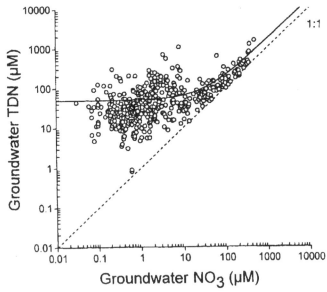

Jandel Scienfic Software 광고에서 빌려온 아이디어

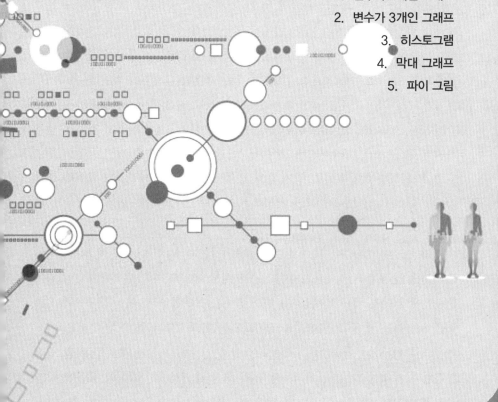

제 10 장

데이터를 그래프로 나타내기의 실제

1. 변수가 2개인 그래프
2. 변수가 3개인 그래프
3. 히스토그램
4. 막대 그래프
5. 파이 그림

제9장에서 우리는 여러 형태의 그림에 대한 좋은 예들을 논의하였다. 그림을 선택하는 것은 저자에게 달려 있지만, 그림 인식을 어렵게 만들도록 데이터를 표현할 가능성이 있다. 하지만 "좋은 그림을 만드시오!"와 같은 충고로부터 배우는 것은 항상 어렵다는 것을 알게 된다. 대신에 완전하지 않은 디자인의 예를 살펴봄으로써 하지 않아야 할 것을 배우는 것이 더 쉽다고 생각한다. 그림 디자인의 연습으로 이 장에서는 인쇄된 여러 그림을 예로 들어서, 간단하게 비평을 하고 최소한 내 의견으로는 데이터에 대한 소통을 위해 개선해야만 할 제안에 대해 논의한다. 이러한 '잘못된 그림 디자인의 우화집'을 하나씩 다루면서, 그림의 목적은 정보를 명확하고 자유롭고 올바르며 아마도 관심을 끌도록 보여주는 것이라는 사실을 명심해야만 한다.

이 장을 쓰면서 주저함이 있다는 것을 말해야만 하겠다. 내가 좋아하는 학생들, 친구들, 동료들, 그리고 존경하는 학자들이 만든 그림을 자세히 조사하고 비판하면서, 더 나은 그림을 위해서 몇 가지 지적을 하는 일에 이용한다. 좌표축 설명을 바꾸는 등 익명의 가면 뒤에 그림을 숨길 수도 있었지만, 대신에 나는 실제 사람에 의해서 이루어진 실제의 과학적인 연구를 보여주기 위해서 출판된 실제의 그림을 보여주는 쪽을 골랐다. 비록 출판된 그림의 출처를 인용하기는 했지만, 개인적인 느낌이 최소화되도록 노력했고 많은 경우에 내 우화집에 포함되어 있는 그림을 만든 사람을 언급하지 않는다. 그림에 대해서 많은 다양한 개인적 견해들이 있다. 여기에 모아진 항목들의 저자들은 내 의견에 동의할 수도 있고 동의하지 않을 수도 있겠지만, 내 비판이 정보의 과학적인 장점에 대한 것이 아니라 주로 그림에 관한 것이라는 사실을 그들이 깨달았으면 하는 바람이다.

그림들은 여러 다양한 출처로부터 선택되었는데, 내가 쉽게 손에 넣을 수 있는 출판물을 포함해서 도서관의 특정 부분에서(예 : 'J'와 'M' 칸에서 발견되는 학술지에서 여러 예를 가져왔다.) 여러 종류를 선택하였다. 어떤 학술지에서 그림을 사용하는 것은 그 학술지를 비판하려는 목적으로 택한 것이 아니고, 사실 매우 권위가 있는 학술지에서조차도 최선의 그림에 미치지 못하는 것을 쉽게 발견한다는 것이 놀랍다. 우리들은 거의 모든 출판물에서 그림의 표준을 향상시킬 수 있다.

1. 변수가 2개인 그래프

상대적으로 간단한 어떤 그래프는 공간을 낭비한다. 그림 10.1의 위쪽은 "죽은 굴이 거의 없었고, 어떤 농도에서 어떤 처치를 하더라도 죽는 비율에는 차이가 없었다."라는 한 문장에 의해서 더 경제적으로 대체될 수 있었다. 만약 이 생각을 완전하게 하는 것이 필요하다고 정말로 느낀다면 "그래서 데이터는 제시되지 않았다."라고 덧붙일 수 있었다. 최소한 y축 척도를 바꾸어서 데이터가 더 잘 알맞을 수 있도록 만들었어야 한다. 마찬가지로 아래쪽은 표에 의해서 대체될 수 있었다. 그래프에 대한 정당성이 없는데, 왜냐하면 두 개의 점이 (하나가 직선에 제한되어 있지 않으면) 하나의 선에 의해서만 정의되는 것이 아니고, 그래서 관계를 보여주는 것이 별다른 장점이 없다.

데이터가 많거나 복잡한 그림도 마찬가지로 공간을 낭비할 수 있다. 그림 10.2의 위쪽에 제시된 데이터의 통계적 분석이 아무리 멋있다 하여도, 여러 추출 영역에서 데이터의 x와 y 사이 관계에서 의미가 있는 차이를 보여주는 결과는 아닌 것 같다. 일을 더 혼란스럽게 만드는 것은, 왜 같은 그래프에서 서로 다른 영역에 (K 89와 krab 89처럼) 다른 방법으로 라벨을 붙였는가, 왜 그림 설명이 아니고 그림에서 축 라벨이 '환경'을 포함하고 있는가 하고 의문을 가질 수 있다. 아래쪽은 다른 불필요한 그림을 보여주는데, 어떤 실제적인 목적에서도 x와 y 사이에는 아무런 관계가 없다는 것을 보여준다. 그림에서 $r=0.15$이고 결과적으로 $R^2=0.0225$임에 주목하라. 변수 y의 모든 변화에서 오직 2%만이 종 다양성에서 변이로 설명될 수 있다. 이 2%가 과학적으로 중요한지 아닌지 여부는 저자와 독자가 판단할 문제이다. 하지만 어떤 것의 2%를 설명하는 것이 매우 도움이 되지는 않는다고 생각할 수 있다(그림에서 별 표시를 2개나 한 것처럼). r이 '중요한' 유일한 이유는 N이 크다는 것이다. 더 작지만 적당한, 10~20 정도, N을 가진 다른 연구에서도 통계적으로 중요한 r이 없었다고 확신한다. 통계적인 중요성이 항상 과학적인 중요성과 동의어는 아니며, 그림의 디자인은 후자, 즉 과학적인 중요성을 보여주어야 한다는 것을 명심하라. 이 그림은 "단지 2%의 y 변이만이 종 다양성에 의해 설명될 수 있다."라는 하나의 문장으로 쉽게 대체될 수 있었다.

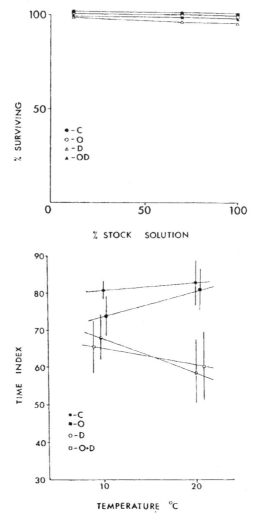

그림 10.1 표가 될 수 있는 그래프. 위 : 표준 용액의 세 가지 다른 농도에서 네 가지의 다른 처리에 노출되었을 때 20℃에서 생존한 굴(C, control; O, Kuwait 천연 기름; D, 분산제; OD, 기름 및 분산제). 아래 : 10 및 20에 수행된 실험에서, 처리에 따른 가리비, 성게 및 불가사리의 반응에 대한 시간 지표(평균 ± 2초) 위 그래프에서 동일한 처리

출처 : Elsevier Science의 승인에 의한 *Mar. Environ. Res.* 5:195-210(1981)

제9장에서 논의된 디자인의 간단한 규칙들을 무시하는 그림은 내용을 덜 효과적으로 전달하는데, 왜냐하면 어찌할 바를 모르는 독자는 정보를 해독하기 위해서 너무 많은 일을 해야만 하기 때문이다. 그림 10.3의 위 오른쪽에서 데이터는 거의 보이지 않고, 그림은 회귀방정식에 의해서 거의 표현되는데, 이것은

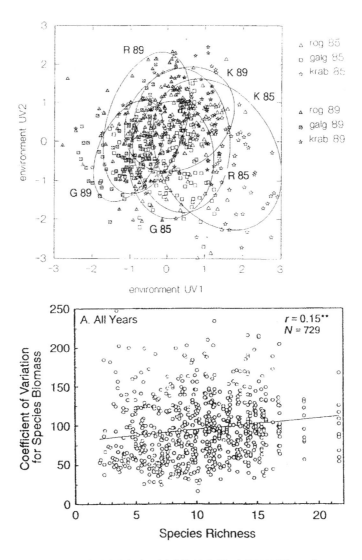

그림 10.2 상호관계를 좀 더 산만하게 만들거나 혹은 부정적인 결과를 보여주는 그래프
출처 : 위 : *Hydrobiologia* 282/283: 157-182, Kuwer Academic Publishers의 승인을 얻음. 아래 :
Ecology 77: 350-363(1996)

그래프의 의미를 전달하기에 너무 추상적이다. 데이터 점들이 검은 기호나 더
큰 원들로 강하게 표현될 필요가 있다.

　그림 10.3의 위 왼쪽도 데이터 점들을 눈에 띄지 않게 보여주는데, 적당한 위
치에 기호 라벨을 포함하지 않았고 통계적 중요성을 보여주기 위해서 의도된

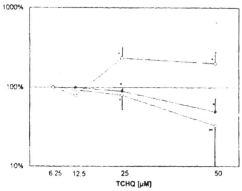

Fig. 2. Concentration-dependent induction of 8-OH-dG (□), DNA SSB (○) and cytotoxicity (●) in DNA of V79 cells after 1 h exposure to TCHQ. Control values are normalized to 100%; number of experiments was at least 4 and at most 12; bars indicate SD. $^*P < 0.01$, $^{**}P < 0.05$ (significance vs. control).

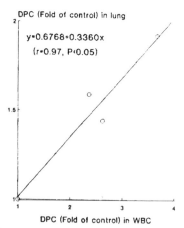

Fig. 3. The correlation of DPCs between WBC and lung of rats after single exposure to $NiCl_2$.

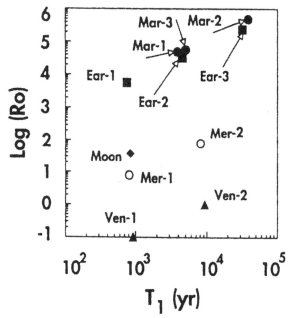

Figure 1. Diagram showing the values assumed by the rotational number Ro and by the timescale T_1 for various models of planetary interiors. The rotational and rheological parameters employed are those listed in Table 1.

그림 10.3 데이터가 두드러지지 않는 그래프

출처 : 왼쪽 위 : Elsever Scinece 승인에 의한 *Mutat. Res.* 329:197-203(1995) 재출판. 오른쪽 위 : Elsever Scinece 승인에 의한 *Mutat. Res.* 329:29-36(1995) 재출판. 왼쪽 아래 : American Geophysical Union의 저작권 *J. Geophys. Res.* 101:2253-2266(1996)

작은 별표와 점들이 구분되지 않는다. y축은 로그 척도인데 표시가 없고, 로그 척도를 보여주기 위해서 더해진 얇은 선은 인쇄된 버전에서 사라졌다. 글자와 숫자들이 그림 전체를 통해서 너무 작다. y축 라벨이 분명하지 않고 x축에는 암호와 같은 약자가 있다. 그래프 읽기를 더 어렵게 만드는 것은 x축에서 숫자 표시 라벨이 같은 간격이 아니다. 그림 설명은 약자와 기호 라벨에 의해 이해가 어려우며, 이 그림은 명확하지도 않고 독립된 그림도 아니다.

그림 10.3의 아래 왼쪽에서 데이터 점들은 커다란 라벨에 의해 압도당하고 있다. 이 디자인은 있을 수도 있는 전체적인 관계를 방해할 뿐만 아니라 서로 다른 행성을 다른 점으로 구별하는 것을 어렵게 만든다. 왜 'Ro'가 괄호 안에 있는지 의아하고, 단지 우리가 행성들의 이름을 알고 있기 때문에 기호 라벨을 추측할 수 있는 것이지 라벨이 분명하게 되어 있는 것은 아니다. 하지만 더 있는데, 그림 10.3의 위 오른쪽에서 y축 라벨이 데이터 필드 위에 있고 유럽에서는 흔하지만 북미의 독자는 이런 형태의 축 라벨을 패널 라벨과 혼동한다. 또한 축들이 잘 정의되지 않았는데 약자의 사용 (그리고 이해하기 어려운 "fold of control" 용어) 때문이다. 내 생각으로는 축 라벨은 'In lungs'와 'In white blood cells'이 되고, 그림 설명은 "DNA-protein crosslinks in lung plotted versus crosslinks in white blood cells. The data are crosslink number per(units?) in lung and white blood cells treated by a single exposure to NiCl2, expressed relative to crosslink number per X in control treatments."로 할 수 있다.

너무 작은 폰트 때문뿐만 아니라 공간의 낭비적인 사용 때문에도 점과 글자가 작아질 수 있다. 그림 10.4에서는 거의 모든 것이 너무 작다. 더 자세하게 조사해 보면, 그림에서 절반의 공간이 중복되거나 과도한 항목들에 의해서 채워져 있다. 그래프의 많은 요소가 불필요하게 여러 차례 반복되고 있다는 사실에 주목하라. 기호 라벨은 단지 한 번만 필요하고, 직선을 'Regr.'라고 할 필요는 없다. (아마도 그림 설명에서 파선을 설명할 필요는 있다.) 축 라벨들이 많은 부분을 반복하고 있는데, 패널 라벨은 단지 '0', '25', '50', '75'만 필요하다. 모든 틀은 뺄 수 있고, 모든 불필요한 항목들이 제거된다면 같은 공간에 현재보다 최소한 두 배로 데이터를 보여줄 수 있다. 그러면 단지 데이터만 보는 것이 아니고, 그 의미를 보다 쉽게 인식하게 될 것이다.

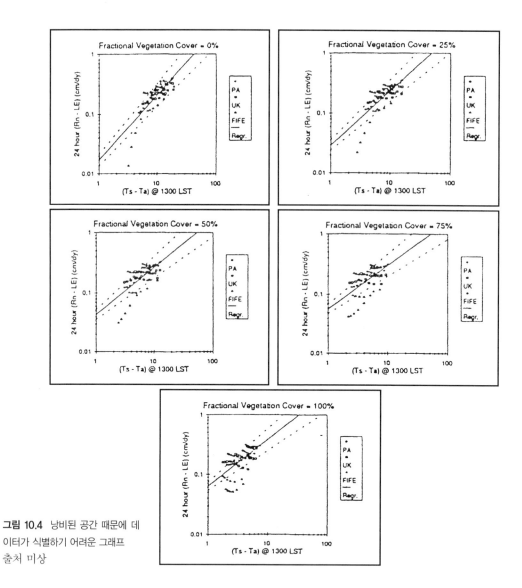

그림 10.4 낭비된 공간 때문에 데이터가 식별하기 어려운 그래프
출처 미상

어떤 그래프에서는 데이터 점들 없이 관계를 정의하는 선들이 표시되어 있다. 그림 10.5의 위 왼쪽은 썰물에 의해서 침수된 모래 언덕으로 남아 있는 모래의 부피를 썰물이 움직이는 물의 양에 대해서 연결시킨 회귀직선을 보여준다. 회귀관계는 서로 다른 정도로 드러난 해변은 관계가 다르다는 것을 시사한다. 회귀관계로 추상화된 원래 데이터는 서로 다른 연구자들에 의해서 얻어졌는데, 이들은 그들의 결과를 세 개의 그림으로 나타냈고, 원래 그림 중 하나를

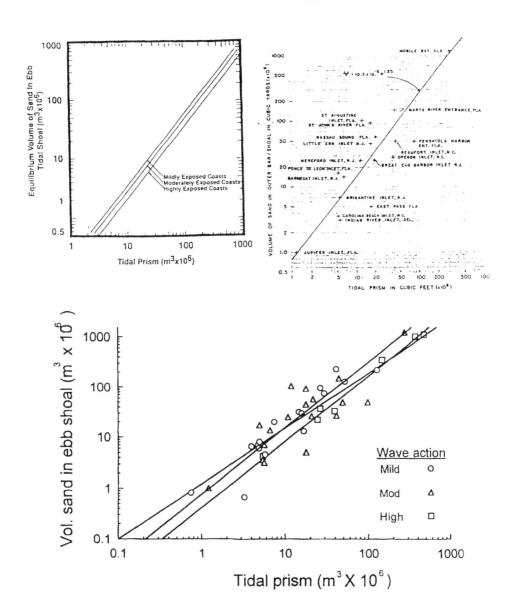

그림 10.5 데이터를 보여주거나 혹은 보여주지 않는 그래프. 위 왼쪽 : 파도의 노출된 세 가지 다른 해안선에 대한 다른 썰물–조수 얕은 해안가에 저장된 모래의 양 대 해안 지역을 넘어 바뀐 조수 물의 양. 선들은 3개의 그래프의 데이터로부터 나왔으며, 이들 중 하나가 위 오른쪽에 보인다.

출처 : 위 왼쪽 : pp. 5.28-5.32 in *Sarasota Bay: Framework for Action.* Sarasota Bay National Estuary Program (1992)

위 오른쪽 : 알맞게 노출된 해안에서 조수 프리즘 대 밖의 모래톱(bar)과의 관계

출처 : pp. 1919-1937, *Proc. 15th Coastal Egineering Conf.*(Honolulu), Vo. 2(1976) 출판사(ASCE)의 승인에 의해 재출판

아래 : 점들과 선이 포함된 같은 결과의 버전으로 차이가 있다면 약간 더 작은 것이다.

위 오른쪽에 제시했다. 위 왼쪽 그림의 저자를 비난할 수는 없겠지만, 크로스 표시와 단어들 때문에 혼동이 되어 허우적거리게 된다. 그래프의 격자선들이 잘 복원되지 않았고, 저자는 세 개의 그림으로부터 회귀직선을 단순히 (게다가 놀랍게도 단위를 바꾸어서) 복사하는 쪽을 골랐다. 유감스럽게도 데이터 점들을 빼버리면 세 개의 선이 실제로 다르게 보이는지 여부를 판별하는 것이 불가능하다. 아래 패널은 데이터 점들을 포함하고 있고 이 점들로부터 실제로 계산된 회귀직선도 있다. 데이터가 흩어져 있으면 선들 사이에 작은 차이가 중요하지 않을 것으로 보인다. 아래 패널의 디자인 역시 축을 그래프의 덜 중요한 요소로 만들고 있고, 잘 보이지 않는 격자와 과도한 글자를 모두 제거함으로써 Tufte의 규칙을 따르고 있다.

중요한 문제를 다시 논의할 차례이다. 그림 디자인의 세부사항에 대한 수많은 언급들이 특이하거나 사소한 영역으로 보인다. 다시 반복하자면 우리가 전 세계에서 가장 훌륭한 과학을 하더라도 그것에 관해서 다른 사람에게 효과적으로 말하지 못한다면 별 소용이 없다. 남들에게 말하는 책임의 여러 부분은 경제적으로 명확하게 공정하게 하는 것이다. 마지막 예의 경우에 해변 수로의 경영에 관한 중요한 결정이 그림 10.4의 위 왼쪽에 보고된 결과에 의존한다고 생각하자. 비판적이지 않은 그림 방법의 결과로 매우 다르다고 제시된 선들에 기초한 구별로 정당화한다면, 상당히 비싼 해안 구조물이 건설될 수 있다. 우리가 이미 챌린저 우주왕복선 사고의 예에서 보았던 것처럼, 그림 제시의 세세한 부분이 중요하지 않은 것은 아니며, 이 사고에서는 부적당한 데이터 제시가 명확한 증거를 보지 못하도록 막았다.

어떤 그림에서는 저자가 일의 배후에 있는 아이디어를 강조하지 않는 방법으로 데이터를 보여준다. 그림 10.6에는 우리를 움찔하게 만드는 데이터 집합이 있다. 패널들은 보통의 음식을 세 가지 다른 비율로 먹인 홍합이 여섯 개의 금속을 방출하는 정도를 보여준다. 그러므로 이 실험은 먹이는 비율이 홍합 스스로 여섯 개의 금속에 의한 오염에서 자신을 깨끗하게 만드는 정도에 미치는 영향을 조사한다.

먼저 그래프 디자인에 관한 약간의 의견이 있다. 너무 많은 반복이 있고, 수직과 수평 라벨은 더 큰 대문자로 한 번 놓일 수 있었으며, 수평 파선은 생략될

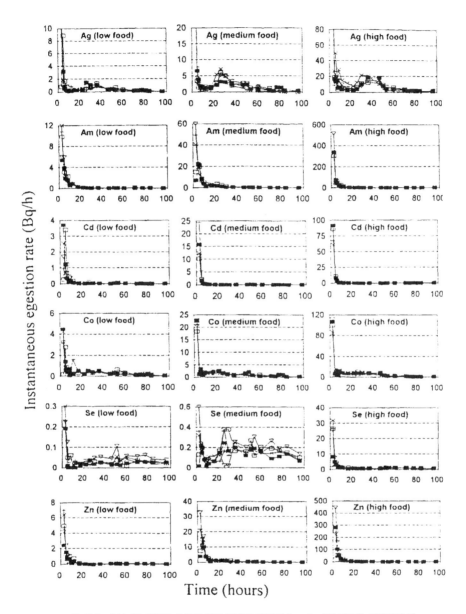

그림 10.6 메시지를 명확하게 하기 위해 약간의 동화력(digestion)이 필요한 데이터의 예
출처 : *Mar. Ecol. Progr. Ser.* 129:165-176(1995). 출판사 Inter-Research의 승인

수 있었다. 실험에서 사용된 다섯 혼합들 사이에는 큰 차이가 없기 때문에 데이
터 필드에 있는 기호들과 다섯 개의 선들이 엉켜 있는 것보다는 하나의 선에 수
반하여 평균표준편차를 하는 것이 나았을 것이다. 이렇게 없애고 바꾸는 것이

많은 어지러움을 제거했을 것이다.

　일단 데이터를 명확하게 볼 수 있다면, 처음 정화단계에서 거의 모든 금속 배출이 20시간 이내에 일어난다고 인식할 수도 있다. 한 가지 대안은 x축 위에서 0~20시간 동안만 데이터를 보여주는 것이다. 아마도 더 좋은 것은 데이터를 로그로 변환하고 감소하는 관계의 기울기, 다시 말하면 금속 정화의 감소율을 계산하는 것이다. 그리고 각 금속에 대해서 이 기울기 값을 그리거나, 원한다면 새로운 그래프 위에 회귀직선의 y절편을 나타낼 수 있었다. 기울기 또는 절편을 y축, 음식물 섭취비율은 x축 위에 나타내면, 음식물 공급과 정화 사이의 관계를 보여주게 될 것이다. 필요하다면 일부 결과에서 볼 수 있는 것처럼 30~40시간 사이에 나타나는 작은 봉우리에 해당하는 두 번째 정화단계에 대해서 같은 과정을 반복할 수 있다.

　아주 사소한 일이 그렇지 않았더라면 좋았을 그래프를 망칠 수 있다. 그림 10.7에서 핵심적인 사항은 물고기가 음식에 대해 두 가지 반응을 보인다는 것이다. 그래프 설계방법이 어떤 것이 좋고 나쁜 생존을 만드는 것인지 알아내는 것을 어렵게 만든다. 먼저 기호의 정의가 (여기에는 없고) 그림 설명에 있기 때

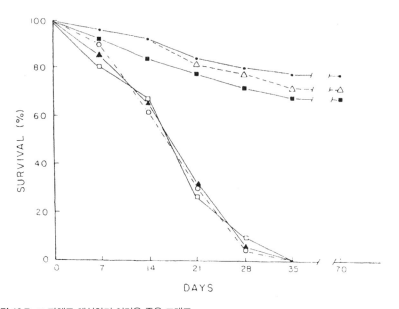

그림 10.7 그 자체로 해석하기 어려운 좋은 그래프
출처 : *Animals of the Tidal Marsh*, Van Nostrand Reinhold Co.(1982), p. 148. 출판사 승인

문에, 독자가 여섯 번이나 데이터와 그림 설명을 왔다 갔다 하면서 기억을 해야만 한다. 다음으로 기호가 중요한 사항을 잘 인지할 수 있도록 선택되지 않았고, 단지 동물을 포함하는 음식이 물고기를 잘 생존하도록 허용했다. 속을 채우거나 비운 원, 삼각형, 사각형을 이용한다면 음식의 조합을 나타낼 수 있다. 만일 예를 들어 동물을 포함하는 음식을 모두 검게 나타낸다면, 위에 있는 세 개의 선이 모두 검은 기호를 포함하고 있기 때문에 독자는 동물이 좋은 생존에 중요한 요소라는 것을 빨리 인지할 것이다. 이 그래프는 폰트가 더 커도 되고, 선의 특성이나 기호를 변화시킬 필요도 없었다.

독자의 일을 쉽게 하겠다는 쪽으로 약간의 관대한 생각을 하게 되면 그림 10.8에 있는 그래프를 더 잘 이해하도록 만들 수 있다. 위 패널은 너무 많은 선들이 있고, 명백하게 저자는 데이터 점들을 선으로 연결하기만 하거나 아니면 흩어진 점들을 직선으로 나타내서 둘 다 포함되도록 할 것인지를 결정할 수 없었다. 저자는 문제를 독자에게 던져놓고 "당신이 결정하시오!"라고 말하는 느낌이 드는데, 좋은 전략도 좋은 설계도 아니다. 그러면 독자가 선들을 판독하도록 남겨지게 되는데 이것은 쉬운 일이 아니다. 이 그래프의 x축은 정의하기가 어렵다. 데이터가 전체가 아닌 특정 달이기 때문에 연속적인 양을 보여주는 것이 아니고, 데이터에 맞춘 선의 기울기도 (기울기의 단위를 생각해 보면) 모호하다. 아마도 이 데이터의 진정한 면은 막대 그래프로 표현했더라면 더 분명했을 것이다. 표시 라벨 양식인 '79/80'은 덜 반복적이 되도록 할 수 있었다. 약간의 노력을 한 후에 세심한 독자는 해가 지남에 따라 별다른 차이가 없고, 데이터는 단순히 최소한 여기에 보고된 것에 의한다면 남극에서 얼음은 여름 동안에 12월과 1월에 2월과 11월보다 더 빨리 녹는다는 것을 말하고 있다는 것을 발견하게 되고, 이 점을 지적하기 위해서는 간단한 표로도 충분했다.

독자에게 덜 관대한 그래프는 그림 10.8의 아래 패널이다. 여러 기호와 선들이 데이터 보는 것을 어렵게 하고, 더 읽기 어렵게 만드는 것은 종류가 달라지면서 기호와 선이 둘 다 불필요하게 바뀐다는 것이다. 중요할 수도 있는데 정의되지 않은 대각선도 있다. 데이터는 같은 물에서 자라는 단세포 해조류 종류의 시간에 따른 변화이다. 만일 한 그룹은 원, 다른 그룹은 삼각형으로 나타냈다면 그래프에 질서를 부여할 수 있었다. 네 종류는 잘 자라고 세 종류는 그렇지 않

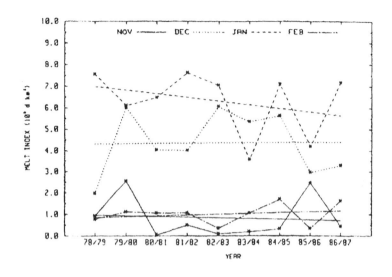

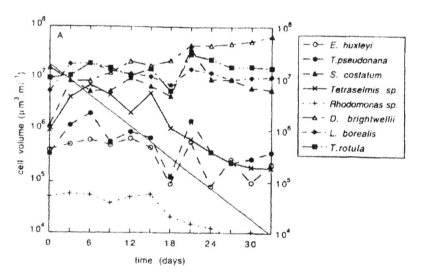

그림 10.8 해독하기 어려운 그래프. 위 : 남극반도에서 각 9년 동안 4달에 대해 계산된 용해 지표
출처 : 위 : *J. Glaciol.* 40: 463~476(1994). International Glaciological Society 및 저자의 승인으로 *Journal of Glaciology*에 재출판
아래 : 질산염이 첨가된 물에서 경쟁의 30일 동안 식물 플랑크톤 다른 종들의 양
출처 : *J. Exp. Mar. Biol. Ecol.* 184:83~97(1994). Elsevier Science 승인

다는 것이 사실이다. 잘 자라는 종류 사이에 무엇이 공통인가? 기호 사용이 해석에 도움을 줄 수 있다. 사소한 사항을 지적하면, 관례에 의하면 학명만 이탤

릭체로 쓰기 때문에 'sp.'는 (정상 폰트로) 세워야만 하고, 머리글자 뒤의 공백
에 일관성이 없으며, 좌표축 라벨의 첫 글자는 보통 대문자로 한다. 규칙을 말
하면, 본문을 교정하는 것처럼 세심하게 그래프도 교정을 보아야만 한다.

어떤 그림들은 단지 너무 많은 자료로 디자인이 어지럽기 때문에 혼란스럽
다. 그림 10.9는 암수 물고기의 행동 표시 시작 시간을 온도와 관련지어 관계를
보여주고 있다. 그러나 이 개념적으로 간단한 관계식은 그림에서 식별하기에
쉽지 않다. 독자는 불필요하고 복잡한 잡동사니 때문에 손상된 '어두운 유리를

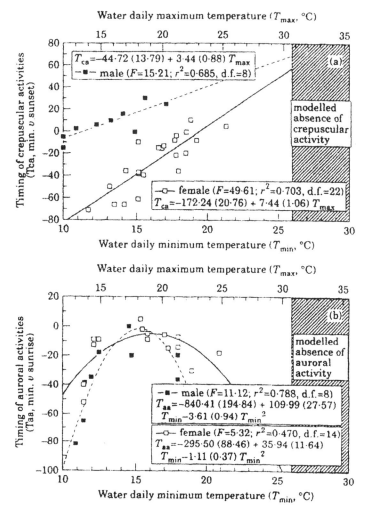

그림 10.9 알기 어렵게 만들어진 좋은 예
출처 : *J. Fish Biol.* 46: 806~818(1995), 출판사(Academic Press Limited, London) 승인

통해서 봄'으로써 그림의 본질을 발견하기 위해 노력하도록 강요를 받는다.

(여기에는 나타나지 않았지만) 그림 설명에 의하면 데이터는 물고기에 의한 활동이 변하는 시간과 온도에 대한 것이다. 'activity'와 'timing'이라는 것이 추상적이라서 더 직접적인 용어로 대체될 수 있었다. '먹이를 찾아 떠나는 것' 또는 '어두워진 후에 먹이를 찾아 떠나는 시작의 지연'이 더 정확할지도 모른다. 'dawn'과 'dusk'는 'auroral'과 'crepuscular'을 짧게 나타낸 것이다. 나는 다른 사람들보다 그러한 단어들에 감사하지만, 여기서는 단지 방해가 될 뿐이다. 약간 탐구를 한 후에 우리는 여명과 황혼 데이터가 그림 설명에서 'a'와 'b'로 언급되고 있는 것을 깨닫는다. 그래프로 돌아가서 'a'와 'b'는 어디에 있는가? 빗금을 친 부분의 오른쪽 위에 눈에 띄지 않게 있다. 'DAWN'과 'DUSK' 라벨이 아마도 전략적으로 패널의 위 왼쪽에 놓인다면 더 분명하게 되었을 것이다. 좌표축이 장황하게 정의되었다. 아마도 의미하는 것은 여명 또는 황혼 이후로 '활동(덜 추상적으로는 '떼로 먹이를 찾아다니는 것') 시작의 지연'을 분 단위로 나타낸 것이다.

좌표축을 해독했으니 데이터 점들을 보자. 기호 설명을 상자 안에 넣어 어떤 이유에서 중요성 검사뿐만 아니라 점들에 맞춘 방정식도 포함하고 있는데, 방정식 계수의 표준오차를 포함하고 있다. 모든 보조적인 정보가 중요하기는 하지만 그림 설명으로 보내는 것이 더 나았을 것이다. 암컷은 빈 사각형, 수컷은 검은 사각형인데, 이들 데이터를 나타낸 선을 다르게 함으로써 기호에 대한 부담이 과도해졌다.

마지막으로 사실을 보자. 황혼에는 더 따뜻한 온도가 암컷과 수컷에 대해서 다르게 지체를 증가시키고, 여명에는 성별의 차이가 덜 뚜렷하게 지체를 증가시키며, 약 15℃에서 최대가 된다. 다 끝마쳤다고 생각되기는 하지만, 빗금친 영역을 생각해 보자. 데이터 공간에 위에 있는 상자 속 단어들과 설명이 여기에서는 도움이 되지 않는다. 이때에는 최소한 독자가 다음 논문으로 옮겨갈 준비가 되어 있다. 오른쪽에 있는 빗금친 이상한 영역은 제쳐둔다 하더라도, 상자들의 임의적인 존재와 위치, 암호와 같고 불필요한 좌표축 라벨 등이 이 그림을 부당하게 불투명하게 보이도록 만들 수 있다.

어떤 그림은 불명확한 과학적 내용뿐만 아니라 불명료한 디자인 때문에 혼란스럽다. 그림 10.10은 호수에서 부영양화 때문에 어떤 종류의 물고기는(Mf와 NF) 수가 증가하고 다른 종류는(F와 Ef) 감소한다는 간단한 개념을 지적하기 위해서 그려졌다. 저자는 Obersee와 Untersee 두 호수에서 얻은 정보를 이용했는데, 그림을 그리는 일에서 문제가 생겼다. 먼저 독자들은 시간을 아래쪽보다는 왼쪽에서 오른쪽으로 보여줄 때 더 쉽게 시간 흐름 데이터를 해석한다. 그림을 성공적으로 만들기 위해서는 독자가 예상하는 바를 그대로 하는 것이 규칙이다.

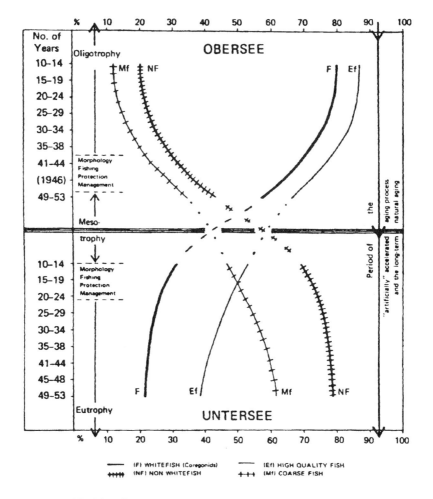

그림 10.10 많이 확장된 그래프

출처 : *Eutrophication*. National Acaademy of Sciences 출판 1700(1969). Courtesy of the National Academy of Sciences, Washington, D.C.

곡선 자체도 대부분의 과학 독자들에게 익숙하지 않은 방법으로 그려져 있
다. 작은 선으로 교차해서 그리는 곡선은 통상적인 것이 아니고 쉽게 식별하는
방법도 아니다. (다시 말하는데, 독자들이 기대하는 방법으로 정보를 제공하
라.) 게다가 그 표시가 내려오다가 중간 부분에서 녹아버린 것처럼 보이는데 이
것은 어떻게 된 것인가? 게다가 그림의 위와 아래 패널을 나누는 세 줄의 가로
선은 잘 그려져 있지 않은데 이것은 무엇인가? 어디에도 설명되어 있지 않은 파
선 등은 이제 무시하도록 하자. 이것들은 거슬리기는 하지만 상대적으로 미미
한 문제이다.

그림 10.10에는 두 가지 더 중요한 문제가 있다. 먼저 저자는 시간(연도)이라
는 표현이 부영향화 과정에 대한 적절한 대용이라는 것을 우리가 받아들이기를
요구하고 있다. 한 맑은 물 호수의 1910~1914에 대한 데이터가 초기단계를 나
타내고, 과도하게 풍부하게 된 호수에 대한 1949~1953 데이터가 부영양화의
나중 단계를 표현하고 있다. 다음으로 서로 다른 두 호수로부터 얻은 데이터가
'겹쳐'질 수 있다는 생각을 받아들이도록 요구한다. 이들 서로 강제적인 요구
사항을 발견할 수도 있고 아닐 수도 있지만 적어도 개념적으로는 적용될 수
있다.

서로 다른 두 호수인 Obersee와 Untersee의 물속에서 수십 년 동안 물고기의
수를 보여주는 데이터가 존재하는 것으로 보인다. 일반화된 곡선뿐만 아니고
데이터 점들이 포함되었다면 확실히 그림이 더 신빙성이 있었을 것이다. 저자
의 어려움은 시간 좌표축을 따라서 연속성을 보여주는 방법이었다. 그 문제가
바로 세 개의 가로줄과 녹아버린 선들 뒤에 숨겨진 것이다. 두 호수의 부영양화
상태가 몇 년, 수십 년, 또는 수백 년에 의해서 구분되는지 여부를 말하는 방법
이 없었다. 시간이 현실적으로 연속적인 방법으로 그려지지 않았기 때문에 시
간척도가 적당한 좌표가 아니다. 이 그림에서는 표현의 적절성과 질은 물론이
고 내용도 의문스럽다는 것을 발견하게 된다.

하나의 해결방법은 혼탁도, 영양분 함량, 클로로필 농도, 평균 산소 함량 등
부영양화를 대신할 수 있는 양들을 변수로 사용하고, 이들 변수 중 하나를 x축
으로 그리는 것이다. 만일 부영양화가 증가하면서 물고기 수가 정말로 변했다
면, 두 호수가 쉽게 비교될 수 있는 척도를 x축으로 제시했어야 한다.

2. 변수가 3개인 그래프

우리는 이미 3차원 표면 그림의 장점(반응 표면의 시각화)과 단점(복잡한 표면, 좌표축에 이르는 약한 연결)을 논의하였다. 그림 10.11은 그러한 표면의 좋은 예를 보여주는데, 그 특징은 쉽게 인식될 수 있고 독자가 쉽게 변화를 볼 수 있도록 파동이 있다. 하지만 표면이 평평해 보이고, 어떻게 좌표축에 관련되어 있는지 결정하는 것이 거의 불가능하다. 표면의 뒤 모서리에 있는 봉우리의 위치는 말할 것도 없고, 표면의 왼쪽 끝 x, y, z 좌표를 알려고 노력해 보자. 표면을 좌표축에 연결시키려면 격자선이 필요하다.

　어떤 표면은 너무 복잡해서 3변수 그래프로 잘 나타낼 수 없다. 이 문제의 예가 그림 10.12의 맨 왼쪽 열의 두 번째 그래프에 있다. 이 그림은 최소한 표면의 왼쪽 모서리를 z축에 연결시켜서 3차원 표면의 위치를 측정하는 문제를 도와주고 있다. 유감스럽게도 이 디자인은 새로운 문제를 만들었는데, 명확하게 비교되어야 하는 그래프의 수직축 위에 같은 척도를 제공하지 않고 있다. 게다가 표시 간격이(0.3 또는 0.6) 생소한데, 우리는 간격을 0.1, 1, 2, 10 등으로 읽

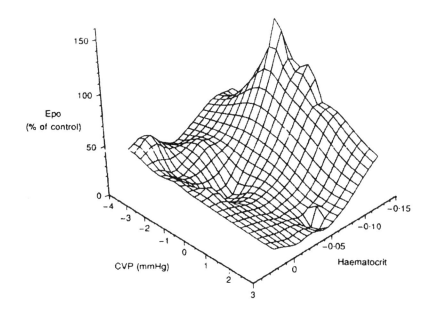

그림 10.11 알라딘의 카펫 : 우수한 면, 그러나 그것은 어디에서 비상하고 있는가?
출처 : *J. Physiol.* 488: 181~191. Physiological Society 및 저자의 승인으로 재출판

고 시각화하는 것이 더 좋다. 오직 헌신적인 독자만이 한 그래프를 다른 것과 비교를 쉽게 할 수 있도록 친숙한 같은 간격으로 새로운 표시를 새겨 넣는 수고를 할 것이다. 규칙은 여러 패널을 비교하는 경우에 척도를 같게 하고 친숙한 간격을 사용하라는 것이다.

그림 10.12는 패널이 많기 때문에 더 축소하면 이미지를 알아보기 어렵다. 오른쪽 두 열에서는 여러 그래프에서 비슷한 형태가 있다. 각 열에서 대표적인 그래프 하나를 별도의 그림으로 나타내고 다른 것들은 비슷하다고 본문에서 말하는 것이 아마도 충분했을 것이다. 그렇게 했더라면 왼쪽 두 열을 보여주는 공간이 더 있게 되고, 데이터의 여러 다양한 면을 최상의 상태로 보여줄 수 있을 것이다.

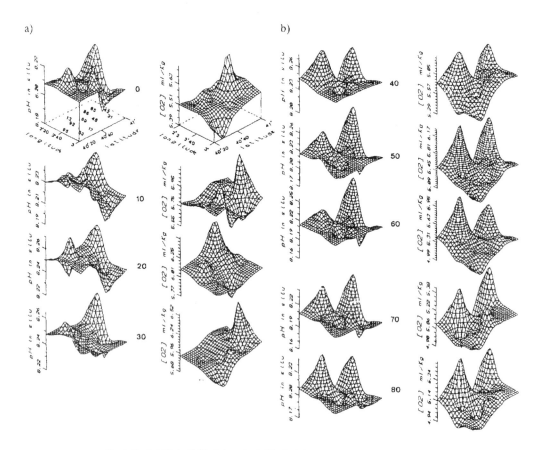

그림 10.12 우수하나 해석하거나 보기 어려운 데이터
출처 : *Sci. Mar.* 58:237~250(1994) 편집자의 승인에 의해 재출판

3. 히스토그램

히스토그램은 변수가 2개인 데이터를 보여주는데, 한 변수는(제9장에서 논의한 것처럼) 간격으로 정하고 실제로 연속적인 공간을 표현하는 좌표축에 데이터를 보여주는 것이다. 이것은 한 '좌표축'이 단순히 범주의 연속인 막대 그래프와 대조된다. 그림 10.13은 얼음이 있었던 그린란드를 벗어난 연안 바다의 면적 비율을 보여주는 간단한 히스토그램이다. 얼음으로 덮여 있던 바다 표면의 서로 다른 비율의 범주가 연도별로 막대 안에 쌓여 있다. 막대를 직접 나타낸 것이 편리했겠지만 y 차원은 명확해서 쉽게 서로 다른 얼음의 종류를 알 수 있다. 반면에 x축은 독자에게 혼란을 줄 수 있는데, 막대 사이에 틈이 있음을 알 수 있으며 각 연도의 처음과 마지막 달에는 왜 보고된 데이터가 없는지 의문을 품게 된다. 그린란드에서는 이때가 얼음이 가장 많이 덮고 있을 시기이다. 실제로 이 틈은 아무런 근거가 없으며, 단지 소프트웨어가 쓰는 방법이다. 몇 가지 이유로 소프트웨어가 종종 히스토그램을 막대 그래프로 취급해서 막대 사이에 모호하고 불필요한 틈을 만든다. 너무 세밀하게 그림을 그리면 축소했을 때 질이 떨어질 수 있다는 것에 유의하자.

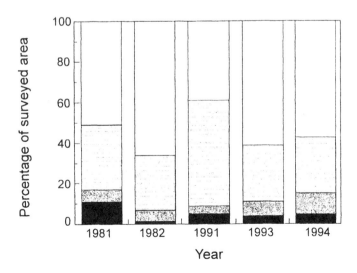

그림 10.13 다소 모호하지만 누적 그래프의 좋은 예
출처 : *ICES J. Mar. Sci.*, 53: 61~72(1996). 승인 받아 사용됨

또 다른 방법으로 좋지 않게 만드는 것은 히스토그램을 변환해서 유사 3차원 그래프 모양으로 만드는 것이다. 그림 10.14의 위 패널이 한 예인데, 다섯 개의 히스토그램이 놓여 있고 덤으로 두께도 주어져 있다. 이렇게 하는 것은 시각적으로 산뜻한 구성으로 보이기는 하지만, 데이터 계산을 거의 불가능하게 만든

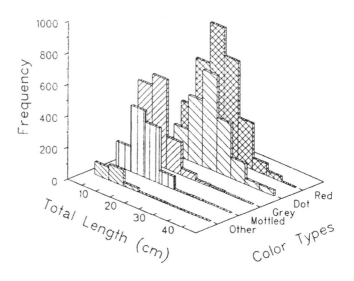

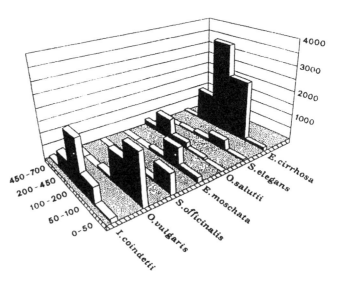

그림 10.14 막대 그래프의 과다 사용 : 유사 3차원 막대 그래프
출처 : *Sci. Mar.* 55: 529~541(1991) 및 57: 145~152(1993). 편집자의 승인으로 재출판

다. 예를 들어 '총길이' 축을 따라 왼쪽에서 세 번째 막대의 위치와 크기를 알려고 시도해 보자. 막대에 다양한 빗금을 그린 것은 단지 혼란을 더 줄 뿐이다. 이 그림은 수직으로 쌓은 패널에서 일련의 히스토그램일 때가 좋았을 것이다. 이러한 유사 3차원 취급의 극치는 그림 10.14의 아래 패널인데, 두꺼운 막대와 함께 눈에 잘 띄도록 검은 면도 덧붙였다. 점을 찍은 바닥에서 막대가 올라와 있고, 전체가 빗금을 친 경계에 의해 둘러싸여 있다. 독자는 어느 좌표축인지 추측해야만 하고 마치 어안 렌즈에 의해서 찌그러진 것처럼 조망이 벗어나는 것도 예상해야 한다. 여기에서는 데이터 제시의 원리로부터 벗어나 있는 것이다.

컴퓨터 소프트웨어를 이용할 수 있게 되면서 종종 불필요한 그림 또는 결과를 모호하게 하는 그림을 만들게 된다. 그림 10.15의 왼쪽 패널에서 우리는 어떤 심해 해면의 암수의 배 발달에서 서로 다른 단계의 기록을 발견하게 된다. 이 패널은 두 개의 서로 다른 표본 추출로부터의 결과를 보여주는데, 이 패널에 있는 데이터는 표로 더 경제적으로 보여줄 수 있었다. 위 패널은 아무런 정보가 없으며, 아래 패널의 절반 이상은 아무것도 더하지 못한다. 이 데이터를 이런 방법으로 제시할 아무런 이유가 없으며, 이렇게 작은 직사각형 모양의 발자국은 무엇인가?

그림 10.15의 오른쪽은 데이터 인식의 방법으로 간단하게 넣은 그림의 한 예이다. 이 그림은 달의 주기적인 모양 변화가 심해에 사는 빛을 내는 물고기 세 종류의 수에 영향을 준다는 것을 보여주려는 의도이다. 이 심해 물고기는 달의 모양과 어떤 관련을 가지고 물기둥 위아래로 옮겨가지만, 이 그림에서 경향을 알아내기는 어렵다. 물의 깊이를 수직축으로 나타냈다면 독자가 더 쉽게 형태를 인식할 수 있었을 것이다. 다음으로 조망하는 관점과 히스토그램 막대에 검게 그림자를 그린 것이 깊이의 차원을 인식할 기회를 막아버린다. 이 경우에 물고기 수와 달 모양의 그림을 하나의 그림으로 하고, 물고기 수와 물의 깊이를 또 다른 그림으로 분리시킨다면 더 좋았을 것이다.

다른 그래프는 물론 히스토그램도 너무 작은 폰트를 사용해서 Tufte의 규칙을 어기면 공간을 낭비하게 된다. 그림 10.16은 그림이 차지하는 공간의 절반 이상을 낭비하고 있다. y축을 0에서 0.1까지 그릴 수 있었고, 그랬더라면 공간 대신에 데이터에 주어지는 공간을 3배로 만들어서 패널들을 비교할 수 있는 척

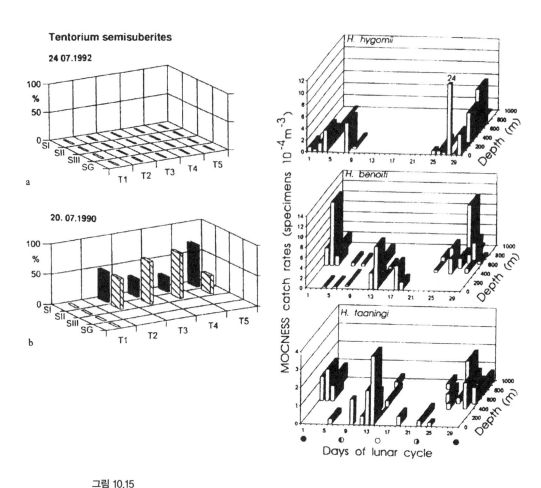

그림 10.15
출처 : 좌 : Mar. Biol. 124: 571~581(1996). 우 : Mar. Biol. 124: 495~508(1996). 편집자 승인으로 재출판

도를 유지할 수 있었다. y 값이 0.1보다 큰 4개의 패널에서는 척도의 단절을 보여주고, 좌표축 라벨을 오직 한 번 끼워 넣을 수 있었으며, 표시에는 숫자 하나면 충분했다.

다른 종류의 그래프가 더 적당할 수도 있는 곳에 가끔 히스토그램이 사용된다. 그림 10.17은 어린 송어에서 기생충 감염의 양에 대한 데이터를 보여준다. 이 그래프의 목적은 백신으로 처리('challenge')를 한 후에 송어의 감염비율 변화를 보여주려는 것이 목적이다. 이 그림에는 잉크가 너무 많아서 갈라진 구간 히스토그램의 라벨을 해독하기가 어렵고, 막대의 패턴이 너무 어지럽고, 막대

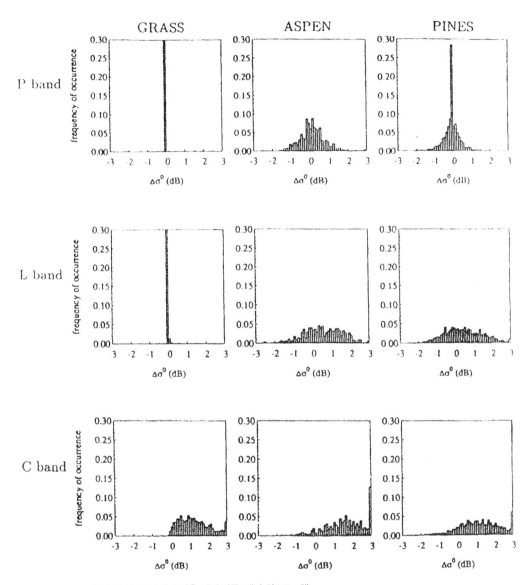

그림 10.16 낭비된 공간을 가진 다중–패널 히스토그램

출처 : *BioScience* 45:715~723 (1995). American Institute of Biological Sciences. AIBS 및 저자의 승인으로 사용

사이의 크고 작은 공간들이 조화를 이루지 못하고 있다. 독자가 *x*축이 연속된 시간 척도인지 아닌지 결정하는 것이 어렵다. 전체 16주를 통해서 2주 간격으로 특정한 시각에 수집된 데이터라면, 변수가 2개인 그래프 하나가 더 적당했을 것으로 보인다. 저자는 감염률('parasitaemia')에 관한 데이터를 겹쳐 놓은 그래

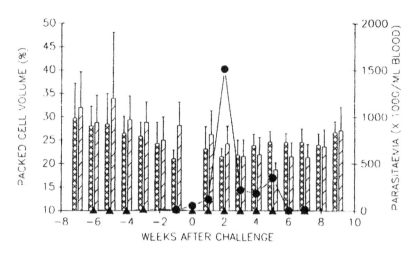

그림 10.17 분할–간격 히스토그램
출처 : *J. Fish Dis.* 17: 567-577(1994). 승인받아 게재

프로 제시했기 때문에 일관성이 없었다.

　그림 10.17은 독자에게 여러 가지를 요구한다. 먼저 우리는 히스토그램 구조를 무시하고 'PCV' 데이터가 진짜 휴지기 데이터가 아니라는 것을 이해해야만 한다. 다음으로 우리는 (여기에는 나타내지 않았지만 그림 설명의 마지막에 있는) 가위표와 빗금을 친 막대가 무엇인지 (희고 검은 막대가 덜 복잡해 보일 것이다.) 발견해야만 한다. 세 번째로 점과 삼각형을 빗금과 가위표를 친 막대와 관련지어야만 (아니면 다른 무엇인지?) 한다. 그림 설명에서 그룹 A와 B의 PCV에 대한 데이터 코드가 나열된 순서가 감염률이 제시된 코드의 순서와 반대로 되었는데, 독자의 정신능력을 평가하려는 심술궂은 강요로 보인다. 또 그룹 A와 B의 추가된 추상화는 무엇인가? 이 그림은 독자에게 관대함이 부족한 것으로 보인다.

　소프트웨어에 의해서 주어지는 선택 사항보다 데이터의 본질에 주의를 기울인다면 그림 10.17은 훨씬 더 명확하게 되었을 것이다. 접근하기 더 좋은 방법은 시간이 지남에 따라 변수 2개인 그래프를 두 패널로 그리는 것으로 결과를 보여주는 것이다. 위 패널은 백신을 한 물고기 그룹과 하지 않은 그룹에 대해서 PCV 값을 보여주는 것이고, 아래 패널은 두 그룹의 물고기에 대해서 감염률을 제시하는 것이다. 이런 디자인은 서로 다른 처치에 대한 비교를 강조하게 된다.

만일 대신에 감염과 PCV의 타이밍을 비교하는 일에 더 관심이 있다면, 위 패널에는 백신을 한 물고기에 대해서 감염과 PCV를 보여주고 아래 패널에는 백신을 하지 않은 물고기에 대해서 보여줄 수 있다.

4. 막대 그래프

과학 문헌들로부터 알 수 있는 것처럼 데이터를 막대 그래프로 보여주려는 거부할 수 없는 충동이 있다. 이 절에서는 막대 그래프의 몇 가지 예를 논의하는데, 표가 되었으면 좋았을 그래프, Tufte의 규칙을 어긴 것, 공간의 낭비, 다른 형태의 그림처럼 은폐된 것 등이다.

대부분의 막대 그래프는 표로 나타낼 수 있는 데이터를 보여준다. 막대 그래프를 잘못 사용한 것은 드물지 않고, 대부분의 과학 분야에서 일어난다. 그림 10.18~10.21에 포함된 모든 예는 실질적으로 표가 될 수 있었는데, 경향성과 분리된 부분 등이 없어서 그림으로 나타내는 것을 정당화시킨다. 이것들은 데이터를 보여주는 데 너무 많은 잉크를 사용했고 공간을 낭비했다. 이제는 익숙해졌지만 불필요하고, 추상적인 암호, 너무 많은 잉크, 공간 낭비, 라벨의 반복 등에 유의하자.

불필요한 막대 그래프에 불필요하게 두께를 더해서(그림 10.22의 위 참조) 꾸미고 싶은 유혹을 느낄 수 있다. 막대를 프리즘 모양으로 바꾸어서 포장 도로 위에 나열함으로써, 필요가 없다는 것을 명료함이 부족한 것과 혼합할 수 있다(그림 10.22 아래 참조). 그림의 위를 가로질러 좌표축 라벨이 진짜로 수직축 라벨을 참조할 수 있도록 한다는 것을 알고 난 후에도, 서로 다른 x, y 위치에 놓여 있는 프리즘 사이의 z 차원을 계산하는 것을 이 그림은 불가능하게 만든다. 맨 뒤 왼쪽 끝에 있는 프리즘이 왼쪽에서 세 번째 줄에 있는 첫 번째 프리즘보다 더 길이가 긴가? 높이를 계산하려면 프리즘의 앞 또는 뒤 끝 중 어느 것을 이용해야 하는가? 우리는 한 그림에 7개의 패널을 보여주면서, 각각의 처치에 대해서 아미노산 함량과 시간의 관계를 보여주는 그래프를 제시하는 것이 더 쉽게 데이터를 이해할 수 있다.

어떤 막대 그래프는 다른 형태의 그림처럼 은폐된다. 그림 10.23의 위 패널은

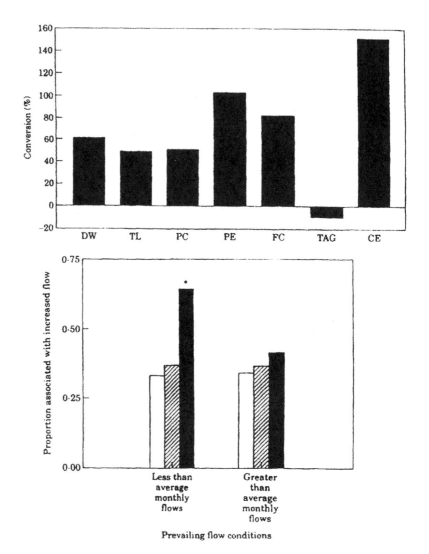

그림 10.18 표가 될 수 있는 막대 그래프

출처 : 위 : *J. Fish Biol.* 45:961~97(1994), 출판사 Academic Press Limited, London의 승인으로
재출판. 아래 : *J. Fish Biol.* 45:953~960(1994), 출판사 Academic Press Limited, London의 승인
으로 재출판

x축이 범주의 연속이라는(이 경우에는 미국의 주) 것을 인식하기 전까지는, 변
수가 2개인 그래프로 보인다. 점에서 점으로 연결한 선들은 관계를 기술하는 의
미가 전혀 없다. 이 그래프에 있는 데이터는 평균 ± 표준편차 형태의 표로 보
여주었어야 한다. 의미가 없는 선을 사용한 또 다른 예가 아래 패널에 있다. 게

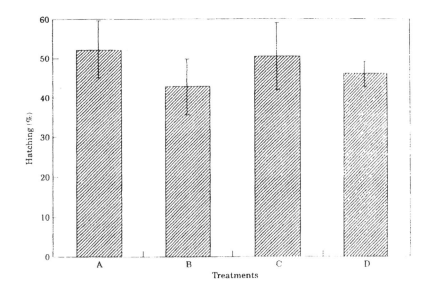

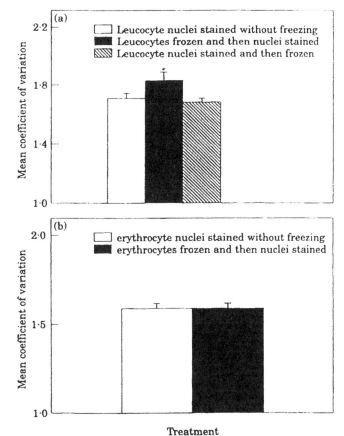

그림 10.19 표가 될 수 있는 막대 그래프
출처 : 위 : *J. Fish Biol.* 46:819-818(1995), 출판사 Academic Press Limited, London의 승인으로 재출판.
아래 : *J. Fish Biol.* 46:432-441(1995), 출판사 Academic Press Limited, London의 승인으로 재출판

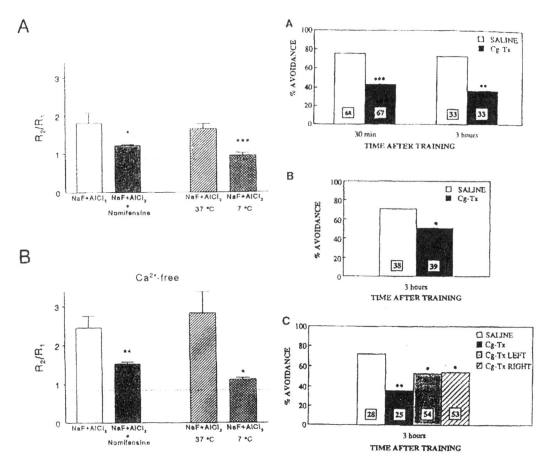

그림 10.20 표가 될 수 있는 막대 그래프
출처 : 좌 : *J. Neurosci. Res.* 42:242~251 1995), ⓒ Wiley-Liss, Inc. John Wiley and Sons의 자회사, Wiley-Liss 의 승인으로 재출판. 우 : *Neurobiol. Learn. Mem.* 64: 276~284(1995), Academic Press, Inc. 및 저자의 승인으로 사용

다가 변수 *y*의 범위가 할당된 공간의 일부분만 사용하고 있고, 로그 척도를 사용할 아무런 이유가 없는데 이것이 값들을 명백하게 좁은 범위에 압축시키고 있다. 이 그림은 더 명확하게 변수 2개인 그림으로 보여줄 수 있는데, 여기에서는 샘플의 원소 농도를 'breccia'라는 암석에서 농도값의 함수로 그리는 것이다. 세 개의 그림 각각에서 1:1 직선에서부터 점들의 거리가 이 암석들의 유사점과 차이점을 더 정확하게 전달할 것이다. 게다가 제시된 그림은 이런 종류의 비교에서 필수 항목인 32개 샘플로부터 계산된 변이의 측정을 쉽게 보여준다.

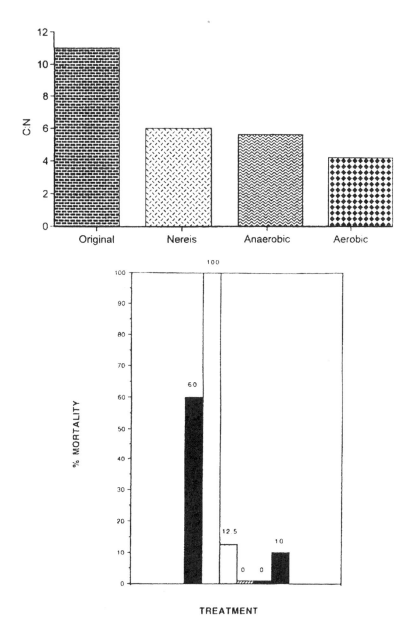

그림 10.21 표가 될 수 있는 막대 그래프. 이 그래프에는 불필요한 음영이 있으며 공간을 많이 낭비함
출처 : 위 : pp. 39-82 in *Microbes in the Sea* (1987). Halsted Press. 아래 : *J. Fish Diseases* 17: 67~75 (1994), 출판사 Blackwell Science Ltd의 승인으로 사용

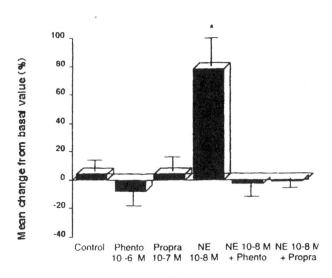

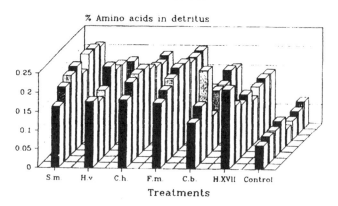

그림 10.22 3차원 세팅과 유사한 프리즘으로 변환한 막대 그래프
출처 위 : *J. Neurosci. Res.* 42:236-241(1995), ⓒ Wiley-Liss, Inc. John Wiley and Sons의 자회사, Wiley-Liss의 승인으로 재출판. 아래 : *J. Exp. Mar. Biol. Ecol.* 183: 113-131(1994), Elsevier Science의 승인

그림 10.24의 위쪽 또한 제대로 된 모양이 아니다. 아마도 이것은 역시 만족스럽지는 않지만 배급 수준을 x축을 따라 그리고 오직 2개의 수준만 나타나도록 했었다면 더 확실한 변수 2개인 그래프가 될 수 있었다. 현재 상태로는 이 그림은 적당하지 않은 막대 그래프인데, 단지 음식을 많이 주면 더 잘 자란다는 것을 보여주고 있다. 이 결과에는 간단한 표가 더 나았을 것이다.

그림 10.24의 아래 패널은 암호와 같은 카멜레온이다. y축은 좋아 보이지만

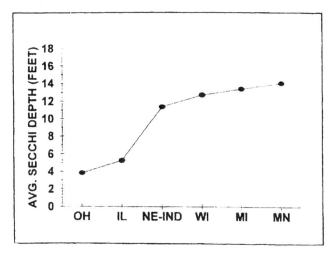

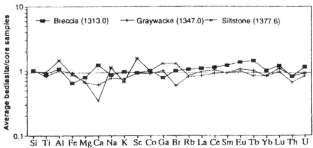

그림 10.23 의미 없는 선들 및 다른 것이 될 수 있는 그래프

출처 : 위 : *Nonpoint Source News-Notes* 43:5(1995). 아래 : *Science* 271:1263~1266. American Association for the Advancement of Science (1996)의 승인으로 재출판

x축은 해독이 쉽지 않다. 두 개의 분류가 있으니 막대 그래프가 되어야 하겠지만, 원점 근처에 있는 홈은 무엇이고, 그림 중간에 왜 얇은 수직선이 있으며, 왜 'empty leaves' 라벨은 45도 기울어져 있는지? 게다가 좌표축 라벨 위에 있는 글자의 크기는 데이터를 희생해서 축을 강조하고 있는데, 이것이 독자를 어떤 한 종류의 초식동물이 다른 종류보다 (먹은 잎의 양으로 측정되는) 더 많이 먹는다는 그림의 주된 논점으로부터 더 어긋나게 하고 있다. 세 번째 초식동물에 의한 잎이 있는지 여부는 전혀 문제가 아닌데, 보여줄 x-y 관계식이 없다. 다시 반복하면 그래프는 관계를 보여주기 위해 그리는데, 이 그림은 표로 제시하는 것이 더 좋았을 것이다.

막대 그래프는 유용하지만 종종 잘못 사용되거나 불필요하다. 비록 (1781년

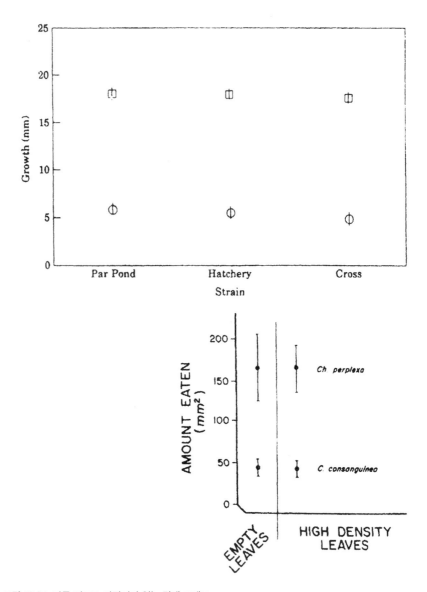

그림 10.24 다른 것으로 가장되어 있는 막대 그래프
출처 : 위 : *J. Fish Biol.* 47:237-247(1995) 출판사 Academic Press Limited, London의 승인으로 재출판. 아래 : 출처 미상

에 스코틀랜드의 17개 나라와 수입과 수출을 묘사하기 위해서) 첫 번째 막대 그 래프를 만들고 사용했지만, William Playfair는 그의 책 *Commercial and Political Atlas* (1786)에서 이렇게 말했다.

이 그림은 …… 시간의 부분을 포함하지 못하고, 사용되는 다른 것들보다 훨씬 좋지 않다. 비록 교역량을 보여주기는 하지만 지속에 의해 형성되는 차원을 요구한다……

제9장에서 논의한 것처럼 막대 그래프 대신에 점 그림을(그림 5.3 참조) 사용하는 것이 최선이며, 막대는 히스토그램 모양으로 데이터를 보여줄 때 사용한다.

5. 파이 그림

나는 이미 제9장에서 파이 그림을 좋아하지 않는다고 했다. 내 입장을 정당화하기 위해서 몇 가지 예를 더 제시하겠다. 그림 10.25는 코드, 그림자, 틀, 숫자, 공간 낭비를 반복하는 또 하나의 예이다. 이 그림 대신에 표제 'cephalopods', 'crustaceans', 'fish', 아래에 3×3 표를 만들어 데이터를 kg과 %로 나타냈더라면 좋았을 것이다. 그림 10.26은 같은 아이디어의 훨씬 복잡한 변형이다. 피라니아 물고기 7종류의 네 가지 크기 그룹의 식사에 대해서 보여주는데, 이 결과를 이런 방법으로 보여주는 장점을 잘 모르겠다. 최소한 범주가 더 적어져야

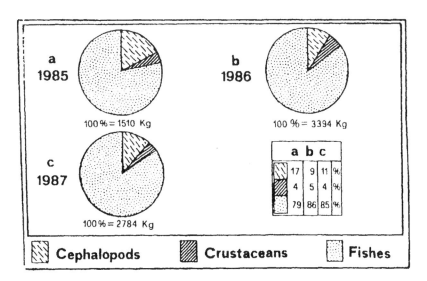

그림 10.25 파이 그림
출처 : *Sci. Mar.* 57:145-152(1993). 편집자의 승인으로 게재

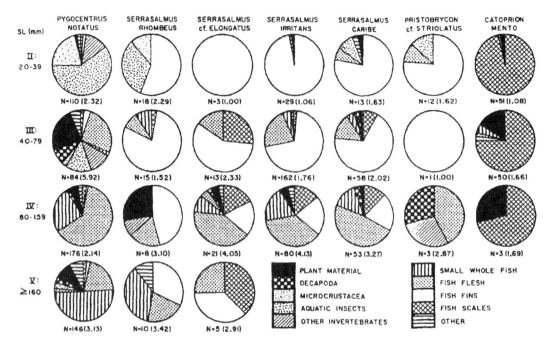

그림 10.26 비교를 위해 사용된 파이 그림들

출처 : *Biotropica*. 20:311~32(1988). Association for Tropical Biology 승인으로 게재

(예 : 피라니아가 먹는 모든 물고기를 잘 결합해서) 한다. 그룹의 크기 간격과 함께 음식 유형을 막대 위에 쌓아 놓는(그림 9.16 참조) 히스토그램이 더 나은 선택이었다.

그림 10.27은 연도와 월을 따라 침전되는 인(P)의 세 가지 유형의 변하는 비율을 보여주는 여러 개의 파이 그림이다. 달에 로마식 숫자를 사용한 것이 어색하고, 아마도 달의 약자가 더 나았을 것이다. 이 그림은 침전물에 존재하는 전체 인의 양에 차이가 있다는 것을 보여주기 위해서 파이의 지름을 달리 하는 바람에 더 복잡해졌다. 이렇게 되면 독자가 파이의 전체 면적을 기억하도록 요구하면서 부분의 각도와 면적을 읽어야 하므로 내재하는 부정확성이 합쳐진다.

파이 그림은 읽기 어렵게 훨씬 복잡하고 반복적이 될 수 있고 자주 그렇다. 예를 들어 그림 10.28에서 각 숫자와 대부분의 라벨은 두세 번 나타나며, 이 그림에 나타난 잉크가 과도하다. 덜 정확하지만 각도와 면적을 읽기 위해서 (무작위로 선택한?) 파이의 어떤 부분을 떼어냈다. 소프트웨어 제작자가 선호하는 장

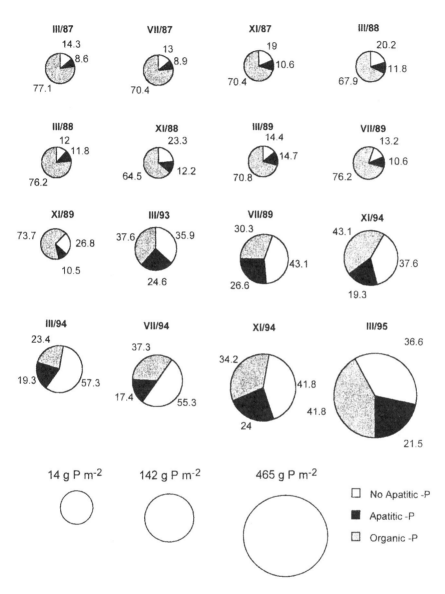

그림 10.27 비교를 위해 사용된 파이 그림들
출처 : 출판되지 않은 보고서

치로 그림자가 추가되었고, 이것은 부분을 덜 구분이 되도록 만들 수 있다.

독자가 아직도 파이 그림을 해독하려고 애쓴다면 걱정하지 마라. 다른 교묘한 방법을 이용할 수 있다. 우리는 파이를 기울여 사선으로 볼 수 있다(그림 10.29). 우리는 독자가 각도와 면적을 비교할 뿐만 아니라 파이 안에 새겨진 부

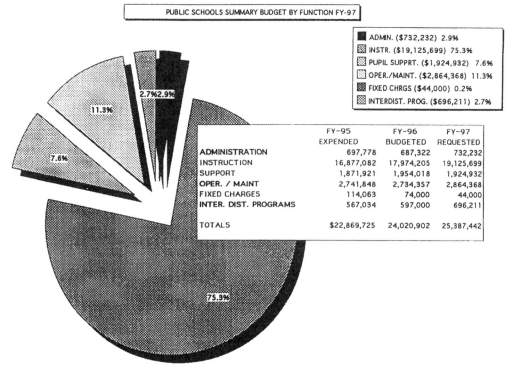

PUBLIC SCHOOLS SUMMARY BUDGET BY FUNCTION FY-97

- ADMIN. ($732,232) 2.9%
- INSTR. ($19,125,699) 75.3%
- PUPIL SUPPRT. ($1,924,932) 7.6%
- OPER./MAINT. ($2,864,368) 11.3%
- FIXED CHRGS ($44,000) 0.2%
- INTERDIST. PROG. ($696,211) 2.7%

	FY-95 EXPENDED	FY-96 BUDGETED	FY-97 REQUESTED
ADMINISTRATION	697,778	687,322	732,232
INSTRUCTION	16,877,082	17,974,205	19,125,699
SUPPORT	1,871,921	1,954,018	1,924,932
OPER. / MAINT	2,741,848	2,734,357	2,864,368
FIXED CHARGES	114,063	74,000	44,000
INTER. DIST. PROGRAMS	567,034	597,000	696,211
TOTALS	$22,869,725	24,020,902	25,387,442

그림 10.28 소프트웨어가 정보를 정보전달을 방해한 예
출처 : 출판되지 않은 보고서

분의 각도를 판단할 수 있게 하는 그림을 만들었다. 그림 10.29의 위에는 여분의 공간과 틀이 있고, 숫자와 그림 표현의 반복이 있다. 실제로 이 그림은 한 문장에 의해서 대체될 수 있다. "우물의 56%에서 우물물에는 질소가 없었고, 42%에서는 9.8ppm보다 적게 포함됐으며, 단지 2%만이 9.8ppm 이상 포함돼 있었다."

기울어진 파이의 더 복잡한 그림이 그림 10.29의 아래 패널에 보인다. 파이의 모든 결함이 여기에도 있다. 나는 이들 세 종류의 물고기 음식을 비교하기 위해서 데이터를 충분히 명확하게 실제로 시각화할 수 없다. 아마도 간격이 물고기 크기이고 막대 안에 항목들을 쌓아 놓은 히스토그램이 더 나았을 것이다. 아니면 크기를 열로 하고 음식 항목을 행으로 하는 표도 좋았다.

하지만 여기가 끝이 아니다. 각각 여러 부분을 가진 기울어진 디스크의 수를 늘려서(서로 다른 각도에 하나씩) 독자를 압도할 수 있다(그림 10.30). 만일 앞

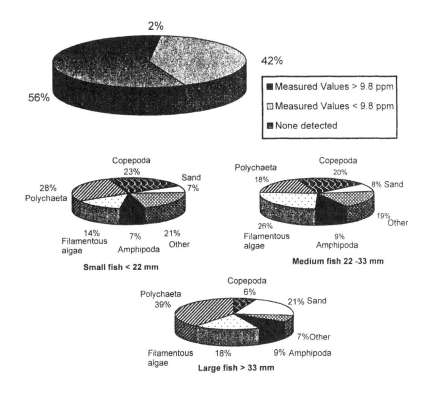

그림 10.29 비스듬하게 그려진 파이 그림들

출처 : 위 : *Ground Water* 33: 284~290(1995). 아래 : *J. Fish Biol.* 46:687~702(1995), 출판사 Academic Press Limited, London의 승인으로 재출판

의 예가 너무 간결하게 보인다면 파이에 약간의 장식을 덧붙일 수 있으며, 라벨에 리본을 추가할 수도 있다(그림 10.31).

받아들이기 어려운 것을 만날 때마다 고치도록 한다. 새의 머리를 장식하는 일, 영어 철자법의 규칙, 새의 포스터 등을 기억하자. 어떤 익살꾸러기는 이 목록에 오페라를 포함시킨다. 내 경우에는 그러한 일의 예가 그림 10.32에 있는 '와인잔'이다. 나는 이것이 막대 그래프인지, 쌓아 놓은 백분율인지 그래프 또는 히스토그램인지 결정할 수 없다. 이것은 그냥 특정할 수 없는 무엇이다. 이것은 우리가 논의했던 모든 규칙과 권고를 위반하고 있다. 과도한 잉크와 데이터가 있고, 좌표축을 해독할 수 없거나 아예 없으며 폰트는 너무 작다. 그림은 유사 조망 필드에서 면적과 각도를 비교하도록 요구하고 있고, 거리와 길이를

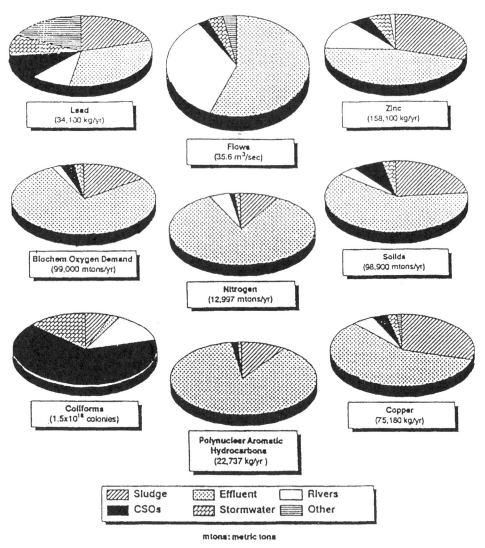

그림 10.30 비스듬하게 그려진 파이 그림들 추가
출처 : 출판되지 않은 보고서

비교하는 것은 불가능하며, 기준이 되는 가로선과 면적이 나타났다가 없어진다.
그림자 막대의 시간 진행이(유럽은 2080년 전에 재생을 멈추는데 아프리카는
2120년까지?) 서로 다른 시간에 끝난다. 몸통에서 실린더 모양의 표면 위에 있
는 '바'는 잔의 꼭대기 근처에서 평평해진다. (틀에 박힌 페인트칠을 하는 사람
은 별다른 노력 없이 공간을 변형시키는 것을 부러워할 것이다.)

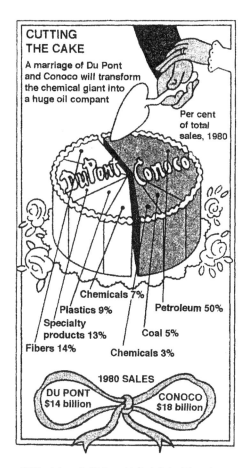

그림 10.31 케이크로 변환한 파이 그림. 원본으로부터 많이 수정된 그림
출처 : *Newsweek*, 20 July 1981, p. 54

'와인잔' 그림을 제대로 고치는 것은 간단하다. 우리가 그림 디자인의 모든 세부사항을 무시했기 때문에 일어난 것이다. 우리의 결과가 무엇을 의미하는지 아무도 알 수 없다. 그림 10.31의 핵심적인 전언처럼 우리의 결과가 남들에게 엄청난 중요성을 가질 수도 있기 때문에 유감이다.

그런데 나는 아직도 '와인잔'의 위와 아래에서 세상을 사선으로 조망하는 것을 제대로 지적하지 못했다. 하지만 걱정 마라. 아마도 이 기억할 수 있는 그림은 생생하게 기억이 나도록 추가의 장기적 목적으로 기능할 수 있다. 다음에는 비어 있는 종이 또는 컴퓨터 화면을 만나게 될 것이고, '와인잔' 식의 접근을 회피해야만 한다는 것을 명심하라.

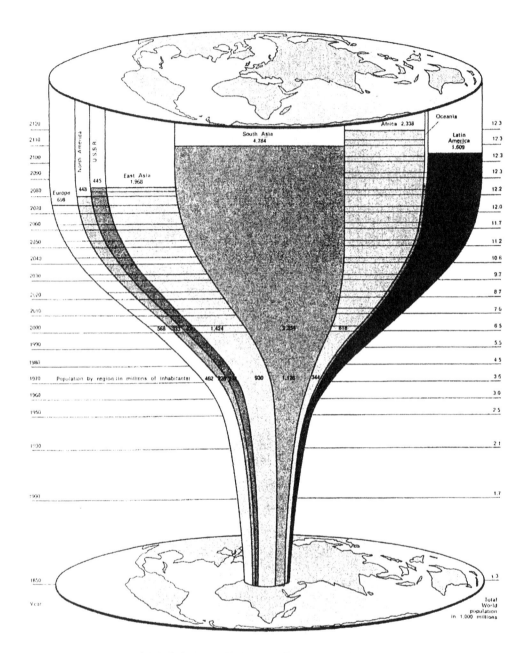

그림 10.32 '와인 잔'의 예 : 중요한 정보이며 좋은 의도이나 받아들이기 어려운 그래프

출처 : *The Scientific Enterprise, Today, and Tomorrow.* UNESCO(1977) 승인으로 사용됨

그래프 디자인을 위한 조언

아래 내용은 그래프의 기이한 모양보다 데이터를 가장 중요한 요소로 갖는 그래프 디자인을 위한 조언들이다.

- 변수가 정도에 따라 배열되어 있다면, 변수의 규모에 따라 막대나 기호 색의 음영을 조절해서 독자가 이해하기 쉽도록 하라.
- 여러 패널을 포함하는 그림에서는 모든 데이터에서 x축과 y축의 눈금이 동일해서 한 데이터를 다른 데이터와 쉽게 비교할 수 있도록 하라. (어떤 경우에서는 이 방법이 공간을 낭비할 수도 있지만, 이 경우에는 경제적 효율보다 명확성이 더 중요하다.)
- 여러 패널을 포함하는 그림에서는 가장 왼쪽의 y축과 가장 아래쪽의 x축에만 값을 표시하라. (이는 충분하고 공간을 아끼고 복잡함을 줄여준다.)
- 그래프 안의 기호들은 범례를 이용하기보다는 직접 표시하라. 남은 공간에 작은 화살표나 부호를 이용하라.
- 미세한 명암 표시를 피하라. 스캐너나 사진은 당신의 기대보다 훨씬 둔감하다.
- 검은 기호(원, 삼각형, 사각형)를 사용하라. 이는 '?'나 '+'표시보다 그래프가 더 명확하게 보이도록 해준다.
- 읽을 때의 편의를 위해 막대에 빗금이나 대각선보다는 흑백을 이용하라.
- 여러 패널을 포함하는 그림에서 대문자는 패널을 표시하는 데에만 이용하라. 대문자는 시선을 끌기 때문에 패널로 가야 할 주의를 흩트리고(그림 10.24 아래 패널 참조) 소문자보다 읽기 힘들다.
- 축에 쓰이는 선은 데이터를 표시하는 데에 쓰이는 선보다 얇게 하라.
- 축 위의 글자와 숫자들은 축소 후에도 보일 수 있도록 크게 하되, 데이터나 데이터의 제목과 비등할 정도로 커서는 안 된다.
- 'sd, se' 등의 가치척도를 이용한 후에는 범례에 이들을 정의하라.
- 축의 맨 끝 눈금은 생략하라. 대부분의 경우, 특히 히스토그램에서는 선은 한쪽 끝의 눈금으로 충분하다.
- 그래프를 덜 혼잡하게 하기 위해서 눈금의 이름은 하나 걸러서만 표시하라. 그러나 이 경우에도 눈금은 생략돼서는 안 된다.
- 당신의 그래프에서 특정 값을 측정할 미래의 독자를 위해서, 짝수 눈금을 표시하라. 짝수 눈금은 홀수 눈금보다 그 사이의 값을 시각적으로 추정하기 쉽다. 일례로 눈금의 맨 마지막이 5로 끝나게 표시하지 마라. 만약 당신이 눈금을 반드시 5로 끝내야 한다면 최소한 숫자가 표시되지 않은 눈금들을 표시해서 독자가 0과 5 사이의 다섯 개의 간격을 볼 수 있도록 하라.
- 다른 국적의 독자들에게 혼란을 주지 않기 위해, 날짜는 1996년 2월 5일, 시간은 09:30이나 14:56으로 표시하라.

요즈음 과학을 한다는 것은 대부분의 경우 집단적 협동이다. 이는 사람들과 데이터에서의 정확성과 가능한 이해의 충돌에 대한 인식, 수익의 분배를 필요로 한다.

제 11 장

사회 속에서 과학하기

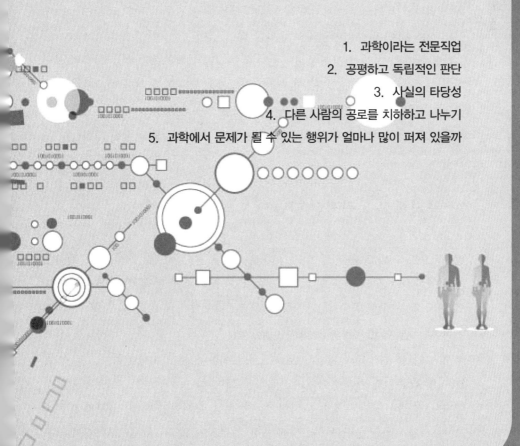

1. 과학이라는 전문직업
2. 공평하고 독립적인 판단
3. 사실의 타당성
4. 다른 사람의 공로를 치하하고 나누기
5. 과학에서 문제가 될 수 있는 행위가 얼마나 많이 퍼져 있을까

1. 과학이라는 전문직업

우리가 이제까지 논의한 여러 가지 활동은 모두 여러 종류의 집단 안에서 일하는 사람들이 수행하는 것이다. 영민한 과학자나 혹은 아마추어 과학자가 주된 과학적 문제들을 혼자서 풀며 애를 쓰는 시대는 몇 가지 특별한 예외를 제외하면 적어도 200년 전의 낡은 이야기이다. 오늘날 과학자들은 에이전시나 대학이나 회사 연구소나 그 밖의 기관에서 일한다. 그런 기관들은 지역마다 국가마다 문화마다 엄청난 차이를 보인다. 그러나 가령 알래스카 알류트족의 과학, 스코틀랜드 글래스고식의 과학, 인도네시아의 과학 같은 것은 없다. 우리는 과학을 하는 데에는 전반적이고 보편적인 방법이 있다고 믿고 싶어 한다. 실제로 그 말은 진리와 거리가 멀다. 과학자의 행동과 생활을 좌지우지하는 교의라고 할 수 있는 것에 대한 의견은 과학자의 수만큼 많을 것이다.

어느 정도는 문화적 상대성을 용인해야 하지만 과학활동을 수행하기 위한 몇 가지 지침을 사용할 수 있다. 여기에는 공평하고 독립적인 판단(이해관계의 충돌을 피하는 판단)이라든가, 사실의 타당성(변조와 위조를 찾아낼 수 있는)이라든가 다른 사람의 연구에 영예를 주는 것(표절)의 중요성과 관련된 쟁점들이 포함된다.

2. 공평하고 독립적인 판단

원칙적으로 거의 모든 사람이 가장 좋은 과학은 사실에 대한 공평하고 빈틈없는 고찰에서 비롯되며 고용이나 승진이나 연구비 지원 등에 대한 결정은 과학의 질이라는 기반 위에서만 이루어져야 한다는 점에 동의한다. 그러나 내 경험에 따르면 이것은 과학을 하는 여러 차원 중에서 가장 자주 무시되는 원리 중 하나이다. 치우치지 않고 독립적인 판단이라는 문제에 충분히 주목하지 않는 데에 근본적인 문제점이 있다. 결정을 해야 하는 사람들은 여러 다양한 상황에서 결정하며 이 결정에 다양한 이해관계를 끌어들인다. 이 상황과 이해관계는 그 결정들을 둘러싼 사실들에 대한 치우치지 않은 평가로 이어지지 않을 수 있다.

어느 정도 수준의 실제적이거나 인지된 이해관계의 충돌 문제를 안고 있는 상황이 많이 일어날 수 있다. 몇 가지 사례들은 분명히 가능한 문제를 일으킬 것이며, 또 몇 가지 사례들은 더 미묘하다. 다음의 몇 가지 사례를 살펴보자.

- 학술지에 투고된 논문의 심사자가 흥미로운 아이디어를 보고서 투고논문의 심사를 지연시키거나 게재불가 판정을 내린 뒤 자신의 연구에 그 아이디어를 사용하는 경우
- 학술지의 편집자가 자신이 편집을 담당한 학술지에 자신의 논문을 투고하는 경우
- 신약의 효과를 조사하는 연구자가 그 약을 판매하려는 거대제약회사로부터 연구비를 받는 경우
- 연구자가 자신이 주식을 소유하고 있는 회사의 생산품을 조사하기 위해 연방정부의 연구비를 신청하는 경우
- 자기 가족의 일원을 위해 추천서를 써 주는 경우
- 어떤 상의 심사위원이 수상후보의 제자인 경우
- 연구재단의 직원의 가족 중 한 명이 연구비에 지원한 기관에 근무하고 있는 경우

위의 목록은 내가 목격한 상황들의 개요이며, 그 사례들은 드물지 않다. 이해관계의 심각성에서는 편견이 작동할 가능성으로부터 진짜 이해관계의 충돌에 이르기까지 차이가 있다.

과학자의 삶에서의 보상들, 즉 취직, 승진, 출판, 동료들로부터의 존경 등에 관한 결정들은 아무리 과학의 수준에만 기초를 두고 판단하고 싶어 하더라도 어느 정도 인간적 요소에 대한 고려를 포함해야 한다는 것은 언제나 옳은 일임을 기억해야 한다. 가장 뛰어난 과학자가 집단 속에서 일할 수 없다는 것이 알려져 있는데, 특정한 학과나 위원단이 집단적 협동에 기초를 두어야 한다면, 그 비사회적 측면도 고려해야 한다. 물론 이 모든 것의 곤란한 점은 과학의 수준에 부여해야 하는 고도의 우선성과 인간적 요소를 허용하는 더 흩어져 있는 필요 사이에서 합리적인 타협이 되는 선을 어디에 그어야 하는가 하는 점이다.

과학을 하는 사회적 맥락의 복잡성 때문에 쟁점이 되고 있는 매우 다른 상황들을 평가하는 데 도움을 줄 수 있는 방식으로 이해관계의 충돌을 정의하는 것

이 매우 어렵다.

이해관계의 충돌을 정의하기 위한 한 가지 시도로서 브리티시컬럼비아 칠면조 마케팅 보드의 규정이 있다. 본질적인 쟁점은 제도적 결정을 하는 데에 개인적 요소가 영향을 주지 않도록 할 필요성임에 유의해야 한다. 또 다른 정의는 밴더빌트대학교의 이해관계 충돌에 대한 정책 규정이다.

> 이해관계의 충돌이란 개인의 재정적, 전문적 및 기타 개인적 고려가 직접 또는 간접으로 개인의 대학업무나 책임(연구의 수행이나 보고 포함)에 뒤따르는 전문적 판단에 영향을 주거나 줄 수 있을 것으로 보이는 상황을 가리킨다. 대표적으로 개인이 대학의 사업이나 행정적 및 학술적 연구나 기타의 결정에, 어떤 종류이든 재정적, 전문적 및 개인적 이득이나 유익으로 이어질 수 있는 방식으로 영향을 줄 기회가 있거나 그럴 수 있을 것으로 보일 때 이해관계의 충돌이 일어난다.

가령 미국 국립보건원의 정책규정에 따르면, 이해관계의 충돌은 실제적이거나 외형적이거나 가능적일 수 있다. 실제적인 이해관계의 충돌은 개인적이거나 재정적인 고려가 전문적 판단이나 객관성을 절충하여 치우치게 되는 가능성이 있는 상황을 가리킨다. 외형적인 이해관계의 충돌은 합리적인 사람이라면 전문적 판단을 절충할 만하다고 생각하게 되는 상황을 가리킨다. 가능적인 이해관계의 충돌은 실제적인 이해관계의 충돌로 발전될 수 있는 상황과 연관된다.

그러므로 이해관계의 충돌은 책임 있는 자리에 있는 어떤 사람이 전문적인 이해와 개인적인 이해를 견주어서 전문적인 결과의 최선의 이해를 얻도록 불편부당하게 결정하는 것이 어렵게 되는 상황이다. 이해관계의 충돌이 나타나면 설령 실제로 부정행위가 일어나지 않더라도 과정과 개인과 제도에 대한 신뢰가 훼손될 수 있다. 따라서 과학적 탐구의 수준을 유지하고 진보를 보장받기 위해서는 이해관계를 해결하는 것이 긴요하다.

앞 장들에서 나는 과학적 진보에 대한 기여가 논문 출판의 빈도나 그 밖의 척도로 판단할 때 나라마다 상당히 다르다는 점을 지적했다. 객관적인 데이터가 있는 것은 아니지만 과학에 대한 기여가 가장 높은 나라들은 과학공동체에 이해관계의 충돌을 교육하는 데 크게 노력을 기울이는 나라들인 것으로 일관되게 보인다. 특히 이것은 직원의 고용에서 가장 잘 나타난다. 조사위원회가 위원회에서 권력을 지닌 위원에 모종의 연결이 있는 사람을 선택하는 것이 거의 다반

사인 나라가 매우 많다. 이런 관행은 틀림없이 가장 강력한 과학 공동체의 발전으로 이어질 수 없다는 점이 분명하다. 따라서 세계 과학에서 중심적인 역할을 하려는 포부를 갖고 있는 사회와 기관이라면 이해관계의 충돌에 대해 가장 강력한 정책을 발전시킬 필요가 있으며, 최고의 과학을 만드는 데 동참하기를 희망하는 사람이라면 이러한 쟁점을 전체적으로 알고 그에 따라 행동할 필요가 있다.

3. 사실의 타당성

우리가 수집한 데이터가 타당하고 실재적임을 신뢰할 수 없다면 과학은 붕괴해 버린다. 데이터가 과학에 대해 근본적인 중요성을 갖고 있기 때문에 믿을 수 없는 데이터나 심지어 정보의 변조나 데이터의 위조와 연관되는 사례들이 더 큰 관심을 불러일으켜 왔으며, 그만큼 과학언론과 일반 언론에서도 큰 주목을 받아왔다.

　과학자들은 모든 종류의 데이터를 모아서 정보가 받아들일 만한지 검토해야 할 책임이 있다. 어떤 경우에는 과학자들이 발견의 흥분과 곧 찾아올 부와 명성에 사로잡혀서 최초의 결과를 너무 빨리 받아들이기도 한다. 나아가 과학자들은 사람이며, 사람은 실수를 하게 마련이다. 믿을 수 없음이 밝혀진 데이터의 두 가지 유명한 사례는 널리 대중화된 중합수와 상온핵융합의 예이다.

중합수

1960년대 초에 러시아의 저명한 물리학자 보리스 데르자구인(Boris Derjaguin)이 놀라운 발견을 보고했다. 그는 물의 새로운 물리적 상태를 발견했다. 유리 모세관에 담긴 물의 융해 성질과 점성이 크게 달랐던 것이다. 이 발견은 큰 관심을 불러일으켰다. 매년 200여 편의 논문이 쏟아져 나왔으며 1970년에 최고조에 이르렀다(Gingold, 1974). 여러 가지 다중단위의 분자구조에 대한 제안이 주장되었고, 새로운 형태에 대해 '중합수'라는 이름이 붙었다. 그러나 그 새로운 형태는 찾아내기가 매우 어려웠고, 결국 다중수의 물성은 물 자체에서 나타난 것이 아니라 유리에 녹아 있던 불순물에서 비롯된 것임이 분명해졌다. 그 아이디어는 폐기되었다. 이 경우는 심지어 저명한 과학자라도 잘못된 데이터를 얻을 수 있음을 잘 보여준다. 새로운 주요 발견을 따라 시험하고 반복하는 것이 그 발견을 입증하거나 부정하기 위해 꼭 필요하다.

상온핵융합

1989년 3월 미국 유타대학교에서 일하는 화학자 마틴 플라이슈만과 스탠리 폰즈는 상온핵융합을 이용하여 수소폭탄의 출력을 시험관에서 통제할 수 있는 방법을 발견했다고 언론에 알렸다.[1] 그들은 실험대 위의 간단한 장치를 이용하여 중수소 원자를 헬륨으로 융합시킬 수 있었으며, 여기에서 중성자들이 생겨나고 열이 발생했다. 이 발표는 엄청난 것이었다. 무한한 에너지 원천이 될 수 있기 때문이었다. 게다가 이 성공이 있기까지 고온핵융합에서 수없이 많은 실패가 있었고 막대한 비용이 들었다. 즉, 전 세계의 과학자들이 그 측정을 재현하려고 했지만 유타 물리학자들이 사용했던 장치가 간단했음에도 불구하고 정확한 측정 조건을 확신하기가 어려웠다. 왜냐하면 이 경우에 정보가 과학에서 흔히 사용되는 더 믿을 만한 잘 정립된 채널이 아니라 기자회견이나 뉴스보도나 팩스나 전자메일에 분산되어 있었기 때문이었다.

브리검영대학교의 스티븐 E. 존즈가 이끄는 다른 그룹이 상온핵융합을 독자적으로 연구하고 있었는데, 얼마 지나지 않아 이들은 초과 열이 발생하지는 않았지만 유사한 상온핵융합로에서 중성자들이 기록되었음이 밝혀졌다. 유타대학교 연구팀과 브리검영대학교 연구팀은 명성이 있는 학술지인 네이처에 공동논문을 투고하기로 합의했다. 세 번째 그룹으로 텍사스 A&M에서 새로운 장치를 시험하여 열이 발생함을 보고했고, 조지아공대의 한 연구팀이 중성자가 생겨난 것을 발견했다. 헝가리와 일본의 물리학자들도 긍정적인 결과를 얻었다고 보고했다. 플라이슈만과 폰즈의 논문은 1989년 4월에 전기분석화학지(*Journal of Electroanalytical Chemistry*)에 게재되었고, 처음으로 상세한 방법이 발표되었다. 게재까지의 시간은 이례적으로 짧았다. 이는 그 주제에 대한 세간의 관심을 반영한 것이었다.

---

1) 이 사례에 대한 상세한 리뷰가 Collins & Finch(1983) 제3장에 있다.

유타대학교는 그 와중에 서둘러 특허를 출원했고, 유타 주는 상온핵융합 연구에 5백만 달러를 쾌척하기로 결정했으며, 미국 의회에 2,500만 달러를 요청했다. 처음부터 이 발견이 막대한 경제적 함축을 지닌다는 것이 분명했다.

얼마 지나지 않아 의심이 생겨나기 시작했다. 텍사스 A&M과 조지아 공대의 공동연구팀의 결과는 장치의 결함에서 비롯된 것임이 밝혀졌다. 다른 곳에서도 비슷한 측정들이 이루어졌지만 유타대학교 팀의 결과와 맞아떨어지는 것이 없었다. 얻을 수 있는 모든 데이터를 검토하는 학술대회를 미국물리학회가 개최했는데, 에너지가 생성되었다는 플라이슈만과 폰즈의 주장을 뒷받침할 증거가 없다는 데 의견이 모였다.

이 경우는 과학을 하는 것이 매우 민감한 사회적 맥락으로부터 어떻게 영향을 받는지 보여준다. 이 연구의 결과는 엄청난 경제적 함축을 지니고 있었으며, 그런 주장이 누릴 만한 언론의 주목을 받았다. 다행히 그때 과학의 과정이 진행되었고, 불행히도 입증하는 증거가 발견되지 않았다. 플라이슈만과 폰즈는 처음의 발견이 지니는 중요성을 인식했고 틀림없이 자신들의 데이터를 믿었다. 다른 사람들은 그러지 않았고 결국 상온핵융합의 결과는 일 치멘토(제1장 참조)를 견뎌내지 못했기 때문에 거부되었다.

데이터의 변조

잘 알려진 몇몇 경우에는 데이터나 결과가 그냥 조작되기도 했다. 1912년 영국에서 변호사 찰스 도슨이 사제 피에르 테이야르 드 샤르댕과 저명한 지질학자 아서 S. 우드워드와 함께 서섹스의 필트다운에 파묻혀 있는 구덩이에서 두개골 파편을 발견했다. 그 파편들은 두꺼운 뼈의 인간 두개골 일부와 유인원의 턱뼈를 닮은 턱뼈 일부로 이루어져 있었다. 그 화석은 '필트다운 두개골' 또는 '필트다운인'이라는 이름으로 대단히 유명해졌다. 1년 뒤에 테이야르는 같은 구덩이에서 유인원의 것으로 보이는 이빨을 찾아냈다. 이는 유인원과 인간 사이의 '잃어버린 고리'에 대한 증거인 것처럼 보였다. 화석은 '몸보다 앞서' 뇌가 먼저 진화했음을 보여주는 사례로 사용되었다. 이 개념을 좋아했던 부류가 있었다. 또 이 발견은 인간의 기원이 매우 오래되었음(아마 50만 년 전)을 보여주고 있었다. 마지막으로 필트다운 유적은 인간의 진화가 영국에서 일어났음을 말해

주고 있었으며, 영국인들이 알아채지 못하고 지나가 버리는 일이 없을 자부심 거리였다.

필트다운의 발견은 1953년까지 인류학이 잘못된 길을 따라가게 만들었다. 그 해에 화학적 테스트를 통해 모든 파편이 위조품임이 밝혀졌다. 두개골은 인간의 것이었고 턱뼈와 이빨은 오랑우탄의 것이었으며, 그 출처를 속이기 위해 덧붙여졌다. 파편은 오래된 녹청과 비슷하게 색칠되었다. 월쉬는 1997년 저서에서 도슨 자신이 이 날조사건에 책임이 있음을 주장했다. 놀라운 점은 이 사기가 40년이 넘게 드러나지 않았다는 것이다. 도슨 자신이 의심을 받을 만했다. 다른 수상한 일들 외에도 도슨은 20미터가 넘는 바다뱀을 영국해협에서 보았다고 주장하기도 했다. 그러나 도슨은 상류층 사회에서 활동했으며, 당시에는 사회적 지위가 과학적 신뢰도로 번역되었기 때문에 그의 말은 널리 받아들여졌다. 과학자는 시대의 사회적 직물의 일부였던 것이다.

잘 알려진 또 다른 과학의 수수께끼는 1970년대부터 영국 남부에서 발견되기 시작한 크롭 서클(농작물 밭에 나타나는 원형 패턴)이다(Schnabel, 1994). 곡물이 자라고 있는 밭에서 거대한 추상적인 기하학적 패턴으로 작물이 눕혀져 있는 것이 발견되었는데 매우 정교하게 장식된 원형이었다. 이 원형 패턴은 1990년대 중반까지 영국과 기타 등지에서 계속 발견되었다(제12장 앞부분 참조). 이것도 날조된 것일까? 그럴 법하지 않다는 주장의 근거는 그런 패턴이 매우 많고 한밤중에 아무도 모르는 사이에 갑자기 만들어졌고 거대한 스케일로 이루어졌기 때문이다. 원주 모양이나 고리 모양의 소용돌이일까? 공 모양의 번개일까? 기상학이나 다른 과학의 설명 중 어느 것도 그 디자인의 복잡성을 설명할 수 없었으며, 그럴듯한 설명은 전혀 나타나지 않았다. 대신 날아다니는 마법사의 착륙을 위한 표지라거나 지구 밖의 외계인이 우리와 통신하기 위한 것이라거나 악마라거나 군대의 음모라거나 템플 기사단이라거나 심지어 어머니 대지가 이제 마지막 때가 임박했음을 말해 주는 것이라는 설명도 나타났다.

1991년 더그 보워와 데이브 초클리라는 '평범한 놈들'이 어느 날 술집에서 흑맥주를 기울이다가 그 아이디어를 떠올리게 되었고 15년 동안 영국 전역에 원형 패턴을 만들어 왔음을 고백했다. 그들은 쇠막대와 줄과 판자를 밭에 끌었고, 시간이 흐르면서 더 복잡한 모양을 만들게 되었다. 더그와 데이브는 과학자들이 설명을 지어내기 시작했을 때 특히 기뻤다. 한번은 어떤 기상학자가 곡식들이 시계방향으로 휘어 있었기 때문에 특정 유형의 소용돌이 바람 때문이라고 유추하는 것을 들은 뒤로, 밖에 나가서 시계반대방향으로 휘어지게 원형 패턴을 만들기도 했다.

영국 이외의 곳에서는 흉내쟁이 사기꾼들이 곡식 원형 패턴을 만들었다. 곡식 원형 패턴 안에 있는 식물들의 심각한 교대현상에 대한 증거를 다룬 진지한 논문들이 출판되었다.[2] 높은 고도의 플라스마 소용돌이가 만들어 낸 이온 폭풍이 만들어져 자기장이나 전기력이나 열 흐름이나 기타 힘들과 상호작용하여 그런 교대현상이 만들어진다는 것이었다. 이 경우에 과학적 메커니즘과 비과학적 현상의 주장이 그리 멀리 떨어져 있지 않은 것처럼 보인다. 다행히 더그와 데이브가 날조를 시인했다. 이 경우에는 과학으로 해결책에 도달하는 것이 매우 힘들었기 때문이다. 과학자들은 계속 가설을 고안해 내고 있었고, 결국 아무것도 볼 수 없었다. 사실은 더그와 데이브 말고 뭔가 다른 이유가 있다고 주장하는 (희망사항?) 사람들이 (과학자들을 포함하여) 지금도 있다.[3]

앞에 든 예들은 과학자가 아닌 사람들이 과학 수수께끼를 만들면서 저지른 날조였다. 더 심각한 믿음의 균열은 과학자들이 저지르는 날조다. 과학자가 의도적으로 정보를 가공한 가장 널리 알려진 사례 중 하나는 시릴 버트의 경우이다. 시릴 버트는 1910년부터 활동하기 시작한 영국의 심리학자로서 1960년대에 지능의 유전가능성이라는 분야에서 활동했다(Broad & Wade, 1982). 획득형질과 유전형질을 구별하기 위해 버트는 어릴 때부터 떨어져 양육된 쌍둥이의 행동패턴을 비교했다. 버트는 자신의 연구로 널리 존경받게 되었으며, 그 결과에 대한 검토가 올바르지 않을 만큼 존경받았다. 나중에야 버트의 후기 연구의 대부분이 존재하지 않는 실험대상에서 얻은 가상의 데이터를 써서 작성되었고, 가짜 동료들과 함께 데이터를 모은 것이거나 이전의 연구에서 보고했던 결과들을 새로운 상황에 확장하여 적용한 것이었다. 그의 동료들이 통계적으로 너무 완벽한 결과에 대해 의심을 품기 시작하여 데이터를 보여 달라고 요청하자, 버

---

2) 예를 들어 Levengood(1994).
3) 예를 들어 Yemma(1997)의 논의를 볼 것.

트는 출판된 상관관계에서 역으로 숫자들을 '재구성'하기도 했으며, 데이터를 유도해 낸 불명료한 미출판 보고서를 찾을 수 없다고 주장하기도 했다. 버트는 놀라운 사기꾼이었지만, 그가 여러 해 동안 성공할 수 있었던 것은 그 결과가 뚜렷하게 그럴싸했고 특정 독자들의 정치적 예상에 부응했고, 그가 영향력 있는 자리에 있었기 때문이었다.

최근에 과학 부정행위의 여러 가지 다른 사례들이 공공 언론의 큰 주목을 받고 있다. '볼티모어 사건'이 있다. 미국 터프츠대학교의 교수 테레자 이마니시-카리는 이전에 매사추세츠 공과대학의 조교수로서 데이비드 볼티모어가 이끄는 대규모 연구팀 안에서 면역학 연구를 수행했다. 볼티모어는 노벨상 수상자로서 당시 매사추세츠 공과대학의 한 주요 연구소의 소장이었으며 록펠러대학교의 총장이었다. 그 연구의 결과로 주목을 받은 논문 한 편이 여러 연구자의 이름을 달고 나왔고, 그중에는 이마니시-카리와 볼티모어도 포함되어 있었다. 이마니시-카리의 실험실에 있던 박사후연구원 마곳 오툴이 우연히 실험노트를 발견했다. 거기에 이마니시-카리가 적어 넣은 데이터는 출판된 논문에 보고된 것과 부합하지 않는 것으로 보였다. 오툴이 논문의 결론에 대한 도전을 고집하면서 계속 이어진 심각한 논쟁과 볼티모어와 이마니시-카리의 공격적인 방어에 대한 상세한 서술은 여기에서는 불필요하다. 다만 최소한 세 개의 대학이 연관되어 있었고, 미국 국립보건원의 위원회가 조사를 벌였으며, 의회청문회가 있었고 언론에서 무척 즐거워하며 이를 보도했음을 말하는 것으로 충분하겠다. 오툴은 박사후연구원으로 재임용되지 못했으며, 이마니시-카리는 터프츠대학교에서 정직을 받았으며, 볼티모어는 록펠러대학교의 총장직을 사퇴해야 했다. 10여 년 동안 열린 더 많은 조사와 청문회는 결정을 내리지 못했고 사태가 다소간 지속되었다. 볼티모어는 캘리포니아 공과대학의 총장이 되었고, 이마니시-카리는 터프츠대학교에 복직했고, 오툴은 생명의료 연구팀에서 일하게 되었다. 관련된 사람들의 커다란 트라우마와 대중의 과학에 대한 신뢰가 심각하게 깎이고 난 뒤에 여하튼 볼티모어 사건은 일단락이 지어졌지만, 지금도 전체적인 사건의 책임과 적절성을 놓고 불일치가 있다. Kevles(1998)는 이 사례를 상세하게 검토하고 관련된 사람들에게 양가적으로 면죄부를 주는 것에 동의했다. 그러나 Judson(2004)은 사례를 비슷하게 상세하게 살펴본 뒤에 이 경우는 오만함과 윤리 부재의 사례이며 사기에 상당히 가까웠음을 주장했다. 이 모든 것이 과학과정의 순수성을 위협했다는 것이다. 이 논쟁의 분명한 종결은 없지만 확실한 것은 이 사건이 과학과 과학자에 대한 대중적 인지에는 도움이 안 되었다는 것이다.

대한민국 연구자가 인간 배아줄기세포와 클로닝에서 주목을 받는 연구를 수행했다. 연구 공동체는 사이언스에 게재된 편집위원회의 철회통지를 보고 경악했다.

> 서울대학교 조사위원회의 최종 보고서는 사이언스에 게재된 두 논문의 저자들이 연구 부정행위에 연루되었으며, 두 논문은 변조된 데이터를 담고 있다고 결론을 내렸다. 두 논문에 실려 있는 데이터의 상당수가 변조되었기 때문에 사이언스 편집위원회는 두 논문의 즉각적이고 무조건적인 철회가 필요하다고 느낀다. 우리는 두 논문에 보고된 결과가 부당한 것으로 간주되어야 함을 과학 공동체에 알린다. 사이언스는 동료심사자들과 다른 사람들이 이 논문을 평가하느라 소비한 시간과 과학 공동체가 이 결과를 재현하려고 들인 노력과 자원을 안타깝게 생각한다.[4]

논문의 중요성, 데이터의 순수성, 명성, 동료평가 시스템에 대한 신뢰, 이 고발의 파괴적인 영향은 과대평가될 수 없다. 이 철회통지는 과학을 하는 데 본질적인 원리들을 그렇게 파괴한 것에 대한 강력한 반감을 표현하는 동시에 우리가 쓸 수 있는 시간과 자원이 제한되어 있음을 감안할 때 그런 위조가 과학적 노력에 얼마나 해로운지도 암시하고 있다. 요컨대 이 최근의 부정직한 행위의 사례는 개인적 및 전문적 행동에 대한 강한 윤리를 갖고 있지 않은 개인에게 과학세계의 심한 압박을 보여주는 기록이다. 물론 여전히 과학자는 사람이다. 은행가나 빵집주인이나 농구선수에게도 똑같은 슬픈 추론이 적용될 수 있을 것이다.

위조

'위조'는 "올바른 실험의 결과를 손질하고 정돈하여 원하는 결론에 부합하게 만드는 것"을 가리킨다(Lewontin, 2004). 이런 종류의 조작은 칼로 무 자르듯

---

4) 다수의 다른 학술지들도 이 저자들이 발표한 논문들을 다시 검토하기 시작했으며, 철회된 논문에서 나온 이미지가 다른 논문들에서도 반복적으로 사용되었음이 밝혀짐에 따라 다른 논문들도 모두 철회되는 돌풍을 일으켰다(Couzin et al. 2006).

분명한 것은 아니다. 어떤 경우에는 숫자들이 '맞아떨어지지' 않기 때문에 그냥 멋대로 무시하는 것일 수 있다. 그러나 어떤 숫자가 실제로 잘못된 것이라서 버려야 하는 경우도 있을 수 있다. 특이치나 이상치를 구별하는 유용한 통계적 방법이 있긴 하지만, 이 두 선택지를 구별하는 명백한 경계선은 없다. 그러나 그런 통계적 방법은 매우 조심스럽게 적용할 필요가 있다.[5]

숫자뿐 아니라 이미지도 증강이나 위조의 대상이 될 수 있다. 컴퓨터 그래픽 기술이 발전하면서 실제 이미지를 변형시켜서 원본과 달라지게 만드는 것이 쉬워졌다. 오늘날 이미지는 놀라울 정도로 조작할 수 있기 때문에 소위 '사진과 같은' 증거를 액면 그대로 받아들일 수 없게 되었다. 세포생물학술지의 편집자들은 학술지에 논문 초고의 일부로 제출된 이미지의 1~25%가 수용될 수 없는 방식으로 손질된 것이며 그중 1%만 의도적인 기만행위였다고 말했다(Schnoor, 2006).

4. 다른 사람의 공로를 치하하고 나누기

과학에서 성공을 위한 발판은 자신의 발견을 글이나 말로 보고하는 데 있다. 따라서 과학을 함으로써 얻게 되는 결과와 아이디어가 가장 중요한 것으로 여겨진다. 그러므로 과학을 하는 기본적 원칙 중 하나는 그 결과나 아이디어나 텍스트를 처음 만든 사람의 공로를 적절하고 알맞은 방식으로 치하하고 이를 공동체와 나누는 것이다. 이렇게 공로를 치하하는 것은 정보의 원천을 명확하게 명시함으로써 어떻게 표절을 적절하게 피할 수 있는가 하는 것과 관련된 쟁점이 된다.

과학 논문을 쓰는 것에 관한 장에서는 정보의 원천에 공로를 치하하는 데 사용되는 약속을 다루었다. 가령 "Fujimoto et al. (2009)은 ……와 같은 사실을 밝혀냈다."와 같이 쓸 수도 있고, 그냥 그 내용을 서술하고 있는 글의 맨 끝에 "(Fujimoto et al., 2009)"를 덧붙일 수도 있다. 정확한 문구가 더 의미가 큰 경우에는 따옴표 안에 인용문을 넣고 정보의 원천을 인용할 수도 있다. 복제된 그림들도 "출처 : Fujimoto et al. (2009)"와 같이 출처를 밝혀주어야 한다. 그림의 형태를 바꾼 경우에는 "Fujimoto et al. (2009)에서 수정"과 같이 출처를 밝힐

---

5) 특이치와 이상치의 검출과 결정에 대한 어려운 쟁점들은 Hald(1952) pp. 333-336 및 Hoaglin et al. (1983) 참조

필요가 있다. 문구를 그대로 가져오거나 그림을 바꾸지 않고 사용하기 위해서는 지적재산의 쟁점을 다루어야 할 수도 있다.

누군가 다른 사람의 데이터나 어구나 이미지나 아이디어를 사용할 때에는 그 정보가 어디에서 비롯된 것인지 분명하게 할 필요가 있다. 올바르게 공로를 치하하는 것은 우리는 누구의 어깨 위에 서 있는가에 대한 존중의 표시이다. 이는 또한 우리 자신의 전문가다운 면모, 즉 우리가 역사를 공유하고 있으며 선배들의 업적을 칭송하는 공동체의 일원임을 보여주는 것이기도 하다.

문서 형식이 아닌 표절도 있다. 이는 강연에서 들었거나 제안서나 초고에서 읽은 아이디어를 이용할 때에나 감사의 글 없이 이를 자신의 것처럼 사용하는 경우에 일어난다. 그렇게 빌려오는 것은 우리가 감사의 글을 남기고 싶어 할 때보다 훨씬 자주 일어나며, 물론 이를 일일이 문서화하고 표절을 피하는 것은 거의 불가능한 일이다. 그렇게 빌려오는 것을 피하기 위해서는 동료들의 더 좋은 정신에 의존해야 한다.

공로를 치하하는 것에 관한 또 다른 면이 있다. 과학의 탐구는 언제나 융합적이고 집단적인 노력을 필요로 하기 때문에, 결과에 대한 공로의 치하를 서로 주고받게 되리라는 점을 점점 잘 알게 될 필요가 있다. 공로를 어떻게 나눌까에 대한 논의가 연구가 시작되기 전에 이루어질 수 있다면 집단이 적절한 역할을 할 수 있을 것이다. 이렇게 함으로써 나중의 유쾌하지 못한 마찰을 피할 수 있다.

5. 과학에서 문제가 될 수 있는 행위가 얼마나 많이 퍼져 있을까

현대의 과학세계에서 젊은 과학자들은 전문직업의 세계에 진입하게 되면 논문이 많을수록 포상을 받고, 새로운 발견을 해야 하고, 직장과 연구비와 명성을 위한 경쟁이 거의 가차 없는 수준에 이르러 있음을 알게 될 것이다. 따라서 과학을 하는 사람들 중에 지름길을 가는 참가자가 있다는 것은 놀라운 일이 아니다. 위에서 서술한 것처럼 선명한 사례는 별로 많지 않지만, 세계에서 가장 많이 인용되는 과학 학술지 중 하나인 사이언스의 편집자였던 사람이 "연구보고의 99.9999%는 정확하고 신뢰할 만하다."고 주장했던 것만큼 적지는 않을 것이다.

얼마나 많은 부정행위가 과학세계에 퍼져 있는지 알아내는 것은 대단히 어렵지만, 마티슨 등(2005)은 3,247명의 활동 중인 과학자를 조사하여, 바람직하지 않은 처신의 목록에 대한 질문에 대한 대답을 얻을 수 있었다(표 11.1). 대체로 이 조사의 결과는 그렇게 문제가 될 수 있는 행위를 하는 과학자들의 비율이 비교적 낮다는 점을 보여주었다. 이것이 실제보다 낮은 어림이라는 점에 유의해야 한다. 왜냐하면 사람들은 심지어 익명이라고 해도 바람직하지 않은 행위를 쉽사리 고백하지 않을 것이기 때문이다. 게다가 표 11.1의 목록에는 유익이 없는 선행(9번 항목), 불충분한 배경지식(가령 14번 항목), 개인적인 태만(16번 항목) 등처럼 별로 심각하지 않은 측면의 행위에 관한 항목도 있다. 몇 가지 경우에는 더 정교한 구별이 요청된다. 예를 들어 10번 항목에서 연구비를 지원해 주

표 11.1 문제가 될 수 있는 과학 행위에 연관되었다고 대답한 과학자의 비율(응답자 총 3,247명)

문제가 될 수 있는 행위	과학자의 비율(%)
1. 데이터를 조작함	0.3
2. 사람 피실험자에 필요한 요건들의 주요 요소를 무시함	0.3
3. 연구결과를 이용하게 될 회사에 대한 관련을 적절하게 표시하지 않음	0.3
4. 학생, 피실험자, 의뢰인 등과 문제가 될 수 있다고 해석될 수 있는 관계를 가짐	1.4
5. 다른 사람의 아이디어를 허락을 받거나 올바르게 인용하지 않고 사용함	1.4
6. 자신의 연구와 관련된 미공개 정보를 권한 외로 사용함	1.7
7. 자신의 기존 연구와 충돌하는 데이터를 제시하지 않음	6.0
8. 사람 피실험자의 요건에 이차적 측면들을 회피함	7.6
9. 다른 사람이 잘못된 데이터를 쓰거나 데이터에 대해 문제될 수 있는 해석을 하는 것을 간과함	12.5
10. 연구비 지원처의 압력을 받아 설계나 방법이나 결과를 수정함	15.5
11. 같은 데이터나 결과를 중복하여 게재함	4.7
12. 저자의 역할에 대한 인정을 부적절하게 부여함	10.0
13. 논문이나 제안서에서 상세한 방법이나 결과를 공개하지 않음	10.8
14. 부적합하거나 부적절한 연구설계를 사용함	13.5
15. 관찰이나 데이터를 부적합하다는 짐작에 따라 분석에서 삭제함	15.3
16. 연구 프로젝트와 관련된 기록을 부적절하게 함	27.5

응답자는 미국 국립보건원의 재정지원을 받은 미국의 생의학 분야 연구자들

출처 : Martinson et al. (2005)에서 수정

는 곳의 압력 때문에 결과를 수정하는 것은 있을 수 없는 일이다. 그러나 연구비를 지원해 주는 곳에서 더 나은 실험 레이아웃을 제안하는 것이 합리적일 수도 있으며, 연구비 지원처의 우선권에 더 부합하는 장소에서나 피실험자에 대해 측정을 할 수도 있으며, 더 확실한 방법을 적용하게 될 수도 있다. 13번 항목의 경우 지면이 부족하거나 독자가 끈기가 없으면 거의 언제나 연구방법 모두를 완전히 쓸 수는 없는 법이다. 그렇다면 표 11.1의 결과가 얼마나 일반적인가 하는 문제가 있다. 어쩌면 생의약 분야가 아닌 다른 과학자 집단에서는 마틴슨 등이 조사한 집단보다 더(또는 덜?) 윤리적일 수도 있다.

널리 공론화된 기만의 사례들을 보면 과학의 신뢰성에 대한 대중의 인식에 심각한 우려를 자아낸다. 표 11.1의 데이터는 바람직하지 않은 과학활동이 일상적인 것은 아니지만 광범위함을 보여주고 있다. 그러나 그렇다고 해서 최근의 어떤 책(Judson, 2004)에서 서술되고 있는 것처럼 과학의 기만이 널리 퍼져 있다고 주장하기는 어렵다. 실제로 표 11.1의 결과를 사회의 다른 영역에서 비슷한 질문을 하고 응답을 모은 것과 비교해 보는 것이 흥미로울 것이다. 법조인, 정치인, 은행가, 투자상담사, 야구선수 등이 마틴슨 등의 설문조사에 응답한 생의학 연구자들보다 더할지 또는 덜할지 궁금할 것이다.

위에서 서술한 것처럼 문제가 될 수 있는 행위는 대중적인 인식뿐 아니라 과학 공동체 자체에도 영향을 끼쳐 왔다. 기만행위가 동료 과학자들 속에 널리 퍼져 있다면 특히 곤란한 일이다. 왜냐하면 과학을 하는 것은 실행자들 사이의 신뢰와 좋은 믿음에 의존하고 있기 때문이다. 우리는 데이터가 진짜이며 아이디어가 독창적이라고 가정해야 한다. 과학자들 사이의 신뢰가 없다면 과학을 제대로 작동할 수 없다. 기만행위가 발견되면 정직성에 대한 가정이 훼손된다. 그러나 대부분의 과학자들은 심각한 기만행위의 사례들은 별로 많지 않으며 쉽사리 드러나리라고 믿고 있다. 불행한 일이지만 몇 가지 기만행위의 사례들조차 과학이라는 사업에 대한 대중적 신뢰를 훼손시키기에 충분하며, 여론은 과학의 공적 재정지원의 가능성에 영향을 미치기 때문에 사업 전체가 부적합한 행위의 사례들 때문에 훼손된다.

위의 예들을 보면, 과학자들이 좁은 안목과 불완전한 데이터와 철저한 날조 때문에 길을 잃지만, 결국 과학이 이루어지는 과정을 보면 아이디어들이 지속되지 않을 수 있음을 보여주고 있다. 새로운 아이디어에 동료 과학자들이 도전하는 것은 측정을 반복하려고 하거나 결과를 입증하려 할 때뿐 아니라 새로운 아이디어의 함의와 결과를 비판적으로 탐구하려 할 때이다. 새로운 아이디어를 시험하는 핵심은 그 결과가 받아들이기 힘든 것인지 또는 새로운 데이터와 맞아떨어지지 않는지 여부인 경우가 많다. 사실을 비판적으로 음미하고 결론의 결과를 탐구하는 우리의 일상적인 실행이 시간이 흘러감에 따라 새로운 증거의 무게로부터 지지되지 않는 생각의 노선이 대치될 것임을 보장해 주는 합리적 방법이 된다. 주어진 시간과 자원에서 의심스러운 결과의 부족함이 불빛이 되어 어느 정도는 과학이 스스로를 고쳐 나갈 수 있게 될 것이다.

과학에서 윤리적 행위에 관한 상세한 가이드라인을 제시하려는 노력이 많이 있다. 여러 예 중 두 가지를 들면 미국화학회가 발행한 화학연구의 출판을 위한 윤리적 가이드라인과 미국생태학회가 발행한 윤리강령이 있다. 영국 정부의 주된 과학 자문위원이 과학자와 사회 사이의 신뢰를 구축하기 위한 일곱 가지 원리의 강령을 마련했다(Ghosh, 2007).

1. 주도면밀하게 행동하고, 숙련도를 최신으로 유지할 것
2. 부정한 실행을 피하고, 이해관계의 충돌을 명시할 것
3. 다른 과학자들의 연구를 존중하고 인정할 것
4. 연구가 정당하고 합법적임을 보장할 것
5. 사람과 동물과 환경에 대한 영향을 최소화할 것
6. 과학이 사회에 대해 제기하는 쟁점들을 논의할 것
7. 현혹시키지 말고 증거를 제시할 것

우리 모두는 이 강령을 승인하고 따라야 한다. 그러나 완벽하게 과학을 하는 것을 기대할 수는 없다. 특히 새롭고 놀라운, 이전에 탐구되지 않은 방향으로 연구를 하게 되면 그중 어떤 방향은 강력한 사회경제적 함의를 띨 수 있는데 과학자는 사람이기 때문이다. 어떤 사람들은 과학 행위를 지배하는 추가적인 규칙을 더 좋아할 수도 있다. 그러나 과학자가 무엇을 할지 더 엄격하게 제한하기 위한 요구는 자멸적인 것이다. 엄격하게 통제하면 틀림없이 지적 탐구를 망치게 될 것이며, 여하간 현명한 사람은 제한 조건을 벗어날 자신만의 방법을 찾아낼 것이다. 새로운 지식을 위한 자유로운 연구가 실상 잘못된 출발점으로 이어

질 수도 있지만, 그것도 진보를 위해 지불해야 하는 일부이다. 그러나 잘못된 출발점에 대한 많은 수정 덕분에 점점 더 과학이 진보한다는 믿음을 가져다주고 있다. 잘못된 전례를 밝히고 의도적인 날조를 폭로하고 궁극적으로 신뢰할 만한 방향을 향하게 하기 때문이다. 과학은 인습에 사로잡히지 않은 연구를 통해 살아나간다. 개인의 정신과 작은 집단이 함께 연구하며, 결국 더 큰 과학자 공동체를 통해 확인을 받는다. 과학자 공동체는 '발견'이 증거로 뒷받침되지 않으면 이를 폐기하거나, 그렇지 아니면 또 다른 증거가 더 강력할 경우 새로운 발견을 현재의 과학적 동의 안에 편입시켜서 미래의 새로운 발견으로 대치될 수 있도록 한다.

신뢰 만들기 : 윤리적인 과학하기의 강조

최근에 과학 윤리에서의 잘못들을 공론화하는 것이 유행이 되었다. 순수하지 못한 과학이나 인쇄로 훔치기 같은 제목의 책들이 나오고 있다. 기만행위로 알려진 사례들을 다룬 경악할 보고가 뉴스 미디어를 채우고 있다. 마치 다소 정직하고 다소 헌신적이며 다소 능력이 있는 은행가나 바텐더나 발레댄서나 대장장이나 정원사가 있듯이, 다소 도덕적인 과학자들이 있다. 모든 직업의 경우처럼 윤리강령이 있어도 누군가는 윤리강령을 어길 것이고, 특히 성공에 대한 압박이 강렬할 때나 자원과 기회가 점점 더 빈약해질 때 그럴 것이라는 게 사실이다.

물론 과학자들은 다소간 문제를 자기 자신에게로 끌어왔다. 귀중한 진리를 위해 정직하고 타협을 모르는 탐구에 사로잡힌 합리적이고 헌신적인 과학자라는 빛나는 신화로 스스로 과장하면서 '이런 대중적 이미지는 과학자들의 비윤리적 행위에 대한 언론의 폭로와 점점 더 내밀한 디테일에 골몰하는 '사치스러운' 연구에 관한 조롱을 통해 심각하게 퇴색했다. 이제 과학도에게 과학을 윤리적으로 하는 근본적인 중요성을 가르치기 위한 노력을 새롭게 할 필요가 있다. 중요한 문제를 놓고 일하는 법을 훈련시키고 그 일의 중요성을 분명하게 설명하는 법을 가르치는 것으로는 충분하지 않다.

21세기에는 정보 획득의 페이스가 훨씬 빨라졌으며, 과학적 쟁점들에 대한 기술적 통찰에서도 더 빠른 변화가 일어나고 있으며, 점증하는 과학 및 기술 정보 및 그에 수반하는 쟁점들과 사회 및 개인에 미치는 영향을 다루어야 할 필요가 더 커지고 있다. 과학적 발견과 기술적 진보가 개인적인 결정과 정치적인 결정과 경제적인 결정에 미치는 영향이 점점 더 커지고 있다. 거센 정보의 홍수를 다루기 위해서는 훨씬 더 과학적으로 식견 있는 대중을 필요로 할 것이며, 필요한 과학적 식견을 창조함으로써 과학 공동체는 과학이 무엇이며 무엇을 할 수 있는지에 대한 대중적 인식을 제고할 수 있는 새로운 해결책을 필요로 할 것이다.

우리는 과학과 과학적 결과에 대한 대중적 위로와 그에 대한 신뢰를 장려할 필요가 있다. 우리는 점점 더 과학기술의 변화에 좌우되는 세계 속에 살게 될 것이며, 사람들은 일련의 사건들에 참여자가 되고 있다고 느끼기 위해 과학의 쟁점들에 더 많이 정통해야 할 것이다. 더 중요한 것은 시민들이 과학적 쟁점에 투표하도록 요청을 받는다는 점이다. 모든 수준에서의 과학교육이 과학적 식견을 장려해야 할 것이며, 대중이 과학이 의존하고 있는 비판적 음미의 과정을 더 명확하게 알게 해야 한다. 21세기의 시민은 새로운 과학의 함의를 배워야 한다.

과학하기의 윤리적 원리

이론적으로 과학 공동체는 확인과 재확인의 복잡한 망을 통해 스스로를 단속하고 있다. 실험의 반복, 동료비평, 과학 회합에서의 교환, 아이디어의 재평가 등. 이상적으로 보면 이 모든 것이 무엇이 진리인지에 대한 공동체의 의견일치로 이어질 테지만, 또한 공동체 일원들의 윤리적 행위도 가정하고 있다. 스스로에 대한 단속은 완전히 그것을 수행해 내는 전문가 집단이 별로 없는 야심찬 이상이다. 과학자들은 이 이상으로 살아가려고 끊임없이 노력해야 한다. 왜냐하면 전문분야로서의 과학에 대한 대중의 인식의 기반이 그것이고, 개인적으로도 과학의 순수성을 지닌 삶에 대한 조건도 그것이기 때문이다. 우리가 과학을 하고 과학을 교환하는 방식으로 몇 가지 윤리적 원리를 논의하는 것이 유익할 것이다.

다른 사람들의 아이디어에 사사할 것

아이디어는 과학자들이 만들어 내는 기본산물 중 하나이며, 공로의 치하는 그 아이디어를 만들어 낸 사람에게 주어져야 한다. 세상에는 연구할 것이 매우 많이 남아 있기 때문에 언제나 새로운 아이디어와 사실들이 넘쳐난다. 다른 사람의 기여를 내 것인 양 주장할 필요는 없다. 오히려 다른 사람의 아이디어에 기반을 두고 발전시켜야 한다. 뉴턴조차 "거인의 어깨 위에 서 있다."라는 유명한 경구를 통해 이를 지적했다. 물론 빌려온 모든 것에 감사를 하는 것이 언제나 가능한 건 아니다. 오늘날 과학의 허둥대는 페이스와 발광적인 활동에서는 많이 논의된 아이디어의 기원을 상기할 수 없는 일이 자주 일어난다. 어떤 아이디어는 무엇이 중요한가에 대한 일반적인 의미의 일부가 된다. 한 가지 아이디어가 여러 편의 논문들에서 온 것이어서 그 모두를 한 줄로 인용하는 것은 현학적인 것으로 보일 수도 있다. 그런 경우에는 그 분야를 개관하는 최근의 출처만 인용할 수 있다.

다른 사람들이 쓴 것에 사사할 것

문구도 과학을 해서 얻는 기초적인 산물이며, 따라서 우리 자신의 글이나 강연에서 사용하고 있는 다른 사람의 문구의 원천을 직접인용이든 간접인용이든 언제나 인용해야 한다. 표절은 쉽게 발각되며, 경력을 파괴할 뿐 아니라 그 전문분야에 대한 신뢰를 침식한다. 자기표절의 문제도 있다. 결과는 단 한 번만 출판해야 한다.

진짜 데이터를 쓸 것

과학을 해서 얻는 세 번째 산물이 데이터이다. 데이터는 모든 과학을 떠받들고 있는 뼈대이다. 데이터에 대한 사소한 의심도 우리의 기여와 경력을 훼손하며, 과학 전체를 훼손한다. 허용될 수 없는 것(즉, 데이터를 '개선'하려고 하거나 심지어 가짜 데이터를 창조하는 것)과 제3장에서 논의된 다양한 통계분석의 절차들(가령 특이치나 변환을 찾아내는 것)을 명확하게 구별해야 한다. 후자는 데이터를 '개선'하기 위한 장치가 아니라 더 비판적으로 검토할 수 있도록 고안된 편견 없는 절차이다. 전자는 기만행위에 지나지 않는다.

참고문헌 및 더 읽을거리

Broad, W. J., and N. Wade. 1982. *Betrayers of the Truth: Fraud and Deceit in the Halls of Science.* Simon and Schuster.

Collins, H., and T. Finch. 1993. *The Golem: What Everyone Should Know about Science.* Canto Edition, reprinted 1996. Cambridge University Press.

Couzin, J., C. Holden, and S. Chong. 2006. Hwang after effects reverberate at journals. *Science* 311:321.

Ghosh, P. 2007. UK science head backs ethics code. *BBC News* 12 September (news.bbc.co.uk/2/hi/science/nature/6990868.stm).

Hald, A. 1952. *Statistical Theory with Engineering Applications.* John Wiley.

Hoaglin, D. C., F. Mosteller, and J. W. Tukey. 1983. *Understanding Robust and Exploratory Data Analysis.* John Wiley.

Judson, H. F. 2004. *The Great Betrayal: Fraud in Science.* Harcourt.

Kennedy, D. 2006. Editorial retraction. *Science* 311:335.

Kevles, D. J. 1998. *The Baltimore Case: A Trial of Politics, Science, and Character.* W. W. Norton and Co.

Levengood, W. C. 1994. Anatomical anomalies in crop formation plants. *Physiol. Plantar.* 92:356–363.

Lewontin, R. C. 2004. Dishonesty in science. *New York Review of Books* 18 November, 51.

Martinson, B. C., M. S Anderson, and R. de Vries. 2005. Scientists behaving badly. *Nature* 435:737–738.

Mead, R. 1988. *The Design of Experiments: Statistical Principles for Practical Application.* Cambridge University Press.

Schnabel, J. 1994. *Round in Circles*. Prometheus Books.

Schnoor, J. L. 2006. Fraud in science: How much scientific fraud is out there? *Environmental Science and Technology Online News* (pubs. acs.org/subscribe/journals/esthag-w/2006/feb/business/js_fraud. html).

Walsh, J. E. 1997. *Unraveling Piltdown: The Science Fraud of the Century*. Random House.

Yemma, J. 1997. Disturbances in the field. *Boston Globe Magazine* 7 September, 10–11.

농작물 밭에 만들어진 크롭 서클
출처 : David Olson, Vancouver Columbian. 미국 오리건 주 허버드에서 촬영

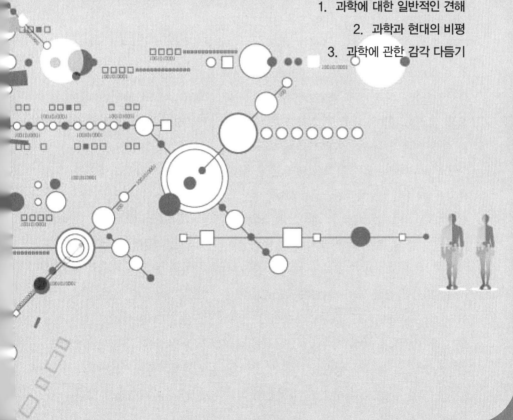

제 **12** 장

과학에 대한 인식과 비평

1. 과학에 대한 일반적인 견해
2. 과학과 현대의 비평
3. 과학에 관한 감각 다듬기

1. 과학에 대한 일반적인 견해

우리는 과학과 기술이 정신을 아찔하게 할 만큼의 빠른 속도로 변화하는 시대에 살고 있다. 오늘날 우리는 단 1년 안에 지난 20세기의 처음 50년 동안에 얻을 수 있었던 정보의 양보다 더 많은 정보를 축적할 수 있게 되면서 많은 양의 지식(지혜가 아닐 수 있음)이 쏟아져 나오고 있다. 이러한 정보의 홍수는 과학 활동이 매우 증대되었기 때문이다. 지금까지 살았던 과학자의 거의 90% 이상이 오늘날 활동하고 있다. 오랫동안 유지되었던 생각과 확신 그리고 사실들을 부정하는 새로운 발견들도 있고, 일치하는 새로운 발견들도 많이 있다. 일반적인 현실 감각에 위배되며 심지어 부적절하기까지 한 이런 과학 지식의 발견의 쇄도 현상은 이해하기 어렵다. 이스라엘 사람들이 여호와 신을 경의와 두려움과 철저한 몰이해로 섬기듯 많은 사람이 과학을 그렇게 중시했다(Tuomey, 1996). 우리는 여기에 회의론을 더해야 할지도 모른다.

널리 알려진 수많은 공훈들로 대중들은 과학과 기술을 중시하게 되었다. 과학 사업은 녹색 혁명과 냉각 장치들을 초래했고, 공중보건을 향상시켰으며, 인간은 달에 그리고 기계장치들은 화성에 착륙시켰다. 그리고 해저의 타이타닉호를 발견했으며 휴대용 퍼스널 컴퓨터 사용을 가능하게 했고, 인터넷의 발달과 함께 세계의 실질적인 크기를 축소시켰다.

동시에 과학의 많은 업적은 뿌리 깊은 두려움을 만들어 낸다. 그 동일한 과학 사업은 핵폭탄 및 세균전, 성층권의 오존 고갈, 유전자 조작 생물, 동물 복제, 오염된 공기와 물, 의료용 태아조직, 해커와 신원 도용에 따른 거대한 컴퓨터 네트워크 문제 등에 대해 책임이 있기 때문이다. 과학의 증가된 복잡성과 추상 개념은 과학 체제와 우리의 나머지 부분 사이의 문화와 교육의 격차를 조장시킨다. 많은 사람이 단지 과학자들이 하는 것을 이해하지 못한다. 그리고 사람들의 지식이 부족할수록 두려움이 생기기 쉽다. 멀리 보는 스페인 화가 프란시스코 고야가 말했을 법한 것과 같이 이성의 마비는 괴물을 만든다. 이해가 부족하면 필연적으로 특권과 영민함을 가진 하얀 가운의 과학자들의 집단이 다소 무언가 사악한 것을 몰래 숨기고 그것을 우리의 돈을 가지고 계획하고 있다는 두려움이 생겨난다.

과학적 설립(체제)에 관하여 신뢰할 수 있고 이해할 수 있는 공공 회의의 정도가 있다. 대중은 과학에, 아직 진행 중인 에이즈와 광우병, 달팽이의 속도로 일어나고 있는 암에 막대한 금액을 쏟아붓고 있는 것을 알고 있다. 과학자들은 모두 그들의 생각이 빈번히 바뀌는 것을 보여준다. 한 해는 콜레스테롤이 우리들에게 나쁘다고 하고 그 다음해에는 그렇게 나쁜 것은 아니라고 한다. 처음에 화성 운석에 생명체의 증거에 관한 보고가 있고 의혹이 있고, 그다음에 다시 생각을 바꾼다. 또한 불가사의한 비밀의 과학적 연구는 (제6장에서 언급된 이그노벨상을 상기하라.) 공공의 복지와 멀어 보이고, 심지어 관련이 없어 보인다. 제11장에서 기술된 널리 알려진 사기의 사례들은 과학과 과학자들에 대한 사회의 존중을 훼손시켰고 과학자들이 제공한 정보에 관하여 의혹을 제기하게 했다.

변화하는 과학 지식의 속도와 불가사의와 변덕 모두는 21세기 초반에서 지금 사람들이 불합리한 것에 모여드는 이유의 부분일지도 모른다.[1] 너무 많은 신념들을 위협하면서, 너무 빠르게 변화하는 사실들이 너무 많이 있다. 사람들은 더 많은 불변의 근본 원리들을 찾기를 원한다. W. B. 예이츠의 시에서 보여주듯이 그것은 오늘날 우리들 대부분에게 나타난다.

산산조각이 난다. 중심을 잡을 수 없다.
더 많은 무질서가 세상에 풀어진다.
희미해진 피의 기운도 흩어지고, 그리고 도처에
순결의 의식이 익사한다.
지독한 모든 신념의 결핍, 한편에 최악의 것
정열적인 격렬함의 최고의 삼킴

저명한 천문학자이며 과학의 보급자인 칼 세이건은 인생 후반에서 몇 년 동안 과학적 설립(체제)과 어떤 분야에서 과학 기술혁신에 의해 너무 강요당하고 시달리는 대중들에게 뚜렷하게 우리는 과학이 하는 일과 과학이 사실이라고 간주하는 것들과 과학의 확장과 한계는 무엇인지에 관하여 대중의 인식을 개선할 필요가 있다는 것을 경고하기 위한 캠페인에 착수했다. 수용할 수 있는 사실적

---

1) 이것은 호기심을 끄는 역사적인 사실이다. 르네상스 시대 전에 점(강신술)과 연금술과 마법은 전반에 걸쳐 과학(그리고 의학과 이발)과 밀접하게 관련되어 있었다. 이러한 역사적인 데자뷰는 관심사의 특별한 이유일지도 모른다.

증거가 무엇인지에 대한 이해 부족과 어떻게든 과학과 대응하는 불가사의와 불합리한 것의 명백하게 점점 증가하는 수용은 그의 관심을 일으켰다. 칼 세이건은 우리는 역설적으로 과학발달의 최고 속도인 시대에 살고 있으며 또한 미확인 비행물체들과 주술, 점성술, 운세, 수상술, 잃어버린 대륙, 오러(최면술사의 손끝에서 흘러나온다는 영기), 크롭 서클(제12장 속표지 참조)과 그와 유사한 것들에 대해 가장 높은 관심의 시기임을 목격하고 있다고 지적했다. 미국에서는 어쨌든 '엑스 파일(*The X Files*)', '술 취한 흡혈귀 살인범(*Buffy the Vampire Slayer*)', '목격(*Sightings*)', '불가사의 국경지(*Paranormal Borderlands*)', '외변(*Fringe*)', '매체(*Medium*)'와 같은 제목을 붙인 인기 텔레비전 프로그램이 확산되었다. 이 방면에서 대중은 과학의 상세한 내용을 이해하지 못하기 때문에 그것을 단지 또 다른 종류의 마술로 생각하기 쉽다.

많은 사람들은 전혀 사실들의 합리적인 검토의 근본적인 중요성에 대해 공유하는 것을 배우지 않았다. 많은 사람들의 경우에는 신념체계가 과학을 이긴다. 진화에 관한 대중의 인식만큼 분명하게 이것을 보여주는 것은 없다. 확실하게 경험적인 사실에 의거하고 일관되고 명백하게 지식의 과학 본체의 큰 부분으로써 기초가 되는 원리들은 거의 없다. 그러나 세계 인구의 상당한 부분은 종교 책자와 예를 들면, "인류는 동물의 이전 종들로부터 발달되었다."와 같은 논쟁에서 드러난 사실을 믿는다. 많은 나라에서 시행된 조사에서 사람들에게 따옴표 안에 있는 문장이 진실인지 또는 거짓인지 아니면 확실하지 않은지에 대한 사람들의 생각을 물었다(Miller et al., 2006). 그 결과는 인상적이었다(그림 12.1).

첫째, 진화에 대한 확신은 나라마다 다양하다. 그리고 놀랍게도 미국과 터키의 40% 미만의 사람들이 인간이 다른 종의 자손이라는 것에 동의했다. 터키의 견해는 이해할 수 있지만 미국 사람들의 의견은 현저하게 다른 선진국들의 의견들과는 일치하지 않는다. 미국에서 진화에 관해 낮은 점은 부분적으로 낙태와 동성 결혼과 창조 과학에 관한 근본주의 기독교 신자의 신념이 정치적 목적을 위해서 채택된 최근 수십 년 동안의 정치 양극화의 본질적인 부분일 수 있다고 밀러(Miller et al., 2006)는 추측했다. 미국에서 논쟁의 정치적 이용은 선진국들에서 발견되는 것보다 훨씬 덜 비종교적인 문화에서 나타난다.

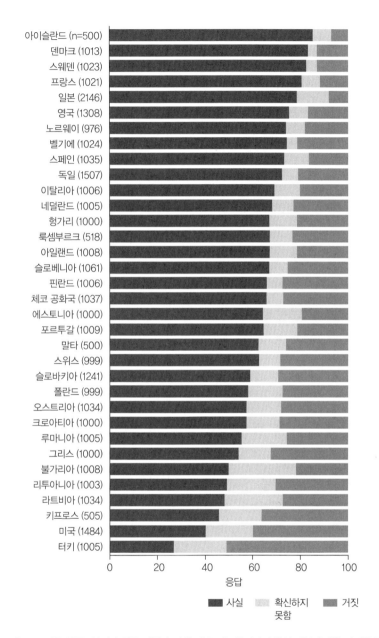

그림 12.1 다른 종들로부터의 인류 하향의 진실 여부 또는 응답자의 확신 여부에 대한 의견을 묻는 설문 응답. 괄호 안의 숫자는 각 나라 응답자의 수이다.
출처 : Miller et al. (2006)

둘째, 훨씬 더 인상적인 점은 진화론을 가장 잘 받아들인 두 나라 아이슬란드와 덴마크에서 80% 이하의 사람이 실제로 우리가 다른 유인원들의 계통을 잇는다고 동의했다는 것이다. 진화에 관한 지식이 일반적으로 과학을 잘 알게 하는 것이라면, 우리는 세계 최고의 교육을 받은 사람들에게 과학이 생각의 큰 부분을 차지하게 하는 데 완전히 성공하지 못했다는 결론을 내려야 한다. 많고 많은 사람들은 드러난 진실을 과학적으로 설명할 수 있는 사실들 또는 그 이상의 것으로 평가한다. 그러나 다소 희망의 여지는 있다. 설문의 다른 부분에 있는 질문에서 밀러(Miller et al., 2006)는 더 높은 교육 학위를 가진 응답자들이 사람의 진화의 하강에 관하여 더 확신을 갖게 되는 경향이 있다는 것을 보여주었다. 학교 시스템을 통한 과학 교육을 더 많이 받게 하는 것이 육성시킬 수 있는 합리적인 정책이 될 수 있다는 것을 시사한다.

앞으로 우리가 과학연구를 하기 위해서는 대중의 지지가 필요하다. 그래서 대중들이 과학에 관하여 더 많은 정보에 근거한 전문적 의견을 갖도록 하는 것은 대단히 중요하다. 어려운 도전을 해온 과학과 기술발달의 시간을 되돌릴 수 없다. 우리는 과학 진보의 전폭적인 지원 없이는 세계 인구를 유지할 수 없다. 대중과 언론은 과학의 발전에 수반되는 중대하고 어려운 문제들을 다루기 위해 더 잘 준비되어 있어야 한다. 교육적인 노력의 첫째는 과학적으로 더 정확한 보도를 역설할 필요가 있다. 예를 들면, 1995년 6월의 지역 신문 기사 중 '기지 주변의 더 높은 암 발생률'이라는 헤드라인을 살펴보자. 문제의 기지는 여러 개의 군 단체에 의해 운영되는 대형 단지인 매사추세츠의 군사용지(Massachusetts Military Reservation, MMR)였다. 추측상 증거로 보이는 하나의 지도가 그 헤드라인 바로 아래에 있었다(그림 12.2). 그러나 그 지도를 한 번 보면 그 헤드라인이 적절한지에 대해 생각하게 된다. 지도상에 '상당한 암 고도' 지역들이 무작위로 퍼져 있는 것처럼 보였으며, 암 발병이 MMR 주위에서 더 높았다는 증거를 분명하게 제시해 주지 않는다. MMR 근처에 더 높은 고도가 나타나고 더 먼 곳에는 더 낮은 고도가 나타나는 경향으로 인해, 높아진 암 비율의 원인이 MMR이라고 생각될 수 있다. 더욱이 상당한 '고도'가 무엇인지 결코 분명하지 않다. '낮은' 그리고 '중간' 고도는 상당하지 않은가?

그림 12.2의 지리적 모형은 확실히 낮은 응답으로 데이터에 영향을 미치는

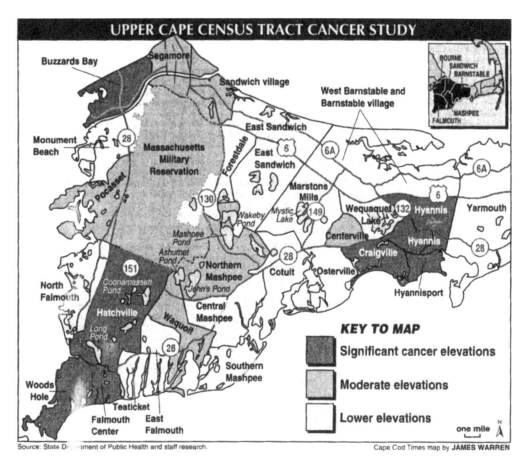

그림 12.2 매사추세츠 케이프코드 북부의 지도. 각각의 다른 명암은 그 지역의 서로 다른 구역에서 암 발생률의 '낮은', '중간', '상당한' (이러한 범주들은 설명되지 않았다.) 고도들(추측상 나머지 상태들에 대해 비교한 비율들로 보임)을 나타낸다.

임의의 변화의 결과일 수 있다. 정말 모든 고도가 상당하다면, 지역적인 원인이 모색되었을 가능성을 의심해 볼만하다. 아마도 다른 일반적인 공포의 원인을 드러내기 위한 그 지역의 높아진 비율들은 지하에서 새어나오는 라돈 기체로부터의 방사선에 있다. 지도와 함께 그 기사의 본문은 결국 설득력이 낮은 지형 '데이터'를 다루고 있다. 그러나 독자는 그 취지를 알기 위해 본문을 깊이 들여다보아야 한다.

우리는 이것을 어떻게 판단해야 하는가? 그것은 단지 신문을 판매하기 위해 고안된 끔찍한 표제의 문제인가? 아마도 기자는 암이 MMR과 관련이 있다는 인식을 강조하려고 했을 것이다. 좀 더 생각해 본다면, 그것은 단순히 과학 사실들과 변인의 평가의 불충분한 설명이나 또는 증거의 특성에 대해 관심을 기울이지 않은 것의 문제일까? 재미있게도 같은 신문의 최근의 기사(1998년 6월 20일자)는 그 정보를 재분석한 후 "케이프코드에 암 유행병이 없다."고 끝을 맺는다. 물론 그것은 그 주제에 대한 마지막 기사는 아니었을 것이다.

21세기에 우리는 여전히 과학기술에 의한 또는 그와 관련하여 고조되고 있는 위기에 직면하고 있다. 이것들은 최소한 우리가 어디서나 볼 수 있는 점차 커지는 기후 변화는 아닐 것이다. 우리가 TV에서 볼 수 있는 것에 관계없이 초자연적인 것, 과학적으로 알 수 없는 것 또는 우주의 것들은 전혀 이 문제들에 대한 답을 줄 수 없다. 그 결정적인 문제들을 다루기 위한 정책을 정교하게 만들고 이행하기 위해서 우리는 과학과 기술의 도구를 사용해야만 한다. 우리는 대중들의 인식변화가 필요하고 분명히 통신매체의 도움이 요구된다. 과학에 대한 대중의 이해를 개선하고 신뢰를 다지기 위해서는 대중과 교육자들과 메스미디어와 접촉하는 과학 공동체를 통한 대폭적인 노력이 필요하다.

과학적 사실에 대한 공공의 인식과 미디어의 보도는 과학적 증거의 결정적인 조사에서 초보적인 기술로 간주되는 것에 대해서도 종종 많이 부족하다. 미국 성인의 오직 10%가 분자의 정의를 내릴 수 있고, 20%가 DNA의 뜻을 알고 있으며, 50% 미만이 사람이 이전 종의 형태에서 진화되었다고 인정한다. 미국 성인의 51%만이 지구가 1년에 한 번 태양의 둘레를 공전한다는 것을 알고 있다. 지하수가 무엇인지, 그것이 경사도에 따라 내려간다는 것을 아는 사람이 거의 없다. 대부분의 사람들은 바이러스와 박테리아의 중요한 차이를 모른다. 과학이 우리의 삶에 영향을 미치는 시대에서 이처럼 과학에 대한 불충분한 지식은 위험하다.

앞으로 수십 년간 많은 중대한 전반적인 문제들이 있을 것이다. 그중에서도 특히 공기 품질, 해수면 상승, 복제, 작물의 유전자 공학, 에이즈, 식수 공급 그리고 침식이 있을 것이다. 대중들이 상상의 위험(팬텀 리스크)[2]과 확실히 걱정해야 되는 문제들에 관하여 정보에 근거하여 결정을 내려야 한다면, 과학에 대한 지적 교양의 적당한 수준이 필요할 것이다. 과학자들은 전문가로서 대중들

---

2) '팬텀 리스크'(상상의 위험)의 개념은 Foster에 의해 상세하게 나타난다.

이 사실들에 대한 정밀한 평가를 근거로 판단을 할 수 있도록 돕기 위해서는 공공 및 언론분야들을 교육하고 믿을 수 있는 과학자가 되기 위한 노력을 열심히 해야 할 막중한 책임이 있다.

대중은 과학 사실에 대한 광범위한 이해도 필요하지만, 훨씬 더 중요한 정보의 본질에 관한 비판적인 사고의 기술도 필요하다. 인식된 위협이 상상의 위험(팬텀 리스크)인지 또는 중요한 문제인지를 판단할 확실한 방법은 명백하게 없다. 그러나 미래의 과학연구는 우리 삶의 여러 측면에 영향을 줄 가속화된 정보의 홍수를 가져올 것이라는 것은 확실하다. 또한 늘어난 과학 지식과 과학 발전의 활동과 제약에 대한 지식과 좋고 나쁜 정보 간의 명확한 구분으로 우리는 미래에 우리가 해야 할 많은 어려운 개인, 정치, 그리고 경제적 결정들을 하지 않을 수 없다.

인간에게 직접적으로 영향을 미치는 쟁점들이 서로 다른 의견들로 흐려져 있을 때 어떤 조언을 들을지를 결정하는 것은 특히 중요하다. 환경오염에 관한 논쟁을 보자. 한편에서, 일부의 전문가들은 합리적으로 예방 원칙을 따를 것을 제안할 것이다. 예방 원칙은 획득한 증거가 완전히 확실하지 않을지라도 문제가 될 수 있는 쟁점들이자 대해 행동을 취하는 것이다. 이것은 후에 문제들을 예방할 수 있는 길이자 신중한 방법이다.

다른 한편에는 '늑대와 거짓말쟁이 소년'의 문제가 있다. 이것은 무의미한 증거를 토대로 행동하게 하는 일부의 과학자들과 활동가 문제이다.[3] 이것은 과학에서 우리가 원하는 객관성을 잘못 전할 뿐만 아니라 경고들이 진실이 아닌 것으로 밝혀지면 과학의 신뢰성을 훼손시키는 것으로 보인다. 이솝 우화에서 보여주듯이 너무 자주 '늑대'를 외치면 나쁜 습관이 될 수 있다. 사람들은 너무 많

---

3) 이것은 제2장에서 유형 I 오류와 유형 II 오류 중 어느 것이 더 바람직한지에 관한 논의와 관련이 있다. 대부분 환경의 영향에 관한 연구는 정치적 결정을 내려야 하는 상황에서 주어진 마감 시간 아래 서둘러 이루어지고, 일반적으로 통계 효력은 낮다. 이 조사들은 유형 II 오류로 이끄는 경향이 있기 때문에, 일어날 수 있는 중요한 결과들을 놓치게 한다. 유형 II 오류가 일어나게 할 것인지, 우는 늑대 문제를 초래할 것인지가 딜레마이다. 우리는 이 선택을 해야 할 때마다 어려운 문제에 우리의 전문적인 판단을 내린다. 해양오염 문제에 대한 이 딜레마의 논의는 Buhl-Mortenesen(1996)에서, 어법 관리에 관한 것은 Dayton(1998)에서 찾아볼 수 있다. 이 두 명의 과학자는 유형 II 오류를 피할 것을 주장했다. 실행 가능하고 효과적인 정책을 만들고 정치적 효과를 확실히 하는 것에 관심이 더 많은 다른 사람들은 그렇게 쉽게 동의하지 않을 것이다.

은 것이 내재하고 있는 위험에 관한 너무 많은 경고(음식의 지방, 유방 임플란트, 소금, 콜레스테롤 또는 광우병) 또는, 다음의 보도자료에서 찾을 수도 있는 작은 범위의 이익들, 섬유질, 오트밀, 운동, 올리브 오일, 레드 와인, 그리고 야외생활을 다루는 과학에 실망하고 있다. (또한 과학에 관해 냉소적이 되었다.) 불충분한 증거들을 바탕으로 말을 자꾸 바꾸는 과학 발표들로 냉소적이 된 사회는 건강에 영향을 미치는 담배라든지, 지구 온난화, 식수 공급의 고갈, 오존층의 파괴와 같은 문제들은 충분히 강력한 자료를 가지고 있으며 대중과 의사 결정권자들의 관심이 요구되는 문제들인데도 이 문제들에 대한 경고를 듣지 않으려는 경향이 있다.

'예방 원칙' 대 '양치기 소년'의 진퇴양난의 상황에 준비된 해결책은 없다. 최근 몇십 년 동안 우리가 팬텀 리스크라고 언급할 수 있는 것들에 관한 과장된 걱정도 점점 자주 발생시키는 '유사 사실들'(사실로 받아들여지고 있는 일들)에 관하여 광범위한 의사소통이 있었다. 이것들은 증명되지 않았으며, 아마도 입증할 수 없는 원인과 결과의 관계이다. 지식이 없는 청중은 감지되는 위험에 대해 비록 그 문제에 대한 증거가 거의 없을지라도 공포를 쉽게 느끼기 때문에 팬텀 리스크는 훨씬 더 자주 나타난다.

창조 예술의 권위 있는 케네스 클라크[4]의 책에서 내가 좋아하는 구절이 하나 있는데, 그것은(Clark, 1969) 그가 자신의 본모습을 '진흙 속의 지팡이'로 표현했다는 것이다. 나의 경우에 레이첼 카슨과 많은 훌륭한 후임자들처럼 용기 있는 지도자들을 믿는다. 그 후임자들은 수년 전에 방치된 농약 사용에 대하여 우리들에게 경고하기 위한 반대 운동에서 대단한 사회 봉사를 했던 그녀의 발자

---

4) 클라크(1969)의 신조는 문맥에 관계없이 인용할 가치가 있다.

  "나는 우리 시대에 가장 활기찬 지성에 의해 거부된 많은 신념을 가지고 있다. 나는 질서가 혼란보다 낫고 창조가 파괴보다 좋다고 믿는다. 나는 파괴보다 온유를 선호하고, 복수보다 용서를 택한다. 대체로 나는 지식이 무지보다 낫다고 생각하고, 나는 인간의 공감이 관념보다 더 가치가 있다고 확신한다. 나는 과학의 새로운 업적에도 불구하고 지난 2천년 동안 사람들이 많이 변하지 않았다고 믿는다. 그 결과 우리는 여전히 역사로부터 배우려고 해야 한다. 나는 우리 자신의 자존심을 만족시킴으로써 다른 사람의 감정을 다치게 하는 것을 피하려고 하는 의식, 예의를 믿는다. 그리고 나는 우리는 편의상 우리가 자연이라고 부르는 거대한 전체의 부분이라는 것을 기억해야 한다고 생각한다."

  이와 같은 신념들은 어떤 경우라도 과학발전을 이끌어낼 수 있다.

취를 훌륭하게 따랐다. 나는 또한 우리는 지금 21세기의 출발점에서 집단으로 과잉 반응하고 있으며, 위험을 의식하고 있을 뿐만 아니라(좋은 것임), 매우 위험에 반대하고 있다(나쁜 것이 될 수 있음)고 생각한다. Philip Abelson(1993)이 지적한 대로, 다이옥신과 폴리염화바이페닐(PCB)에 관련된 것들처럼 많은 잠재적인 건강 위험들은 과장되었다. 예를 들면, 비록 PCB가 동물에게 암을 일으킬지라도, PCB로 인한 암 위험은 이전에 생각되었던 것보다(Phibbs, 1996) 20배만큼 더 낮을 것이라는 것이 증거의 재평가에서 발견되었다. 다가올 재해에 대한 많은 예언이 특히 뉴스 매스컴에서 나왔고, 종종 자신만 인정한 과학자, 단체, 정치인 그리고 소송자에 의해 조장되었다. 대부분의 무서운 예언들은 실현되지 않는다.

팬텀 리스크의 사례 연혁

팬텀 대 명확한 위험의 딜레마는 몇 가지 사례 연혁에서 보여주듯이 유용해서 상당히 중요하다. 당해의 문제들은 법정 소송으로 논했던 것으로 식수의 불화물 첨가, 방사선 위험의 평가, 해양 환경에 미치는 하수의 영향 등이다.

식수의 불화물 첨가

1900년대 초기에, 미국 텍사스와 콜로라도의 특정 지역 주민들의 치아 에나멜에 나타난 얼룩 형성에 관한 연구를 통해 식수에 자연스럽게 존재하던 불소화합물의 농도가 2ppm을 넘을 때 얼룩 형성의 흔적이 있음을 알아냈다. 이 연구는 불소화합물이 치아 충치에 저항력을 준다는 것도 예기치 않게 보여주었다. 이러한 자료를 사용하는 공무원들은 예방책으로 식수에 불소를 첨가할 것을 제안했다. 25년 동안 자료를 수집한 후에, 불화물 첨가의 혜택은 분명하게 나타났다(그림 12.3). 공공 식수의 1ppm 농도의 불화물을 첨가하면 얼룩 형성 없이 치아 질병을 40~60%까지 감소시켰다. 14세까지의 어린이들은 병든 치아를 70%보다 적게 가지고 있었고, 성인들에서는 발치율이 9배가 줄었다. 이후에 다른 데이터가 나타났는데, 미국 사람들의 66% 이상, 브라질 사람들의 1/3, 러시아인들의 1/2, 그리고 많은 영국, 캐나다, 뉴질랜드 등에서 다수의 사람들이 불화물이 함유된 물을 사용했다. 이 자료들은 인상적인 것이 아니었다. 왜냐하면

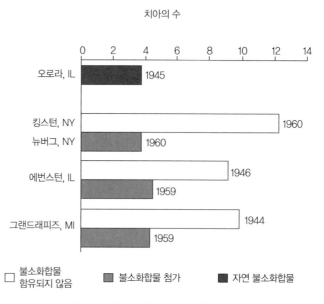

그림 12.3 식수의 불소화합물이 어린이의 구강건강에 미치는 효과를 나타내는 막대 그래프

생활과 치과 교육의 수준이 향상되었고, 충치를 예방하는 다른 방법들이 역할을 했기 때문이다. 그러나 상황에 따른 추정이긴 하지만 인상적인 결과가 있다. 식수에 불화물이 함유되지 않은 맨체스터에서 어린이의 충치 비율이 40년 동안 불소화를 사용해온 버밍햄보다 두 배 이상이었다(http://www.huliq.com/ 50674/fluoridation-uk-pros-and-cons).

많은 지역에서 불소화를 적용하려는 주요한 노력이 있어 왔다. 그러나 쟁점이 투표로까지 이어진 곳에서 불소화를 투표로 승인받으려는 노력이 약 절반 정도의 경우가 실패했다 (Mohl, 1996). 1996년에 매사추세츠 주 우스터에서 투표가 패배했다. 왜일까? "불화물은 독이다."(불화물은 한때 고농도로 만들어서 쥐를 잡는 살서제로 사용했다.), "불화물은 암을 일으킨다.", "불화물은 수도관의 납을 용해시킴으로써 납 중독을 증가시킬 수 있다.", "불화물은 노년층에서 고관절 골절을 일으킨다.", "불화물은 지적장애를 일으킨다." 불화물이 조기노화, AIDS, 기형아 출산, 알레르기 반응, 골관절염을 일으키며, 반복성 긴장 질환과 심장질환에 한 가지 원인이 되며, 불소화가 공산주의자들의 음모 중 하나일지도 모른다는 주장까지 있다. 이런 주장들은 그 주장을 뒷받침하는 증거에 대한 다양한 출처의 인용을 동반하고 있다.

저수준 전자기복사에 노출되는 것

1979년에 과학자들은 미국 콜로라도 주 덴버의 송전선 근처에 살고 있는 어린이들의 백혈병 발병률이 높다는 보고를 했다. 높은 전자기장(EMF)에 노출되기 때문이라는 것이다.[5] 대중적인 관심을 광범위한 공공성의 뒷받침을 받으면서 이후의 폭풍 같은 연구들로 이어졌다. 이 연구들은 주제와 접근에서 다양했고 상충된 결과를 산출했다. 어떤 이들은 보통의 전자기장에서는 건강상의 위험이 없음을 알아냈고, 또 어떤 이들은 유방암으로부터 유산에 이르기까지 넓은 범위의 불행한 결과들에 저수준 전자기장을 연결시켰다. 고압전선 근처의 전자기복사나 배선, 전기담요, 비디오 터미널, 전자레인지 등을 통한 가정에서의 전자기복사에 노출되는 것이 대중적 관심사가 되었으며 정부가 보호규정을 만들어야 한다는 압박이 커졌다.

이런 명령에 대한 반응으로 미국 국립연구협의회(National Research Council)는 16명의 전문가로 구성된 위원회를 소집했다. 이들의 임무는 이 쟁점들과 데이터를 3년 동안 철저하게 조사하는 것이었다. 거기에는 500편이 넘는 논문도 포함되었다. 위원회는 전자기장에 대한 보통의 노출이 암이나 신경생물학적, 생식관련, 발생학적 질병을 일으킨다는 '결정적이고 일관된 증거'는 없다는 결론을 내렸다. 위원회는 전자기장의 조사량이 많으면 생물학적으로 영향을 준다는 것에는 동의했지만, 그 조사량은 거주지에 기록된 것보다 훨씬 큰 값이었다. 실제로 뇌의 활동과 다른 생리학적 과정에서 생성된 전자기장이 집안의 장비들에서 생성된 전자기장보다 컸다.

위원회가 밝혀낸 것은 어린이 백혈병과 가정 내 전자기장 사이의 상관관계가 송전선이나 기타 전자기장의 원천으로부터의 거리에 따라 계산하면 일관된 모습을 보인다는 것이었다. 이 계산된 전자기장은 가정에서 측정된 전자기장의 좋은 지표가 아니고 가정 내에서 실제로 측정한 전자기장과 어린이들에게서 나타나는 백혈병의 발병 사이에는 아무런 상관관계가 없다는 것도 밝혀냈다. 위원회의 결론은 한 위원이 말한 것처럼 증거가 불충분하며, 따라서 전자기장은 '유죄가 아니'라는 것이었다. 그러나 과학에서 늘 그렇듯이 전자기장이 '무죄'

---

5) 이 쟁점에 대한 리뷰와 참고문헌은 Kaiser(1996), Davis et al.(1993), Allen(1996)에서 찾을 수 있다.

라고 말할 수는 없었다.

　어린이의 백혈병 발병률이 높아지게 만든 원인이 무엇인지 밝히려면 더 많은 연구가 필요할 것이다. 그러나 여기에서 기껏해야 백혈병의 증가를 조금 더 가져오는 미지의 원인을 다루고 있다는 점을 깨달아야 한다. 위원회의 한 위원이 말한 것처럼, "당신이 염려하면서 그에 대해 돈을 쓰는 다른 것들과 비교하면 전자기장 연구는 거기에 시간과 비용을 들일 만한 좋은 것은 아닌 것으로 보인다."(Kaiser, 1996) 우선순위를 매겨야 한다면 흡연금지 같은 쟁점에 시간과 비용을 들이는 것이 더 실용적인 것으로 보인다. 왜냐하면 흡연은 암과 기타 질환의 높은 발병률과 연관된다는 명백한 증거들이 있기 때문이다.

해양 하수오물 처리의 추정된 영향과 문서화된 영향

그리그와 돌러(Grigg & Dollar, 1966)의 리뷰는 문서화된 위험과 상상의 위험에 대한 쟁점을 아주 잘 드러나는 사례를 보여주고 있다. 1979년 호놀룰루 시는 미국 환경보호국(EPS)에 하수 처리 공장에서 나오는 오물유출물을 연안수에 버리는 것을 계속할 수 있도록 허용해 달라고 요청했다. 시에라 클럽 법무 방위 기금(SCLDF)은 호놀룰루 시가 하수 오물 처리 공장에 이차 처리 시설을 건설하여 상당히 더 깨끗한 유출물을 만들어 내야 한다는 EPA의 가이드라인에 부응해야 한다는 소송을 걸었다. 이 소송에서는 일차 처리된 유출물이 물에 배출됨으로써 공공보건과 해양생물에 심각한 타격을 입혔다고 주장했다. 양측에서 제시한 데이터는 유출물 배출이 이루어진 지난 10년 동안 공공보건상의 위험이나 환경에 대한 부정적 영향을 밝히지 못했다. 법정의 결론은 "기한까지 이루어진 연구로는 배출의 효과를 거의 측정할 수 없다."는 것이었다. 환경파괴는 밝혀내지 못했지만 절차상의 하자 때문에 호놀룰루 시에 벌금이 선고되었다.

　그리그와 돌러의 결론을 인용하면 다음과 같다.

　"이 역사적 사례의 연구 목적은 환경의 질에 영향을 끼칠 수 있는 활동에 대한 염려를 유지하면서 그에 대한 감시를 계속하는 환경집단의 권리에 의문을 제기하는 것이 아니다. 이러한 역할은 사회 속에서 중요한 기능이다. 오히려 우리의 목적은 이러한 역할이 책임 있고 정직하게 수행되어야 함을 주장하는 것이다. SCLDF은 소송을 지지하는 실질적인 과학적 데이터나 환경적 유해에 대한 증거가 전혀 없는 상태에서 호놀룰루 시를 고소했다. 법정 진술들에 기초해서 보면 SCLDF는 환경적인 문제가 존재한다는 것을 증명하지 않았다. SCLDF에게 부과된 수수료는 절반으로 줄어든 반면, 그들이 하와이의 납세자로부터 얻은 수입은 거의 50만 달러였다. 그들의 논증은 '아무런 영향이 발견되지 않았다고 해서 아무 영향이 없다는 것을 의미하지는 않는다.'라는 철학에만 토대를 둔 것이었다. '예방원리'라고도 부르는 이 논증은 상식에 도전하고 과학적 방법을 잘못 적용하는 극단까지 이르렀다. 환경보호는 절박하지만 오용되어서는 안 된다. 우리는 SCLDF가 인류가 직면하고 있는 진짜 환경문제와 싸우는 데 힘을 쓰길 바란다. 진짜 환경문제에 대해서는 결점이 없다. 그들의 관심과 법적인 능력이 이런 싸움을 해 나가는 데 필요하다는 사실은 의심의 여지가 없다."

하수처리가 명백한 문제이며 처리가 요청되는 곳이(너무 많이) 있음을 덧붙여야겠다. 그런 사례의 증거는 매우 많고 강력하며, 하수오물 처리가 해결책이 될 수 있다. 그러나 실천을 일으키기 위해서는 확실한 증거가 있어야 한다.

미래의 전망의 난점

우리는 인간의 기술과 과잉인구가 생명권에 점점 더 큰 압력을 주고 있는 세계에 살고 있다. 문제를 해결하기는커녕 언제나 우리가 다룰 수 있는 문제보다 더 많은 문제가 산적해 있음이 틀림없다. 과학자들은 문제가 되고 있는 것을 통찰력을 가지고 분명히 보여줄 필요가 있다. 사람들에게 늑대가 얼마나 멀리 떨어져 있는지 그리고 얼마나 굶주려 있는지를 말하지 않고 단지 늑대가 나타났다고 소리치는 것은 자멸적인 행동이다. 과학자들은 전문성을 사용하여 대중에게 많든 적든 무엇에 유의해야 하는지 알려주어야 한다. 모든 것의 비중이 똑같을 수는 없다.

위험한 것이 무엇인지 알고 있는 경우에는 더 엄격한 확실성을 요구할 수 있다. 이는 핵발전소나 엑스선 장비나 살충제나 의료약제를 다루기 위한 규정에서 안전한 영역을 더 넓게 요구하는 것과 마찬가지이다. 그런 기준은 단순히 문제가 일어나기 더 어렵게 만드는 것에 지나지 않을 수도 있다. 이런 접근의 공통된 난점 중 하나는 전자기복사 노출의 사례에서 지적한 것처럼 노출 비율이나 노출 농도가 검출할 수 있는 한계선에 있거나 훨씬 더 큰 조사량에서 얻은 데이터에서 확실한 보장 없이 확장하여 추론한 것으로만 규정될 수 있다는 점이다.

또 다른 접근은 증명의 부담을 옮기는 것일 수 있다. 지지자가 아무런 위험이 연관되지 않음을 증명할 수 있게 된 다음에야 비로소 행동을 하면 된다. 이러한 요건은 실현 가능하지 않다. 제1장에서 말한 것처럼 과학은 증명을 통해서가 아니라 반증을 통해서 작동하기 때문이다. 게다가 더 중요한 것은 여전히 무해하다는 것을 증명해야 하는 또 다른 위험이 언제나 가능하다는 점이다.

마음에 걸리지만 헛된 상상 위험을 정말로 위험한 위험과 어떻게 구별할 수 있을까? 우리가 그것을 싫어하더라도 전문화된 위험에 대해 조언을 할 수 있는 전문가의 의견에 의존할 필요가 있다.

2. 과학과 현대의 비평

서구 문명에서 과학의 역할은 우리의 감각과 달리 자연 세계에 더 거대한 실재가 있음을 알게 해주는 것이었다.[6] 우리 눈이 말해 주는 것과 달리 세계는 평평하지 않다. 게다가 실재 세계는 우리 인간의 감각으로 감지할 수 있는 것보다 훨씬 작고 훨씬 큰 스케일에 존재한다. 우리가 볼 수는 없지만, 살아 있고 자라나며 질병을 일으키는 작은 것이 수없이 존재한다. 적절한 초기의 핵반응과 정치적 광기가 결합하면 훨씬 더 작은 것들이 이 땅 위에 엄청난 파괴를 불어올 수 있다. 밤하늘을 올려다보면, 우리 눈에는 아주 작지만 빛을 내는 작은 점들이 사실은 상상할 수 없을 만큼 거대함이 밝혀졌다.

인간 중심적인 철학자들은 우리 주변의 세계에 대한 정신적 지각에 관한 사변을 즐겼다. 이들은 인간의 정신이 그 다양한 편향된 방식으로 실재를 지각하는 것이 아니라고 해도 실재하는 것인지 물었다. 외부 세계에 대한 사람들의 지각의 주관성에 관한 저작이 넘쳐났다. 제1장에서 나는 혜성의 예를 인용해서 역

---

6) 물론 다른 주요 문화들이 과학적인 원리들을 탐구했다. 천문학과 같은 과학의 연역적 측면에서의 진보는 기원후 1000년 전후 이슬람 문화의 사유에서 비롯되었다. 중국에서도 아마 면밀한 관찰과 기록으로부터 얻었을 과학적 지식에 바탕을 둔 기술적 노하우가 두드러졌다. 아마존 유역의 아메리카 원주민 문화는 지금도 의학에서 놀랄 만한 자연적 산물을 치료에 사용하는 지식을 갖고 있었다. 그렇지만 제대로 이해되지 않은 이유로 과학적 사실들에 대한 체계적이고 합의된 경험적 탐구는 이탈리아 특히 피렌체의 르네상스 이후까지도 인간 사회의 주된 특징이 아니었다. 오늘날 서구의 과학적 세계에 있는 우리는 좋든 싫든 우리 역사의 사유와 사회적 과정의 결과와 더불어 살고 있다.

사 속의 각 시대마다 기술적인 한계가 세계에 대한 뭔가 다른 지각을 창출했음을 지적했다.

철학자들의 머릿속을 차지한 지각은 다른 성격의 것이었다. 가장 간단하고 분명한 수준에서 나무가 숲속에서 쓰러질 때 아무도 그 소리를 듣지 못한다면 소리가 존재한 것인지에 관한 케케묵은 농담이 있다. 물론 우리는 대부분 소리가 있다고 확실히 예상할 수 있다. 왜냐하면 충격이 있고 음파가 퍼져나갈 수 있는 공기가 있기 때문이다.

최근 몇십 년 동안 과학을 통해 볼 수 있는 세계의 실재성에 더 복잡한 도전이 있었다. 이 도전의 일부는 앎의 방식으로서의 과학의 주된 위치에 관한 대중의 회의주의의 원인이다. 포스트모더니즘 사상가들과 작가들은 과학을 이끌고 있다고 그들이 생각하는 사회적 및 심리학적 '구성물'을 '해체'했다. 포스트모더니스트들은 과학이 다른 구성물들만큼 (다른 규칙에 따라 구성되긴 하지만) 인공적이며 상대적이며 주관적인 구성물이며 따라서 다른 설명의 틀만큼 의문시되어야 하며 때때로 완전히 거부되어야 한다고 주장했다. 이 입장에 바탕을 두고 어떤 포스트모더니스트들은 다음과 같이 말하기도 했다. "과학적 지식은 사회적 및 문화적 조건에 영향을 받으며, 모든 시기와 모든 곳에서 똑같은 어떤 보편적인 진리의 한 판본이 아니다." 또한 "자연세계는 과학적 지식의 구성에서 작거나 존재하지 않는 역할을 한다."(Collins, 1981)

우리 세계를 규정하는 방법으로서 과학의 주도권에 대한 포스트모더니즘의 도전은 소위 '소컬의 날조사건'을 통해 시험을 받게 되었다. 물리학자 앨런 소컬(Alan Sokal)은 여러 해 동안 학술 영역, 특히 과학에 대한 포스트모더니즘 비판에서 엄격함의 표준에 대해 고민을 했다. 소컬은 실험을 하나 했다. 가상적인 엉터리로 이루어진 논문이 만일 그 분야의 전문용어를 사용하고 편집자의 선입견과 잘 일치하는 결론에 이르고 있다면, 주도적인 포스트모더니즘 연구의 학술지가 그 논문을 출판해 줄 것인가? 소컬은 완전히 날조된 논문 한 편을 썼다. 거기에서 소컬이 가차 없이 비판한 것은 다음과 같다.

"계몽 이후 서구의 지성적 사고방식을 오랫동안 장악해 온 교조, 즉 외부세계가 존재한다는 것이었다. 이 외부 세계의 속성은 어떤 개인적인 인간과도 독립되어 있으며, 그 속성은 '영원한' 물리적 법칙 속에 부호화되어 있으며, 인간이 이 법칙들에 대해 불완전하고 임시적이더라도 믿을 만한 지식을 얻을 수 있는 것은 (소위) 과학적 방법이라는 '객관적' 절차를 통해서이다."(Sokal, 1996a)

소컬은 이 논문에서 계속해서 다음과 같이 주장했다. "물리적 '실재'는 그 밑바탕에서 사회적 및 언어적 구성물이다." 이 논문은 놀랄 만한 범위의 박학다식함과 불가해한 참고문헌들과 12쪽에 달하는 미주와 매우 다양한 수학적 및 물리학적 원리에 기반을 두고 학술적인 논평으로 가득한 상세한 비평을 계속하고 있다. (심지어 프랑스어 본문의 영어 번역을 두 곳에서나 수정해 주었다.) 결국 이 논문의 결론은 논문의 논변이 과학의 실재성을 완전히 훼손시켰다는 것이다. 인용과 과학 및 수학의 소재들이 모두 진짜이긴 했지만, 이 논문은 일부러 설명되지 않는 가정들, 정당화되지 않은 논리적 비약들, 인용된 원리의 그릇된 사용으로 가득 차 있으며, 포스트모더니즘 저작들에서처럼 잘난 척하는 전문용어들(변형적, 해석학, 상보성, 본질성, 변증법적, 인식적 상대주의, 퍼지 시스템, 자유주의적, 해체 등)로 화려하게 장식되어 있다.

이 논문은 포스트모더니즘 학술지인 소셜 텍스트(*Social Text*)에 제때에 게재되었다. 소컬은 이 논문에 거의 뒤이어 다른 학술지 링구아 프랑카(*Lingua Franca*)에 자신의 실험에 대한 보고를 게재했다. 이 보고에서 자신의 동기와 방법과 결론을 설명했다(Sokal, 1996b). 소컬의 실험은 학술공동체에서 상이한 반응을 얻었다. 어떤 사람은 어떤 종류의 날조도 학문적 업적에 대한 신뢰를 감소시킨다고 염려했다. 그러나 이 경우에 누가 최악의 날조를 범했는지 물어야 한다. 비판적 엄밀성을 시험하려 한 저자인가, 아니면 어조와 문체로 얼룩진 엇나간 논리와 가짜 결론을 허락하는 것처럼 보이는 학문 영역의 수호자인가? 시스템을 검정할 수 있는 더 좋은 방법이 무엇일까?

소컬은 두 번째 논문에서 쟁점을 다음과 같이 정리했다.

나는 편집자들에게 지적 엄밀성을 증명할 수 있는 기회를 주었다. 그들이 이 시험을 통과했을까? 아닌 것 같다. 주관주의 사고의 유행에 대한 나의 염려는 지적이며 정치적이다. 지적으로 그런 교조가 지니는 문제점은 그것이 거짓이라는 점이다. 실재 세계는 존재한다. 그 속성은 단순히 사회적 구성물이 아니다. 사실과 증거는 중요하다. 만일 모든 것이 수사학이고 언어놀이라면 내부적인 논리적 일관성도 불필요하다. 이론적 복잡성의 고색창연함이 똑같은 역할을 한다. 이해할 수 없는 것이 미덕이 된다. 망상과 비유와 말장난이 증거와 논리를 대치한다. (Sokal, 1996b)

소컬은 덧붙인다. 정치적으로 과학의 주관성에 관한 주장들은 점점 더 중요성이 부각되는 물질에 대한 답을 얻으려는 노력에 대한 우리의 지지를 침식할수 있다. "'실재의 사회적 구성'에 관한 이론화는 AIDS의 효과적인 치료법을 찾거나 지구 온난화를 막기 위한 전략을 고안하는 데 아무런 도움이 되지 않는다."

과학은 충분히 진보했다. 과학은 충분히 정확히 우리 세계에 대한 그림을 그려낸다. 철학적 주관성이 없는 것은 아니지만 이 물질에 대한 사실을 합리적으로 확신할 수 있게 해주는 것이다. 단단하고 만질 수 있고 일관되고 실재하는원리들과 과학의 수행은 언제라도 입증된다. 즉, 전화로 말할 때, 비행기를 타고 날아갈 때, 결핵에서 회복될 때, 백일해를 피할 때, 사람들이 우주 속으로 여행할 때, 전자레인지를 사용할 때, 언제든 그러하다. 이론의 과학적 실체가 보이는 내적 일관성을 생각하면, 우주에 존재할지도 모르는 외계인을 만나게 될때 외계인들이 발견한 과학의 원리가 우리의 과학 원리와 모순을 일으키지 않을 것임을 확신할 수 있다(우리보다 더 발전해 있을지도 모르지만).

철학자들과 포스트모더니즘 사상가들의 주장은 차치하고도 과학이 언제나사회적 맥락 속에서 이루어진다는 점을 이해할 수 있다. 과학자들은 사회의 구성원으로서 과학을 한다. 우리가 깨닫든지 깨닫지 못하든지, 우리는 언제나 사회의 구성원들을 위해 과학을 한다. 그 사회의 구성원들 대부분은 과학자가 아니지만 그들의 삶은 좋든 나쁘든 과학의 진보에 철저하게 영향을 받는다. 그 정도까지 과학은 사회에 의존하고 있다.

우리가 사회 속에서 어떤 기능을 하는지에 영향을 미치는 많은 변화를 이끄는 것이 바로 과학임을 논증할 수 있다. 나침반, 전구, 전기, 비료, 냉장고, 백신, 농약, 녹색혁명의 수확, 텔레비전, 컴퓨터 등 때문에 일어나 일상생활의 근본적인 변화들을 생각해 보자. 어떤 사람은 플라톤, 공자, 뒤르켐, 마르크스, 소로, 애덤 스미스, 칸트 등과 비교해 본다면 이런 것들이 기술적인 싸구려 장신구일뿐이라고 말할지도 모른다. 아마 그럴 것이다. 그러나 내가 보기에는 프랑스의역사학자 페르낭 브로델(Fernand Braudel)이 믿음의 체계나 정치적 원리나 인격만큼이나 과학과 기술에 기반을 두고 발달해 온 '일상생활의 구조'가 대부분의 사람들이 하루하루 살아가는 방식에 영향을 주고 역사의 진행에 영향을 끼친다고 확신한 것이 의표를 찌르고 있다(Braudel, 1979).

3. 과학에 관한 감각 다듬기

우리는 대중과 미디어 속에서 과학적 교양의 정도를 높이는 데 힘써야 한다. 장기적으로 그런 노력을 책임지고 있는 것은 초등 공공교육과 기자와 뉴스 분석가를 위한 직업훈련 프로그램이다. 여기에서 더 관련되는 것은 과학자들이 과학을 대중과 교육자와 미디어에 더 잘 전해 주기 위해 무엇을 할 수 있을까 하는 것이다.

과학이 무엇을 어떻게 하는지 설명하기

과학적 교양의 수준을 높이기 위해서는 과학이 무엇을 하는지 더 잘 설명할 필요가 있다. 일반 대중을 과학자로 탈바꿈시킬 수 있다고 기대하는 것은 불필요하고 비현실적이다. 오히려 우리가 필요한 것은 더 비판적이고 정보에 바탕을 둔 방식으로 전문가들에 귀를 기울이는 대중이다. 과학이 불완전한 방식으로 작동한다는 관념을 나눔으로써 이러한 노력을 시작하고자 한다. 과학자들은 잘못된 방향으로 길을 잃을 수도 있고, 변화에 저항적일 수도 있고, 믿을 수 없는 데이터나 심지어 날조의 희생양이 될 수도 있다. 또한 과학적 지식의 한계에 대한 정의를 논의할 것이다. 전문가들조차 자주 의견이 일치하지 않음에 주목할 것이다. 나는 불확실성이라는 관념을 전해 주려 애쓸 것이다. 진보는 느리며, 쟁점들은 끊임없이 재검토되며, 새로운 지식은 낡은 사실들을 앞서간다.

과학이 작동하는 불완전한 방식

첫째, 신화 하나를 쫓아버리자. 과학은 완전하게 합리적인 과정이 아니다. 즉, 공평하고 비판적인 과학자가 대안적인 가설들을 시험한 후에 명료한 증거에 관해 오류 없는 판단을 하는 과정이 아니다. 그런 지각은 과학자들이 작업하는 방식을 적절하게 서술해 주지 않는다. 오히려 과학은 모호하게 축적되는 방식으로 진보를 이룬다. 이 방향 저 방향으로 찔러 보면서 앞으로 한 걸음 나아갔다가 뒤로 반 걸음 물러서는 식이다. 그러나 일반적으로 세계가 작동하는 방식에 대한 우리의 이해를 더 개선시키는 방향으로 간다. 과학자들은 다양한 동기에 반응한다. 그 동기에는 새로운 것을 배우는 것에 대한 열정, 스스로의 성취(명성과 성공과 질투와 출세주의에 대한 갈망), 이타주의와 봉사정신, 그리고 물론 소득이 있다. 놀랍게도 이 혼돈스러운 잡동사니 속에서 우리를 둘러싼 세계를 이해하기 위해 한 걸음 더 올라가는 주목할 만한 계열이 생겨난다. 과학을 하는 과학자들은 인간이며 다른 여타의 노력들에서처럼 실수도 많고 존경할 만하기도 하다. 언제나 더 똑똑하고 정직한 과학자가 잘못된 방향의 질문을 하지 않는다는 보장은 없으며, 똑똑하지만 덜 정직한 과학자가 참된 답을 가져오리라는 보장도 없다.

둘째, 과학을 이해하려면 과학자들의 독특한 특징을 인지할 필요가 있다. 과학자들은 대부분의 다른 사람들과 달리 자신이 모르는 것에 관심을 갖는 경향이 있다. 이것이 과학자들의 연구를 앞으로 나아가게 하는 원동력이다. 실제로 모리슨(Morison, 1964)이 지적한 것처럼, 과학자들이 이미 알고 있다고 생각하는 것을 시험하고 이미 알고 있는 것을 더 확신하게 되는 것은 그들이 모르는 것에 관한 질문들을 탐구하기 위한 반복된 노력을 통해서만 가능하다. 이전의 생각과 새로운 생각을 경험적 방법으로 끊임없이 시험하는 것이 과학의 특성이며, 다른 인간의 노력들과 과학이 구별되는 특징이다. 비판적 회의주의의 마음가짐이 과학자들에게 필수적이다. [제1장에서 갈릴레오가 모든 생각을 시련(일 치멘토)에 부쳐야 하다고 역설한 것을 상기하라.] 과학자가 아닌 사람들은 과학자들의 토론이 너무 반대가 심하다고 느낄 때가 많은데, 실제로 그 토론에서 듣게 되는 것은 시련(일 치멘토)의 작동이다. 좋은 과학자는 예외를 부여잡고 자신의 주장의 어떤 결과라도 실현가능하지 않은지 보려 하며, 늘 대안적인 가능성을 검토한다. 메다워(Medawar, 1979)가 젊은 과학자들에게 주는 충고는 다음과 같다. "자기 자신의 가장 강력한 비판자가 되어라. 너 자신의 가장 심각한 비판을 모두 망라한 뒤에야 너의 결과를 받아들여라." 우리는 동료들의 연구를 비판해야 한다. 왜냐하면 과학을 실행하는 것은 사회적 노력이지만 우리의 비판이 정중하되 분명하게 전달되어야만 그 목적을 가장 잘 달성할 수 있기 때문이다. 예리한 과학적 비판을 요청받으면 빈약한 결과를 칭찬하는 것은 친절한 것이 아니다. 비판은 과학에서 가장 강력한 도구 중 하나이다. 모든 실험은 근본적으로 비판의 실행이다. 그러나 효과적인 비판이 되기 위해서는 비판이 사람을 향하지 않고 아이디어와 데이터를 향해야 한다는 점을 기억하는 것이 결정적이다. 과학적 비판은 개인을 향해 이루어져서는 안 된다. 이것이 말하기보다는 실제로 하기가 어렵다는 것은 새삼 언급할 나위가 없지만 그럼에도 불구하고 꼭 필요하다.

잘못된 방향

다른 노력들과 꼭 마찬가지로 과학을 하는 것도 잘못된 방향의 노력들에 연관될 수 있다. 이는 의도하지 않은 간단한 오류로부터 부정행위에 이르기까지, 해석의 실수로부터 심각한 사기에 이르기까지 다양하다. 과학자는 사람이다. 아무리 합리적 사실의 평가를 위해 잘 훈련되었더라도 과학을 하는 과정에서 주관적인 판단을 많이 해야 할 것이다. 이 점은 이미 지적한 바 있다. 그렇다면 우리는 과학자들이 곧잘 잘못된 방향을 향하고 있다고 믿을 준비가 될 필요가 있다. 과학의 길은 곧지 않다. 과학의 길은 진보에 대한 장애물로 가득하다. 그 장애물들 중 어떤 것은 과학과 과학자에 대한 대중의 견해를 더럽히기도 한다. 그런 장애물들에는 변화에 대한 저항이나 과학적 지식의 제한된 범위, 전문가들의 의견대립, 불확실성이라는 난처한 관념, 진보의 느린 페이스 등이 있다.

변화에 대한 저항

오늘날 과학이 얼마나 빨리 변하는지 우리 모두 잘 알고 있지만, 과학의 많은 측면에는 놀라울 정도의 관성이 있다. 베게너의 '대륙이동설'의 슬픈 역사만큼 이를 잘 보여주는 것도 없을 것이다. 알프레드 베게너(Alfred Wegener)는 대륙이 지구 표면 위에서 이동하고 있다는 자신의 아이디어를 거의 사기에 가깝다거나 기껏해야 '흥미로운 이론' 정도로 보는 사람들의 시선을 평생 동안 참아내야 했다. 베게너는 세계지도를 보고 남아메리카와 아프리카의 대서양 쪽 해안이 놀랄 만큼 잘 맞는다는 점에 주목했다. 베게너는 양 대륙의 해안의 지질학적 지층들, 고기후학, 화석, 최근의 동식물 군집에서 데이터를 모으느라 수십 년을 보냈다. 베게너의 경험적 관찰들을 모아 놓고 보면 이전의 어느 지질학적 시대에 틀림없이 두 대륙이 공통된 하나의 대륙 비슷한 땅덩어리에서 생겨났으며 지금도 여전히 더 멀어져 가고 있음이 분명했다.

　지질학 공동체 대부분이 경험적 증거의 심각성을 무시했다. 한편으로, 이론적인 지구물리학자들은 쉽게 당시까지 알려져 있던 힘들로는 대륙의 땅덩어리를 움직일 수 있을 만한 힘이 있을 수 없음을 이론적인 계산으로 보였다. 따라서 물리적으로 대륙이동은 불가능하다는 것이다. 다른 한편으로 베게너의 아이디어 전체를 송두리째 배척한 사람도 있었다. "베게너의 가설을 믿어야 한다면, 지난 70년 동안 배우게 된 모든 것을 잊어버리고 맨 처음부터 다시 시작해야 한다."는 것이었다. 실제로 그렇게 되었다.

몇십 년이 채 지나지 않아 데이터가 승리했다. 새로운 측정기술이 베게너의 아이디어와 완전히 일치하는 정보들을 드러내 주었음이 분명해졌다. 새로운 데이터는 대륙판이 지구 중심핵의 마그마 위에서 떠다닌 결과로만 해석할 수 있었다. 함축된 현상들은 지구에 대한 개념적 이해에서 혁명을 불러일으켰다. 대륙의 위치가 고정되어 있고 그 위의 동식물이 고정되어 있다는 생각은 폐기되었다. 인간지리학을 설명하기 위해 나중에 흔적도 없이 사라진 다리들이 땅 사이에 있다는 생각도 폐기되었다. 대륙이동설은 이제 판구조론이라는 이름으로 논의되고 있으며, 근본적으로 과학의 여러 분야들, 거의 대부분의 지질학과 지구물리학과 심지어 새로운 고생물학과 생명지리학, 인류학 및 다른 관련된 분야들을 거의 완전히 바꾸고 다시 활기를 띠게 만들었다. 인간활동 중에서 가장 카멜레온 같은 과학에서조차 실질적인 지적 관성이 변화에 저항하고 있음이 분명하다. 적어도 이 경우에는 새로운 측정으로 얻게 된 새로운 증거가 압도적이게 된 다음에야 비로소 그 관성이 극복되었다.

과학 지식의 제한된 범위

매우 실제적인 방식으로 과학의 발견은 계시된 신앙의 주장들을 손상시켰다. 이는 무엇보다도 진화, 특히 인간의 기원 문제에서 분명했다. 난처한 점은 우리 중 많은 사람들이 과학이 종교의 대안이 될 것을 기대했다는 점이다. 과학은 '어떻게'라는 질문을 다루는 데 매우 익숙하다. 그러나 궁극적인 기원과 목적에 관한 질문, 즉 '왜'라는 질문은 경험과학의 범위를 크게 벗어난다. 제1장에서 지적한 것처럼 경험과학은 조작적으로 잘 정의된 주제만 다룰 수 있다. '왜'라는 질문은 정의상 경험적 연구로 도달할 수 없다.

과학은 세계가 어떻게 작동하는지 이해하기 위해 세계를 비판적으로 바라보는 하나의 방식이다. 과학자들은 합리주의자가 되어야 한다. 과학자들은 눈앞에 놓인 증거를 분명하게 그리고 될수록 객관적으로 평가해야 한다. 그러나 이성의 필연성은 이성이 모든 것을 설명하는 데 충분하다는 의미로 받아들여서는 안 된다는 점을 알 필요가 있다. 인간은 궁극적인 '왜'의 질문에 답을 알고 있다. 과학을 종교의 대안으로 받아들이는 것은 실수이다. 왜냐하면 과학은 왜 우리가 여기에 있는지 또는 왜 우주가 만들어졌는가 하는 질문에 답을 줄 수 없기 때문이다. 합리적 과학의 한계에서 오는 당혹감은 사람들이 비합리적인 것에서 답을 찾으려 하는 이유 중 적어도 일부가 될 것이다. 이 문제에 대해서는 이미 논의한 바 있다.

과학자들이 다른 '보는 방식'을 과학과 같은 급으로 두지 않으려 하는 것을 견디지 못하는 대중이 사실상 점점 더 늘고 있다. 왜 과학자들은 초감각적 지각이나 심령의 능력이나 외계인의 방문이나 창조과학을 받아들이는 데 저항할 만큼 소견이 좁은 것일까? 대답은 단순하다. 과학자는 그런 주장들을 갈릴레오가 '시련'이라고 부른 것에 던져 넣고 그러한 시험에 통과하기 전까지는 아무것도 받아들이지 않는다. 이제까지 사람들이 포크를 휘게 만들겠다는 의지만으로 휠 수 있다는 강력한 증거는 존재하지 않는다. 행성들이 직렬로 늘어서는 것이 미래를 예언하는 데 유용하다는 증거는 없으며, 외계인이 지구를 방문한 적이 있다거나 토끼풀이 행운을 가져다준다는 증거는 없다.

한 가지를 덧붙여야 한다면, 과학자의 편에서 비판적 회의주의는 단순히 기묘하거나 마술적인 것을 거부하는 것을 의미하지 않는다. 가령 질량과 에너지가 서로 바뀔 수 있다거나 공간이 휘어져 있다거나 시간의 빠르기가 달라진다는 것만큼 기묘한 것도 별로 없다. 화식조의 머리 장식의 해부학이라든가, 보어버드의 비밀스러운 춤과 과시 영역의 상세한 준비과정이라든가, 분자의 진동하는 비율이 달라지면 물이 기체나 액체나 고체로 바뀌게 된다는 것을 도대체 누가 꿈이라도 꾸었겠는가? 이제 막 생겨난 유기물질의 죽에서, 거의 상상할 수 없을 만큼 복잡한 생화학적 코드의 판형을 가지고, 나선 모양으로 감긴 탄소와 다른 원자들의 이중나선이 갈라져서 다른 이중나선을 만들어 내는 경이롭게 놀랄 만한 우연만큼이나 마술적인 것을 나는 별로 생각해 낼 수 없다.

과학은 모든 새로운 가설에 회의적으로(적대적이라고 말해도 좋을) 도전하며, 확실한 증거를 찾아내기까지 변화와 대안적 진리를 받아들이지 않는다.

전문가들의 의견 대립

논쟁적인 과학적 증거의 부적절한 평가는 언론이나 법정이나 일반 사람들에게만 해당되는 문제가 아니다. 거의 언제나 불완전한 과학적 증거에 바탕을 두고 어떤 행동을 할지 결정해야 하는 소위 '전문가'들에게조차 이는 일반적으로 어려운 일이다.

많은 비판적인 쟁점들에 대해 과학자들 사이에 견해가 갈리게 된다. 위에서 논의한 것처럼 조심스럽게 선택한 전문가들이라도 모두가 합의에 이르지 못하는 경우가 많다. 이것도 과정의 일부라는 점을 대중들에게 알려주어야 한다. 두 명의 주식 중개인이나 두 명의 경제학자가 똑같은 예측을 하지 못하는 것과 마찬가지이다. 자신의 전문 분야의 최첨단에서 연구하는 과학자들은 서로 다른 견해를 갖기 마련이다. 전체적 동의가 부족하다는 것은 과학적 증거가 의미하는 것에 사람들마다 직감적인 적절한 의견이 다르다는 점을 반영한다. 다른 인간의 모든 활동과 마찬가지로 과학을 하는 사람들도 무엇이 좋은 과학인지, 누가 좋은 과학자인지, 무엇이 과학적 탐구에서 가장 전망이 밝은 방향인지에 대해 일치하지 않는다(Cole, 1992).

시간이 흐름에 따라 논쟁되던 견해 중 한두 개가 지배적이게 된다. 새로운 사실이 천천히 그러나 질서정연하게 나타나고 이전에 첨단과학이던 것이 이제 그 전문 분야의 핵심지식의 일부가 된다.

불확실성이라는 난처한 관념

불확실성이라는 관념을 퍼뜨리는 것은 결정적인 문제이다. 주식이나 복권을 살 때 이득을 볼 가능성이 그리 크지 않다는 것을 이해하고 있다. 일기예보를 들을 때 하루의 계획을 짤 때 어느 정도의 불확실성을 감안한다. 정치인이나 기자나 은행가가 어떤 예측을 할 때 우리는 그것이 일정한 불확실성이 있는 추측일 뿐이라고 생각할 준비가 되어 있다. 그러나 과학에 이르게 되면 과학자들이 확실성을 가지고 무엇인가를 '증명'해 주어야 한다는 요구가 있는 것처럼 보인다. 과학 전문가가 어느 정도의 불확실성을 가지고 있다고 받아들이는 것은 세계의 본성 우리가 세계를 이해하는 정도가 불완전하다는 증거가 아니라 진리를 향한 길이라는 과학 그 자체의 불완전함이나 약점에서 나온 증거라고 여겨지곤 한다.

경험과학은 앞에서 말한 것처럼 사실을 '증명'하려고 고안된 것이 아니다. 이는 무엇인가가 잘못되었을 가능성을 탐구하는 것이다. 우리는 이러한 쟁점을 납득할 수 없는 흠잡기와는 다름 것임을 알려줄 필요가 있다. 가령 과학을 법정에서 사용하는 것은 법적 논변에서 요구되는 증명 수준 때문에 어려움을 겪는다.

과학의 결론은 언제나 어느 정도의 불확실성을 갖게 마련이다. 우리는 세계가 어떻게 작동하는지에 대한 불완전한 관념을 갖고 있으며, 우리의 생각을 불가피하게 내재적인 변이가 있는 결과를 산출하는 수단을 통해 시험한다. 이러한 이유로 모든 과학적 결론에 피할 수 없는 불확실성의 정도가 존재한다. 그러나 또한 우리가 다루어야 할 불확실성에도 불구하고 과학이 사실을 들어내 주고 일이 진행되게끔 놀라울 만큼 잘 작동한다는 풍부한 증거가 있음을 확실하게 유의해야 한다. 일련의 반증을 통해 과학은 사실들을 연결하고 의미를 찾아주는 이론들을 불확실성이 있는 상태에서 창출한다.

진보의 느린 페이스

과학적 진보의 페이스가 느리다는 점을 대중은 못견뎌한다. 특히 몹시 가파른 속도 속에 살고 있고, 기술은 눈이 휘둥그레지게 변화하며 패션, 대중음악, 자동차 모델, 컴퓨터 게임의 변화가 가속되고 있는 오늘날에는 더욱 그렇다. 우리가 다루어야 하는 막대한 사실의 눈사태에 비추어 보면 과학적 진보의 달팽이 같은 페이스를 염려하는 것은 놀라운 일인 것 같다. 그러나 과학적 진보에 필요한 상대적으로 긴 시간 지연과 과학적 물질들을 사회적으로 응용하려는 더 단기적인 필요 사이의 부조화는 거의 언제나 있다. 가령 인류의 가장 직접적인 필요는 AIDS의 효과적인 치료이지만, 그 치료약을 개발하는 방향의 연구에서의 진보는 고통스러울 만큼 느리다.

정보와 결론의 진화

과학에 대한 대중의 회의론을 부추기는 것 중 하나는 우리가 과학의 진보라고 부르는 견해에 따르면 '우리의 마음이 끊임없이 바뀌고 있기' 때문이다. 뭔가 과학자들이 옳다고 주장하는 것이 다음 데이터 세트가 도착하자마자 그렇지 않은 것으로 생각될 수도 있다. 사람들은 여러 세기 동안 아리스토텔레스의 원리들에 적이 만족하며 편안하게 지내왔다. 결국 아리스토텔레스의 원리들은 비판적인 검토를 견뎌내지 못했다. 우리는 세계가 작동하는 방식에 대해 더 깊은 통찰을 얻을 수 있는 유일하게 확실한 방법으로 단계별 시련(일 치멘토)이라는 것을 발전시켰다. 각 단계마다 우리가 할 수 있는 가장 좋은 것을 하는 것이다. 이 말은 사실들과 생각들의 유통기한이 짧다는 것을 의미한다. 여하튼 우리는 과학이란 영원히 끝나지 않을 현재진행의 작업이며 앞으로도 죽 그럴 것이라는 점을 초기 교육에서부터 계속 사람들에게 알게 해주어야 한다. 교과서는 강력한 용어로 과학을 하는 것은 낡은 개념과 사실들에 도전함으로써 진보를 가져오는 것임을 가르쳐 줄 필요가 있다. 동시에 우리는 이러한 낡은 전진과 후퇴의 과정이 우리의 현재의 삶을 만드는 놀라운 기술을 가져오는 원동력이라는 생각을 사람들에게 교육시켜야 한다.

증거에 대한 비판적 검토

앞 장에서 과학자가 증거를 평가하는 비판적 과정의 사례들을 다루었다. 다음은 모든 사람의 사고 키트에 넣으면 유용할 몇 가지 특징이다.

- 상관은 인과가 아니다. 단지 두 가지가 함께 변한다고 해서 어느 하나가 다른 하나를 인과적으로 일으킨다는 뜻은 아니다.
- 계열은 원인을 의미하지 않는다. 단지 하나가 다른 하나 뒤에 따라 나온다고 해서 하나가 다른 것을 인과적으로 일으킨다는 뜻은 아니다. (제1장의 1세포 사고를 상기할 것)
- 순환적 논증은 한계가 있다. 이미 확립된 논변을 이용하여 무엇인가를 증명하는 것은 이해의 진보를 가져오지 않는다.
- 데이터를 더 엄격한 시험에 맡기는 것이 언제나 더 좋은 것은 아니다. 그런 시험은 제2종 오류로 이어질 수 있다.
- 겉보기에 논리적인 논증이 위험할 수 있다. "이렇게 말할 수도 있겠지. '나는 잠자면서 숨을 쉽니다.'라는 말은 '나는 숨은 쉬면서 잠을 잡니다.'와 같

다(루이스 캐럴 이상한 나라의 앨리스 중에서).

- 이전의 경험에서 연역된 일반화된 논변은 결정적인 새로운 논리적 요인들을 빠뜨릴 때가 많다.
- 유비에 의한 논증은 관계를 명료하게 해줄 수는 있지만 증명하는 것은 아니다.
- 효과를 해석하는 것은 적절한 통제를 필요로 한다. 제1장의 4세포 사고는 원인을 해석하는 데 필수적이다.
- 해석은 해석을 구성하는 데 사용한 데이터와 가정이 좋은 만큼만 좋다.
- 같은 데이터 안에서의 다중검정은 과잉해석으로 가는 지름길이다.
- 모든 측정에는 편차가 있으며 측정들 간의 차이는 그 편차에 상대적으로만 해석할 수 있다.
- 복제는 중요하다. 유사복제(실험 단위 안의 다중 측정)나 복제가 너무 많거나 너무 적은 측정은 쟁점을 흐릴 수 있다.
- 결과를 얻은 범위를 넘어서는 외삽은 오류의 위험이 있다. 가령 과잉 약물 투입의 효과를 노출의 효과를 과소투입에까지 해석하는 것은 부적절할 것이다.

과학에 제한이 있어야 할까

많은 사람이 배우지 않는 것이 가장 좋았으리라 생각하는 전문적인 지식이 있다. 가령 핵무기로 이어진 물리학 같은 것이다. 더 최근에 복제양 돌리의 복제기술은 인간복제가 곧 일어날 수 있다는 우려를 불러일으켰고, 윤리적·도덕적·종교적 의문들이 터져 나왔다. 세계 곳곳에 특정 주제에 대한 더 이상의 연구를 금지해야 한다는 요청이 많이 있다. 어떤 지식은 미지의 영역에 남겨져 있어야 할까? 과학자의 활동에 제한을 두어야 할까? 그런 제한은 의지와 행위의 자유로운 발현이 핵심적인 윤리가 되고 있는 오늘날의 서구 사회 대부분에서 반동적인 것으로 여겨질 것이다. 로저 새턱(Roger Shattuck)은 저서 금지된 지식 (*Forbidden Knowledge*, 1997)에서 탐구와 표현의 무제한적인 자유가 위험한 지식을 가져다주는 과학의 영역에 주목하는 것이 좋을 것이라고 주장한다. 새턱은 오디세우스의 비유를 들면서 과학활동에 제한을 두는 것이 현명할 것이라

고 제안한다. 오디세우스는 사이렌의 마법의 노래를 듣더라도 미혹당해서 바다
에 뛰어들지 않도록 자신을 돛대에 묶도록 선원들에게 명령한다.

과학에 대한 문제는 '과학적 진보와 도덕적 지식의 그보다 훨씬 느린 성장 사
이의 불균형'에서 생겨난다(Delbanco, 1997). 책임의 문제는 과학에 독점적인
것이 아니라 인간 삶의 다른 차원들에도 놓여 있다.

> 과학은 전문 분야의 하나로서 그 자신에 대해 사고하고 그 자신에 대한 책임감을
> 발전시키는 데까지 성장할 수 없다. 오직 개인만이 이런 것을 할 수 있다. 우리는
> 모두 과학의 시종들이다. 어떤 사람들은 다른 사람들보다 더 그럴 뿐이다. 우리의
> 많은 과학들이 발견한 지식은 그 안에서 그리고 그 자체로 금지되지 않는다. 그러
> 나 그런 지식을 추구하는 인간 행위자는 우리 생활에 적용하는 것을 통제하거나
> 근치하는 것으로부터 동떨어져 있을 수 없다. (Shattuck, 1997)

나는 에드워드 텔러(Edward Tellerr)의 의견에 자주 반대했지만, 이 주제에 대해
그를 인용하지 않을 수 없다. "모르는 것이 아는 것보다 더 좋은 경우는 없다.
특히 그 지식이 아주 고약한 것이라면." 여기에서의 해결책은 과학자를 돛대에
매다는 것이 아니라 우리의 교육 시스템이 삶의 다른 차원들에 대한 감각을 가
진 과학자를 만들어내고 과학의 감각을 가진 비과학자들 만들어 내도록 요구하
는 것이다.

참고문헌 및 더 읽을거리

Abelson, P. H. 1993. Editorial—toxic terror; phantom risks. *Science* 261:407.

Allen, S. 1996. Electromagnetic research review finds no danger. *Boston Globe*, 1 Nov.

Braudel, F. 1979. *The Structures of Everyday Life: The Limits of the Possible. Civilization and Capitalism, 15th–18th Century*, Vol. 1. Harper and Row.

Buhl-Mortenesen, L. 1996. Type II statistical errors in environmental science and the precautionary principle. *Mar. Poll. Bull.* 32:528–531.

Clark, K. 1969. *Civilisation: A Personal View*. Harper and Row.

Cole, S. 1992. *Making Science: Between Nature and Society.* Harvard University Press.

Collins, H. M. 1981. Stages in the empirical program of relativism. *Soc. Stud. Sci.* 11:3–10.

Collins, H., and T. Finch. 1993. *The Golem: What Everyone Should Know about Science.* Canto Edition, reprinted 1996. Cambridge University Press.

Davis, J. G. et al. 1993. EMF and cancer. *Science* 26:13–14.

Dayton, P. K. 1998. Reversal of the burden of proof in fisheries management. *Science* 279:821–822.

Delbanco, A. 1997. The risk of freedom. *New York Review of Books,* 25 September, 44:4–7.

Farley, J. E. 1998. *Earthquake Fears, Prediction, and Preparation in Mid-America.* Southern Illinois University Press.

Foster, K. R., D. E. Berstein, and P. W. Huber (Eds.). 1993. *Phantom Risk: Scientific Inference and the Law.* MIT Press.

Giere, R. N. 1988. *Explaining Science: A Cognitive Approach.* University Chicago Press.

Gingold, M. P. 1974. L'eau anomale: Histoire d'un artifact. *La Recherche* 5:390–393.

Grigg, R. W., and S. J. Dollar. 1995. Environmental protection misapplied: Alleged versus documented impacts of a deep ocean sewage outfall in Hawaii. *Ambio* 24:125–128.

Kaiser, J. 1996. Panel finds EMFs pose no threat. *Science* 274:910.

Medawar, P. B. 1979. *Advice to a Young Scientist.* Harper and Row.

Miller, J. D., E. C. Scott, and S. Okamoto. 2006. Public acceptance of evolution. *Science* 313:765–766.

Mohl, B. 1996. Clenched teeth about fluoride. *Boston Globe,* 19 March.

Morison, R. S. 1964. *Scientist.* Macmillan.

Negoianu, D., and S. Goldfarb. 2008. Just add water. *J. Am. Soc. Nephrol.* 19:1–3.

Olson, E. D. 1999. *Bottled Water: Pure Drink or Pure Hype?* Natural Resources Defense Council (http://www.nrdc.org/water/drinking/bw/bwinx.asp).

Phibbs, P. 1996. EPA reassessment finds as much as 20 times less cancer risk from PCBs. *Environ. Sci. Technol.* 36:332A–333A.

Russell, B. 1928. *Sceptical Essays.* Unwin Books. Reprinted 1961, Barnes and Noble.

Russell, B. 1961. *Religion and Science.* Oxford University Press.

Shattuck, R. 1997. *Forbidden Knowledge: From Prometheus to Pornography.* Harvest Books.

Sokal, A. 1996a. Toward a transformative hermeneutics of quantum gravity. *Social Text* 46/47:217–252.

Sokal, A. 1996b. A physicist experiments with cultural studies. *Lingua Franca* 6:62–64.

Tuomey, C. P. 1996. *Conjuring Science.* Rutgers University Press.

Valtin, H. 2002. "Drink at least eight glasses of water a day." Really? Is there scientific basis for "8 x 8"? *Am. J. Physiol. Regul. Integr. Comp. Physiol.* 283:R993–R1004.

Weinberg, S. 1996. Sokal's hoax. *New York Review of Books,* 8 August, 43:11–15.

Ziman, J. 1978. *Reliable Knowledge.* Canto Edition, reprinted 1996. Cambridge University Press.

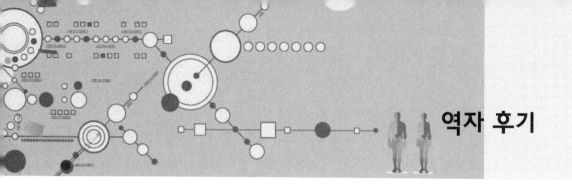

현대사회에서 과학은 어떤 힘을 지니며 무엇을 위해 존재할까? 과학자가 된다는 것, 그리고 과학을 한다는 것은 무슨 의미일까? 과학자는 누구이며 과학자가 되기 위해서는 어떤 능력을 갖추어야 할까? 과학과 기술 분야의 글은 어떤 특성을 지니며 어떻게 써야 할까?

이반 발리엘라의 과학자가 되는 첫걸음은 바로 이런 문제에 대해 친절하게 설명해 주고 있는 매우 유용한 책이다. '과학연구의 설계, 분석, 커뮤니케이션'이라는 부제가 말해 주듯이 이 책은 과학에 첫걸음을 내딛는 사람들이 실제적인 과학을 위해 필요한 거의 모든 것을 차근차근 말해 주고 있다.

2001년에 제1판이 출간된 이후로 이 책은 과학연구를 처음 시작하는 많은 사람들의 훌륭한 길잡이 역할을 해 왔고, 많은 사람들의 요청으로 2009년에 개정판이 나오게 되었다.

유명한 학술지 생물학 계간비평의 서평은 이 책에 대해 최고의 칭찬을 아끼지 않는다. 그에 따르면 이 책은 무엇보다도 과학을 하기 위한 매뉴얼로 볼 수 있지만 거기에 그치지 않는다. 이 책은 실제 연구의 과정에서 일상적으로 궁금해하는 사실들과 일화들로 가득 차 있는 읽을거리이자 이야기다. 이 책의 독자로 처음 과학연구를 시작하는 사람들을 주로 염두에 두고 있지만, 동시에 오랫동안 연구를 해 온 과학자들에게도 이 책의 조언과 정보가 새로운 생각을 불러일으킬 수 있을 것이다. 이런 조언과 정보는 시의적절하고 실질적이다. 가령 과학자 공동체에서 흔히 일어나는 연구부정행위와 순진한 실수를 어떻게 구별할 것인가 하는 문제가 그런 예이다. 과학자들은 각각의 수준에서 저자의 깊이 있고 폭넓은 경험과 사려 깊은 접근에서 도움을 받을 수 있을 것이며, 이를 통해 과학연구에서 만나는 가장 멋진 경험과 가장 힘든 경험을 적절하게 대비할 수 있는 지혜를 얻을 수 있을 것이라는 것이 이 책에 대한 평가이다.

현대의 과학 및 공학 분야의 교과 과정에서는 실질적인 연구 프로젝트를 어떻게 설계하고 분석하고 수행할 것인가 하는 것을 친절하게 가르치고 있지 않는 면이 있다. 다행히 훌륭한 지도교수를 만나 이러한 노하우를 상세하게 전수받게 되고 어려운 점들을 실험실 선배들에게 물어보고 또 선배들의 시행착오에서 배우게 되지만, 이런 내용을 모아 놓은 책이 있다면 훨씬 도움이 될 것이다. 이를 위한 간결하면서도 실제적인 것을 모두 담고 있는 책이 많지 않고, 교수자와 학생들이 모두 만족할 만한 책은 매우 드물다. 과학 논문을 쓰는 방법에 대한 실용적인 책들에서는 과학과 기술이 사회 속에서 갖는 문제점과 윤리적인 측면에 대한 고려를 별로 다루지 않는 반면, 후자의 주제를 다루는 책들은 실용적이지 않은 경우가 많다. 특히 과학연구 자체를 어떻게 설계하고 분석할 것인가 하는 문제는 학부생이 볼 수 있는 책에서는 별로 설명되고 있지 않아서 과학연구를 지도하는 과정에서 이런 주제들을 모두 다루고 있는 책이 매우 필요하다.

또한 전문적인 과학 연구자들이 다른 분야의 전문가들이나 일반인을 위해 자신의 연구를 분명하게 설명하고 그 결과를 더 설득력 있게 제시하는 능력을 점점 더 많이 요청받고 있다는 점에서, 과학에 대한 대중적 이해와 과학 전문가들 사이의 동의 사이의 간극은 점점 더 줄어들고 있다. 이러한 커뮤니케이션 문제를 위해서는 단순히 글을 잘 쓰는 기법을 배우는 것보다 과학 및 기술과 사회가 어떤 관계에 있으며 어떻게 상호작용하고 있는지를 올바르고 적절하게 이해하는 것이 더 중요하다.

이 책의 번역은 2004년에 서울대학교에서 처음 개설된 '과학기술 글쓰기'라는 교과목을 위한 교재 또는 참고자료로 기획되었다. 역자 중 한 명인 김재영은 이 교과목을 처음 개설하고 교과 과정을 만들어 가면서 글쓰기보다 중요한 것이 연구를 설계하고 분석하는 것이라는 점을 깨닫게 되었다. 점차 이러한 종류의 책이 흔하지 않다는 점이 뚜렷해지고 있던 중에 이 책을 발견하고, 다른 역자인 장영록과 함께 이 책의 번역을 기획하고 함께 번역을 시작했다. 그러던 중 2009년에 개정판이 출판되면서 제1판이 아닌 개정판으로 번역 작업이 재개되었다. 김재영이 한국과학영재학교로 옮기면서 이후 강광일, 조철희, 천만석, 강순민, 최은영 선생님이 번역 작업을 함께하게 되었다. 결국 강광일 선생님 외의 원고는 사용하지 못하게 되었지만 조철희, 천만석, 강순민, 최은영 선생님의 노고에 이 자리를 빌려 감사드린다.

이 책이 세상에 빛을 보게 된 것은 편집 작업을 맡은 류미숙 선생님의 힘이 가장 크다. 게으른 역자를 편안하게 재촉하면서 노트북 컴퓨터에 묻혀 있던 원고들을 이렇게 한 권의 책으로 만들어 냈다.

여러모로 부족함이 많은 이 책이 새로 과학자의 길에 들어서 첫걸음을 떼려 하는 젊은 연구자들에게 작은 도움을 줄 수 있기를 희망한다.

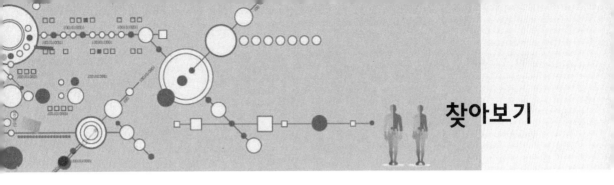

찾아보기

ㄱ

가로막대 그래프　246

가설의 검정　55

가우제의 원리　32

가짜 상관관계　21

결정계수　81

경로분석　82

경사 처리　107

경사 처리설계　107

경제성　275

경험과학　6

경험적 검증　7

공분산 분석　79

과학 논문　170

과학적 방법　14

교육 도구로서의 모형　35

구두 발표　198

구조화된 처리설계　104

군서-보충 모형　33

귀무가설　55

그래프 디자인을 위한 조언　327

그룹 간의 변동　68

그룹 내의 변동　68

그림 제시의 원칙　274

기초 실험 레이아웃　118

기하평균　48

ㄴ

내적 반복　111

논리-연역적 체계　23

논문 투고하기　186

ㄷ

다변수 회귀분석　82

다원 분산분석　72

다원회귀　82

다중-패널 히스토그램　309

대조　118

데이터 유형　43

데이터의 변조　335

도수분포　44

독립변인　9, 77

독립변인의 상호작용　73

독립성 검정　87

독립적인 판단　330

등고선 그림　263

ㄹ

라틴 사각형　120

레이아웃의 설계　103, 108

로그 변환　52, 90

로그분포　54

ㅁ

막대 그래프　268, 311

만-위트니 U 검정　76

명료성　277

명목 데이터　40

무작위 변동　80

ㅂ

반복　109

반복 이원 분산분석　73

반복 측정　113

반응설계　122

반응의 설계　103

발렛 검정　68

변수가 2개인 그래프　252, 287

변수가 3개인 그래프　260, 303

복스-콕스 변환　54

부표집　112

부호검정　76

분산분석법　65

분포　51

분할-간격 히스토그램　310

불연속변인　41

불확정도 전파　95

불확정도 전파방법　95

블록화　119

비교 관찰　20

비구조화된 처리설계　104

비반복 이원 분산분석　72

빈도분석　87

ㅅ

사실의 타당성　333

산술평균값　49

삼각형 그래프　246, 272

삼원 분산분석　120

상관　82

상관적 관찰　18

상온핵융합　334

서술적 관찰　11

서술통계학　48

서열상관　82

섭동　23

섭동연구　23

섭씨온도　41

시각 자료　204

시간 안정성 가설　32

시간에 대한 공간　22

시계열 분석　50

신뢰수준   56

실험 도구로서의 모형   36

실험적 인공효과   17

심사자들의 논문 심사   186

ㅇ

역변환   94

역사인 변환   53

연구비 제안서   213

연구설계   102

연속변인   41

연역적 과학   23

예측을 위한 모형   26

외적 반복   110

요인 처리   104

원근 그래프   260

위조   339

윌콕슨 부호순위 검정   76

윌콕슨 이중표본 검정   76

유도변인   96

유의수준   56

윤리적인 과학하기   345

음의 이항분포   54

이동평균   50

이산적인 반응   122

이항분포   54, 122

임의화   108

임의화된 레이아웃   118

임의화된 블록   119

ㅈ

자료변환   51, 90

잔류 변동   80

장미 그림   246, 273

재표본 추출법   95, 96

적합도 검정   87

절대온도   41

정규   51

정규분포   54

정밀성   44

정확성   44

제곱근 변환   53, 94

제1종 오류   56

제2종 오류   56

조작적 정의   7

조정된 실험   14

종속변인   9, 77

중간값   48

중합수   333

지구온난화   31

지분 처리   105

진실성   277

ㅊ

처리설계   103

체계화된 레이아웃   120

초기하분포   54

초록   176

최빈값   48

측정 데이터   41

층화   117

ㅋ

콜모고로프-스미로프 검정   87

콜모고로프-스미로프 이중표본 검정   76

ㅌ

통계적 유의미   56

통제된 관찰   9

ㅍ

파생변인   42

파이 그림   246, 270, 319

팬텀 리스크   361

편집 기호   190

평가단위   122

평균값   48

포스터 발표   208

표의 설계   237

표준편차   115

푸아송 분포   54, 122

프리드만 이원 검정   76

ㅎ

하틀리 검정   68

항진명제체계   23

현명한 실험설계   123

확률수준   56

회귀   77

회귀계수   77

회귀분석   76

회귀분석 요소   76

회귀의 유의성 검정   79

히스토그램   266, 305

기타

3차원 그래프   246

Tufte의 규칙   307